高等院校教材

普通高等院校
军事理论教程

主　编：户树清　周振国　陈维辉
副主编：杨瑞峰　张春雷　安　洋

兵器工业出版社

内 容 简 介

本书依据《普通高等学校军事课教学大纲》要求，编写了军事理论与实践、中国国防、军事思想、国际战略环境、军事高技术和信息化战争等方面的内容，可供在校学生作为教材或军事理论方面的书籍阅读。

图书在版编目（CIP）数据

普通高等院校军事理论教程／户树清，周振国，陈维辉主编 . —北京：兵器工业出版社，2009.1
（2010.7 重印）
ISBN 978 - 7 - 80248 - 305 - 7

Ⅰ. ①普… Ⅱ. ①户… ②周… ③陈… Ⅲ.①军事理论—高等学校—教材 Ⅳ.①E0

中国版本图书馆 CIP 数据核字（2010）第 129012 号

出版发行：兵器工业出版社　　　　　　　　　责任编辑：张小洁
发行电话：010 - 68962596，68962591　　　封面设计：李　晖
邮　　编：100089　　　　　　　　　　　　　责任校对：郭　芳
社　　址：北京市海淀区车道沟 10 号　　　　责任印制：赵春云
经　　销：各地新华书店　　　　　　　　　　开　　本：787×1092　1/16
印　　刷：北京市登峰印刷厂　　　　　　　　印　　张：14
版　　次：2010 年 7 月第 1 版第 3 次印刷　　字　　数：342 千字
印　　数：8801—17600　　　　　　　　　　　定　　价：25.00 元

本书编委会

主　审：张会政　赵康滨

主　编：户树清　周振国　陈维辉

副主编：杨瑞峰　张春雷　安　洋

参编人员：耿银贵　陈　亮　邹　娜　戴艳艳

康　宁　唐　锐　赵秉锋　张亚利

曲连奎　仲玉梅　席智芳　刘　兵

唐　锐　郑明智　赵大鹏　赵　生

尤洪林　张向忠　吴海权　张丽筠

谭宝林　杨　勇　韦海鸥　陈建州

薛福林

统　稿：周振国　张春雷　陈维辉

前　言

　　军事理论课是普通高等学校教学的重要组成部分。在普通高等学校开展学生军事训练工作，是适应国家人才培养战略和加强国防后备力量建设的需要，对于改善学生的知识结构、培养优良作风、磨炼意志、树立国防观念具有十分重要的意义；是造就有理想、有道德、有文化、有纪律的社会主义新人，培养具有基本军事知识和技能的高素质后备兵员有效途径。新中国成立以来，历代党和国家领导人对开展青年学生军事训练工作非常重视。新中国成立初期，毛泽东同志亲自批准在高等学校学生中开展军事训练，为部队培养预备役军官。邓小平同志多次强调，国防教育要从娃娃抓起，要加强对公民特别是青少年的国防教育。江泽民同志明确指示："学生军训，我看要坚持下去，通过到部队的锻炼，培养一个人的组织纪律观念，艰苦奋斗精神，不管他将来做什么工作，都是大有益处的。"胡锦涛同志指出："坚持全民办国防的方针，广泛开展全民国防教育，完善国防动员体制，加强国防后备力量建设，在全社会形成关心国防、热爱国防、建设国防、保卫国防的生动局面。"这些都充分体现了党和国家对学生军训工作的具体关心和高度重视。

　　当前，世界新军事变革方兴未艾。以信息技术为核心的高新技术广泛应用于军事领域，军事科学发展日新月异。教育部、总参谋部、总政治部于2007年1月重新颁发了《普通高等学校军事课教学大纲》，我们根据《大纲》的有关规定，结合学生军事理论课教学的实际，编写了本教材。我们在编写过程中，注意吸纳军事理论教学实践经验，针对普通高等学校学生的知识结构和年龄特点，依据《大纲》对教材建设的相关要求，编写了中国国防、军事思想、国际战略环境、军事高技术和信息化战争等五大方面的内容，力争做到教材结构体系合理，内容简明通俗易懂。

　　本教材紧紧围绕国家人才培养和国防建设后备力量建设的需要，重点向青年学生传授中国国防建设成就、军事思想、军事科技、信息化战争、国际战略环境等方面的理论和知识，使学生认清国防与国家安危存亡、民族荣辱兴衰的密切关系，提高对国防地位作用的认识，增强国防观念和国家安全意识；了解国际风云变幻及对我国安全构成的威胁和挑战；熟悉国防政策，明确自己所担负的历史责任；加深对中华民族爱国主义优良传统的理解，激发爱国热情；树立正确的世界观、人生观、价值观和高尚的理想情操。热爱祖国、关心国防，自觉为中华民族的复兴而奋斗。

　　本教材的编写得到了全军学生军训办公室、全军学生军训教学协调中心、国防大学相关领域专家教授的悉心指导和帮助，装甲兵技术学院和长春理工大学领导对教材进行了认真审阅，对他们提出的宝贵意见和建议，在此表示衷心感谢！

　　由于我们的学术水平和研究能力有限，教材编写过程中难免存在错误和不尽如人意之处，恳请广大读者提出意见和建议，以便我们再版时不断修改完善。

编　者

目　录

第一章　中国国防

党的十七大指出："国防和军队建设在中国特色社会主义事业总体布局中占有重要地位。必须站在国家安全和发展战略全局的高度，统筹经济建设和国防建议，在全面建设小康社会进程中实现富国和强军的统一。"常言道"国无防不立，民无兵不安。"国防是人类社会发展与安全需要的产物，是国家生存与发展的重要保证，是国家安全的核心问题。建立巩固的国防，这是我们实现推进现代化建设、完成祖国统一、维护世界和平与促进共同发展这三大历史任务，维护社会稳定的重要保障。作为中华民族的一员，应责无旁贷地关注国防、建设国防、保卫国防。

第一节　国防概述

一、国防的含义和基本类型

（一）国防的含义

什么是国防？简单地说，国防就是国家的防务，是国家为防备和抵御侵略，制止武装颠覆，保卫国家的主权、统一、领土完整和安全所进行的军事活动及与军事有关的政治、经济、外交、科技、教育等方面的活动。维护国家安全利益是国防的根本职能，捍卫国家主权、领土完整和防止外来侵略、颠覆是国防的主要任务。

国防伴随着阶级的出现和国家的形成而产生，只要世界上有国家存在，国防就会存在。在人类社会发展的不同阶段中，在不同国体的国家中，其国防具有不同的特征。奴隶社会和封建社会，国防的主要职能是将各阶级维持在一定的"秩序"范围之内；资本主义社会，国防的主要职能是用军队保护和扩大商品生产与贸易，对外进行疯狂掠夺；社会主义国家诞生之后，国防有了新的阶级内涵，其主要职能是确保各民族的平等生存、发展，抵抗外来侵略，维护世界和平。

衡量一个国家国防力量的强弱，军事力量不是唯一标准，还涉及这个国家的政治、经济、文化、科技、外交等方方面面。尤其是 21 世纪，建立在社会化大生产基础之上的，人类社会的诸方面已经成为一个紧密联系的有机整体，国防只有成为这个有机整体的不可分割的一部分，才可能具有更大的威力。因此说，没有强大的国防，就不可能成为独立富强的国家；就不能有国家和民族生存与发展的出路；就没有国际地位和国家尊严。我们要树立大国防观，把国防建设纳入整个国家大系统中进行思考、规划。

（二）国防的基本类型

国防的性质是由国家的社会制度和国家政策所决定的。国家的社会制度不同，制定的国防政策和追求的国防目标也就不同，因而，国防的类型也会各不相同。目前，世界上的国防类型大致有四种：扩张型、自卫型、联盟型和中立型。

扩张型国防，奉行霸权主义政策的国家，以国家安全和防务作招牌，以提供援助为幌子，将其他国家和地区纳入自己的势力范围，对其进行侵略、颠覆或渗透。

自卫型国防，以防止外敌侵略为目的，在国防建设上主要依靠本国的力量，广泛争取国际上的同情与支持，维护本国安全，维护周边地区和世界的和平与稳定。

联盟型国防，为弥补自身力量的不足，以结盟的形式联合他国进行防卫。联盟型国防又可分一元体系联盟和多元体系联盟。前者以某一大国为盟主，其余国家处于从属地位；后者的联盟国则是伙伴关系，通过共同协商确定防卫战略。

中立型国防，是指一些中小发达国家为保障本国的繁荣、发展和安全，所奉行的和平中立国防政策。执行中立型国防的国家，有些采取完全不设防的形式；有的则全民防卫，通过高度武装来确保中立。

我国是社会主义国家，在对外关系方面一贯奉行独立自主的外交方针和"和平共处"五项原则。我国的政治制度和国家政策决定了我们采取自卫型国防。我国向世界公开承诺，永远不称霸，不做超级大国，不首先使用核武器或以核武器相威胁，不对无核国家和地区使用核武器，不侵略别国。以反对侵略、维护世界和平、保卫国家的安全与发展为国防的根本宗旨。在国防力量的运用上，坚持自卫立场，实行积极防御的战略方针。

二、中国国防历史——不能忘记的过去

中国国防的历史源远流长。早在公元前 21 世纪，中国古代社会开始从原始氏族公社制社会过渡到奴隶社会，出现了国家。从此，作为抵御外来侵犯和讨伐别国的工具——国防便产生了。随着人类社会的不断演变和发展，神州大地已先后经历了奴隶社会、封建社会、半殖民地半封建社会和社会主义社会。与之相应，国防也经历了无数个强盛与衰落的交替，从而给我们留下了宝贵的经验和深刻的历史教训。

（一）中国古代国防

中国古代的国防是指从公元前 21 世纪、夏王朝的建立到 1840 年鸦片战争，共经历了近 4 000 年的漫长历史。其间，中华民族经历了无数次战争的锤炼，形成了强大的民族凝聚力，培育出了自强不息、前仆后继、不畏强暴、卫国御敌的尚武精神，最终成为一个多民族的大疆域国家。

1. 古代的国防政策和国防理论

在大约公元前 21 世纪，随着阶级的出现和国家的形成，相生相伴的国防为保卫国家，在随后的几千年征战中，逐渐形成了中国古代的国防政策和国防理论。

春秋战国时期，由于各诸侯国之间连年征战，使国防观念迅速得到强化，虽然当时的诸子百家在政治和哲学主张方面各放异彩，但在国防方面却大体一致。形成了诸如："尚战、善战、慎战"，"不战而屈人之兵"等思想，并提出了普遍的战争指导原则，如孙子的"知彼知己，百战不殆"、"示战先算"、"伐谋伐交，不战而胜"、"以智使力"等指导原则。这些指导原则概括精辟，至今仍具有极为重要的指导意义。

公元前 230 年至前 221 年的 10 年间，秦国经过统一战争，先后兼并六国，结束了历史上的长期分裂局面，第一次建立起中央集权的封建国家，标志着中国封建社会进入一个新的

历史阶段。随后的汉、唐更是中国封建社会的盛世，军事上也处于开疆拓土的鼎盛时期。至公元10世纪中叶的近1300年间，中国古代国防政策和国防理论得到了进一步的丰富和发展。开始全面整理兵书，初步形成古代军事学术体系。古代战略思想也趋于成熟，战略防御思想得到进一步完善。

宋朝至清朝前期，是中国封建地主阶级没落的时期，但军事上却已进入冷、热兵器并用时代，在国防政策和国防理论上也有相当的发展。武学开始纳入国防教育体系。北宋初期重文轻武，国防衰落。后开办"武学"，设武举，为军队培养、选拔了大批军事人才，同时也繁荣了军事学术。明清两朝将武举推向更深层次，甚至出现文人谈兵、武人弄文的局面，大量军事著作面世，军事思想研究不断发展。

从总体上来说，我国古代各个历史时期提出并形成的许多卓有成效的具有先进性和历史意义的国防政策和国防理论，可以概括为：一是"以民为体"、"居安思危"的国防指导思想；二是"富国强兵"、"寓兵于农"的国防建设思想；三是"崇尚武德"、"爱国教战"的国防教育思想；四是"不战而胜"、"安国全军"的国防斗争策略等。在这些思想和策略的指导下，华夏大地消除了无数次外敌入侵带来的战祸，为中华民族的繁衍生息和社会的发展提供了基本的生存条件，甚至使国防曾出现过"中国既安，四夷自服"的辉煌时期。

2. 古代的兵制建设

兵制即我们常说的军事制度，也称军制。它是国家或政治集团组织、管理、维持、储备和发展军事力量的制度。我国古代的兵制建设主要包括军事领导体制、武装力量体制和兵役制度等内容。

在军事领导体制上，夏、商、西周时期，一般由国王亲自掌握和指挥，没有形成专门的军事领导机构；春秋末期，实现将、相分权治国，以将（将军）为主组成军事指挥机构；战国时期，将军开始独立统兵作战；秦国一统天下之后，设立了专门管理军事的机构，太尉为最高的军事行政长官；隋朝设立了三省六部制，设兵部主管军事；宋朝则设置枢密院作为军事领导的最高机构，主官由文官担任，主要目的是防止"权将"拥兵自重，枢密院有权调兵却无权指挥，将军有权指挥却无权调兵，形成枢密院和将军的相互牵制的局面。各朝代在军事领导体制方面的做法虽各有异，但军队的最终调拨使用大权始终掌握在皇帝手中。

在武装力量体制上，秦朝之前武装力量结构单一，一个国家通常只有一支国家的军队。从秦朝开始，国家的政治制度逐渐完善，生产力不断发展，因而，各个朝代根据国家的状况和国防的需要以及驻防地区和担负任务的具体情况，将军队区分为中央军、地方军、边防军和私人地主武装四种，并对军队的编制体制、屯田戍边、兵役军赋、军队调动、军需补给、驿站通道、军械制造和配发等都做了具体的规定，并以法律的形式颁布执行，如唐代的《卫禁律》、《军防令》等。

在兵役制度上，随着各个历史时期的政治、经济、人口状况和军事需要而发展变化。奴隶社会时期，生产力低下，人口稀少，战争规模小，主要实行兵民合一的民军制度。封建社会时期，民军制度逐渐演变为与当时历史条件相适应的兵役制度，如秦汉时期的征兵制、三国两晋南北朝时期的世兵制、隋唐时期的府兵制、宋朝的募兵制、明朝的卫所兵役制和后期的募兵制、清代的骑兵和绿兵营等。

3. 古代的国防工程建设

我国古代为抵御外敌的侵犯，巩固边海防，修筑了数量众多、规模庞大的国防工程，如城池、长城、京杭运河及海防要塞等。

我国古代国防工程建设中，城池的建设时间最早、数量最多。城池建筑最早始于商代，随后，城池建设规模不断扩大，结构日益完善，一直延续到近代。因此，在我国古代战争中，城池的攻守作战成为主要的样式之一。

长城是城池建设的延伸和发展。始建于春秋战国时期，秦始皇统一六国之后，为了巩固国防，防御北方匈奴的南侵，于公元前214年开始将秦、赵、燕三国北部的长城连为一个整体，形成西起临洮（今甘肃岷县）、北傍阴山、东至辽东的宏伟工程。后经各朝代多次修建连接，至明代形成了西起嘉峪关，东至山海关，总长约6 300千米的万里长城。

京杭大运河是我国古代兴建的伟大水利工程。隋炀帝时期，征调大量人力物力，将原有的旧河道拓宽和连贯，形成北起通州（今北京通州区）、南至杭州，全长1 794千米的大运河，把南北许多州县连成一线，成为军事交通和"南粮北运"的大动脉，具有重大的军事和经济作用。京杭大运河是世界上里程最长、历史最悠久的运河。

古代海防建设是从明朝开始的。14世纪，倭寇频繁袭扰我沿海地区，明朝在沿海重要地段陆续修建了以卫城、新城为骨干，水陆寨、营堡、墩、台、烽堠等相结合的海防工程体系，为抗击倭寇的入侵起到了重要作用。

4. 古代国防的兴衰

古代国防的兴衰是与各朝代的政治、经济、军事状况密切相关的。纵观我国几千年的国防史，我们不难发现，当统治阶级处于上升时期，政治开明，经济繁荣，军事强大，民族团结，国家统一，其国防就强盛；当统治阶级走下坡路，政治腐败，经济衰落，军事孱弱，民族分裂，国内混乱，其国防就削弱，就崩溃。

从整个历史来看，我国古代前期，即从春秋战国到秦汉、盛唐，国防日趋发展，不断强盛以至于发展到鼎盛。其后期，即从中唐到两宋、晚清，我国国防便日趋衰败，以至于一触即溃，不堪一击。其间，虽然盛唐之前有两晋的糜烂，中唐以后有明清中前期的振作，但从整体上来看，我国古代国防事业的基本趋势是由弱到强，再从强盛走向衰落。

从汉、唐、明、清等几个大的历史朝代看，国防事业也都是由兴而盛，由盛及衰。其间固然不乏极盛之前的短暂衰落，衰败之后的一时复兴，但终其一朝由盛及衰的基本趋势是没有改变的。

（二）中国近代国防

我国近代的国防是孱弱、衰败和屈辱的。1840年，西方殖民主义者凭借船坚炮利的优势，攻破了清王朝紧锁的国门，对中华民族实行残酷的殖民统治。在西方殖民主义者的侵略面前，腐朽的统治者奉行的国防指导思想却是"居安思奢"、"卖国求荣"；执行的国防建设思想乃是"以军压民"、"贫国臃兵"；倡导的国防教育思想却是"愚兵牧民"、"莫谈国事"；制定的国防斗争策略甚至是"不战而败"、"攘外必先安内"。其结果是有国无防，人民惨遭蹂躏和屠杀。

1. 清朝后期的国防

1644年，清军大举入关，问鼎中原，最终建立大清王朝。从顺治开始，经康熙、雍正、乾隆和嘉庆五代，先后177年是清朝的兴盛时期。但是经过"康乾盛世"之后，政治日趋腐败，国防日益疲弱。1840年，鸦片战争爆发，西方殖民主义者大举入侵，从此清王朝一蹶不振，江河日下，有国无防，内乱丛生，外患不息，逐步沦为半殖民地半封建社会。

（1）清朝的武备。清朝的武备包括军事领导体制、武装力量体制和兵役制度等方面。在军事领导体制方面，1840 年以前，大清王朝先后设立了议政王大臣会议、兵部和军机处，作为高层军事决策和统率机构。鸦片战争后，开始实施"洋务新政"，成立了总理衙门。八国联军入侵中国后，清朝统治者深感军备落后，企图通过改革军制来强军安国，遂改总理衙门为外务部，裁撤兵部，成立陆军部。

在武装力量体制方面，清军入关之前，军队是八旗兵；入关后为弥补兵力的不足，将投降的明军和新招募的汉人单独编组，成立了绿营；1851 年以后，为镇压太平天国运动，咸丰帝号召各地乡绅编练乡勇，湘军和淮军逐渐成为清军的主力；中日甲午战争之后，开始编练新军。

在兵役制度方面，八旗兵实行的是兵民合一的民军制。清朝规定：所有 16 岁以上的满族男子都是兵丁，不满 16 岁的则编为养育兵，作为后备兵源。绿营兵虽是招募而来，但一经入伍即编入兵籍，其家属随营居住，绿营兵实际上是职业兵，直到年满 50 岁才解除兵籍。湘军和淮军是由地方乡勇逐渐发展起来的部队。太平天国运动被镇压后，湘、淮军取代八旗兵和绿营兵，成为清军的主力。甲午战争中，湘、淮军大部分溃散，清朝开始"仿用西法，编练新兵"。新军采用招募制，在入伍的年龄、体格及识字程度方面均有比较严格的要求。

（2）清朝的疆域和边、海防建设。清朝初期重视边海防建设。在同国内割据势力的斗争中，制止了分裂，促进了国内各民族的团结，维护了国家的统一；在与外部侵略势力的斗争中，捍卫了国家的领土主权。这一时期疆域西到今巴尔喀什湖、楚河、塔拉斯河流域、帕米尔高原；北到戈尔诺阿尔泰、萨彦岭；东北到外兴安岭、鄂霍茨克海；东面到海，包括台湾及其附属岛屿；南到南海诸岛；西南到广西、云南、西藏，包括拉达克，建立了一个空前统一、疆域辽阔的多民族的封建专制国家。从道光年间开始，政治日益腐败，边海防逐渐废弛。西方殖民主义者乘虚而入，以坚船利炮打开了中国封闭的国门。19 世纪中叶以后，中国的香港、澳门、台湾、澎湖分别被英、葡、日占领，东北乌苏里江以东、黑龙江以北及西北今国界以外的广大地域被沙俄侵占，帕米尔地区被俄、英瓜分，拉达克则被英国属克什米尔所吞并。

（3）"五次对外"战争。1840 年，英帝国主义以清王朝禁烟为由，对中国发动了战争，史称鸦片战争。1842 年，战败的清王朝被迫在英国的军舰上签订了我国历史上第一个丧权辱国的不平等条约——中英《南京条约》。中国的领土和主权遭到破坏，开始沦为半殖民地半封建社会。

英国不满足它已获得的利益，在 1856—1860 年间，联合法国，分别以"亚罗艇事件"和"马神甫事件"为借口，对中国发动了第二次鸦片战争。战败的清王朝被迫与英国签订了中英《天津条约》，与法国签订了中法《北京条约》，此时的沙俄趁火打劫，强迫清政府签订了中俄《瑷珲条约》。中国的领土主权进一步遭到破坏，半殖民地程度加深。

19 世纪 80 年代初，法国殖民主义者在完全占领越南后，开始觊觎我国西南地区。1884—1885 年中法交战。爱国将领冯子材率领的清军奋勇杀敌，在刘永福黑旗军的配合下痛击法军，取得了镇南关大捷，由此导致法国茹费里内阁的倒台。但是腐败的清政府却一味苟且偷安，李鸿章认为法国船坚炮利，强大无敌，中国即便一时取胜，难保终久不败，不如趁胜而和。因此，清政府和法国签订了《中法新约》，将广西和云南两省的部分权益出卖给了法国，使中国不败而败，法国不胜而胜。清政府的腐败无能暴露无遗。

1894年，日本以清朝出兵朝鲜为由发动了甲午战争，北洋水师全军覆没。次年，清政府被迫与日本签订了《马关条约》，中国半殖民地程度加深，民族危机加剧。

1900年，英、美、德、法、俄、日、意、奥八国，以保护在华侨民"利益"为借口，组成联军，发动侵华战争。战败的清政府被迫与八国签订了《辛丑条约》。这个条约从政治、经济、军事各方面都扩大和加深了帝国主义对中国的统治，并表明清政府已完全成为帝国主义统治中国的工具。中国完全沦为半殖民地半封建社会。

从1840年鸦片战争到1911年辛亥革命这70多年间，清政府与外国列强签订了大大小小数百个不平等条约，割让领土近160万平方千米，共赔款2 700万元，白银7亿多两（不含利息）。如把利息计算进去，仅《辛丑条约》中规定的"庚子赔款"本息就达9.8亿多两。当时，在中国1.8万多千米的海岸线上，大清帝国竟找不到自己享有主权的港口。国家有海无防，有边不固，绝大部分中国领土成了帝国主义的势力范围，俄国在长城以北；英国在长江流域；日本在台湾、福建；法国在云南。中华民族美丽富饶的国土被踩躏得支离破碎。

2. 民国时期的国防

1911年爆发的辛亥革命，虽然推翻了清朝的统治，彻底废除了封建专制制度，建立了"中华民国"，但并没有改变中国任人宰割的历史。中国依然是有边不固，有海无防，人民有家难安。

（1）军阀混战与中华民族的觉醒。1911年的辛亥革命，终于推翻了几千年的封建统治，但由于革命的不彻底，仍没有使中国摆脱半殖民地半封建的状况，帝国主义依然在华夏大地上横行无忌，他们为维护其在华利益，纷纷扶植自己的代理人：先有袁世凯称帝，后是张勋复辟，各派军阀以帝国主义为靠山，割据称雄，混战不休。直、皖、奉三大派系军阀先后窃取中央政权，贿选国会议员和总统，出卖国家和民族利益。"二十一条"的签订和"巴黎和会"中国外交的失败，充分暴露出北洋政府的腐败无能，使中国面临被帝国主义进一步瓜分的命运，激起了中华民族同仇敌忾、共御外侮的决心和勇气。以"五四"运动为标志，中国反帝反封建的资产阶级民主革命发展到新阶段。1921年7月，中国共产党的成立，把中国人民的救亡图存斗争推向新的阶段，中国工人阶级开始以自觉的姿态登上了历史舞台。

（2）日本的入侵及中国人民的抗战。1931年9月18日，日本发动了"九·一八事变"。面对日本帝国主义的野蛮侵略，蒋介石却奉行"攘外必先安内"的方针，一味奉行不抵抗政策，出卖民族利益，使东北大片国土迅速沦陷。1937年7月7日，日本发动"卢沟桥事变"，进一步扩大了对中国的侵略，中华民族到了生死存亡的紧要关头。中国共产党高举团结抗日的旗帜，肩负起救民族于危难的神圣使命，领导全国各族人民进行了艰苦卓绝的八年抗战，终于取得了我国近代史上第一次抗击外敌侵略的完全胜利。

（3）解放战争及新中国的成立。抗日战争胜利后，中国人民迫切需要一个和平安全的休养生息的环境，中国共产党顺民心，从民愿，不计前嫌，准备与国民党第三次携手，合作建国。但蒋介石背信弃义，妄图消灭中国共产党及其所领导的军队。在中国共产党的领导下，经过四年的解放战争，中国人民终于推翻了蒋家王朝，建立了新中国。

（三）中国国防史的启示

中国数千年的国防史告诉我们：

1. 经济发展是国防强大的基础

国防建设的基础是国家的经济建设，强大的国防必须有强大的经济力量作后盾。早在春秋时期齐国的政治家管仲就提出"富国强兵"的思想，孙子则更直接地指出：兵不强则不可以摧敌，国不富不可以养兵，富国是强兵之本，强兵之急。这一观点抓住了国防强大的根本所在。我国古代凡是有作为的政治家、军事家和王朝，无不强调富国强兵。秦以后的汉、唐、明、清各代前期国防的强盛，都是与民休养生息、发展经济的结果；与此相反，以上各朝代的衰败，也都是由于经济的衰落导致政治腐败和国防孱弱所至。无数历史史实证明经济发展是国防强大的基础。

2. 政治开明是国防巩固的根本

政治与国防紧密相关，国家的政治建设，规定着国家防务的性质、任务和建设方向。国家政治的兴衰决定着国防的兴衰。良好的政治是固国强兵的根本。

纵观我国数千年的国防史，不难发现，凡是兴盛的时期和朝代，都十分注意修明政治，实行较为开明的治国之策。原本西陲小国的秦国，从商鞅变法开始，修政治，明法度，发展生产，繁荣经济，国防日渐强大，为吞并六国奠定了坚实的基础；大唐初建之时，满目疮痍，百废待兴，正是由于制定并实施了一系列开明的政治制度，使国家很快从隋末的战争废墟中恢复过来，很快成为国力昌盛、空前统一的大唐帝国。历史经验同时证明，当统治阶级政治腐败、国内四分五裂的时候，国防就削弱，就崩溃。唐朝中期以后，两宋乃至于晚清都是如此。

3. 国家的统一和民族的团结是国防强大的关键

翻开几千年的国防史，我们不难发现这样一个规律：凡是国家统一、民族团结的时期，国防就巩固、就强大；凡是国家分裂、民族矛盾尖锐的时期，国防就虚弱、就颓败。

晚清时期，在西方列强的进攻面前，不仅不敢发动反侵略战争，不依靠、不支持人民群众进行战争，反而认为"患不在外而在内"、"防民甚于防火"。对人民群众自发组织的反侵略斗争实行残酷的镇压，造成对外作战中屡战屡败，割地赔款，最终使曾经繁荣盛世的大清帝国逐步沦为半殖民地半封建社会。

历史的教训最为深刻，经验弥足珍贵，值得我们永远记取。

三、国家与国防

（一）国家的含义

国家是一种以阶级的传统为其实质的社会权力的组织形式，兼有对内和对外两方面的基本职能。它主要由军队、警察、法庭、监狱等组成。对我国来说，加强国防力量就是加强无产阶级的统治地位，巩固社会主义的国家制度。

（二）国家与国防的关系

国家与国防密不可分，相辅相成。主要表现在以下三个方面：

1. 国防是随着国家的产生而产生的

国防是伴随着国家的产生而出现的，是以捍卫和扩大国家利益为核心来组织的。在现实社会中国家利益是不断发展变化的，但其基本方面仍然是生存需求与发展需求。由此可以确定，国防的职能和使命就是维护统治阶级的统治，维护国家的生存与发展，具体表现为：保卫国家的主权统一，领土完整，保卫和追求国家利益；维护国家荣誉。

2. 国防是为国家利益服务的

国防为国家和民族提供安全保障，并为国家和民族的利益服务。主权国家在国际战略格局中，求得安全、和平、生存、发展，这是一个国家的基本利益。这一利益的获得，有赖于国防的有力保障。所以，国防是为国家利益服务的。国防不仅主要地担负国家的对外职能，防御国外敌人的颠覆活动和可能的侵略，保卫国家主权、领土完整和安全，而且还担负对内职能，维护国家内部的安定团结和经济建设的顺利进行。另外，从一定意义上说，国防还是国家经济发展的先导，如为适应现代国防需要而发展起来的科学技术，对国家经济发展起着重要的促进作用。

3. 国家的性质、制度、政策决定着国防建设

国防是为维护国家利益服务的。不同的国家有着不同的利益目标。这种不同的利益目标决定和影响着不同的国防建设，而各种利益目标又是由国家的性质、制度和政策决定的。因此，国防建设最终是由国家的性质、制度和政策决定的。例如，奉行霸权主义和强权政治的国家，由于所谓的全球利益，其国防政策也因此而具有扩张性和侵略性，国防建设也相应的具有全球性。我国是社会主义国家，在国际关系中强调和平共处、平等互利，因而，国防建设在积极防御的战略方针指导下，以反侵略和自卫为目的。

四、现代国防的基本特征

现代国防是对传统国防的继承和发展，是一种全新的国防观念和新的国防实践活动。现代国防绝非单纯的武力较量，而是在综合国力的基础上，以军事手段为主，在政治、经济、科技、外交、文化等多种手段配合下进行的总体较量。其基本特征主要表现在三个方面：

（一）现代国防是国家综合国力的体现

现代国防的主体是军事力量，但它还包括与国防相关的非军事力量，如政治、经济、外交、科技、文化等。此外，它不仅依赖于国家的现实实力，而且还依赖于国家的潜力，以及将潜力转化为现实实力的能力，诸如国土面积、地理位置、自然资源、生产能力、人口数量和质量、科技和文化水平、交通运输、通信状况、国家政策、管理能力、国际关系和国际地位等。如何充分运用本国所具有的各种条件，并在战时尽快而有效地使其转化为战争能力，是一个国家综合国力强弱的重要体现。

（二）现代国防既是一种国家行为又是一种国际行为

一个国家想要持续发展，重要条件之一是巩固国防。然而，国际战略格局的深刻变化和经济全球化的发展趋势，使得国家的发展离不开安全有序的国际环境，世界的和平与战争、经济的繁荣与衰退，都是一个国家持续发展的相关因素，也涉及国防的方方面面，世界尤其是周边国家局势动荡，该国就要在国防方面给予更多的关注，如果他国武力相加，该国就必须进行国防动员，以迎接外来挑战。可见，现代国防作为一种国家基本行为的同时，也日益成为一种国际行为。

（三）现代国防具有多层次的目标

由于各国的国家利益不同，特别是经济利益不同，因此，所制定的战略也各有不同，再加上各国军事实力和综合国力的差异，就使得现代国防呈现出多层次的目标体系。

从范围上讲，现代国防的目标可分为自卫目标、区域目标和全球目标。自卫目标：由于本国政治制度决定，在国土之外的经济利益有限，加上自身实力不足，因此，只能将国防目标定位于自卫层次上，着眼于维护国家主权和领土完整。区域目标：一些国家虽然在世界范

围都有自己的经济利益，但不奉行扩张政策，或者军事实力达不到全球范围，所以，将防卫目标锁定在本国及周边区域，也就是说，区域目标国防在维护本国安全利益这个层次上再提高一步，努力为本国的发展创造一个良好的周边环境，并扩大自卫的纵深和弹性。全球目标：少数实力雄厚、推行扩张政策的国家，国家利益遍及全球，出于保护本国利益、称霸世界的企图，将国防的目标对准世界，以维护世界和平、稳定和消除战争危险为旗号，进行侵略扩张，将自己的意志强加给别国。

还可从内涵上对国防的目标层次进行分类。一种是基于保证国家生存、民族独立的国防，称为生存目标；另一种是国家生存无忧，民族独立无虑，其目标在于争取一个适合国家发展的空间，称之为发展目标。

总的来说，虽然国防因国家性质、制度、国力及其推行的政策不同，但所有国防的着眼点都在于捍卫和扩大国家利益。

五、国防的地位和作用

任何一个国家，从她诞生之日起，首要的任务，就是固国强边、抵御外来侵略，巩固新生的政权、保证国家的生存与发展。国防在国家的职能中，地位和作用十分重要，它与国家利益休戚相关，关系到国家安危、荣辱和兴衰。

（一）国防是国家安全的重要保障

为了保障国家安全，促进国家发展，各国都从本国的实际出发，努力加强国防建设，同时在国民中普遍进行有关维护国家安全的国防教育，使国民树立爱国主义和维护国家根本利益的观念，保障国家的安全，为国家的发展创造更有利的环境和条件。

（二）国防是国家独立自主的前提

没有一个强大的国防，就没有国家的主权和独立，人民的幸福和民族的振兴也就没有保障，我国近代史上有国无防或防而不固的惨痛教训非常深刻地证明了这一点。可见，国家独立自主，民族兴旺，离不开整个民族的尚武精神，离不开具有强大战斗力的国防军和后备力量的建设。

（三）国防是国家繁荣发展的重要条件

一个国家如果没有巩固的国防。这个国家的政权是无法巩固的，经济发展的目标也难以实现。因此，国家的生存、政权的巩固和经济的发展，就须有一个能够捍卫国家根本利益的国防。

复习题：

1. 国防的含义是什么？
2. 国防的基本类型有哪些？
3. 国防史的启示有哪些？
4. 国防与国家是什么关系？
5. 现代国防的基本特征有哪些？
6. 如何认识国防的地位和作用？

第二节 国防建设

新中国成立以前有国无防，国门洞开，中国人民经历了 100 多年丧权辱国的屈辱历史，饱受了大、小帝国主义列强的侵略、欺凌，为争取民族独立和解放进行了英勇的斗争，并为此付出了惨重的代价。中华人民共和国成立后，经过 50 多年的艰苦努力，中国国防建设取得了举世瞩目的成就。今天的中国之所以能巍然屹立在世界的东方，并享有很高的声誉，主要是我国在政治上独立、经济上发展和国防的不断强大。国防建设涉及的范围很广，凡是国家为了增强国防力量，保卫自己的领土主权，在军事、经济、政治、外交、科技、文化和教育等方面所采取的一系列与防务有关的重大措施，如武装力量建设、战场准备、国防工业建设、国防科学技术研究和进行国防教育等，都属于国防建设的范畴。

一、国防领导体制

国防领导体制是指国防领导的组织体系及相应制度。它包括国防领导机构的设置、职权划分、相互关系等。它是国家政权组织形式和机构的重要组成部分。一般设有最高统帅、最高国防决策机构、国家行政机关中管理国防事务的部门、武装力量领导指挥系统等。根据《中华人民共和国宪法》（以下简称《宪法》）、《中华人民共和国国防法》（以下简称《国防法》）和有关法律，我国建立和完善了国防领导体制，对国防活动实行高度集中统一的领导。

（一）国防领导体制的历史发展

中华人民共和国成立以来，为使国防领导体制适应国家政治、经济、科技、文化、教育的发展，特别是适应军事发展和保障国家安全的需要，对国防领导体制进行了多次调整改革，使之在实践中不断发展和完善。

新中国成立之初，根据有关法律的规定，设立中央人民政府人民革命军事委员会，作为国家最高军事领导机关，统一管辖并指挥中国人民解放军及其他武装力量。毛泽东作为党的主席、国家主席和人民革命军事委员会主席，是武装力量的最高统帅。另外，还设有中国人民解放军总司令一职，由朱德担任。由著名将领（包括少数党外著名将领）组成的人民革命军事委员会，下设总参谋部、总政治部、总后勤部。

1954 年 9 月，第一届全国人民代表大会通过并颁布的《宪法》规定，中华人民共和国主席统率全国武装力量，担任国防委员会主席，不再设立中央人民政府革命军事委员会。第一届全国人民代表大会第一次会议决定，设立国防委员会和国防部，撤销中国人民解放军总司令的设置。国防委员会是一个带统一战线性质的名义上的国防领导机构。9 月 28 日，中共中央政治局通过决议，在中央政治局和书记处之下设党的军事委员会，担负整个军事工作的领导。中央政治局、书记处和军事委员会有关军事工作的决定，对内以军事委员会（简称军委）的名义下达，对外以国务院或国防部的名义下达。毛泽东同时担任党的主席、国家主席、军委主席和国防委员会主席，是武装力量的最高统帅。彭德怀主持中共中央军委日常工作，并任国务院副总理兼国防部长和国防委员会副主席。中国人民解放军总部曾实行总参谋部、训练总监部、武装力量监察部、总政治部、总干部部、总后勤部、总财务部、总军械部等八大总部的体制，1958 年 7 月，恢复总参谋部、总政治部、总后勤部三总部体制；

中央军委扩大会议通过的决议规定，中央军委是中共中央的军事工作部门，是统一领导全军的统率机关，军委主席是全军统帅。国防部是军委对外的名义。军委决定的事项，凡需经国务院批准，或需用行政名义下达的，由国防部长签署。1959年和1965年的第二、第三届全国人民代表大会上，刘少奇当选为国家主席和国防委员会主席。毛泽东担任中共中央主席和中共中央军委主席，统率着全国的武装力量。

1975年和1978年通过的《宪法》规定，中华人民共和国武装力量由中国共产党中央委员会主席统率，国家未再设国防委员会。

1982年，第五届全国人民代表大会第五次会议通过的第四部《宪法》规定，设立中华人民共和国中央军事委员会，领导全国的武装力量。中央军事委员会实行主席负责制，主席由全同人民代表大会选举或罢免。与此同时，中共中央军事委员会继续存在，其职能和国家中央军委完全相同。这表明中央军委同时有两个名义：一个是中共中央军事委员会，另一个是国家的中央军事委员会，从而确立了党和国家高度集中统一地行使领导职权的国防领导体制。

（二）国家形式与国防领导体制

国防领导体制，亦称军事领导体制，即国家或政治集团领导国防（军事）建设，指挥和管理武装力量的组织系统和工作制度。它与国家的国体、政体、国家的职能有着密切的联系。国家的性质，又称国体。国家作为统治阶级有组织、有系统的暴力机器，包括军队、监狱、警察、法庭等暴力机构，这就要直接联系到国防领导体制。国家的职能有对内、对外两种，对内职能包括统治职能和社会职能，而对外职能之一就是国防。新中国成立以来，我国人民先后进行过抗美援朝、抗美援越和中印、中越边界自卫还击作战，胜利地保卫了国家的领土和主权，从实践和理论上丰富和发展了马克思主义关于"保卫祖国"的国家政权学说。在构成国防实力和潜力的诸因素中，国家对国防的领导能力尤为重要，而国家对国防的领导，则是指在国家战略思想指导下，对整个国防事业进行统一筹划，采取有效措施，使之付诸实现的决策与实施的过程，使构成国防力量的诸因素协调发展，以充分发挥保卫国家安全的职能。国家对国防的领导具有战略性、全面性和长远性等显著特点，在国防建设事业和武装力量建设中处于十分重要的地位。历史反复证明，能否驾驭风云变幻、错综复杂的国际形势，能否组织现实的及潜在的军力、经济力和政治力，以对付危及国家安全的不测事件，领导军队和人民赢得反侵略战争的胜利，是检验国防领导能力的根本标志。

在新的历史条件下，错综复杂的国际、国内形势的发展变化，要求国家科学预测未来，更加重视决策的咨询，发挥"思想库"、"智囊团"在国防决策中的"外脑"作用，制定符合国家军事战略的方针和国防政策等。特别是当代高新技术的发展及其在军事领域的应用，使武器装备更新换代的步伐大大加快，要求国家及时确定国防科技和武器装备发展的方向和目标；现代战争对经济条件的依赖日益增强，要求国家合理地规划武装力量的规模及总体结构，正确处理国防建设和经济建设的关系，从总体上增强国防实力；现代战争对常备军和后备力量的素质提出了新的要求，如何拓宽国防人才培养途径，提高教育、训练质量，已提到了战略地位，因此世界各国都把加强和完善国防领导体制，作为国家致力于国防现代化的总目标之一。

（三）国防领导的特征及组织形式

我们党和国家对国防的领导，核心是制定战略方针，对武装力量和国防建设事业实施全面的领导和管理。作为国防建设、武装力量建设根本依据的战略方针正确与否，以及国防建设事业的领导和管理，是否机制健全、目标明确、运行高效率，关系到国家整体力量的正确运用和作用的发挥，关系到国家的安全与发展。武装力量是国家军事实力的主体，它的建设和发展直接关系到国家的安危。所以，党和国家对国防的领导是党和国家的重要职能，是国家政权机构行使最高国家权力的一种表现。正是由于国家对国防领导的这种职能，决定国防领导在组织上具有最高层次性，在意志上具有最高权威性，在内容上具有极大的广泛性，在活动方式上具有严密性等特点。

党和国家对国防领导在组织上的最高层次性，主要表现在这种领导是由最高国家权力机关、国家元首、最高国家行政机关和国家军事领导机关来进行的。由于国防领导在组织上具有最高层次性的特点，因此，便具有在意志上的最高权威性的特点。国防最高领导对国防问题的决策和发布的指示、命令，社会所有组织及全体成员都必须服从，有关的法律要强制执行。否则，全社会就不能形成最大的合力，阶级和国家的意志不能得以贯彻。

国防领导活动内容上的极大广泛性，主要表现在它不仅直接领导国防建设和武装力量建设，而且还包括与国家相关的政治、经济、科技、文化和外交等方面的领导和管理。

正由于国防领导涉及国家各种高层机构和国家整个社会活动，要使它们形成最大的社会整体合力，这些国家高层机构的协调一致对整个国家社会活动则是不可或缺的，因此，决定了最高国防领导的活动方式具有严密的整体性。

党和国家对国防的领导，是通过一定的组织机构来实现的。这种组织形式，是历史发展的产物。同时，一个国家的最高国防领导组织形式，同本国的社会制度、历史传统和国体、政体密切相关。因此，世界各国最高国防领导的组织形式，既有共同点，又不尽相同。美国最高国防领导的组织机构是国家安全委员会，苏联的最高国防领导是由苏共中央、最高苏维埃和部长会议来实施的。

我国最高国防领导的组织形式，体现了国体、政体和传统的一致性。它的一个基本特征就是党在国防领导中的决定性地位和作用。革命战争年代，军事最高领导是党中央的军事委员会，党中央主席兼任军委主席，实行一元化领导。新中国成立以来，中国共产党成为执政党，是国家和社会主义建设事业的领导核心。我国的最高国防的领导也在实践中不断发展完善。其组织形式经历了多次变革，但根本的一条没有变，即中国共产党的核心领导。1949年《中国人民政治协商会议共同纲领》中规定由中央人民政府人民革命军事委员会统率全国武装力量，1954年9月成立了中共中央军事委员会，领导整个军事工作。同时，根据新中国第一部《宪法》，设立国防委员会和国防部，由国家主席担任国防委员会主席，赋予国家主席统率全国武装力量的权力，规定国务院领导武装力量建设，这是一种党和国家统一领导的国防领导体制。我国在1975年和1987年颁发的两部《宪法》中，规定由中共中央主席统率全国武装力量。1954—1981年，中共中央主席担任中央军委主席，进行一元化领导。1982年12月4日，中华人民共和国第五届全国人民代表大会第五次会议通过的《宪法》（第四部《宪法》）规定，中华人民共和国中央军事委员会领导全国武装力量。同时规定，国家中央军委和中共中央军委同设一个机构，组成人员和对军队的领导职能完全一致。这样，既坚持和改善了党的领导，又进一步明确了军事系统在国家机构中的地位，确立了由党和国家共同行使领导职责的最高国防领导体制。

因此，我国最高国防领导体制的组织形式，既体现了党对武装力量和国防建设事业的领导，又有利于国家机构领导全国武装力量，领导和管理国防建设职能的发挥，这对于国家加强武装力量的革命化、现代化、正规化建设，增强国防力量，实现国防现代化的宏伟目标，是强有力的组织保证。

（四）中华人民共和国国防领导职权

根据《宪法》和《国防法》，中华人民共和国的国防领导职权由中共中央、全国人民代表大会及其常务委员会、国家主席、国务院、中央军事委员会行使。

1. 中共中央的国防领导职权

中国共产党作为执政党，是领导中国社会主义事业的核心力量。中共中央在国家生活包括国防事务中发挥决定性的领导作用。有关国防、战争和军队建设的重大问题，都是由中共中央、中央军事委员会、中央政治局及其常务委员会做出决策并通过必要的法定程序，作为党和国家的统一决策贯彻执行。

2. 全国人民代表大会及常务委员会的国防领导职权

中华人民共和国全国人民代表大会是最高国家权力机关。《国防法》第十条规定：全国人民代表大会依照宪法规定，决定战争和和平的问题，并行使宪法规定的国防方面的其他职权。《国防法》第十一条规定：全国人民代表大会常务委员会依照宪法规定，决定战争状态的宣布，决定全国总动员或者局部动员，并行使宪法规定的国防方面的其他职权。

3. 国家主席的国防领导职权

《国防法》第十二条规定：中华人民共和国主席根据全国人民代表大会的决定和全国人民代表大会常务委员会的决定，宣布战争状态，发布动员令，并行使宪法规定的国防方面的其他职权。

4. 国务院的国防领导职权

中华人民共和国国务院是最高国家权力机关的执行机关，是最高国家行政机关。《国防法》第十二条规定：国防院领导和管理国防建设事业，行使下列职权：编制国防建设发展规划和计划；制定国防建设方面的方针、政策和行政法规；领导和管理国防科研生产；管理国防经费和国防资产；领导和管理国民经济动员工作和人民武装动员、人民防空、国防交通等方面的有关工作；领导和管理拥军优属工作和退出现役的军人的安置工作；领导国防教育工作；与中央军事委员会共同领导中国人民武装警察部队、民兵的建设和征兵、预备役工作以及边防、海防、空防的管理工作；法律规定的与国防建设事业有关的其他职权。

5. 中央军事委员会的国防领导职权

中华人民共和国中央军事委员会是最高国家军事机关，负责领导全国武装力量。《国防法》第十三条规定：中央军事委员会领导全国武装力量，行使下列职权：统一指挥全国武装力量；决定军事战略和武装力量的作战方针；领导和管理中国人民解放军的建设，制订规划、计划并组织实施；向全国人民代表大会或者全国人民代表大会常务委员会提出议案；根据宪法和法律，制定军事法规，发布决定和命令；决定中国人民解放军的体制和编制，规定总部以及军区、军兵种和其他军区级单位的任务和职责；依照法律、军事法规的规定，任免、培训、考核和奖惩武装力量成员；批准武装力量的武器装备体制和武器装备发展规划、计划，协同国务院领导和管理国防科研生产；会同国务院管理国防经费和国防资产；法律规定的其他保职权。《国防法》第十四条规定：国务院和中央军事委员会可以根据情况召开协调会议，解决国防事务的有关问题。会议议定的事项，由国务院和中央军事委员会在各自的职权范围内组织实施。

二、国防建设成就

国防建设是国家为提高国防实力而进行的各方面的建设。主要包括：武装力量建设，边防、海防、空防、人防及战场建设，国防科技与国防工业建设，国防法规与动员体制建设，国防教育，以及与国防相关的交通运输、邮电、能源、水利、气象、航天等方面的建设等。我国在所有这些方面都取得了显著成就。

（一）建立了有中国特色的武装力量领导体制

我国的武装力量领导体制，是在长期的革命战争中形成和发展起来的。新中国成立后，根据中央人民政府 1949 年 10 月 19 日的命令，成立了中央人民政府人民革命军事委员会，作为全国武装力量的最高统帅机关。1954 年 9 月，第一届全国人民代表大会第一次会议通过的《宪法》规定，中华人民共和国主席统帅全国武装力量，并决定设立国防委员会和国防部，由国家主席担任国防委员会主席。与此同时，取消了中央人民政府人民革命军事委员会，在同月召开的中央政治局会议上，决定在中央政治局和书记处之下成立中共中央军事委员会，领导中国人民解放军和其他武装力量。中央军事委员会下设总参谋部、总政治部、总后勤部，作为中央军事委员会的工作机关。为加强我军武器装备建设，1998 年，中央军事委员会增设了总装备部。在中央军事委员会的领导下，还设有负责各军种组织建设、军事训练和战备、作战的海军、空军、第二炮兵指挥机关，此外，直接隶属中央军事委员会的还有军事科学院和国防大学、国防科学技术大学等单位，以及负责指挥驻在各大战略区范围内的陆、海、空军部队和民兵的大军区领导机关。

1982 年起，党和国家共同设立中央军事委员会。这种体制，既贯彻了党对军队绝对领导的根本原则，又适应我军已成为国家主要成分的实际，进一步完善了国家武装力量的领导体制，体现了党领导军队与国家领导军队的一致性。这种领导体制，便于运用国家机器来加强武装力量的建设，可以使党中央对军事工作的决策、指示具有法律效力，成为国家意志，以保证军队的最高领导权、指挥权高度集中统一。这种领导体制，也符合我国的国情和军情，体现了四项基本原则这个立国之本的要求，体现了中国共产党作为唯一的执政党在国家政治生活中的领导地位和作用。

（二）中国人民解放军的革命化、现代化和正规化建设有了突破性的进展

新中国成立后，人民解放军在继续加强革命化建设的同时，亦更加注重现代化、正规化建设。特别是改革开放以来，国防现代化建设，尤其是军队的现代化建设，有了突破性的进展，取得了一系列重大成就。军队现代化建设从大的方面来讲，主要有三条：第一，要有具有高度的政治觉悟，先进的军事思想和较高的科学文化素养，能够熟练掌握现代化武器装备和指挥、作战方法的人；第二，要有高新技术含量大的现代化武器装备；第三，要有人和武器的最佳结合，要有科学合理的编制和体制，严格的训练。

新中国成立初期，人民解放军基本上是一支以步兵为主的陆军，炮兵、装甲兵等技术兵种所占比例非常小，且海军、空军仅具雏形。经过 50 多年的艰苦努力，人民解放军实现了由单一陆军向诸军兵种合成军队的发展，不仅研制和装备了种类比较齐全的常规武器装备，而且拥有了具有战略威慑力的原子弹、氢弹等尖端武器装备。

20 世纪 90 年代以来，人民解放军继续向着更高级的阶段迈进。根据高技术战争的特点

和影响，开始把军事斗争准备的立足点放在打赢现代技术特别是高技术条件下的局部战争上面，军队建设正逐步实现由数量规模型向质量效能型、由人力密集型向科技密集型的转变；在发展武器装备方面，根据现代技术特别是高技术条件下局部战争的需要，努力发展高技术"撒手锏"；在改革调整体制编制方面，进一步压缩军队规模，在减少数量的同时，根据优先发展海军、空军、二炮及加强技术兵种建设的原则，优化了诸军兵种的比例结构，完善合成体制，使军队体制编制更能适应联合作战的需要；在改革教育训练方面，为培养掌握现代科技知识和战争知识，精通现代军事科学理论的高层次指挥人才，指挥院校增设了硕士、博士生教育，在全军范围内实施"人才战略工程"，部队训练加大了实战力度。

面向 21 世纪，人民解放军必将按照江泽民同志提出的"政治合格、军事过硬、作风优良、纪律严明、保障有力"的总要求，继续优化编制体制，更新教育训练内容和手段，改善武器装备，加强质量建设，提高诸军兵种的合成化水平，向精兵、合成、高效的方向发展。可以预见，21 世纪的人民解放军仍将能够昂扬地面对任何挑战而不辱使命。

（三）形成了门类齐全、综合配套的国防科技工业体系

国防科技是衡量一个国家综合国力的重要标志之一，也是国防现代化建设的一个重要方面。经过 50 多年的建设和发展，我国的国防科技工业从无到有、从小到大、从落后到先进，建立起了包括电子、船舶、兵器、航空、航天和核能等门类齐全、综合配套的科研实验生产体系，取得了一大批具有国内或国际先进水平的科研成果，为我军现代化建设和切实增强我国的综合国力作出了重要贡献。

在军用电子方面，逐步发展成为具有相当规模、门类齐全的新兴工业部门，特别是在指挥自动化、情报侦察、预警探测、电子对抗和通信等方面，为我军提供了各种新式装备和产品，进一步增强了部队侦察、通信、指挥和作战能力。

在船舶工业方面，先后自行研制建造了核动力潜艇、常规潜艇、导弹驱逐舰、导弹护卫舰、导弹快艇等作战舰艇，以及各种辅助船舶和新型鱼雷、水雷、反水雷等新装备。

在兵器工业方面，研制生产了一大批性能先进的坦克、装甲车辆、火炮、弹药、轻武器、军用光电器材和综合火控、指挥系统等新型武器装备。

在航空工业方面，研制生产了歼击机、轰炸机、直升机、运输机、教练机等，基本满足了海、空军作战和飞行训练的需要。

在航天科技工业方面，已拥有地地、地空、海空和空空导弹武器系统，运载火箭、各种应用卫星的研制发射和实验能力，在世界航天技术领域占有一席之地。

在核工业方面，我国不仅可以生产制造原子弹、氢弹，还掌握了核潜艇技术，形成了我国的核威慑力量，在和平利用核能方面，我国也取得了突破性进展。

（四）国防后备力量建设取得了长足的发展

我们党和国家历来十分重视国防后备力量建设。经过几代人的努力，形成了一整套制度和优良作风。党的十一届三中全会以来，尤其是从 1985 年以来，党中央、国务院、中央军委明确提出"精干的常备军和强大的后备力量相结合，是建设现代化国防的必由之路"这一基本指导方针之后，作为一支伟大战略力量的国防后备力量，越来越受到党和国家的高度重视，并在全国范围内形成了一个各级地方党政领导关心后备力量建设、各级军事机关狠抓后备力量建设、社会各界和广大人民群众积极支持后备力量建设的可喜局面。我国国防后备

力量建设，经过一系列的调整改革，各项工作均取得了明显的成绩。

一是实现了指导思想的战略性转变，走上了和平时期稳步发展的轨道。当前，更加明确地提出：民兵工作要以更好地适应新时期军事战略方针和适应发展社会主义市场经济的新形势为指针。二是确立并实行了民兵与预备役相结合的制度，初步形成了具有中国特色的国防后备力量体系，并下大力重点抓了基干民兵队伍建设和预备役部队建设，加强了训练，更新了武器装备，使我国后备兵员的整体素质有了较为明显的提高。三是注重了宏观指导，合理布局。边海防、大中城市和重点地区的民兵工作得到加强。四是民兵、预备役部队在参战支前、保卫边疆、发展生产、扶贫帮困、抢险救灾、维护社会治安等方面发挥了重要作用，为国家的改革、发展和稳定做出巨大的贡献。五是健全了国防动员机构，为了保证国家在一旦发生战争的情况下，能很快由平时状态转入战时状态，调动足够的人力、财力、物力应付战争的需要，我国于1995年成立了战争动员委员会，下设兵员动员、经济动员等四个办公室，负责指导、协调全国的后备力量建设和动员工作。军队从总部机关到各军区、集团军、师、团均设有动员机构或动员军官。省军区、军分区、人武部既是同级党委的军事部门，又是政府的兵役机关，是集后备力量建设与动员工作于一体的机构。六是加强了国防教育，恢复并加强了对大学、高级中学（含相当于高中）在校学生的军训工作。2001年6月26日，国务院办公厅、中央军委办公厅以（国办发【2001】48号）文件的形式，转发了教育部、总参谋部、总政治部关于在普通高等学校和高级中学开展学生军事训练工作的意见，使学生的国防教育正式纳入到整个国民教育体系之中。2001年4月28日第九届全国人民代表大会常务委员会第二十一次会议通过了《中华人民共和国国防教育法》标志着国防教育走上了法制化、规范化的轨道。

三、国防政策

国防政策，指国家进行国防建设和使用国防力量的准则。通常可分为总政策和具体政策，是国防建设和国家安全的保证。国防政策具有鲜明的阶级性，不同的国家有不同的国防政策。中国的国防政策遵循中国共产党确定的基本路线和毛泽东关于人民战争的思想，实行积极防御的战略方针，为维护和平反对侵略服务。

我国是社会主义国家，奉行独立自主的和平外交政策，不称霸，不谋求任何超出国际法规定的海外利益；我国是一个大国，幅员广大，陆、海边境线长，邻国多，历史遗留的边界争议多；我国还未实现国家的完全统一，特别是台湾问题的解决还有待时日；我国是初步实现了"小康社会"的发展中国家，经济、科技的现代化程度与发达国家仍然有较大的差距；我国实行"一个中心、两个基本点"的基本路线，国家的中心工作是经济建设。以上国情决定了我国必须重视国防，要求制定适当的国防政策，以保卫国家的安全，保障实现国家的发展战略，保障实现祖国统一。我国国防政策主要内容包括从事国防建设和使用国防力量的目的、方针、重点、体制、途径等。

（一）实行积极防御，坚决保卫国家利益

《国防法》规定，中国"实行积极防御战略，坚持全民自卫原则"。我国国防的唯一目的是保卫自身的安全，我们绝不谋求超出我国合法权益以外的任何利益，我们也绝不会首先挑起战争，我们不会掠夺别国的一寸土地，也绝不干涉别国的内政，我们只求捍卫属于自己的利益。我国的社会主义性质、国家利益、国家发展状况和独立自主的和平外交政策，决定

了我国必须实行积极防御的国防政策。这个政策的基本目标是：巩固国防，抵御外敌侵略，保卫国家领土、领空、领海主权和海洋权益，维护国家统一和安全。这一基本目标，也是1982年颁布的《宪法》赋予中国人民解放军的主要职责。如果有谁肆意侵犯我国领土主权，严重危害我国安全，我们必定给予坚决的回击。我们将积极、主动、灵活地使用一切武力的、非武力的手段，坚决捍卫国家利益。

（二）国防建设要与国家经济建设协调发展，服从和服务于国家经济建设

在整个社会主义初级阶段，解决中国面临的所有问题，包括国防和军队现代化问题，关键是要把经济发展起来，这是决定当代中国命运的根本所在。经济发展了，才能为国防现代化提供坚实的物质基础。当前，我国的中心任务是发展经济，国防建设必须服从和服务于国家经济建设，与经济建设协调发展。这是中国国防建设的一个基本点。"服从和服务"并不等于可以忽视国防建设。国防力量是国家综合国力的有机组成，国防现代化也是国家"四个"现代化的一部分，国防和军队建设作为国家整体利益的内在需要，必须同经济建设协调一致发展。有了强大的国防作后盾，国家安全和现代化建设才有可靠的保证。

（三）坚持走有中国特色的精兵之路

江泽民同志指出："要实行精兵政策，这是我军建设的必由之路。如果我们不采取有力措施，进一步提高我军的质量水平，就不可能适应形势的发展，就无法完成新时期军事斗争准备的各项任务。"走有中国特色的精兵之路，目标是建设一支现代化、正规化的革命军队。只有认真贯彻这一决策，才能够保证军队建设与国家经济建设协调一致的发展，使军队指挥系统更加精干高效，部队编组更加科学，诸军兵种合成进一步加强，快速反应能力和机动作战能力更加提高。

（四）独立自主地建设和巩固国防

中国的社会制度、对外政策、历史传统和自然地理等国情，决定了中国必须独立自主地建设和巩固国防。独立自主，就是立足于依靠自己的力量来保障国家的安全。历史事实证明，依赖别国，就有可能受制于人，招致国家利益受损。中国独立自主的国防政策要求：坚持不与任何国家或国家集团结盟，不加入任何军事集团；坚持从国情出发，独立自主地进行决策和制定战略；坚持主要依靠自己的力量建设国防工业和国防科技体系，发展武器装备；坚持国家利益高于一切的原则，独立地处理一切对外军事事务。总之，根据本国的安全需求，自主地进行国防决策和国防现代化建设。

（五）实现国防现代化

国防建设以现代化为中心，是中国国防和军队建设的主要矛盾所决定的。其表现是，现代战争的客观需要同国防现代化、军队现代化水平还比较低的矛盾。只有不断提高国防现代化、军队现代化的水平，才能适应现代战争特别是高技术局部战争的客观需要，有效地维护国家的安全。国防现代化有着丰富的内容，其中国防科学技术的现代化是关键，武装力量特别是军队的现代化是重点。实现国防现代化，要求国防科学技术要走在发展的前列，为武装力量和武器装备的现代化提供先进的物质技术基础。同时，要抓好国防人才、国防体制、国防动员、国防理论、国防法制等的现代化建设，全面提高国家的综合国防力量。

（六）实行军民结合，全民自卫

在国防建设和国防斗争中，坚决地依靠广大人民群众的力量，坚持军民结合、全民自卫

的原则。在武装力量建设方面，重视民兵和预备役的建设，实行精干的常备军与强大的后备力量相结合。在国防斗争中，发挥民兵和广大群众的威力，在边防、海防前线建立起军、警、民结合的联防体系。加强全民的国防教育，提高人民群众的国防意识，健全国防动员机制以保证一旦发生战争，能够充分动员人民群众实行全民自卫。国防工业和科技的发展，实行军民结合、平战结合、军品优先、以民养军的方针，在经济发展规划、工业生产布局、大型工程施工、科技教育发展、交通邮电建设等方面都要做到军民结合，平战结合，实现寓国防人才于民，寓国防科技于民，寓国防物资于民，把国防事业植根于人民群众之中。

（七）致力于维护世界和平和促进人类进步事业

中国奉行独立自主的和平外交政策，不搞霸权主义，不搞侵略扩张，不同任何国家结成军事同盟，不在国外驻军或建立军事基地。中国反对军备竞赛，主张根据公正、合理、全面、均衡的原则，实行有效的裁军和军控。中国主张通过协商，和平解决国与国之间的分歧和争端，反对诉诸武力或以武力相威胁。中国的国防建设不针对任何国家，不对任何国家构成威胁。中国国防政策的核心和实质是：捍卫国家独立、主权、统一和安全，促进国家的改革开放和国民经济的发展，维护世界和周边稳定。

复习题：

1. 我国国防的领导体制和组织形式是怎样的？
2. 新中国国防建设成就有哪些？
3. 我国现行的国防政策是什么？

第三节　国防法规

国防法规是现代国防建设的重要组成部分。在改革开放和发展社会主义市场经济的历史条件下，确立依法治军方针，加强国防法规建设，把国防建设纳入法制轨道，充分发挥法律机制的规范、调节、保障和引导作用，运用法律机制来确定、调整和强化国防部门同国家机构中其他各部门之间以及国防系统内部各个系统之间的关系，保证国防建设与经济建设协调发展，这既是国防现代化建设的内在要求，也是实现国防现代化的重要保障。

一、国防法规的含义、体系和作用

（一）国防法规的含义

国防法规是指国家为维护国防利益，通过立法手段制定的，用于调整国防建设与武装力量建设中的各种社会关系的法律、法规及规范性文件的总称。国防法规有广义和狭义之分。广义的国防法规是指包括宪法、基本国防法律、国防法律、国防法规、国防规章等在内的所有调整国防建设和武装力量建设中的各种社会关系的规范性文件的总称。狭义的国防法规是指在国防法律体系中法规这个层次的规范性文件的总称。国防法规，通常指的是广义的国防法规。

（二）我国国防法规体系及其主要内容

国防法规的体系是指由不同层次、不同门类的国防法律规范构成的相互联系、相互制约、和谐一致的有机整体。根据《中华人民共和国立法法》，我国国防法规体系大致分为下列层次和种类：

1. 全国人民代表大会及其常务委员会制定的国防法律

我国《宪法》第五十八条规定："全国人民代表大会和全国人民代表大会常务委员会行使国家立法权。"根据我国国防立法的实践，凡属于重要的国防法规，均由全国人民代表大会及其常务委员会制定。例如《中华人民共和国国防法》、《中华人民共和国兵役法》、《中华人民共和国惩治军人违反职责罪暂行条例》、《中华人民共和国现役军官法》等。

2. 中央军委制定的军事法规、国务院单独或者与中央军委联合制定的军事行政法规

国务院是我国最高国家权力机关的执行机关，是最高国家行政机关。中央军委是国家最高军事机关，领导全国武装力量。它们都是由国家权力机关授权制定和颁布有关法规的机关。国务院和中央军委制定的有关军事法规和军事行政法规，在国防立法中占有重要地位。

3. 军委各总部制定的军事规章，国务院有关部门单独或与军委总部联合制定的军事行政规章

这一层次的国防（军事）立法通常有三种情况：一是在各自的权限和管理范围内根据国防法律、军事法规和军事行政法规分别发布管理性规定、规则、办法。二是由国务院有关部门或军委各总部草拟，报经国务院、中央军委批准，由国务院有关部门和军委有关总部联合发布的管理性规章。三是按照国防法律规定，制定国防法律或军事法规、军事行政法规的实施规则或管理细则。

4. 各军兵种、各大军区发布制定的军事规章，地方各级权力机关和行政机关制定的军事法规和军事规章

这一层次的国防立法，也属于军事规章的大的范围，只是更具体，其名称主要为规则、规定、办法、训练大纲、内务条令等。一些拥有地方性法规和规章制定权的机关和行政机关，可以依据本地区的实际情况指定一些地方性的军事法规和军事规章。

我国的国防法规按调整领域划分为十六个门类：一是国防基本法类；二是国防组织法类；三是兵役法类；四是军事管理法类；五是军事刑法类；六是军事诉讼法类；七是国防经济法类；八是国防科技工业法类；九是国防动员法类；十是国防教育法类；十一是军人权益保护法类；十二是军事设施保护法类；十三是特别行政区驻军法类；十四是紧急状态法类；十五是战争法类；十六是对外军事关系法类。

（三）国防法规的特点

国防法规是国家法律的组成部分，是由国家制定或认可的，并由国家强制力保证其实施的行为规范，具有法律的一般特性：鲜明的阶级性；高度的权威性；严格的强制性；普遍的适用性；相对的稳定性。同时，国防法规还具有区别于其他法规的特殊性质，主要表现在四个方面：

1. 调整对象的军事性

国防法规作为法律的组成部分，所调整的是国防和武装力量领域的各种社会关系。调整对象的军事性，是其他任何法律规范所不能代替的，这是国防法规特性的一个基本表现。

调整对象的军事性并不意味着国防法规只管军队，不管地方。国防是国家行为。虽然这种社会关系是军事性的，但这些社会关系所涉及的行为主体并不都是军队和军人，政治、经济、外交、科技、教育等各个部门和社会各阶层人士都与国防有关。因此，一切社会团体和

个人都必须按照国防法规的要求，履行自己的国防义务。

2. 公开程度的有限性

公开性是法律固有的特征。一般的法律都是公开的，以便全体公民熟悉和遵守。从整体上看，国防法规也具有公开性，但与其他法律相比，国防法规的公开程度比较低。一些涉及军事机密的国防法规只限定有关人员知晓，如关于作战、训练、军队编制和国防科研等方面的法规都具有保密性。为加强国防法制建设，对能够公开的国防法规应积极宣传，力求人人皆知；对于不能公开的国防法规应严格保密，以维护国家的安全利益。

3. 司法适用的优先性

国防法规的优先适用，是指在解决与国防利益、军事利益有关的法律问题时，如果国防法规和普通法规都有相关的规定，要以国防法规的规定作为评判是非的标准和采取行动的准则。优先适用不是指先后顺序，而是一种排他性的单项选择。国防法规属于特别法，根据国际公认的"特别法优先于普通法"的法律适用原则，在涉及国防利益、军事利益的案件中，只适用国防法规，不适用普通法。

4. 处罚措施的严厉性

国防法规所保护的国防利益，是最根本的国家利益，关系国家的兴衰存亡，因而对危害国防利益的犯罪实行比较严厉的处罚措施。如《中华人民共和国刑法》（以下简称《刑法》）规定，抢劫罪通常处3年以上10年以下有期徒刑；而冒充军警人员抢劫的，抢劫军用物资的，处10年以上有期徒刑、无期徒刑或者死刑。同一类型的犯罪，战时的处罚要更严厉一些。《刑法》、《中华人民共和国兵役法》（以下简称《兵役法》）都有战时从重处罚的规定。如平时应征公民拒绝、逃避征集的，在两年内不得被录取为国家公务员、国有企业职工，不得出国或者升学，还可同时处以罚款；而战时要依法追究刑事责任。

二、国防法

《国防法》于1997年3月14日由第八届全国人民代表大会第五次会议审议通过，江泽民1997年第八十四号主席令公布施行。该法共12章，70条，主要规定了国防活动的基本原则，国家机构的国防职权，武装力量的构成、任务和建设，国防动员和战争状态，公民、组织的国防义务和权利，对外军事关系等。《国防法》是我国国防和武装力量建设的基本法。

（一）颁布《国防法》的意义

1. 国防法能够有效调节国防建设中的各种关系

当前我国的国防建设正面临着国家经济体制的转变和军队建设指导思想的战略性转变后带来的新课题。这两个转变必然涉及对国防利益确认和调整的问题，以及国防建设与经济建设协调发展问题。解决以上两个新课题的根本措施，就是制定一部有中国特色的《国防法》。

2. 《国防法》能够指导国防潜力积蓄，并促使其向国防实力转化

《国防法》是指导国防潜力积蓄的重要手段。在经济建设的同时，不能忘记国防建设，考虑战时的需要，不断积蓄国防潜力，用国防基本法律来约束和保证这种国家与国防、社会与国防、经济与国防的关系，有效地实行平战结合、军民结合；重视确立国防动员体制，对不同的国防动员主体、动员计划、动员程序等提出要求，以保证在战争需要时，能迅速将国

防潜力转化成国防实力，发挥国家的整体力量，赢得战争的胜利。

3. 《国防法》是国防建设的基本依据

《国防法》能够实现国防决策的权威性和高效性。只有建立权威、高效的国防决策机构，才能对现代战争做出迅速、果断的决策。同时，《国防法》是加强国防实力建设的重要保障。综合国防力量是由多种力量要素构成的，它的大小不仅取决于各种力量要素的大小，而且取决于这些力量要素的比例关系和组合形式，只有借助于国防法律的手段，才能求得国防力量内部各力量要素最佳结构和比例关系，获得最大的整体利益。

4. 《国防法》是保护国家军事利益的锐利武器

《国防法》从国家总体战略和总体利益的高度规定：维护国家军事利益是一切国家机关及其工作人员、武装力量及其全体成员、各政党及其全体党员、各社会团体及其全体成员、各企事业组织及其成员以及全国公民的共同职责；对一切侵害国家军事利益和违反国防法的行为，必须予以追究。通过追究法律责任，使被违法和犯罪行为破坏的军事法律关系和军事法律秩序得以重新恢复，使公民受到国防法制教育，从而使国家军事利益得到法律保护。

5. 《国防法》能够提高全民族的现代国防法律意识

当前，一些人的国防意识处于滞后状态，片面地认为国防法是军队的法，而不认为是全体公民都必须遵守的法律。强烈的国防法律意识不仅是保障国家安全的需要，也是国家发展、民族振兴、增强凝聚力和向心力的"黏合剂"。国防法律意识是一种黏和力量，把它灌注到全民当中，在军事上会转化为战斗力，在经济建设上可以转化为生产力。

（二）《国防法》的主要内容

《国防法》是一部仅次于国家《宪法》的国防基本法，《国防法》总共 12 章 70 条。它对涉及国防领域各方面的关系进行了调整。其主要内容包括：规范了国家防务建设的基本方针和基本原则，如抵御外敌入侵，防止颠覆，维护国家安全，捍卫国家主权，保证国家领土、领海、领空不受侵犯，坚持全民自卫，坚持国防建设与经济建设协调发展以及独立自主处理国防事务等原则；规范了国防建设的基本制度，如兵役、军事人事、军事经济、国防科技、国防动员、国防协调会议及国防教育等若干基本制度；规定了党对武装力量和国防活动的领导及国家机构的国防职权等；规范了公民、国家机关、社会组织的国防义务和权利，如依法征兵，保证兵员质量，公民依法服兵役，自觉接受国防教育，相关企事业单位要保质保量地完成国防科研生产、接受国家军事订货等。

（三）国防活动的基本原则

1. 维护国防利益原则

《国防法》第四条规定："国家独立自主、自力更生地建设和巩固国防，实行积极防御战略，坚持全民自卫原则。"这是维护国防利益原则的集中体现。

首先，要坚持独立自主、自力更生。独立自主、自力更生是维护国防利益原则的自主性的体现，是指国家采取的根据自己的国情，立足于依靠自己的力量来维护国防利益的国防战略方针。它主要体现在以下几个方面：（1）坚持从国情出发，独立自主地进行国防决策和制定国防发展战略；（2）奉行独立自主的和平外交政策，不与任何国家或国家集团结盟，不参加任何军事集团，主张通过协商和平解决国家间的纠纷和争端，主张在和平共处五项原则的基础上同所有国家发展友好合作关系；（3）独立自主地处理一切对外军事事务，开展军事交流与合作；（4）自力更生地建设国防科技工业和发展武器装备。虽然独立自主、自力更生的实质是坚持以我为主，努力发挥自身的优势。但是，绝不能因此而走向"闭关锁国"的极端。根据我国国防的实际情况，适当地借助一些外援，有选择地借鉴国外先进的国防法律制度，必将有助于国防建设的巩固和发展，从而加快国防现代化建设的进程。

其次，就是要积极防御。积极防御是维护国防利益原则的防御性的体现，是指国家采取的主动的防备和抵御侵略和颠覆的国防战略方针。它的内容主要体现在以下几个方面：（1）坚持实行防御和后发制人的原则，坚持"人不犯我，我不犯人，人若犯我，我必犯人"的原则；（2）在和平时期要努力做到遏制战争与准备打赢自卫战争的统一，在战争时期要努力做到战略上的防御与战役战斗上的积极攻势行动的统一；（3）立足于用现有武器装备作战，继承和发扬用劣势装备战胜敌人优势装备的优良传统；（4）适应世界军事领域的深刻变革，立足于打赢信息化条件下的局部战争，加紧做好军事斗争准备。

再次，要全民自卫。全民自卫是维护国防利益原则的全民性的体现，是指国家采取的由全体人民保卫自己的国家不受侵略和颠覆的国防战略方针。全民自卫原则的内容主要体现在以下几个方面：（1）坚持在现代化条件下的人民战争思想；（2）实行精干的常备军与强大的国防后备力量相结合；（3）坚持平战结合、军民结合、寓兵于民的方针。普及和加强国防教育，提高全民的国防意识，完善国防动员体制，提高国防动员能力，保证一旦发生战争，能够充分动员广大人民群众实行全民自卫。

2. 协调发展原则

贯彻落实科学发展观，实现国防建设与经济建设协调发展。

《国防法》第四条第二款规定："国家在集中力量进行经济建设的同时，加强国防建设，促进国防建设和经济建设协调发展。"因此，协调发展原则的内容主要体现在以下两个方面：

第一，国防建设应当以经济建设为中心。国防建设以经济建设为中心是我们党在社会主义初级阶段的基本路线的必然要求。在相对和平时期，国家要发展，社会要进步，经济建设始终是国家建设的大局和首要任务，离开这个大局和首要任务，社会主义就有丧失物质基础的危险。因此，国防建设只能居于服从并服务于国家经济建设大局的地位，使国防和军代现代化进程与国家现代化进程相一致。在经济基础设施建设中兼顾平时和战时的需要。积极开发军民两用技术和产品，形成国防建设和经济建设协调发展的机制，使国防建设融入经济社会发展体系之中。

第二，国防建设是国家建设的重要组成部分，是增强综合国力的重要内容。因此，必须从国家建设的全局着眼，加强国防建设。而加强国防建设就必将涉及军事、政治、经济、外交、科技和教育等各个方面。为此，应当把国防建设摆在一个恰当的位置上，在进行经济建设的同时逐步加强国防现代化；在发展经济的同时增强国防实力。

3. 统一领导原则

《国防法》第五条规定："国家对国防活动实行统一的领导。"关于这一原则我们可以从两个方面来理解：一是对国防活动决策的统一领导，国防法律规范和国防政策是国家统一意志的体现，由国家机构统一制定，从而为实现国家对国防活动的统一领导提供重要的前提条件；二是对国防活动决策的统一领导。国防法律规范和国防政策由国家机构统一适用。对于符合国防法律规范和国防政策的行为予以保护或者奖励，而对于违反国防法律规范和国防政策的行为则予以制裁。同时，国家机构组织全体公民或组织，包括军人和军内组织统一遵守国防法律规范和国防政策，最终实现国家对国防活动的统一领导。

三、兵役法

兵役法，是规定国家基本兵役制度的法律规范，是公民依法服兵役的法依据。它的内容主要包括国家兵役制度、公民服兵役的义务和权利、兵役登记、兵员征集和动员方式、现役与预备役、学生军训、军人优抚、退役军人安置、违反兵役法规的惩处以及兵役机构设置、权限划分、执法与法律监督等法律法规。兵役法是军事法的重要组成部分，是兵役制度实施的可靠保证。它不仅是公民必须遵守的行为规范，也是国家开展兵役工作的法律依据。

（一）我国兵役法历史沿革概况

兵役法，是随着阶级、国家和军队的形成而产生和发展起来的。我国兵役法在不同的历史时期，有不同的形式和内容。在古代没有专门的兵役法，但在各朝各代的礼、律、令中都有关公民服兵役方面的法律规定。例如秦代的《傅律》、《军爵律》、《敦表律》、《戍律》等就有关于兵役的条文。唐代的兵役法令比较完备，《唐律》中的《擅兴律》卷，共24条，其中对兵役活动有明确的规定。明、清时代的兵役法令更为完备，明代《大明律》分为吏、户、礼、兵、刑、工六律，其中兵律是关于征发兵员的律令。清代《大清律例》，其中就有兵律一卷，对于兵员征集、替役、优抚和惩处等均有更加详细的规定。现代中国最早的《兵役法》，是由国民党政府于1933年6月颁布的。

在革命战争年代，中国共产党领导的各革命根据地、解放区政府曾颁布有兵役内容的法律、法令和条例，但没有专门的兵役法。新中国成立后，1955年7月31日颁布了第一部《兵役法》，规定实行义务兵役制。1978年3月7日颁布了《关于兵役制问题的决定》，改行义务兵与志愿兵相结合的兵役制。1984年5月31日，颁布了重新修订的《兵役法》，规定实行义务兵役制为主体的义务兵与志愿兵相结合、民兵与预备役相结合的兵役制度。1998年12月29日第九届全国人民代表大会常务委员会第六次会议《关于修改〈中华人民共和国兵役法〉的决定》修正的《兵役法》明确规定：中华人民共和国实行义务兵与志愿兵相结合、民兵与预备役相结合的兵役制度。为了保证《兵役法》的实施，我国先后颁布了《征兵工作条例》、《民兵工作条例》等专门兵役法规近百种。这些兵役法律、法规的颁布实施，使我国的兵役工作逐步走向法制化、制度化轨道，形成了比较完备的兵役法规体系，为加强我国的武装力量建设提供了可靠的法律制度保证。

（二）我国现行兵役制度的特点

我国《兵役法》规定："中华人民共和国实行义务兵与志愿兵相结合、民兵与预备役相结合的兵役制度。"这两个结合，是根据我国我军的历史经验和实际情况确立的，是我国兵役制度的主要特点。

义务兵与志愿兵结合。我国实行义务兵役制已有多年的历史，实践证明，这一兵役制度能够使部队兵员周期轮换，不断补充新生力量，有效保证部队的兵员年轻体壮，朝气蓬勃。但是，随着国家和军队现代化建设的深入发展，科学技术的不断突飞猛进，武器装备的不断更新换代，技术兵种的日益扩大，各种高、精、尖技术越来越复杂，单一的义务兵役制严格限定了现役军人的服役年限，不利于保留部队军事技术和专业技术骨干，也就很难适应军队建设的要求。为了满足我军现代化建设的需要，1978 年经第五届全国人民代表大会常委会决定，我国实行义务兵与志愿兵相结合的制度。1998 年经重新修订颁布的《兵役法》，进一步肯定了这一制度，并将义务兵服现役的年限缩短为两年。1999 年又把志愿兵套改为士官，实行合同兵役制，扩大了各兵种、技术专业的选留范围和比例。这样，既保持了义务兵役制的优点，又弥补了义务兵役制的不足，解决了部队保留技术骨干和基层战斗骨干的问题。

民兵是不脱离生产的群众武装组织，是中国人民解放军的助手和后备力量。我国农村乡、镇和城市企业事业单位均建立民兵组织。预备役是公民在军队以外所服的兵役，是国家储备后备兵员的一种形式。预备役分为军官预备役和士兵预备役，并分别区分一类预备役和二类预备役。民兵与预备役相结合，就是国家在实行民兵制度的同时，建立预备役制度，并将民兵工作和预备役工作结合进行。根据《兵役法》规定，公民服士兵预备役和参加民兵组织的年龄是一致的，都是年满 18～35 岁、经过登记的应征公民，除应征服现役的以外，编入民兵组织服预备役。民兵与预备役相结合，使我国的后备力量有了一个完善的体制。这样既保持了我国民兵制度的传统优势，有利于平时维护社会稳定和战时开展人民战争；又吸取了现代预备役制度的长处，有利于储备、动员战时所需要的后备军官和技术兵员。

（三）我国现行《兵役法》的兵役原则

1. 普遍平等

《兵役法》第三条规定："中华人民共和国公民，不分民族、种族、职业、家庭出身、宗教信仰和教育程度，都有义务依照本法的规定服兵役。"这表明，我国公民在服兵役方面普遍赋有平等的义务，也普遍享有平等的权利，充分体现了"中华人民共和国公民在法律面前一律平等"、"各民族一律平等"的宪法原则。

2. 男女有别

男女公民都有服兵役的义务，但考虑到女性公民的生理特点和军队建设的实际需要，《兵役法》对男女公民服兵役提出了不同的要求：在兵役登记方面，年满 18 岁的男性公民都必须按规定进行兵役登记，女性公民不进行兵役登记。在服现役方面，适龄男性公民符合服现役条件的都有应征服现役的义务，女性公民只根据军队的需要应征服现役。在服预备役方面，年满 18～35 岁的男性公民，凡符合服预备役条件的，除了应征服现役的以外，都应按规定进行预备役登记，分别服一类预备役和二类预备役；女性公民只根据需要服第一类预备役，不服第二类预备役。在参加民兵组织方面，在建有民兵组织的单位，适龄男性公民都应分别编入基干民兵或普通民兵；女性公民只根据需要编入基干民兵，不编入普通民兵。

3. 合理照顾

《兵役法》第三条第二款规定："有严重生理缺陷或者严重残疾不适合服兵役的人，免服兵役。"免服兵役，是指公民因身体条件不适合服兵役，国家免除他们服现役和服预备役的法律义务，体现了国家对他们的照顾。

4. 严格限制

《兵役法》第三条第三款规定："依照法律被剥夺政治权利的人，不得服兵役。"《兵役法》第十六条规定："应征公民被羁押正在受侦查、起诉、审判的或者被判处徒刑、拘役、管制正在服刑的，不征集。"不得服兵役，是指依照法律被剥夺政治权利的人没有服兵役的资格，既不得被征集服现役，也不得编入民兵组织或登记服预备役。

（四）兵役制度的主要规定

1. 平时兵员征集

（1）征集新兵以补充部队。为加强部队建设、保卫国家，全国每年都要征集新兵以补充部队。具体的征兵人数、要求和时间，由国务院、中央军事委员会的征兵命令规定。

（2）新兵征集对象。依据我国《兵役法》和《征兵工作条例》的规定，当年年底年满18～22岁的男性公民，应当被征集服现役。根据军队需要也可以征集同等条件的女性公民入伍。同时规定，根据军队需要和本人自愿的原则，可以征集当年未满18岁的男女公民服现役。下列情况之一者可以免征、缓征和不征集：有严重生理缺陷或者严重残疾不适合服兵役的公民，免征。应征公民是维持家庭生活的唯一劳动力或者是正在全日制学校就学的学生，可以缓征。依照法律被剥夺政治权利的人，不征集。应征公民被羁押正在受侦查、起诉、审判的或者被判处徒刑、拘役、管制正在服刑的公民，不征集。

（3）征兵工作机构。全国的征兵工作，在国务院、中央军事委员会领导下，由国防部组织实施。各大军区负责本区域的征兵工作。省军区（卫戍区、警备区）、军分区（警备区）和县、自治县、市、市辖区的人民武装部兼各级人民政府的兵役机关。征兵期间，县以上地方各级人民政府，应组织兵役机关和公安、卫生及其他有关部门成立征兵办公室，具体负责本区域的征兵工作。机关、团体、企事业单位和乡、民族乡、镇人民政府，要根据县、市的安排和要求，具体办理本单位和本地区的征兵工作。

（4）兵员征集程序。每年的征兵工作都有一定的程序和步骤，主要是兵役登记、体格检查。政治审查、审定新兵、交接新兵、运输新兵、检疫和退兵等。兵役登记，是确定公民是否符合应征条件的一项重要工作。《征兵工作条例》第十一条规定："县、市兵役机关，在每年9月30日以前，应当组织基层单位对当年12月31日以前年满18岁的男性公民进行兵役登记。"兵役登记和初步审查合格的，称为应征公民。兵役登记的目的在于依法确定应服兵役、免服兵役和不得服兵役的人员，从而为征兵工作做好准备。体格检查，是对应征公民进行健康状况进行检查。通常分为一般性检查，即对初步审查合格人员的体格进行全面检查；复查，对准备服特殊兵种的兵员在全面体检的基础上再进行重点的复查，以挑选合格者；抽查，对确定入伍的普通兵再进行一定数量的抽查，抽查人数一般不少于征兵人数的三分之一。政治审查，是对体检合格的应征公民，根据总政治部《关于征集兵员政治条件的规定》，所进行的政治思想、道德品质、现实表现等进行的审查。政治审查的重点是应征公民的现实表现。审定新兵，是对体检、政审合格的应征公民进行全面衡量，优先批准政治思想好、身体好、文化程度高的服现役。被批准服现役的应征公民，由县、市兵役机关办理入伍手续，发给《应征公民通知书》，其家属凭入伍通知书到户籍管理部门注销应征公民的户口，并享受军属待遇。

2. 现役军人和预备役人员

兵役，分为现役和预备役。《国防法》第二十二条规定："中华人民共和国的武装力量，由中国人民解放军现役部队和预备役部队、中国人民武装警察部队、民兵组成。"武装力量是国家或政治集团所拥有的各种武装组织的统称，是国防力量的主体。解放军现役部队是指国家的常备军；预备役部队是指在军队外成建制的后备力量；武装警察部队是指主要担任国内安全保卫任务的武装组织；民兵是指不脱离生产的群众武装组织。

现役军人，是指在军队和武装警察部队服现役的军官和士兵。现役士兵，包括义务兵和志愿兵。根据《兵役法》第十八条规定："义务兵服现役的期限为二年。"《兵役法》第十九条第二款规定："志愿兵实行分期服现役制度。志愿兵服现役的期限，从改为志愿兵之日算起，至少三年，一般不超过三十年，年龄不超过五十五岁。"现役军官，是指在军队中被授予少尉以上军衔的军人及文职干部。

预备役人员，是指正在服预备役的公民。包括预备役军官和预备役士兵。预备役士兵，是指经过兵役登记而又未被征集服现役的应征公民和退出现役由部队确定服预备役的退伍战士。士兵服预备役的年龄为十八岁至三十五岁。预备役军官，由退出现役转入预备役的军官、确定服军官预备役的退出现役的士兵、确定服军官预备役的高等院校毕业学生、专职人民武装干部、民兵干部、非军事部门的干部和专业技术人员构成。

四、国防动员法

《国防法》第四十九条规定："国家依照宪法规定宣布战争状态，采取各种措施集中人力、物力和财力，领导全体公民保卫祖国，抵抗侵略。"国防动员是国家在战争时期采取的非常措施。就其本质而言，它是国家为保证战争胜利，集中各种力量保障战争进行的行为和过程。只有平时认真做好动员的各项准备工作，战时才能保证国家迅速转入战争状态，进而保障战争的胜利。《国防法》设专章对国防动员作了原则规定。

（一）国防动员的类型

动员按规模可分为总动员和局部动员。总动员是在全国范围内所进行的全面动员；局部动员是在部分地区或部门进行的动员。按方式可分为公开动员和秘密动员。公开动员是公开发布动员令，宣布进行战争状态实施的动员；秘密动员是在各种伪装措施掩护下隐蔽实施的动员。按战争进程可分为战争初期动员和持续动员。战争初期动员是在战争爆发前后较短时间内所进行的动员；持续动员是在战争初期动员后所进行的中后期动员。有的国家把在临战前或遭到敌人突然袭击时所进行的动员，称为应急动员。动员全过程，可分为平时的动员准备和战时的动员实施。决定动员实施的权限，属国家最高权力机关，动员令通常由国家元首、政府首脑发布。信息化战争，对人力、物力和财力的消耗巨大，不但是军事力量的竞赛，而且是交战双方综合国力的较量，战争动员具有更重要的战略地位。

（二）国防动员机构

国防动员机构，是指国家为领导国防动员而建立的组织系统，主要有三个层次：

1. 动员决策机构

根据《国防法》的规定，我国国防动员的决策机构和职能是：全国人民代表大会依照宪法规定，决定战争与和平的问题，并行使宪法规定的国防方面的其他职权。全国人民代表大会常务委员会依照宪法规定，决定战争状态的宣布，决定全国总动员或者局部动员，并行使宪法规定的国防方面的其他职权。中华人民共和国主席根据全国人民代表大会的决定和全国人民代表大会常务委员会的决定，宣布战争状态，发布动员令，并行使宪法规定的国防方面的其他职权。国务院和中央军事委员会共同领导动员准备和动员实施工作。

2. 动员协调机构

为加强对国防动员工作的协调和领导，我国成立了国家国防动员委员会，国防动员委员会主任由国务院总理兼任，副主任由国务院和中央军委领导兼任。国家国防动员委员会是在国务院、中央军委领导下负责国防动员工作的议事协调机构，下设五个办公室：一是国家人民武装动员办公室；二是国家经济动员办公室；三是国家人民防空办公室；四是国家交通战备办公室；五是综合办公室。各军区和省（自治区、直辖市）、市（地区）、县（市、区）人民政府均设立相应的国防动员委员会，负责本区域国防动员的组织协调工作。

3. 动员执行机构

《国防法》第十五条第二款规定："地方各级人民政府依照法律规定的权限，管理本行政区域内的征兵、民兵、预备役、国防教育、国民经济动员、人民防空、国防交通、国防设施保护、退出现役的军人的安置和拥军优属等工作。"根据这一规定，地方各级人民政府是组织实施国防动员的主要执行机构。为保证国防动员工作的顺利进行，我国在军队系统中也建有比较完备的动员机构，在国务院、中央军事委员会和地方各级人民政府的领导下承办国防动员工作。省军区（警备区、卫戍区）、军分区、县（市、区）人民武装部是各级行政区域的军事领导指挥机关和党委的军事工作部，兼同级人民政府的兵役机关，是军队系统中负责国防动员的主要工作机构，平时负责国防动员的计划准备，战时负责国防动员的组织实施。

（三）国防动员准备

动员准备是在动员实施之前进行的筹划、安排和采取的措施，是动员实施的前提和基础。平时没有充分的动员准备，战时就不可能实施快速高效的动员。《国防法》第四十五条规定："国家在和平时期进行动员准备，将人民武装动员、国民经济动员、人民防空、国防交通等方面的动员准备纳入国家总体发展规划和计划，完善动员体制，增强动员潜力，提高动员能力。"根据这一规定，国防动员准备应贯彻平战结合、军民结合、寓军于民的方针，在增强经济实力的同时，为战时快速动员创造条件。人民武装动员准备，主要是加强民兵和预备役部队建设，储备数量充足、质量较高的后备兵员；国民经济动员准备，主要是加强国防经济基础建设，搞好军民两用技术的开发，增加技术储备，保持必要的战略物资储备；人民防空动员准备，主要是建立和完善人防警报、指挥系统，组训人防专业队伍，搞好人防工程建设；国防交通动员准备，主要是加强国防交通网建设，搞好运输潜力调查，制定技术改造方案；政治动员准备，主要是加强全民国防教育，不断增强广大干部群众的国防观念和忧患意识，为国防动员奠定坚实的思想基础。同时，还应进行必要的动员演练，检验和改进动员准备，提高动员能力。

（四）国防动员实施

动员实施是国防动员的决定性阶段，是一切动员准备的着眼点和归宿点。现代信息化条件下局部战争的复杂性要求战时动员必须快速、高效地实施。

《国防法》第四十七条第二款规定："一切国家机关和武装力量、各政党和各社会团体、各企业事业单位和公民，在和平时期必须依照法律规定完成动员准备工作；在国家发布动员令后，必须完成规定的动员任务。"动员令是由国家最高权力机关决定，以国家元首名义宣布的关于全国或部分地区由平时状态转入战时状态，统一调动各种资源进行战争准备的命令。国家发布动员令以后，各级人民政府、各级军事机关，必须迅速实施动员。现役军人停止退出现役，休假、探亲的军人必须立即归队；预备役人员随时准备应召服现役，在接到通知后，必须准时到指定的地点报到；机关、团体、企业事业单位和乡、镇人民政府负责人，必须组织本单位被征召的预备役人员，按照规定的时间、地点报到；交通运输部门要优先运送应召的预备役人员和返回部队的现役军人。

国防动员是由多个领域的动员活动组合而成的系统工程。人民武装动员是保障军队扩充的基本途径；国民经济动员是保障战争物质需求的主要手段；人民防空动员是保存战争潜力的重要措施；国防交通动员是保障军队机动和作战行动的关键因素；政治动员既是国防动员的一项重要内容，又为整个国防动员提供思想保证。各个领域的动员是相辅相成、密切相连的。应该把各领域的动员有机地结合起来，统筹规划，全面实施，使有关部门、有关行业协调一致地参加和支援战争。

五、国防教育法

《中华人民共和国国防教育法》（以下简称《国防教育法》）于2001年4月28日第九届全国人民代表大会常务委员会第二十一次会议通过，主要规定了国防教育的方针原则，学校国防教育，社会国防教育，国防教育的保障和法律责任等。《全国人民代表大会常务委员会关于设立全民国防教育日的决定》是对《国防教育法》的补充，2001年8月31日由第九届全国人民代表大会常务委员会第二十三次会议通过，确定每年9月的第三个星期六为全民国防教育日。

（一）国防教育的地位和目的

1. 国防教育的地位

《国防教育法》第二条规定："国防教育是建设和巩固国防的基础，是增强民族凝聚力、提高全民素质的重要途径。"这一规定，明确了国防教育的重要地位。

（1）国防教育是关系到国家生死存亡的社会工程。国防教育的根本目的是，增强全民的国防意识和国防精神。在社会主义建设新时期，国防建设指导思想实行了战略性转变。但是，国防任务和我军的根本职能没有变。因此，国防教育不能放松，国防观念不能淡化。正如江泽民同志指出的那样："越是在和平建设时期，越要宣传国防建设的意义，克服和平麻痹思想，增强人民的国防观念。"所以，在维护国家安全和利益方面，不仅要做好物质的准备，同时也要做好精神的防卫。

（2）国防教育是国防建设的重要措施，是增强民族凝聚力的重要途径。在长期的和平环境中，人们容易思想麻痹，精神涣散。特别是在改革开放的新形势下，人们的经济意识有所增强，奉献意识有所削弱；自主意识有所增强，集体意识有所削弱。加强新形势下的国防教育，对于振奋民族精神，增强民族凝聚力，具有特殊的现实意义。

（3）国防教育是提高全民素质的重要途径。进行国防教育，可以提高公民的政治觉悟，增强法纪观念，提高思想道德水平，可以扩大知识面，改善知识结构，提高科学文化水平，从而全面提高公民的素质。因此，应把国防教育作为加强国防建设的战略性措施，纳入社会主义精神文明建设总体规划，纳入国民教育体系，常抓不懈，筑起中华民族坚不可摧的精神长城。

2. 国防教育的目的

《国防教育法》第三条规定："国家通过开展国防教育，使公民增强国防观念，掌握基本的国防知识，学习必要的军事技能，激发爱国热情，自觉履行国防义务。"这一规定，明确了国防教育的目的。

（1）增强国防观念。在强敌压境、战火纷飞的年代国防观念容易形成。但是，长期的和平环境容易淡化人们的国防观念，经济意识、致富欲望冲击着人们的国防观念。因此国防教育必须把增强国民的国防观念作为首要任务。做到人人积极主动地掌握国防知识，履行国防义务。

（2）掌握基本的国防知识。公民掌握基本的国防知识，可以使行动建立在理性认识的基础上，明确自己在国防活动中应当做什么，以及怎么做，从而更自觉、更有效地参加和支援国防建设与国防斗争。

（3）学习必要的军事技能。学习军事技能的过程可以使公民进一步加深对国防知识的理解，掌握、提高在战争中保卫国家和进行自卫的技术、能力。

（4）发扬爱国主义精神。爱国主义教育是国防教育的核心内容。千百年来，爱国主义激励着无数仁人志士抛头颅、洒热血，反抗侵略，保卫祖国。21世纪的今天，只有激发起人们对祖国无限的爱，才能为建设祖国积极献身；战时，才能为保卫祖国流血、牺牲。

（5）自觉履行国防义务。要通过国防教育，使每一个公民都明确应当承担哪些国防义务，履行义务对国防事业具有什么作用，从而更好地在国家的领导下实施国防行为。

（二）国防教育的基本原则

1. 经常教育与集中教育相结合的原则

国防教育一般分为经常教育和集中教育两种形式。经常教育是集中教育的基础，集中教育是经常教育的深化和提高，二者相辅相成不可分割。这一原则正确地反映了我国国防教育的特点和客观规律，是一条国防教育的宝贵经验。因此，要正确处理好两者间的辩证关系，要从国防的长远建设和战略全局的需要出发，制定国防教育的长远规划，统一的国防教育的指导思想、方针、原则和组织领导，正确区分教育任务，把经常教育和集中教育纳入一个统一的教育体系中。

2. 普及教育与重点教育相结合的原则

普及教育是对全体公民进行的普遍教育，重点教育是以重点团体、重点单位和重点地区作为教育对象，进行较系统的国防建设和战争的专门理论知识及技能的教育。普及教育和重点教育是一个不可分割的有机整体。没有普及教育，国防教育就没有坚实的基础，全体公民就不能掌握基本的国防知识，树立基本的国防观念。而如果没有重点教育，那些担任特殊任务的教育对象，就不可能得到应有的提高。只有把两者紧密地结合起来，才能使国防教育既轰轰烈烈，又扎扎实实，适应国防建设的需要。

3. 理论教育与行为教育相结合的原则

国防教育就其内容讲，包括理论教育和行为教育两个方面。理论教育和行为教育，是一对紧密相连的统一体。它们的作用虽然各不相同，但谁也离不开谁。要实现理论教育与行为教育相结合，关键是要正确处理好两者的关系：首先，要处理好两者间的辩证关系；其次，要分清主次，二者实际上是理论与实践的关系，通常情况下，行为教育是主要的，理论教育要为行为教育服务，行为教育要以理论教育为先导；再次，要紧密联系国防教育实际，强化理论教育与行为教育的结合。

（三）国防教育的组织和保障

《国防教育法》第六条规定："国务院领导全国的国防教育工作。中央军事委员会协同国务院开展全民国防教育。地方各级人民政府领导本行政区域内的国防教育工作。驻地军事机关协助和支持地方人民政府开展国防教育。"根据这一规定，国务院和地方各级人民政府是领导国防教育工作的主体，在组织实施国防教育中发挥主导作用。军事机关担负着直接领导国防活动的重任，协助和支持人民政府搞好国防教育是义不容辞的责任。

1. 国防教育的组织

(1) 学校国防教育。《国防教育法》第十三条规定："学校的国防教育是全民国防教育的基础，是实施素质教育的重要内容。"搞好学校的国防教育，不仅可以提高青少年学生的综合素质，而且可以有力地推动全社会的国防教育。学校应当将国防教育列入学校的工作和教学计划，采取有效措施，保证国防教育的质量和效果。小学和初级中学应当将课堂教学与课外活动相结合，对学生进行生动活泼的国防教育。高等学校、高级中学和相当于高级中学的学校应当将课堂教学与军事训练相结合，对学生进行系统的国防教育。负责培训国家工作人员的各类教育机构，如党校、行政学院等，应当将国防教育纳入培训计划，设置适当的国防教育课程。

(2) 社会国防教育。《国防教育法》第五条规定："一切国家机关和武装力量、各政党和各社会团体、各企业事业组织以及基层群众性自治组织，都应当根据各自的实际情况组织本地区、本部门、本单位开展国防教育。"根据这一规定，国家机关应当根据各自的工作性质和特点，采取多种形式对工作人员进行国防教育。全军部队应带头搞好国防教育，激发官兵的爱国之心、报国之志，保证打得赢、不变质。军区、省军区（卫戍区、警备区）、军分区和县（市、区）人民武装部应结合军事训练、征兵工作以及重大节日、纪念日活动，对民兵、预备役人员进行国防教育。企业、事业单位应当将国防教育列入职工教育计划，结合政治教育、业务培训、文化体育等活动，对职工进行国防教育。城市居民委员会、农村村民委员会应当将国防教育纳入社区、农村社会主义精神文明建设的内容，对居民、村民进行国防教育。文化、新闻、出版、广播、电影、电视等部门和单位应当根据形势和任务的要求，采取多种形式开展国防教育。

2. 国防教育的保障

(1) 师资保障。国防教育教员应从热爱国防教育事业、具有较高文化素养和军事素养的人员中选拔。人民解放军和武装警察部队应当根据需要和可能，为驻地有组织的国防教育活动选派军事教员。对国防教育教员，应根据其担负的任务，采取适当方式进行培训，不断提高他们的理论水平和教学能力。

(2) 经费保障。国防教育经费主要来源于国家财政，同时应广开渠道，多方筹集国防教育经费。国家鼓励社会组织和个人捐赠财产，资助国防教育的开展。国防教育经费应本着节俭的原则，合理使用，杜绝浪费，提高使用效益。

(3) 教材保障。全民国防教育使用统一的国防教育大纲。国防教育大纲由国家国防教育工作机构组织制定。各地和有关部门应依据国家的国防教育大纲编写本地区、本部门的国防教育教材。

(4) 设施保障。人民解放军和武警部队应当根据需要和可能，为驻地有组织的国防教育活动提供必要的军事训练场地、设施以及其他便利条件。被命名为国防教育基地的烈士陵园、革命遗址和其他具有国防教育功能的博物馆、纪念馆、科技馆、文化馆、青少年宫等场所，应当对有组织的中小学生免费开放，在全民国防教育日向社会免费开放。有条件的地方可创办少年军校、国防教育园或国防教育中心。各种国防教育设施应随着当地经济的发展，不断改善条件，充分发挥其在传播国防知识、培植国防观念、提高公民素质方面的作用。

六、公民、组织的国防义务和权利

公民、组织的国防义务，是指宪法和法律规定的公民、组织在国防活动中对国家必须履行的某种责任，是国家运用法律的强制力，要求赋有国防义务的公民、组织，在国防活动中必须依法作出或不作出某种行为。公民、组织的国防权利，是指由国家宪法和法律赋予公民在国防活动中所享受的权力和权益。国家从法律和物质上保障公民、组织享有这种权利的可能性。公民、组织国防义务与权利的基本内容是：

（一）国防义务

（1）兵役义务。兵役义务包括公民的兵役义务和组织的兵役义务。公民的兵役义务是指服现役、服预备役、参加军事训练；组织的兵役义务包括平时兵员征集、战时兵员动员。

（2）承担国防科研生产和军事订货的义务。

（3）交通建设和管理中贯彻国防要求的义务。

（4）接受国防教育的义务。

（5）保护国防设施的义务。

（6）保守国防秘密的义务。

（7）协助国防活动的义务。

（二）国防权利

公民和组织的国防权利是一致的，主要有：对国防建设提出建议的权利；制止、检举危害国防行为的权利；国防活动中的经济损失得到补偿的权利。

七、学生军事训练

学生军事训练，既是最实际的国防教育，又是履行兵役义务的基本形式，对国防建设具有重要的战略意义。

（一）参加军事训练是履行兵役义务的一种基本形式

《兵役法》第四十三条规定："高等学院的学生在就学期间，必须接受基本的军事训练。"大学生是社会主义现代化建设的栋梁之才。为了保证学生在校期间能够集中精力学习，培养出大批建设祖国、保卫祖国的高素质优秀人才，《兵役法》规定"可以缓征"其服现役，但必须接受基本的军事训练。这既是国家法律赋予在校学生的一项保卫祖国的光荣使命，又是履行兵役义务，依法服预备役的一种形式。因而，积极参加军训，圆满完成训练任务，是每个参训学生自觉履行兵役义务的最实际的行动。

（二）学生参加军训是加强国防后备力量建设的重要战略举措

为了保卫国家安全、抵御侵略，国家在加强常备军现代化建设的同时，必须加强国防后备力量建设。强大的后备力量既是建设现代化国防的坚实基础，又是威慑和遏制战争的重要力量。学生通过军训，不仅能够牢固地树立坚强的国防观念、高度的爱国主义精神和坚定的报效祖国的理想信念；同时也学到了军事知识，掌握了一定的军事技能，加深了对人民军队的了解，为国家战时兵员动员打下了坚实基础。进一步搞好学生军事训练，并长此坚持下去，就等于储备了一大批具有高素质的后备兵员和军官。这种寓兵于民、寓官于校，是我国富国强兵的一项重大战略决策。

（三）学生军训是培养综合素质，使其德、智、体全面发展的重要途径

培养既有坚定正确的政治方向，又有真才实学；既有扎实理论基础，又有勇于开拓进取精神；既有良好道德风尚，又有健康体魄和勤劳朴实工作态度的优秀人才，是我国新时期赋予教育战线的根本任务，也是国家强盛、民族发达的战略目标。学生通过军训，不仅可以磨炼意志，增强斗志，培养组织纪律性，树立起修身立人的标准；同时，也丰富了头脑，拓宽了知识，增强了体魄，促进了专业学习。所以说，学生参加军事训练，是实现学生德、智、体全面发展，造就国家经济和国防现代化建设优秀人才的重要途径。

复习题：

1. 什么是国防法规？国防法规体系由哪些层次和门类构成？
2. 国防法规的主要特征性是什么？
3. 我国实行什么样的兵役制度？
4. 国防动员的基本类型有哪些？
5. 我国的国防动员机构是怎样的？
6. 如何进行国防动员的准备和实施？
7. 国防教育的目的、方针和原则是什么？
8. 什么是公民、组织的国防义务和权利？
9. 大学生参加学生军事训练的意义有哪些？

第四节　武装力量

武装力量，是国家和政治集团所拥有的各种武装组织的统称。一般以军队为主体，由军队和其他正规的、非正规的武装组织结合构成。通常由国家或政治集团的最高领导人统率。

一个国家武装力量的组织结构受多种因素的制约，主要是国家的政治制度、经济条件、军事战略、地理环境、人力资源、历史传统等。总的是由简单到复杂，由单一组织向多种组织结合的方向发展。目前世界各国武装力量的构成，大体可以概括为三种类型，即：多种（三种以上）武装组织相结合的形式；两种（军队和武装警察）武装组织相结合的形式；单一（军队或警察或民兵）武装组织。一般均采取以军队为主体多种武装组织相结合的形式。我国的武装力量构成，属于多种武装组织相结合的形式。

一、武装力量的构成

中华人民共和国的武装力量由中国人民解放军、中国人民武装警察部队和民兵组成。中国特色的人民武装体制是中国共产党在领导中国人民革命战争的过程中逐步建立和发展起来的。早在第二次国内革命战争时期就建立了主力红军、地方红军和赤卫军、少年先锋队相结合的人民武装力量。抗日战争时期组成了主力军、地方军和民兵自卫队相结合的人民武装力量。解放战争时期形成了野战军、地方军和民兵相结合的人民武装力量。

中华人民共和国成立后，大规模的武装斗争逐步停止，国家进入了和平建设的新时期。

为了适应新的历史条件，根据国际国内形势和任务的需要，在继承和发扬革命战争年代传统的基础上，不断改革发展，逐步形成了中国人民解放军、中国人民武装警察部队和民兵相结合的武装力量。1999 年修改的《中华人民共和国宪法》和 1997 年 3 月 4 日通过的《国防法》规定："中华人民共和国的武装力量属于人民。它的任务是巩固国防，抵抗侵略，保卫祖国，保卫人民的和平劳动，参加国家建设事业，全心全意为人民服务"。三结合的中国武装力量是共和国的钢铁长城和擎天柱石。

（一）中国人民解放军的组成

中国人民解放军是中国共产党缔造和领导的，用马克思列宁主义、毛泽东思想、邓小平理论武装起来的人民军队，是中华人民共和国武装力量的主要组成部分，是我国人民民主专政的坚强柱石。其主要任务是在党中央和中央军委的领导下，在社会主义现代化建设时期，担负着巩固国防，抵抗侵略，保卫祖国、保卫人民的和平劳动，参加国家建设事业的任务。它自 1927 年 8 月 1 日诞生以来，经历了中国工农红军、八路军和新四军、中国人民解放军等几个发展阶段，由小到大，由弱到强，打败了国内外的反动派和帝国主义侵略者，为建立人民政权立下了不朽的功勋。中华人民共和国成立后，又经过了抗美援朝战争、边境自卫反击作战的考验，捍卫了国家主权和领土完整，并在革命化、现代化、正规化建设中得到了很大的发展，成为人民民主专政的坚强柱石，保卫社会主义祖国的钢铁长城，建设社会主义的重要力量。无论是历史还是现实，无一例外地表明，中国人民解放军在中国革命和建设的实践中，在建立和巩固新中国的国防事业中，具有不可替代的重要作用。

中国人民解放军由现役部队和预备役部队组成。中国人民解放军现役部队由陆军、海军、空军、第二炮兵组成。

1. 陆军的编成、任务及其武器装备

陆军是以步兵、装甲兵、炮兵为主体，主要在陆地遂行作战任务的军种，是陆战场决定胜负的主要力量。它具有强大的火力、突击力和快速的机动能力，既能独立作战，又能与其他军种协同作战。

（1）陆军的编成。陆军通常由步兵、炮兵、装甲兵、防空兵、陆军航空兵、工程兵、通信兵、防化兵、电子对抗兵等兵种和各种专业勤务部队组成。各兵种以其专业特性，遂行不同的战斗或保障任务。

陆军按其总体任务又可区分为野战军（野战部队）和地方军（地方部队）。

①野战军。野战军是执行全国机动作战任务的正规军，是陆地作战的骨干和核心力量。按方面军（战时编成）、集团军（军）、师（旅）、团、营、连、排、班序列编成。隶属于大军区或统帅部管辖。主要遂行超区域性的作战任务。必要时，部分力量可转为地方军序列，执行区域性的作战或其他任务。

②地方军。地方军是指在一定地区范围内（省、地、县）执行作战任务的地方部队。按其任务性质不同区分为边（海）防部队、内卫部队和守备部队。按独立师、团、营、连、排、班序列编成，隶属于大军区或省军区管辖。平时主要担负本地区的警备、守卫，协同地方维护社会治安、训练民兵、做群众工作等各项任务；战时配合野战军作战，也可在广大民兵配合下独立执行游击作战任务。必要时，也可成建制地纳入野战军编制序列，执行超区域性的作战任务。

（2）陆军的任务。陆军是我军的重要力量，在抗击外敌入侵、保卫国家领土主权、维护国家和平统一和社会稳定等方面起着重大作用。陆军的主要任务是：①抗敌军事入侵；②在一定地区和方向上打赢局部战争；③维护国家的和平统一和社会稳定。

（3）陆军各兵种的武器装备。

①步兵的武器装备。步兵的武器装备主要有手枪、自动步枪、冲锋枪、机枪、手榴弹、火箭筒、轻型火炮和反坦克导弹等。摩托化步兵装备有各种输送汽车，机械化步兵装备有步兵战车和装甲输送车。

②炮兵的武器装备。炮兵的武器装备主要有加农炮、榴弹炮、加农榴弹炮、迫击炮、火箭炮、滑膛炮、无坐力炮、反坦克导弹、战役战术导弹。上述各种火炮和导弹等，构造不同，性能各异，用途也各不相同。

③装甲兵的武器装备。装甲兵的武器装备主要有坦克、战斗配套和勤务保障车辆。坦克按任务性质区分为主战坦克和特种坦克；按战斗全重可区分为重型、中型和轻型坦克。

④防空兵的武器装备。防空兵的武器装备主要有高射机枪、高射炮、单兵肩射式低空导弹、车载防空导弹等。根据其性能的不同，用以打击不同高度和批次的空中目标。此外，防空兵还装备有各种炮瞄雷达、指挥仪和自动化指挥系统。

⑤陆军航空兵的武器装备。陆军航空兵的主要装备有：多种型号的攻击直升机、运输直升机和特种用途直升机。

⑥工程兵的基本装备。工程兵的装备主要有工程侦察器材、地雷爆破器材、渡河桥梁器材、工程机械、伪装器材和工具器材等。

⑦通信兵的装备。通信兵的装备分为固定通信装备和野战通信装备及其他装备器材等。野战通信装备有多种型号的电台和各种通信联络工具及自动化指挥设备与器材等。

⑧防化兵的武器装备。防化兵的武器装备主要有核爆炸观测器材、辐射侦察器材、化学侦察器材、洗消车辆、喷火器和发烟器材等。

⑨电子对抗兵的装备。电子对抗兵的装备器材主要有各种类型的电子侦察设备、电子干扰机和电子伪装器材等。

现代陆军是一个多兵种组成的合成军队。随着科学技术的发展，新式技术装备将源源不断地装备部队，使部队的分工越来越细，兵种种类逐渐增多。除上述兵种外，陆军编成内还有空降兵、侦察兵、汽车兵等若干专业技术兵种，在合同作战中，以其专业技术特长，发挥着重要作用。例如，侦察兵，它是获取军事情报的专业力量，装备有各种侦察器材和交通工具，具有遂行多种侦察任务的能力，及时为部队指挥、作战获取准确情报。汽车兵，是利用汽车运送部队和物资器材的主要力量。汽车兵装备有运输、载重、牵引、加油、救护和修理等各种车辆，具有陆上快速、连续、灵活运输的能力。主要用以保障军队实施机动，运送人员、装备和物资器材等。

2. 海军的编成、任务及其武器装备

海军是以舰艇部队为主体，主要在海洋遂行作战任务的军种。它具有在水面、水下和空中作战的能力，既能单独在海上作战，又能协同陆军、空军作战。我国海军自 1949 年 4 月 23 日创建以来，先后同国内外敌人作战 1 200 余次，有效地维护了祖国领海主权和海洋权益。目前，它已成为一支装备复杂、技术密集、多兵种合成、初具现代化作战能力的近海防御力量。

（1）海军的编成。海军由潜艇部队、水面舰艇部队、海军航空兵、海军岸防兵、海军陆战队等兵种和各种专业勤务部队组成。

（2）海军的任务。我国是一个濒海大国，宽广的海域不仅是我国安全的屏障和门户，更是中华民族生存发展的空间。海军是一个战略性军种，具有多重国防功能。其使命是：防御外敌海上入侵，收复敌占岛屿，保卫我国领海主权，维护祖国统一和海洋权益。海军的主要任务是：

①协同陆军、空军进行反袭击，保卫海军基地、港口和沿海重要目标。

②消灭敌战斗舰艇和运输舰船，破坏敌海上交通运输。

③袭击敌海军基地、港口和岸上重要目标。

④协同陆军、空军进行登陆、抗登陆作战。

⑤进行海上封锁和反封锁作战。

⑥保障我国海上交通运输、渔业生产、资源开发、科学实验和海洋调查的安全。

（3）海军各兵种的武器装备。我国海军是由多兵种组成的技术装备比较复杂的合成军种，各兵种有其不同的特点，担负着不同的作战任务，有其不同的武器装备。

①潜艇部队的武器装备。我国海军装备有多种型号的常规动力潜艇和核动力潜艇。

②水面舰艇部队的武器装备。海军装备的水面战斗舰艇有多种型号的导弹驱逐舰、护卫舰、导弹艇、鱼雷艇、护卫艇、猎潜艇、布雷舰、扫雷舰艇、登陆舰艇、气垫船及各种专业勤务舰船，包括运输船、油船、水船、冷藏船、工程船、消磁船、医院船、救生船、侦察船等。这些种类各异、大小不同的舰艇各有优长，各有不同的用途，遂行不同的作战任务。

③海军航空兵的武器装备。海军航空兵装备的飞机和空军航空兵基本相同。有多种型号的歼击机、歼击轰炸机、轰炸机、强击机、水上飞机、反潜机等。此外，还有各种运输机、直升机和其他特种飞机。机载武器有航炮、航空火箭弹、航空炸弹、空空导弹、空舰导弹、鱼雷和深水炸弹等。防空部队装备有高炮和各种雷达。

④海军岸防兵的武器装备。海岸导弹部队装备有岸舰导弹。

⑤海军陆战队的武器装备。海军陆战队装备有自动化的步兵武器、反坦克导弹、防空导弹、各种火炮、火箭炮，还配有舟桥、冲锋舟、气垫船、水陆两用坦克、装甲输送车及其他特种装备和作战器材。

3. 空军的编成、任务及其武器装备

空军是以航空兵为主体，主要遂行空中作战任务的军种。我国空军成立于1949年11月11日，在国土防空、抗美援朝、抗美援越等作战中，取得了击落击伤敌机3 700余架的辉煌战绩，为保卫祖国领空和社会主义建设做出了重大贡献。空军是空中进攻和对空防御的主要力量，是现代战争中首先使用的一支重要力量，具有高速机动、远程作战和猛烈突击的能力。它既能协同陆军、海军作战，又能单独作战。其作战行动对战争的进程和结局能产生重大影响。

（1）空军的编成。空军由航空兵、地空导弹兵、高射炮兵、空降兵、雷达兵等兵种及其他专业勤务部队组成。

（2）空军的任务。空军的使命是：组织国土防空，夺取制空权，协同陆、海军作战，保卫国家领土、领空、领海主权和国家利益，维护国家统一和安全，保障我国改革开放和经济建设的顺利进行。空军的主要任务是：

①国土防空。

②独立实施空中进攻作战。

③协同陆、海军作战。

④实施空降作战。

⑤实施空中威慑。

⑥实施空中输送。

⑦实施电子对抗、航空侦察、无线电技术侦察和雷达侦察。

（3）空军各兵种的武器装备。

①航空兵的武器装备。空军装备的飞机有多种型号的歼击机、轰炸机、强击机、侦察机、运输机等。此外，还有电子干扰机、空中加油机等专业飞机。武器有航炮、航空火箭弹、航空炸弹、空空导弹、空地导弹和鱼雷以及可携带的核弹等。

②地空导弹兵的武器装备。防空导弹兵装备有地空导弹。

③高射炮兵的武器装备。高射炮兵主要装备高炮系统，配有雷达自动寻的，自动装填，能全天候作战。

④空降兵的武器装备。空降兵的武器装备主要有步兵轻武器，包括机枪、冲锋枪、自动步枪，侦察分队还有微声冲锋枪；炮兵武器，包括迫击炮，无坐力炮，高射机枪和高炮，榴弹炮；特种装备有轻型雷达干扰机，超短波侦听机，无线电干扰机；各型降落伞等。

⑤雷达兵的武器装备。雷达兵的武器装备主要有多种型号的超视距、超远程、中远程、中近程警戒雷达。雷达功率大，接收灵敏度高，探测距离较远，可达数百到数千米。

4. 第二炮兵的编成、任务及其武器装备

第二炮兵是中国人民解放军地地战略导弹部队的代称，是以地地战略导弹为基本装备，实现积极防御战略方针的重要核反击力量。它成立于1966年7月1日，受中央军事委员会的直接领导和指挥。它与海军潜地战略导弹部队和空军战略轰炸机部队构成我国三位一体的战略核力量。第二炮兵可单独作战，或与其他军种协同作战。

第二炮兵的建立和发展壮大，是我国国家实力和国防现代化的重要标志之一。它不仅展示了我国拥有强大的军事实力和尖端科学技术，同时也标志着我军现代化建设进入了一个新的阶段。它对于提高我国的国际地位，鼓舞我国人民的斗志，振奋民族精神，遏制超级大国可能对我国发动的战争，维护世界和平，起着重要作用。

（1）第二炮兵的编成。第二炮兵由地地近程、中程、远程、洲际等导弹部队及各种保障部队、院校和科研试验单位等组成，按导弹基地（相当于军）、旅、营编成。

（2）第二炮兵的任务。第二炮兵是我国核力量的主体，担负着实施核反击的战略任务。其使命：一是威慑，即平时遏制敌国可能对我国发动核战争和局部入侵，打破敌核讹诈，为我国的和平外交政策服务，战时遏制常规战争升级为核战争；二是实战，即在我国遭到核突袭时，根据需要，对敌实施坚决、及时、有效的核反击，打击敌国战略目标，发挥战役战术常规导弹的突击作用，赢得高技术条件下局部战争的胜利。第二炮兵的主要任务是：

①打击敌海、空进攻力量，削弱敌远程航空兵和海军的作战能力，减轻来自空中和海上对我国的威胁。

②打击敌重要交通枢纽，中断敌交通运输，以阻止或迟滞敌人的战略机动和物资补给。

③打击敌重要经济目标，削弱敌战争潜力和进攻能力。

④打击敌政治、经济中心，在政治上、心理上威慑敌人，使敌人经济和战争潜力遭到严

重损失。

⑤打击敌军政首脑指挥中心，打乱和破坏其战略指挥。

⑥打击敌重兵集团，杀伤其有生力量，削弱其地面部队战斗力。

⑦配合其他军种实施常规导弹突击，遂行常规作战任务。

（3）第二炮兵的武器装备。第二炮兵装备有地地导弹，包括近程导弹、中程导弹、远程导弹、洲际导弹。这些导弹可固定发射，也可机动发射，可陆基发射，也可海基发射。

随着我国科学技术的飞速发展，第二炮兵的导弹将逐步实现固体化、机动化、小型化，其命中精度、快速反应能力和突防能力也会得到进一步提高。第二炮兵在进一步增强核反击作战的同时，为了打赢高技术条件下的局部战争，今后常规导弹也会有长足的发展。我国目前已建立起一支具有一定规模和作战能力的导弹部队，这对于提高我军的战斗力和威慑力，提高我国的国际威望和大国地位具有重要意义。我国执行不首先使先用核武器的承诺和有限报复的核战略，坚持后发制人的原则独立地使用核武器，做到防御性、威慑性、有限性和有效性相结合，更好地实现威慑作用和实战作用，完成党中央和中央军委赋予的战略使命。

5. 预备役部队

中国人民解放军预备役部队，是以现役军人为骨干，以预备役军官、士兵为基础，按统一编制为战时能迅速转为现役部队而组建起来的部队。它是实施成建制快速动员的有效组织形式，是提高储备质量的好办法，是节约军费开支、加强国防建设的重要措施。

中国人民解放军预备役部队组建于1983年，分为陆军、海军、空军和兵种预备役部队。其师、团已列入军队建制序列，授有番号、军旗，实行统一编制，按地区编组。

中国人民解放军预备役部队的基本任务：一是努力提高部队的军政素质，不断增强现代条件下快速动员和作战能力；二是切实做好战时动员的各项准备工作，随时准备转为现役部队，执行作战任务；三是积极参加社会主义建设，在物质文明和精神文明建设中，发挥骨干带头作用。

中国人民解放军预备役部队的军事训练，由军区、省军区、军兵种按照总参谋部制定的训练大纲组织实施。通过训练，使预备役军官和士兵掌握必备的技术、战术技能，提高部队快速动员和整体遂行任务的能力，做到一声令下，能收得拢，拉得出，会打仗。

（二）中国人民武装警察部队

中国人民武装警察部队，简称武警部队，主要担负国内安全保卫任务的武装组织，是中华人民共和国武装力量的重要组成部分，是保卫社会主义现代化建设的一支重要力量。在维护国家主权和尊严、维护社会治安、保护国家重要目标和人民生命财产安全、参加社会主义现代化建设等各项任务中，都发挥着重要作用，也是我国武装力量中又一支服现役的部队。

1. 光荣的发展里程

中国人民武装警察部队有着悠久的历史。革命战争时期，为适应对敌斗争和巩固红色政权的需要，革命根据地曾先后建立过不同名称的担负治安保卫任务的武装组织，以保卫首长、警卫机关、肃清特务、看押罪犯、维护社会治安等。1938年5月，从中央保安处特务队、检查站等单位抽调部分人员，组建延安市警察队，编制3个班共35人，隶属于市公安局。1947年3月，中共中央机关撤离延安时，警察队编入战斗部队，担任掩护中央机关的任务。1949年8月，根据中国人民革命军事委员会决定，成立中国人民公安中央纵队，担负中央机关的治安保卫任务。同时，在全国其他较大的城市，也成立由人民解放军担任的负责城市警备任务的警备队，或以人民解放军为骨干组建的公安总队、公安大队、纠察中队；在省、地区和县，组建警卫营、连，以及公安大队、保卫队、执法队等，在铁路沿线，组建保卫铁路的公安武装部队，初步形成全国性的比较完整的内卫武装系统。中华人民共和国建立以后，于1950年2月至5月，全国公安武装统一整编为中国人民公安部队。随着形势任务的变化，从1950年9月起，这支部队的领导体制和番号几经变化，先后称中国人民解放军公安部队、中国人民解放军公安军、人民警察和解放军内卫、守备部队，中国人民解放军地方部队、边防部队和人民武装警察等。1982年6月19日，将看押劳改犯、守护地方重要目标和警卫省、自治区、直辖市党政机关及驻华使领馆的人民解放军部队，同公安部门原实行义务兵役制的武装、边防、消防民警，组成人民武装警察部队。1983年4月5日，中国人民武装警察部队正式成立。1985年1月，原属中国人民解放军基建工程兵的水电、交通、黄金部队列入武警部队系列。1987年8月，武装森林警察也列入武警部队序列。1995年再次调整领导体制，受中央军委和解放军总部的统一领导和指挥，同时业务上受各级政府和公安部门领导和指挥。

2. 组成与任务

《国防法》规定，人民武装警察部队担负国家赋予的安全保卫任务，维护社会秩序。中国人民武装警察部队根据中国人民解放军的建军思想、宗旨原则，按照人民解放军的条令、条例和有关规章制度，结合武警部队特点进行建设。中国人民武装警察部队的主要职能作用是：

（1）守卫。维护国家主权和尊严。中国人民武装警察部队主要是通过执行武装警卫勤务、边防检查勤务、安全检查勤务、海上巡逻勤务来履行这一职能的。

（2）维护社会治安。作为公安机关的一部分，中国人民武装警察部队担负着用公开武装的形式预防和镇压敌对势力的破坏，应付各种紧急意外情况，维护社会治安的任务。

（3）保卫党政领导机关、重要目标和人民生命财产的安全。这主要是通过执行警卫勤务、守卫勤务、消防工作、反恐怖活动来实现。

中国人民武装警察部队属于国务院编制序列，由国务院、中央军委双重领导，实行统一领导管理与分级指挥相结合的体制。中国人民武装警察部队设总部、总队（师）、支队（团）三级领导机关。各级机关设司令部、政治部、后勤部。武警总部是武警部队的领导指挥机关，领导管理武警内卫部队的军事、政治和后勤工作。对列入武警部队序列的其他部队的军事、政治、后勤工作进行指导。武警总部直辖若干师和大专院校。各省、自治区、直辖市设武警总队，各总队分设初级指挥学校；总队以下根据行政区划分和任务需要，设若干个支队；支队按大队、中队、排、班的序列编成。

中国人民武装警察部队依其任务不同分为三类：

第一类，内卫部队。这是武警部队主要组成部分，受武警总部的直接领导管理。其主要任务：一是承担固定目标执勤和城市武装巡逻任务，保障国家重要目标的安全；二是处置各种突发事件，维护国家安全与社会稳定；三是支援国家经济建设和执行抢险救灾任务。

第二类，列入武警序列由公安部门管理的部队。其中，边防部队主要担负边境检查、管理和部分地段的边界巡逻以及海上缉私；消防部队主要担负防火灭火任务；警卫部队主要担负党和国家领导人、省市主要领导及重要来访外宾警卫任务。

第三类，列入武警序列受国务院有关业务部门和武警双重领导的部队。这些部队既担负经济建设任务，同时又负有维护国家安全和社会稳定的任务。其中，黄金部队主要担负黄金地质勘察、黄金生产任务；水电部队主要承担国家能源重点建设项目，包括大中型水利、水电工程以及其他建设任务；交通部队主要担负公路、港口及城建等施工任务；森林部队主要担负东北、内蒙古、云南等地森林的防火灭火以及维护林区治安、保护森林资源的任务。

3. 主要装备

武装警察部队的主要装备包括自卫防护器具、非致命性防暴武器、致命性攻击武器、交通工具和特殊用途的装备。

自卫防护器具主要有防护头盔、防弹服、防暴盾牌；非致命性防暴武器主要有警棍、电击器、催泪弹等；致命性攻击武器以轻武器为主，主要有手枪、狙击步枪、自动步枪、冲锋枪、机枪等；交通工具主要有各种车辆、防暴车等；特殊用途的装备主要包括各种探测、监视、跟踪和排爆装置等。

中国人民武装警察部队有自己的服装式样、识别标志和军衔等级，其内务制度、纪律要求、队列基础训练和思想政治工作等则执行中国人民解放军的有关条令和条例。中国人民武装警察部队是国家必不可少的人民武装力量。它的存在，直接关系到国家和社会的稳定，关系着人民生命财产的安全和人民民主专政的巩固。

（三）中国民兵

中国民兵是由不脱产的人民群众组成的武装组织，是中华人民共和国武装力量的组成部分，是中国人民解放军的有力助手和强大后备力量。中国民兵初建于第一次国内革命战争时期。革命战争年代，民兵为民族的解放、为赶走日本侵略者、为新中国的建立做出了巨大的贡献。中华人民共和国成立后，中国民兵成为国家武装力量的组成部分，在建设祖国、保卫祖国中发挥了重大作用。

中国民兵是国家的后备武装力量，不仅拥有步兵分队，还组建一定量的炮兵、通信、防化、侦察、工程兵分队，以及海军、空军的一些专业技术分队，能随时遂行作战任务。中国《国防法》第二十二条第四款规定："民兵在军事机关的指挥下，担负战备勤务、防卫作战任务，协助维护社会秩序。"为确保完成这一任务，必须确立有关的各项基本制度。新时期的中国民兵，经过长期的建设，已经取得了很大成绩。以法律的形式确立了在国务院、中央军委领导下的民兵组织领导体制。全国的民兵工作由总参谋部主管；各大军区按照上级赋予的任务，负责这一区域的民兵工作；省军区、军分区和县（市）人民武装部是本级的民兵领导指挥机关；乡、镇、部分街道和企事业单位设有人民武装部，负责民兵和兵役工作。地方各级人民政府，对民兵工作实行原则领导，对民兵工作实施组织和监督。中国民兵的作用主要表现在三个方面：积极参加社会主义现代化建设，带头完成生产任务；担负战备勤务，保卫边疆，维护社会治安；随时准备参军作战，抵抗侵略，保卫祖国。

1. 中国民兵制度

民兵区分为基干民兵和普通民兵。28 岁以下退出现役的士兵和经过军事训练的人员，以及选定参加军事训练的人员编入基干民兵组织。其余 18～35 岁符合服兵役条件的男性公民，编入普通民兵组织。女民兵只编基干民兵，人数控制在适当的比例内。陆海边疆、少数民族地区和城市有特殊情况的单位，基干民兵的年龄可适当放宽。民兵必须是身体素质好，政治可靠的人员。《兵役法》规定，实行民兵与预备役相结合的制度，一是规定基干民兵为一类预备役，普通民兵为二类预备役；二是把参加民兵组织和服预备役年龄、政治、身体条件一致起来；三是有民兵组织的地方，在基层工作上把两者结合起来，使基层民兵组织成为预备役的基本组织形式。对于未编入民兵组织，但符合民兵条件的，进行预备役登记。

2. 中国民兵的编组

一般以乡（镇）、行政村和厂矿企业为单位，按照民兵人数多少，分别编为班、排、连、营、团。基干民兵、普通民兵、男民兵、女民兵，应分别编组。行政村一般编民兵连（营），领导本村的基干民兵和普通民兵。县、乡（镇）所属企业单位，凡人员比较稳定，行政、党团组织比较健全，可建立民兵组织，属乡（镇）武装部直接领导。乡（镇）编基干民兵营或连，领导全乡的基干民兵。城市民兵的编组，大型厂矿企业可以车间、分厂为单位编组，中小企业可实行跨车间、班组编组。

3. 民兵训练

民兵干部和基干民兵的训练原则上由县（市、区）人民武装部组织实施。根据训练大纲的要求，干部训练时间为30天，一般在一年内完成；民兵训练时间为15天，一次完成。通过训练，干部具备相应的军事技能和组织指挥能力，并提高开展本职工作的能力；民兵学会使用手中武器装备，掌握基本军事技能；分队能担负一般战斗任务。民兵干部主要进行本级指挥和教学法训练，基干民兵主要进行技术和战术基础训练。专业技术兵的训练时间，根据情况要适当延长，一般比步兵训练时间多一些。为适应训练发展的需要，全国目前已建设了许多县级民兵训练基地，民兵大部在基地集中训练。根据需要，还组建了一批专业技术训练中心。这些基地和中心都达到了能吃、能住、能训练的要求。在训练手段上，大力推广电化教学和模拟训练，实施形象、直观教学，训练质量有较大提高。在训练中注意突出重点，民兵干部、应急分队和专业技术分队的训练得到了进一步加强。

二、我国武装力量的领导体制

我国武装力量的现行领导体制是依照我国1999年3月修订的《宪法》和1997年3月颁布的《国防法》规定实施的。

中央军委是中国共产党中央军事委员会和中华人民共和国军事委员会的简称，是领导全国武装力量的最高统帅机构，是我国武装力量的领导机关。

中央军委是在党领导中国人民进行革命武装斗争的过程中创建的。《宪法》规定：中华人民共和国设立中央军事委员会，领导全国的武装力量，中央军委由主席、副主席、委员组成，实行主席负责制。主席由全国人民代表大会选举产生，对全国人民代表大会及其常务委员会负责。中央军委每届任期同全国人民代表大会每届任期相同。

在国家的中央军委成立之后，党的中央军委仍然作为党中央的军事领导机构直接领导全国的武装力量。党的中央军委的组成和人选由中央委员会决定。党的中央军委和国家的中央军委实际上是一个机构，组成人员和对军队的领导职能完全一致，只是在党内和在国家机构内同时有两个地位，目的在于既能保证党对军队的领导，又能通过国家政府机构加强武装力量的建设，并且有利于在必要时迅速使武装力量转为战时体制，以应付突然事件。中央军委下设四个执行机关：

（1）中国人民解放军总参谋部，在中央军委领导下，负责组织武装力量建设和实施作战指挥的最高军事领导机关。

（2）中国人民解放军总政治部是中央军委的政治工作机关，负责管理军队中党的工作和政治工作。

（3）中国人民解放军总后勤部是中央军委的后勤工作机关。中央军委通过总后勤部领导全军的后勤工作。

（4）中国人民解放军总装备部是中央军委对全军武器装备建设的集中统一领导机关。

复习题：

1. 中国人民解放军的性质和任务是什么？
2. 中国人民武装警察部队的组成和任务是什么？
3. 陆军、海军、空军各由哪些兵种组成？
4. 陆军的主要任务是什么？
5. 海军、空军、第二炮兵各自的使命是什么？

第五节　国防动员

国防动员亦称战争动员，是指国家为准备战争和实施战争而在相应的范围内由平时状态转入战时状态所采取的，对人力、物力和财力统一调动的紧急措施。根据国防动员的规模，一般分为总动员和局部动员。总动员是指在全国范围内实施的国防动员。局部动员是指在局部地区实施的国防动员。国防动员通常包括政治动员、人民武装动员、国民经济动员、人民防空动员、交通战备动员等领域。

一、国防动员概述

（一）国防动员的产生与发展

国防动员与战争紧密相连，是战争活动的重要组成部分和前提条件，因此最早被称做战争动员。

战争动员产生于奴隶制社会时期，发展于封建社会和资本主义社会时期。自资本主义工业革命后，国防动员进入全面发展时期。尤其是 20 世纪规模空前的两次世界大战的发生，为国防动员的进一步发展提供了客观条件。该时期国防动员的特点：一是动员的规模空前，如第二次世界大战中，参战各国动员的总兵力达到 1.1 亿人，其中，德国为 1 700 万人，日本近 1 000 万人，苏联 1 136 万人，美国 1 212.3 万人，人力、物力、财力的动员数量高于以往任何战争；二是动员的范围进一步扩展，两次世界大战期间，真正将经济、政治、外交等领域全部纳入了战争动员范围，将工业、农业、商业、财政金融、交通运输和邮电通信等经济部门进一步纳入了战时轨道，使得整个战争动员体系日趋完备，"综合动员"的性质日益明显；三是动员呈现出持续性的特征，在整个战争期间连续多批次地实施人力、物力和财力的动员，已成为参战各国的普遍做法；四是动员体制和制度不断完善，到第二次世界大战前夕，各参战国纷纷建立或改组了国防动员领导机构，对国防动员实施统一的领导，如美国设立了战时资源委员会，法、德等国也分别设立了类似的专门机构。与此同时，国防动员法规日臻完善，如德国的《战时授权法案》、日本的《国家总动员法》、英国的《紧急全权国防法案》、法国《总动员法》和苏联的《关于战时状态法令》等，对动员的基本和重大事项都作了规定。

在中国现代革命史上，中国共产党人成功地领导了多次战争动员活动。历次革命战争中，在毛泽东同志关于动员和武装群众、进行人民战争的战略思想指导下，中国共产党实行全党动员、全民动员的方针，成功地实施了政治、军事、经济、文化等动员，为壮大人民军队、夺取革命战争的胜利发挥了巨大作用。如抗日战争时期，为了夺取抗日战争的胜利，中国共产党进行了广泛深入的政治、军事和经济等方面的动员。1937 年 8 月，中国共产党发表了《抗日救国十大纲领》，号召全国各族人民和社会各阶层、各民主党派团结起来，积极参加抗日战争，形成了全国的抗日民族统一战线，出现了全面抗战的总动员局面。各抗日根据地广泛动员人民群众参军参战，开展游击战争，在敌后战场给日寇以沉重打击。中华人民共和国成立后，在历次局部战争的作战中，都进行了不同规模的战争动员。如在抗美援朝战争中，在全国深入进行了抗美援朝、保家卫国的宣传教育，激发了广大军民的爱国热情，在全国迅速动员了 200 多万民兵、青年参加中国人民志愿军，还动员了大批汽车司机、铁路员工和医务、通信人员担负战争勤务。与此同时，在全国开展的捐献运动，共捐献人民币5.56 亿元，为保障战争的胜利作出了重要贡献。

（二）国防动员的地位与作用

国防动员是国防活动的重要内容之一，是准备和实施战争的重要措施。无论是古代战争，还是现代战争，全面战争，还是局部战争，常规战争，还是非常规战争，都离不开动员。因此，国防动员在保障赢得战争胜利等诸多方面，都具有十分重要的地位与作用。

1. 国防动员是打赢战争的基础环节

为遏制战争爆发并夺取战争的胜利积聚强大的战争力量，是国防动员的基本功能与任务。这是因为，战争是实力的较量，任何不具备强大实力的国家，要赢得战争的胜利是不可想象的。国防动员不仅能够通过平时的准备，为战争实施积聚强大的战争潜力，而且可以通过建立一套平战转换机制，使这种潜力在战争爆发后迅速转化为实力，从而为保障战争的胜利奠定必要而坚实的物质基础。同时，现代战争的巨大破坏性，使人们不得不把制止战争的爆发作为降服战争这个恶魔的重大步骤予以重视，因此，在这种情况下，国防动员所积聚的巨大能量同样是战略家们所倚重和借助的力量。另外，国防动员还是遏制危机的有效手段。实践中，有许多国家通过积聚力量和显示使用力量的决心，有效地制止了战争的爆发。

2. 国防动员是应对紧急突发事件的有效措施

国防动员的最初功能是应对战争的需要，但现代条件下，随着各种灾难事故和突发事件的频繁发生，人们已把国防动员的功能予以拓展，让它同样可以在应对和处置各类突发事件中发挥应有的作用。因此，当国家遇到此类突发事件时，国防动员活动可以凭借自身的准备和特有的机制，使国家或地区在需要时进入一定的应急状态，动员国家、军队和社会的一定力量，抗御自然灾害、处置各种自然和人为的事故与灾难，使国家和社会处于正常运转状态，维护人民群众的生命财产安全。

3. 国防动员是支援经济和社会发展的重要力量

国防动员实行"平战结合、军民结合、寓军于民"的原则，在和平时期国防动员建设的成果可以直接为经济建设服务。寓军于民均可节约国防开支，有利于国家集中力量发展经济。和平时期，国家的中心任务是提高社会生产力，改善人民生活，对国防建设不可能有很多的投入，必须提高国防建设的效益。要用有限的国防经费，获得尽可能强的国防力量，其有效办法是建设精干的常备军，大力加强后备力量建设，健全完善动员体制，做到"平时少养兵，战时多出兵"。这样，不仅可以经常保持较强的国防整体威力，为国家提供可靠的安全保障，而且可以减轻国家负担，促进经济和社会发展。

二、国防动员的内容

国防动员的主要内容包括：政治动员、人民武装动员、国民经济动员、人民防空动员和交通战备动员。

（一）人民武装动员

人民武装动员，是国家将后备力量充实到军队，使军队和其他武装组织由平时状态转入战时状态所进行的活动。战争是武装力量的直接对抗，各个领域的动员活动都要围绕武装力量的作战行动展开，而人民武装动员与武装力量的作战行动关系最直接。因此，人民武装动员是国防动员的核心。人民武装动员通常包括现役部队动员、后备兵员动员、预备役部队动员和民兵动员。

1. 现役部队动员

现役部队动员，是指将中国人民解放军各军兵种部队和武装警察部队从平时编制转为战时编制，按动员计划进行扩编，达到齐装满员。现役部队动员的主要活动包括：一是进入临战状态，接到动员命令后立即召回外出人员，停止转业、复员、退伍、探亲和休假等活动，启封库存的武器装备，做好战斗准备；二是实行战时编制，不满编的部队迅速按战时编制补充兵员和装备，达到齐装满员；三是扩建现役部队，扩建部队以现役部队为基础，扩建时的兵员空缺，由预备役官兵补充；四是组建新的部队，按照动员计划和部队编制方案，从现役部队或军事院校抽调官兵，搭建部队的架子，同时征召预备役官兵，组成新的部队。

2. 后备兵员动员

后备兵员动员，是征召适龄公民到军队服现役的活动，主要是征召预备役军官和士兵补充现役部队。根据战争的需要，国务院、中央军委还可以决定征召 36～45 岁的男性公民服现役。后备兵员动员是直接为现役部队动员服务的，是与现役部队动员的同步活动。其主要有三种用途：一是补充不满编的现役部队；二是补充扩建和新组建的部队；三是补充战斗减员的部队。

3. 预备役部队动员

预备役部队动员，是指预备役部队成建制转服现役的活动，是战时快速动员的一种重要方式。《国防法》规定，预备役部队"战时根据国家发布的动员令转为现役部队"。

4. 民兵动员

民兵动员，主要是指组织发动民兵担负参战支前任务。民兵是保卫祖国的一支重要力量，战时可以配合军队作战和担负支援保障任务，也可以独立担负后方防卫作战和维稳任务。

（二）国民经济动员

国民经济动员，是国家将经济部门、经济活动和相应的体制从平时状态转入战时状态所进行的活动。国民经济动员是国防动员的基础和重要内容，对于充分发挥国家的经济潜力，提高军品生产能力，及时满足战争对各种物资和勤务保障的需求，具有重要的作用。

国民经济动员主要包括工业动员、农业动员、贸易动员、财政金融动员、科学技术动员、医疗卫生动员和劳动力动员等。

1. 工业动员

工业动员，是指国家调整和扩大工业生产能力，增加武器装备及战争需要的其他工业品产量的活动。在局部战争中，工业动员一般首先对国防工业进行动员，民用工业作为后续动员的对象。其主要内容包括：统筹安排军需民用，调整工业布局，改组生产与产品结构，实行快速转产，扩大军品生产；组织工厂企业进行必要的搬迁、复产以及作战物资的生产和储备等，最大限度地把工业潜力转化为实力。

2. 农业动员

农业动员，是指国家调整和挖掘农业生产潜力，维护农业设施，增加粮食、棉花、油料、肉类及其他农副产品的产量和国家征购量，满足战争和人民生活对农产品的需求。其主要内容包括：实行战时农产品管理体制，调整农业生产结构，实施战时农业经济政策。

3. 贸易动员

贸易动员，是指国家在商品流通领域实行战时管理体制和战时商贸政策，控制商品流通秩序和流向，以满足战争和人民生活对各种商品的需求。其主要内容是对国内贸易和对外贸易管制。

4. 财政金融动员

财政金融动员，是指国家为保障战争需要而采取的筹措和分配资金，维持财政金融秩序的活动。在市场经济体制下，资金对于战争所需物资的筹措和调控经济活动具有枢纽作用。现代战争需要巨额的资金保障，筹措资金是财政金融动员的主要任务。其主要内容包括：实行战时税制，实行战时预算，增加举借债务，加强金融监管。

5. 科学技术动员

科学技术动员，是指为保障战争对科学技术的需要，国家统一组织和调整科研机构、科研人员、科研设备、资料及成果所进行的活动。其目的在于开发、研制先进武器装备，为武装力量及其他部门提供技术保障和支持，利用科学技术争取战争优势。其主要内容包括：科研机构动员，科技人员动员，科技经费、设备和物资动员，科技成果和科技情报动员。

6. 医药卫生动员

医药卫生动员，是指统一调度和使用医药卫生方面的人力、药品器材。设备和设施，满足战争对于医药卫生的需要所进行的活动。医药卫生动员对于为军民提供可靠的医药卫生保障，恢复军队战斗能力和社会劳动能力，保护人力资源，具有重要意义。其主要内容包括：实行医药卫生管制，组织战时医疗救护，搞好卫生防疫。

7. 劳动力动员

劳动力动员，是指国家统一调配和使用劳动力，开发劳动力资源，以满足武装力量扩编、军工生产及其他领域对人力的需求所进行的活动。劳动力动员是具有一定独立性的动员分支领域，但其具体实施渗透到各个方面的动员活动之中。其主要内容包括：根据战争需求调配和使用劳动力，实行战时就业制度，扩大劳动力资源总量，实行战时劳动制度，提高劳动强度和效率。

（三）人民防空动员

人民防空动员，是国家发动和组织人民群众防备敌人空袭、消除空袭后果所进行的活动。在现代战争中，远距离精确打击成为重要的作战样式，大、中城市和经济基础设施面临的空袭威胁日益严重。人民防空动员对于减轻空袭危害，减少人民群众生命财产损失，保持后方稳定，保存战争潜力，具有重要的作用。

人民防空动员，主要包括人防预警动员、群众防护动员、重要经济目标防护动员、人防专业队伍动员等。

1. 人防预警动员

人防预警动员，是为了及时获取防空斗争所必需的情报，为组织民众防护和进行抢救抢修提供信息保障。其主要任务包括：建立和完善人防警报网，确保战时按规定适时发放防空警报；组织群众开展对空侦察，协助有关部门掌握和传递空中情况。

2. 群众防护动员

群众防护动员，是为了保护人民生命安全，保存后备兵员和劳动力资源，保证人心安定和社会稳定，维持战时生产和生活秩序。其主要任务包括：开展人民防空教育，组织城市人口疏散，构筑人民防空工程和组织掩蔽，组织城市防空管制。

3. 重要经济目标防护动员

重要经济目标防护动员，是为了减轻战争破坏程度，保护关键的生产能力。高技术局部战争表明，空袭经济目标、摧毁国防潜力对战争的进程和结局具有决定性影响，搞好重要经济目标防护动员十分重要。相对于政治、军事目标，重要经济目标数量多、面积大，情况千差万别，抗打击能力弱，敌空袭这类目标成功率最高。平时，国家经济部门在安排大型项目建设和调整产业结构时，就应充分考虑重要经济目标的防护要求，战时应积极动员有关部门、企业和社会力量，采取综合防护措施，如搬迁疏散、转入地下，伪装欺骗、示假隐真，空中设障、多方拦截等，提高整体防护能力。

4. 人防专业队伍动员

人防专业队伍动员，是根据战时消除空袭后果的需要，按照专业系统组成的担负抢救抢修等防空勤务的群众性组织需要所进行的活动。其主要任务包括：平时组建各种人防专业队伍，进行必要的训练和演练，有针对性地落实抢救抢修器材、装备和物资；战时适当扩充人防专业队伍，组织开展抢救、抢修行动，消除空袭后果，维护社会治安。

（四）交通战备动员

交通战备动员，包括交通运输动员和通信动员，是国家统一管制各种交通线路、设施、工具和通信系统，组织和调动交通、通信专业力量为战争服务的活动。交通和通信是人员、物资和信息流动的物质载体，交通战备动员对于保障军队的机动和其他人员、物资的前送后运，保障作战指挥和通信联络的畅通，具有重要的作用。

交通运输动员，是国家为了适应战争需要，组织和利用各种交通运输线路、设施和工具，进行人员、物资和装备输送的活动。主要包括铁路、公路、水路和航空等运输方式的动员。

铁路运输具有运载量大、速度快、效率高的特点，可担负远距离、大重量的运输任务，是在战略、战役后方实施大规模运输的主要手段。搞好铁路运输动员，要求在平时必须搞好通往主要作战方向的铁路网络的规划建设，修筑必要的铁路运输保障设施和防护工程，重要线段应修建支线、多线、迂回线等。

公路运输具有灵活机动、周转速度快、适应性强等特点，既可独立完成运输任务，又可与其他运输方式相衔接进行运输。特别是在铁路运输遭到破坏的情况下，公路运输将担负更重的运输任务。搞好公路运输动员，主要是采取一切组织和技术管理措施，加强战场公路网建设，组织各种运输力量参加军事运输，提高战时公路运输的保障能力。

水路运输具有运量大、成本低、隐蔽安全、航线不易被破坏等特点，是海上作战和江河水网地区部队机动和物资输送的主要手段。水路运输动员的能力，主要取决于海洋和内陆江河航路的开辟和利用，还取决于造船工业的发达程度，以及港口设施、设备的状况等。因此，为提高水路运输动员能力，必须充分开发水路运输潜力，发展造船工业，尽可能多地修建港口、码头等，以适应战时军事运输的需要。

航空运输具有快速、灵活、一般不受地形条件限制等特点，适用于紧急情况下输送人员、物资。特别是在水路、陆路交通受阻的情况下，航空运输是完成前送后运任务的主要手段。为提高航空运输的动员能力，应根据战时动员需要，按照平战结合的原则，规划建设各种飞机跑道和机场，开辟空中航线，储备航空运输需要的各种飞机及其各类专业技术人员等。

战时交通运输动员行动主要包括实行交通管制，动员民用运力，组织交通线的防护等。

通信动员，是指国家为了适应战争需要，统一组织调动通信资源和力量，综合运用多种通信手段，保证通信联络安全、稳定、畅通所进行的活动。在信息化条件下，战时指挥协同的通信量大大增加，通信动员的任务十分繁重。通信动员涉及面广，动员对象既有通信技术人员，也有通信装备和器材；既有有线通信系统，也有无线、移动、卫星通信系统和互联网；参与动员的人员，既有政府部门的业务管理人员，也有军队系统的相关管理人员，甚至还有通信网络营销商和通信装备生产商。要做到各类人员有机协调、统一行动，实现各类通信网络兼容互通、系统集成，确保通信畅通、保密安全，必须加强对通信动员的集中统一领导和指挥。通信动员由军队通信部门、地方通信部门和通信动员部门共同组织实施。其主要任务包括：对国家通信网络实行统一管制，征集和调用民用通信资源和力量，组织通信防卫，抢修抢建通信线路和设施，确保军队指挥顺畅、军地联络通畅。

（五）政治动员

政治动员，是国家为进行战争而开展的宣传、教育、组织工作和外交活动。政治动员是国防动员的一项重要内容，并为其他领域的动员活动提供思想和组织保证。政治动员对于充分调动和发挥本国军民的精神力量，尽可能地争取国际社会的同情和支持，瓦解敌方的战斗意志，具有重要作用。

平时政治动员主要表现为国防教育。其内容主要包括国防观念、国防知识、军事技能和国防法规等方面的教育，目的是增强国防观念和维护国家安全意识，提高履行国防义务的自觉性。国防教育以全民为对象，重点是国家机关工作人员、武装力量编成人员和青年学生。我国《国防教育法》和国家国防动员委员会 2006 年颁发的《全民国防教育大纲》，是进行国防教育活动的法律依据。

战时政治动员主要包括国内政治动员和外交舆论宣传。国内政治动员，是政府、军队和社会团体等，运用各种宣传舆论工具，对全国军民进行以爱国主义和革命英雄主义为核心的国防教育，使之增强国防观念，坚定打败敌人、夺取胜利的信心。在国内政治动员中，对军人及其家属实行优待和抚恤政策是十分重要的，可以起到激励将士奋勇杀敌、勇立战功，引导全社会拥军优属、为争取战争胜利作贡献的作用。外交舆论宣传，是国家通过各种外交活动和对外宣传，揭露敌人的战争阴谋，控诉敌人的战争暴行，瓦解敌方的战斗意志，争取各国的声援和支持，建立国际统一战线，或建立战略协作关系。

三、国防动员的组织实施

国防动员的组织实施，通常按照进行动员决策、发布动员令、充实动员机构、修订和落实动员计划等步骤进行。

（一）进行动员决策

进行动员决策，是国防动员实施过程中首先需要解决的问题。只有实施了动员决策，整个国家的政治、军事、经济、文化和外交等部门或领域才能相应地转入战时体制，进行动员的各项活动。

进行国防动员决策的关键，是正确分析判断敌情。必须充分利用各种手段，广泛收集各国尤其是敌国的政治、经济、军事等各方面的情况，并对这些情况进行综合分析，尽早洞察敌国的战争企图，从而视情况确定动员实施的时机、规模和方式等。

（二）发布动员令

动员令是宣布全国或部分地区、某些部门转入战时状态的命令。动员令的发布，关系战争的胜负和国家的命运，各国大都由最高权力机关或国家元首、政府首脑发布。《国防法》第十条规定，全国人民代表大会依照宪法规定，决定战争与和平的问题。全国人民代表大会常务委员会依照宪法规定，决定战争状态的宣布，决定全国总动员或者局部动员。第十一条规定，中华人民共和国主席根据全国人民代表大会的决定和全国人民代表大会常务委员会的决定，宣布战争状态，发布动员令。

发布动员令的方式，分为公开发布和秘密发布两种。公开发布动员令，一般是在战争即将或已经爆发的情况下，运用一切宣传工具和通信手段，把爆发战争的真实情况和战略态势告诉全体军民。秘密发布动员令，一般是在战争已不可避免，但尚未爆发的情况下施行，通常执行严格的保密限制，只秘密通知政府有关部门和军事机构等。

（三）充实动员机构

动员机构是指平时负责动员准备、战时负责动员实施的组织领导机构。一旦实施战争动员，和平时期的动员机构，无论在人力上还是物力上，都难以适应需要，必须及时调整和加强。一是要扩大组织，增加人员；二是要增加支出，保障需要。与此同时，还要赋予其应有的职权，使其具有较高的权威性。国防动员事关国家安危，责任重大，如果权力有限，指挥无力，处处受制，就难以完成繁重的动员任务，影响战争的顺利进行。

（四）修订动员计划

国防动员计划，是实施国防动员的依据。在面临战争的情况下，由于国际战略环境和国内条件都发生了变化，事先制定的动员计划难免与战争的实际情况不完全吻合，所以要及时予以修订。修订国防动员计划，一般是与充实动员机构同时进行。

（五）落实动员计划

落实动员计划，是使计划见之于行动，是实施国防动员的关键环节。动员令发布之后，负有动员任务的地区和部门，应根据修订的动员计划，迅速转入战时体制。各行业以及社会生活的各个方面，都应以保障战争胜利为轴心迅速进行调整。其中，武装力量要迅速转入战时状态。现役军人一律停止转业和退伍，停止探亲和休假，外出人员立即归队。预备役部队应迅速集结。发放武器装备，并抓紧时间进行训练，准备承担作战任务。民兵应做好应征准备，同时启封武器装备，成建制进行训练，并准备承担各项任务。地方政府要根据上级下达的动员任务，积极实施动员行动。各行业、各阶层都要动员起来，落实战争动员任务，为赢得战争胜利贡献自己的力量。

复习题：

1. 什么是国防动员？
2. 国防动员的地位和作用是什么？
3. 国防动员的主要内容有哪些？
4. 人民武装动员包括哪些内容？
5. 国防动员组织实施的步骤有哪些？

第二章 军事思想

军事思想是军事理论科学的重要组成部分，处于军事科学的最高层次，对其他的军事科学具有指导作用。研究军事思想的目的在于揭示战争的本质、基本规律以及指导战争的方法论，阐明军队建设的理论原则等。

第一节 军事思想概述

自从阶级社会产生以来，战争这一特殊的社会现象，在人类社会中已经存在了几千年。几千年来，人们在战争的实践中，对战争的本质、战争的准备与实施、军队建设与使用等问题，形成了带有规律性的认识，并运用其研究和指导战争，加强军队建设。军事科学界把这种从战争实践中产生，反过来又指导战争的理性认识，称之为军事思想。军事思想是人们对战争、军队和国防的基本问题的理性认识。

一、军事思想的基本特征

军事思想这一概念的提出，始于近代。由于在不同的国家对军事思想有着不同的理解，对其所赋予的内涵不完全一致，表现出各国对"军事思想"这一概念认识上的差异性。在我国，军事思想被列为军事科学的重要内容，在军事科学中占有十分重要的地位。它同其他军事科学之间是指导与被指导的关系。军事思想所揭示的战争一般规律和建军、作战的基本方针和原则对其他军事学科都具有指导作用。军事思想的基本特征体现在以下三个方面：

其一，军事思想具有阶级性。战争是阶级社会中的特殊现象，在阶级社会中，军事思想是一定阶级和集团利益的政治观念反映，是社会意识形态的一部分。在阶级社会中，个人、集团、民族、国家都是站在某一阶级立场上的，因此，总会以阶级利益为目的来研究战争问题，这就不能不带有强烈的阶级性。所以，不同的阶级对战争的认识和立场不同，奉行或推崇的军事思想也不同。依据这一特性，我们可以将军事思想区分为奴隶主阶级军事思想、封建地主阶级军事思想、资产阶级军事思想及无产阶级军事思想等。

其二，军事思想具有时代性。不同的历史时期，人们的物质文化生活水平不同，认识能力也各有差异，时代的改变或时代主题的变化，导致人类社会的基本矛盾及其表现形式、运动方式和力量对比发生变化，这不仅会使军事思想的内容发生变化，而且在一定程度上会使其本质发生根本性改变，从而使军事思想具有突出的时代特征。这种特征往往最能反映当时的物质生产水平和军事活动的总体水平。正因为如此，我们可以把军事思想区分为古代军事思想、近代军事思想和现代军事思想。

其三，军事思想具有继承性。这一特性是指任何军事思想都是在前人军事思想的基础上不断继承和发展而来的。在各个不同的历史时期中，人们通过战争实践形成的许多正确的原则和原理都在一定程度上反映了战争的客观规律，人们正是通过对这些原则和原理的扬弃，对以往军事实践认识成果进行了继承和发展，提出了新的军事思想体系，也正因为如此这些新体系同时又与旧体系保持着有机的联系。

二、军事思想的研究对象与内容

（一）研究对象

军事思想产生于长期的战争实践中，其核心是要反映人们对战争本质的认识，揭示战争中普遍存在的对人们研究和指导战争具有指导作用的客观规律，解决一系列与战争实践活动相关的问题，诸如战争准备、战争实施、武装力量建设等问题。因此，军事思想只能把这一特殊社会现象作为自己研究的基本对象。

军事思想的研究任务是揭示战争的本质和基本规律，研究武装力量建设和使用的基本原则。由于战争中客观规律的普遍适用性，决定了古今中外军事思想在反映战争实践与军队建设乃至国防建设方面存在着共性认识，它不因个体和国别的差异而改变。为此，在研究军事思想的过程中，不仅需要研究本国的，而且还需要研究外国的；不仅需要研究现代的，而且还需要研究古代的、近代的；不仅需要研究无产阶级的，而且还需要研究资产阶级、地主阶级和奴隶主阶级的。此外，还必须研究具有一定代表性的国家、军队、主要领导人和军事家在战争和军事问题上的基本思想、观点和理论。

（二）研究内容

任何科学都有其特定的研究内容，军事思想也不例外。在军事科学未作详细分工之前，军事思想研究的内容几乎无所不包。自从军事把军事思想作为军事科学中一门独立的学科后，军事思想的研究内容才有了一个相对确定的范围。一般认为，军事思想研究的基本内容主要有四个方面：

一是战争观。即人们对战争的起源、战争的本质、战争的性质和对待战争的基本态度，以及战争与政治、经济、地理等因素相互关系的看法与观点。

二是研究和指导战争问题的方法论。即在研究和解决军事理论与实践问题中所使用的一系列的方法和原理，特别是辩证唯物主义和历史唯物主义的方法和原理。

三是战争指导思想。即人们在长期战争实践中，依据对战争客观规律的认识，提出的战略、战役、战术的指导原理和原则，是战争的客观实际和人们在战争的自觉能动性相结合的产物。

四是军队建设指导思想。即围绕着提高战斗力所形成的军队建设的理论和原则。

此外，它还包括战争准备各个方面的理论和原则，如国防建设与经济建设、战时与平时、军用与民用、常备军与后备军建设等方面的理论和原则。

三、军事思想的形成与发展

人类对战争和军队问题的认识，有一个历史发展的过程，从时代角度讲，可划分为古代、近代和现代三个发展阶段。

（一）古代军事思想

古代军事思想的形成与发展主要集中在两个相对独立的区域，即中国和地中海一带沿海国家，先后分为奴隶社会和封建社会两个时期的军事思想。

1. 中国古代军事思想

公元前 21 世纪（中国第一个奴隶制王朝夏朝建立）到公元 1840 年（鸦片战争）为中国古代史时期。

中国古代军事思想最早出现在公元前 21 世纪至公元前 8 世纪。此时中国为奴隶社会时期，建立了军队，出现了真正意义上的战争，军事思想开始萌芽，并逐渐成为专门学科。专门研究军事的著作主要有《军政》、《军志》等。

中国古代军事思想成熟于公元前 8 世纪至公元前 3 世纪。当时处于由奴隶制向封建制过渡的社会大变革时期，频繁的战争、繁荣的文化促进了军事思想的成熟，中国古代军事思想取得了空前的辉煌成就，涌现出许多杰出的军事家及军事著作，如闻名中外的孙武所著的《孙子兵法》等。

中国进入封建社会后，由于铁兵器的广泛推广，火药的逐步应用，步、骑、车、水军诸兵种的发展变革，不同性质战争的交织客观上促进了军事思想的丰富与发展。

2. 西方古代军事思想

公元前 8 世纪到 1640 年英国资产阶级革命为西方古代史时期。

公元前 8 世纪至公元 5 世纪，是西方古代的奴隶制社会时期。在这个时期古希腊、古罗马等奴隶制国家，为了扩张领土、建立霸权、掠抢奴隶和财物，频繁发动战争。在长期的战争实践中，涌现出许多的将领和统帅，产生了内容丰富的古希腊和古罗马的军事思想。

古希腊的军事思想概括起来主要有：认识到战争是由根本利益引起的，战争的目的是为了谋求城邦、国家的利益或霸主地位；战争的胜败取决于政治、军事、经济、精神等条件；注意激励军队的士气，立足以优势力量建立己方胜利的信心等。其军事思想主要散见于希罗多德的《希腊波斯战争史》、修昔底德的《伯罗奔尼撒战争史》、色诺芬的《远征记》、艾涅的《战术》及伯里克利、亚历山大等人的军事实践和相关的历史著作。

古罗马的军事思想主要表现在：进一步认识到战争有正义与非正义之分；把军事作为实现政治目的的工具，而政治又是配合军事行动达成军事目的的手段；通过外交广泛联盟，孤立对手，恩威并举，实现自己的目的；主张以进攻为主，防御为辅；主张建立一支忠于自己的部队，以精神鼓励、严格的纪律保持部队的战斗力。其军事思想散见于恺撒的《高卢战记》、弗龙蒂努斯的《谋略》、韦格蒂乌斯的《论军事》及历史学家波里比阿、塔西伦、普鲁塔克等有关罗马历史的著作中，许多军事家如汉尼拔、恺撒、屋大维等在军事实践中，也闪烁着重要的军事思想。

从公元 476 年西罗马帝国灭亡到 1640 年英国资产阶级革命，是欧洲的中世纪时期，即欧洲的封建社会时期。在这长达 1 100 多年的"黑暗"时代，由于封建割据的庄园经济、宗教思想和经院哲学的禁锢，极大地限制了军事思想的发展，直到封建社会后期，随着中国火药、火器的传入及始自意大利文艺复兴的影响，外国古代军事思想才有了缓慢发展。主要军事代表人物有查理大帝、古斯塔夫二世等，代表作有利奥的《战术学》、马基雅维利的《战争艺术》（亦译作《论军事学术》）、弗里德里希二世的《战争原理》、《军事典范》等。此时的军事思想概括起来主要有：一是对战争认识的倒退，战争被披上宗教外衣，掩盖了统治集团之间的利益争夺，宣扬战争是人类天性中的一部分，是原始罪恶之果，同时，又宣扬为教会而在战争中丧失生命的人，可以进入天国，免除一切罪恶；二是重视军队建设，把军队看成国家的重要工具，对雇佣兵制的弊端有了初步认识，主张实行义务兵制，同时，还初步涉及对战略学、战术学概念以及制海权等问题的研究。

与中国古代军事思想相比，外国古代军事思想起步晚，认识不够全面、深刻，其成果主要散见于当时的一些历史和文学著作中，缺乏系统论述。

（二）近代军事思想

从1640年英国资产阶级革命至1917年俄国十月革命，为世界近代史时期。此时西方走向资本主义，并向帝国主义发展；近代中国则处在半殖民地半封建社会。由于以下几个原因，外国军事思想一改中世纪时期低迷不前的状况，取得了长足的发展进步：始自意大利的文艺复兴运动打破了封建礼教和宗教神学的禁锢，解放了人们的思想，促进了军事思想的发展。这一时期，封建与反封建（资本主义）之间的战争、资本主义与反资本主义（社会主义萌芽）之间的战争、帝国主义国家之间的战争、殖民与反殖民之间的战争，各种不同性质战争交织在一起，频繁发生，为人们研究军事思想提供了实践依据。工业文明和科学技术的进步，使部队装备发生了较大变化，热兵器被广泛使用（火药为主），从而产生了与之相适应的军事思想。按阶级性质划分，近代军事思想可大体划分为资产阶级军事思想和无产阶级军事思想。

1. 资产阶级军事思想

近代西方资产阶级军事思想形成于17世纪中叶至19世纪中叶，代表人物及其著作主要有：苏沃洛夫的《制胜的科学》、克劳塞维茨的《战争论》、若米尼（亦译作约米尼）的《战争艺术概论》、比洛的《新战术》、吉贝特的《战术通论》、马汉的《海权对历史的影响》等。还有一些著名的军事家，如拿破仑、库图佐夫等虽然没有给后人留下著作，但在其军事实践中所蕴藏的丰富的军事思想也为后人所研究，例如克劳塞维茨在其《战争论》中就大量引用了拿破仑战争时期的战例。克劳塞维茨的《战争论》和若米尼的《战争艺术概论》是资产阶级军事思想具有奠基性质的理论名著，它标志着资产阶级军事思想的形成。

这一时期军事思想主要表现在：反对战争认识问题上的不可知论，提出军事科学的概念；主张探讨战争的本质、规律，研究军队、装备、地理、政治和士气等因素在战争中的作用，提出了"精神与物质的力量是三与一之比"（拿破仑），因而把思想教育训练放在重要位置；认为战争无非是政治通过另一手段的继续，是迫使敌人服从己方意志的一种暴力行为；认识到民众武装在战争中的重要的作用；认识到新发明对于军队的组织、武器装备和战术的影响；重视建立一支反映资产阶级利益的部队；重视和平时期军队建设和战争准备，以随时应对战争；认为海权是推动国家以至历史发展的决定因素；提出歼灭战思想，主张在主要方向和重要时刻集中兵力，实施快速机动，并要保持一定的预备队；反对消极防御，主张积极防御；重视对战史的研究等。

2. 无产阶级军事思想

无产阶级军事思想的主要代表人物是马克思、恩格斯和列宁。他们坚持唯物论，以唯物辩证法研究军事，吸收资产阶级军事思想的有益成分，因而对战争的一系列重大问题有深刻认识。其军事思想的主要内容包括：认为战争是一个历史范畴，随着私有制和阶级的产生而产生、消亡而消亡；战争是政治通过另一种手段的继续，要反对非正义战争，拥护正义战争；在帝国主义阶段，帝国主义是战争根源；无产阶级必须用暴力推翻资产阶级建立自己的统治；应组织城市工人武装起义为中心，先占领城市，夺取国家政权；无产阶级夺取政权、巩固政权都必须有自己新型的军队；代表人民利益，有能力、有条件把人民武装起来实行人民战争；认识到科学技术的进步必然引起战略、战术的变革；战争的奥妙在于集中兵力，主张积极防御，慎重决战，灵活机动。

3. 中国近代军事思想

1840 年鸦片战争到 1919 年五四运动是中国近代史时期。近代中国自 1840 年鸦片战争后逐步沦为半殖民地半封建社会，受外国近代军事思想和中国古代军事思想的影响，近代中国也产生了有自己特点的军事思想。

初期，清政府一些有识之士（以洋务派为代表）看到武器装备对于战争胜负的重要性，从西方引进先进技术，开办工厂，制造枪械，因此，当时军事学术主要是介绍武器性能、操作使用等。甲午战争后，人们意识到仅靠坚船利炮而作战思想落后亦不能赢得战争，于是又师承西方学习军事理论，翻译了一批西方重要军事论著，如《大战学理》（即劳塞维茨的《战争论》）等。自行撰写的代表作有：《兵学新书》、《兵镜类编》、《军事常识》等。主要军事观点有：师夷长技，重整军备；依靠民众，积极备战；避敌之长，匿吾之短；以弃为守，诱敌入险等。

总之，中国的军事变革是在外敌入侵的情况下被迫进行的，缺乏主动性，认识不够深刻，有照搬、照抄之嫌，远远落后于西方。

（三）现代军事思想

1917 年的俄国十月革命揭开了世界现代史的帷幕。这一时期，科学技术突飞猛进，武器装备发生巨大变化，巨炮、雷达、坦克、飞机、航空母舰、远程导弹、精确制导武器层出不穷，热兵器大量的运用从火药转为炸药，进而是原子释放，武器破坏力大大增加，作战效能成倍增长，对战争的进程乃至结局影响越来越大。

外国现代的作战理论主要有海军制胜论、空军制胜论、"机械化战争"理论、"总体战"理论、"核武器制胜"理论、空地一体战理论、非对称作战理论及信息战理论等。

1919 年五四运动是中国现代史的开端。中国无产阶级在长期的革命战争和国防建设实践中，吸收古今中外军事思想的有益精华，逐渐形成了毛泽东军事思想、邓小平新时期军队建设思想、江泽民关于国防和军队建设的重要论述及胡锦涛国防和军队建设的重要论述等具有中国特色的军事思想。

四、军事思想的地位与作用

军事思想来源于军事实践，反过来又指导军事实践活动，在军事科学中居于最高层次。因此，其在指导战争实践，促进军队建设，打赢未来战争方面有着较高的地位和重要作用。

首先，先进的军事思想是战争实践的总结，是军事行动的指南。列宁有句名言，理论是行动的指南。所以，要想在未来战争中立于不败之地，就必须有正确的军事思想来指导。在战争史上，每一次取得伟大胜利的战争，都有正确的军事思想作指导。拿破仑的军事思想，成功地指导了法国的资产阶级革命战争；毛泽东的军事思想，在中国半殖民地半封建社会性质的条件下，指导中国人民以弱胜强，逐步壮大，取得了革命战争的伟大胜利。没有正确的军事思想作指导，就会导致战争失败，甚至亡国。第二次世界大战中，法国军队抱着阵地战的经验不放，结果惨败于德军的"闪击战"之下，43 天宣布投降。战争的实践已充分证明，战争是力量的竞赛，更是军事理论先进性的竞赛。目前世界各国在发展自己军事力量的同时，更注重加强对军事思想的研究，力争使自己的军事思想处于领先地位。

其次，军事思想是研究各门具体军事学科的理论基础和根本方法。如果只研究各自领域的特殊规律，而不懂得战争和军事领域的一般规律，脱离一般规律的指导，就不能从总体上把握战争，也就不能真正认识和把握各门具体学科所研究的各自领域的特殊规律。军事思想研究战争和军事领域的一般规律，而各门具体的军事学科所研究的是各自领域的特殊规律，对各门具体军事学科的研究提供方法论。比如，军事思想关于保存自己消灭敌人的论述，深刻地揭示了两军相争的战争目的和战争本质，它是一切战争行动的根据，从技术行动到战略行动，一切技术的、战术的、战役的、战略的原理和原则，都要贯彻这个战争的军事目的和军事本质。它普及于战争的整体，贯彻于战争的始终，对军队和国防建设、战争指导及其战略战术，都具有普遍的指导作用。

第三，军事思想对其他社会实践有着重要的借鉴意义。先进的科学的军事思想贯穿着唯物论和辩证法。学习和研究军事思想，不仅可以学到正确的观察和解决问题的立场、观点和方法，还可以学到如何把军事的基本原理同现实情况相结合，正确运用这些原理来解决实际问题，增强我们在工作中的原则性、预见性和创造性。比如，"战略"概念的运用，早已跨出军事的范围，演化出政治战略、外交战略、经济发展战略、农业发展战略等战略。再比如，孙武提出的"知彼知己，百战不殆"的战争指导规律，已成为政治斗争、外交斗争和进行经济建设的座右铭；商场如战场，市场竞争中更是注重借鉴军事思想，提出许多巧妙的策略和艺术，这些都说明军事思想对其他领域有广泛的借鉴意义。

复习题：

1. 什么是军事思想？
2. 军事思想的研究内容有哪些？
3. 怎样理解军事思想对军事行动的指导作用？

第二节　中国古代军事思想

在我国的历史上，发生了 3 600 余次战争，涌现了许多著名的军事家和军事理论家，形成了博大精深的中国古代军事思想。中国古代军事思想是指从夏朝至清朝后期（公元前 21 世纪至公元 1840 年），奴隶社会、封建社会各阶级、集团及其军事家和军事论著对于战争与军队问题的理性认识。它是中华民族五千年璀璨历史文化中的一颗明珠，是世界军事思想史中的一朵奇葩。它的形成和发展受社会政治、经济、文化、战争、科学技术等诸多因素的影响，有一个发生、发展的过程。

一、发展概况

与社会形态上相适应，中国古代军事思想经历了三个时期，即初步形成时期、趋于成熟时期和丰富发展时期。

（一）中国古代军事思想初步形成时期

夏、商、西周时期（公元前 21 世纪至公元前 770 年），是中国古代军事思想的初步形成时期。这一时期的主要战争多为氏族部落反对奴隶制度的战争、奴隶王朝的更替战争、王朝的开疆拓土战争以及奴隶或平民的暴动等。在军制上，商代的军队编制单位有师、旅、行等几级。西周取代商朝之后，军制进一步完善，建立了"宗周六师"，后又有"军"的建制，大致形成了伍、两、卒、旅、师、军等阶次的五进制序列编制；在武器上，除少数甲士使用铜兵器外，大多数奴隶士兵使用木、石兵器；在作战方式上，主要是步战和车战。

夏、商、西周时期的军事实践，为中国古代军事思想的产生提供了客观条件。在商代的甲骨文和周代的金鼎文中，已有了关于军事思想的片断性内容。此时，军事思想已经成为专门学科，其认识成果已经录入各种文献，如《尚书》、《周礼》、《易》等，出现了《军政》、《军志》等军事专著。

这一时期军事思想的特点是：把军事视为对内统治的特殊手段；以"刑"和"礼"为治军的基础；以天命为核心的唯心主义战争观；以车战为主体的作战指导思想等。

(二) 中国古代军事思想趋于成熟时期

春秋战国时期（公元前 770 年至公元前 221 年），是中国古代军事思想趋于成熟时期。这是我国奴隶社会向封建社会过渡的时期，是一个大变革、大动荡、大发展的时代。争霸的残酷现实，促使各诸侯国弃旧图新、先后实施变法改革。频繁的战争，经济的发展，科技的进步，学术的繁荣，促使军事领域也发生了许多显著变化，出现了专门研究军事问题的学派——兵家。在涌现出如《孙子》、《吴子》、《司马法》、《尉缭子》、《六韬》、《孙膑兵法》等杰出军事专著的同时，兵家以外的诸子也纷纷在论著中阐述自己的军事观点，如《管子》、《老子》、《墨子》等。

此时，形成了较为理性化的战争观；形成了注重整体的战略思想；形成了抽象的作战指导原则；形成了较为系统的治军思想。

(三) 中国古代军事思想丰富发展时期

秦朝至清朝后期（公元前 221 年至公元 1840 年），是中国古代军事思想的丰富和发展时期。这一时期中国出现了大一统的局面，国力空前强盛。伴随着我国的封建王朝走向巅峰，军事思想也不断地得到了丰富和发展。

在这一时期，既有王朝的更替战争、农民起义战争，也有各个民族间的控制与反控制战争，还有地方与中央发生的分裂与反分裂、割据与反割据等诸多战争。随着社会经济和科学文化的不断发展，在当时出现了步、骑、车、水军诸兵种并存的状况，火药在军事上的应用更是大大推动了军事领域的发展与变革，战争进入了冷、热兵器并用的时代。

这一时期，军事思想进一步丰富；军事理论研究向体系化、专业化发展；战略思想日臻成熟；深化先秦用兵原则；出现与热兵器相适应的军事思想；边、海防问题受到重视，出现了海陆结合、沿海分区、要塞设防的思想。但是，到了封建社会末期，随着封建制度的日趋没落，军事思想也开始滞后，统治者出现了重"道"轻"器"的思维偏向，把科技发明创造视为"奇技淫巧"。这种重"道"轻"器"的思想观念，将谋略看做克敌制胜的不二法门或唯一诀窍，而对科学技术在军事中的地位与作用的认识却十分淡薄。使中国的科学技术陷入了停滞状态，国家安全和发展因没有先进科学技术的支撑失去了强大的后劲，埋下了中国在近代军事斗争中屡遭失败的祸根。

二、孙子兵法

明代学者茅元仪在《孙子兵法评》一书中曾说："前孙子者，孙子不遗；后孙子者，不遗孙子。"意思是说孙武研究了他以前的军事著作，全面、继承了以往的军事遗产；而孙武以后的将帅和军事家又都无不研究继承孙武的军事思想。据考证，我国兵书有3 380部，其中保存至今的有2 308部。如果加上早期已散失连目录也没留下来的兵书，估计我国兵书至少在4 000部以上。在这浩如烟海的众多兵书之中，流传时间最长，影响范围最广，内容最为深刻丰富的，还要首推《孙子兵法》。

（一）作者简介

《孙子兵法》作者孙武，字长卿，春秋末期齐国乐安（山东惠民）人。由于躲避齐国四姓之乱，去齐奔吴，在吴国一个边邑隐居下来，潜心研究兵法，后经伍子胥荐举，孙武被吴王召见，通过"吴宫教战"深受吴王嘉许，被任命为将军，为吴国在争霸兼并战争中立下卓越战功，司马迁在《史记》中评价说："西破强楚，入郢，北威齐晋，显名诸侯，孙子与有力焉。"

孙武虽然在古代战争的风云际会中施展了自己的军事才华，可是真正使他跻身于世界伟人行列的，却在于他向世界奉献了一部兵学巨著——《孙子兵法》。这部言不过六千的奇书不仅奠定了中国古典军事理论的大厦，而且成为世界军事领域内人人珍视的明珠。

（二）各篇内容

《孙子兵法》共13篇，图9卷，6 000余字。可分为三个部分：第一部分由《计》、《作战》、《谋略》、《形》、《势》和《虚实》组成，侧重论述军事学的基础理论和战略、战役问题；第二部分由《军争》、《九变》、《行军》、《地形》和《九地》组成，侧重论述战术问题；第三部分由《火攻》和《用间》组成，论述了战争中的两个特殊问题。下面介绍其主要内容：

第一篇《计篇》。《计篇》是《孙子兵法》的第一篇，是总揽全书的纲。它阐述了军事领域中最基本的问题和法则，并把其贯穿于全书的各个篇章之中，深刻地把握本篇内容的精神实质，是深刻理解整个《孙子兵法》的钥匙。

第二篇《作战篇》。本篇是继《计篇》计"五事"，特别是从"道"的战略高度揭示决定战争胜负的基础条件后，进而从用兵对国家经济力的依赖关系，阐明战争准备要立足于速战速决的军事思想以及其客观依据。揭示了兵马未动、粮草先行的用兵规律，剖析了战争对社会生产和民众生活的严重影响。

第三篇《谋攻篇》。前两篇，主要是从政治、经济和战争的关系以及战争的基本特点，来分析决定战争胜负的基础条件，以及人们必须据此决定能否用兵的基本原则。这些都是就做出用兵决策之前所议论的一些问题。从这篇开始到《军争篇》止，主要是论述在做出用兵的决策之后，人们必须首先思考的战略思想和战略原则。本篇着重论述用兵打仗"必以全争于天下"，即力求"全胜"的战略思想和策略原则。

第四篇《形篇》。前一篇主要是议论用兵打仗应力争"全胜"的思想。这一篇则是议论战争的攻守问题，而着重又是议论如何造成一种守必固、攻必克，以求"全胜"的形势。

第五篇《势篇》。前篇的"形"，主要是从战略和战役的攻与守，阐明如何观察和努力促成一种必胜的形势，以期发起对敌军的战略总进攻。这篇的"势"，则着重分析在对敌军实施战略进攻中，如何从战役上运用奇正结合的原则，创造一种高屋建瓴、出奇制胜的态势。

第六篇《虚实篇》。本篇主要阐述作战中的虚实原则，特别是避实就虚，以实击虚的原则。这篇是对前面《形篇》提出的把握攻守主动权和《势篇》提出的奇正结合，出奇制胜内容的进一步展开和深化。

第七篇《军争篇》。本篇主要阐述在两军对垒中，为将者必须把握的基本战略和战术，但着重又是论述"以迂为直，以患为利"的"迂直之计"。它是对奇正结合、出奇制胜和虚实结合、以实击虚原则的进一步引申与概括。

第八篇《九变篇》。本篇是军争篇的继续和补充，进一步论述在作战过程中，要实行"迂直之计"，为将者，还必须根据地形和敌情的变化灵机处置，变通应敌，在特殊情况下即便是"君命"也"有所不受"，绝不可机械行事，贻误战机。

第九篇《行军篇》。本篇专门论述作战中有关行军的各种问题，诸如行军时如何安营扎寨，如何观察和利用地形，如何侦察敌情等。

第十篇《地形篇》。本篇主要论述为将者如何善于利用地形之利，以克敌制胜的问题。文中提出了两个重要观点：一是，"知己知彼，胜乃不殆；知天知地，胜万可全"；二是，为将者必须从战场实际情况出发，按战争规律办事，"进不求名，退不避罪，惟民是保"，以克敌制胜。

第十一篇《九地篇》。本篇着重从人的心理因素和情绪因素角度论述如何因利乘便，利用地形，发挥人的战斗积极性，以克敌制胜。其中突出的一个重要思想，就是如何造成一种主观条件（严厉的军纪约束和训练）和客观条件（投之于险地），使战士们生发出一种决死心理，从而团结一心，奋不顾身，勇往直前，去夺取胜利。

本篇着眼战略全局，围绕诸侯争霸战争的需要，着重论述九种地域的不同特点，对士卒心态，诸侯态度和敌我形势的影响及其处置方法，阐述了军队在九种不同战略地理环境下进行作战的基本原则。

第十二篇《火攻篇》。本篇主要论述火攻的种类、条件和实施方法等，主张火攻与兵攻相结合。同时警告"亡国不可以复存，死者不可以复生"，从而提出了"主不可以怒而兴师，将不可以愠而致战"的慎战思想。

第十三篇《用间篇》。本篇专门论述在战争中如何运用间谍的问题，包括使用间谍的意义，间谍的种类和作用，对待间谍的态度和政策，以及为将者必须善于用间，等等。其中特别强调使用"反间"对于克敌制胜的重要性。

（三）军事思想

总的来说，《孙子兵法》主要涵盖以下军事思想：

1. 军事哲学思想

《孙子兵法》之所以有极大的时空跨度经久不衰，与它反映的朴素唯物论和原始辩证法思想是分不开的。兵法中反映的唯物论主要包括三个方面：一是对战争的认识冲破了"鬼神论"和"天命论"；二是把客观因素作为决定战争胜负的基础；三是注意时间和空间在军事上的作用。原始辩证法主要表现在能够正确认识战争中各种矛盾的对立统一、相互转化的关系。

2. 独特的战争观

（1）重战思想。孙武认为战争是国家的大事，关系到军民生死，国家存亡，是不可不认真研究的。故其在开篇就指出："兵者，国之大事，死生之地，存亡之道，不可不察也"。春秋末期，诸侯兼并，战乱频繁，战争不仅是各国维持其政治统治，向外扩张发展的主要手段，而且关系到国家自身的存亡。孙武总结了一些国家强盛，一些国家灭亡的经验和教训，提出"兵者，国之大事"的著名论断，这对于人类认识战争的实质，无疑是一个巨大的贡献。

（2）慎战思想。孙武认为正是由于战争关系到国家的存亡，所以必须慎之又慎。他指出"亡国不可以复存，死者不可以复生，故明君慎之，良将警之"。并主张"非利不动，非得不用，非危不战"。这些观点至今仍具价值。

（3）备战思想。孙武认为"用兵之法，无恃其不来，恃吾有以待也；无恃其不攻，恃吾有所不可攻也"。即在战争准备上不能存在侥幸心理，而要放在事先做好充分准备，严阵以待使敌人不敢轻易向我发动进攻的基点上。

（4）战争依赖于经济的思想。孙武在《作战》篇中指出："凡用兵之法，驰车千驷，革车千乘，带甲十万，千里馈粮；则内外之费，宾客之用，胶漆之材，车甲之奉，日费千金，然后十万之师举矣。"这就形象生动地阐明进行战争必须具备充足的物质条件，否则，"军无辎重则亡，无粮食则亡，无委积则亡。"战争不但是军事和政治的竞赛，而且是经济的竞赛。经济是进行战争的物质基础。孙武从经济入手研究并论述战争，是他认识战争问题的可贵之处。

3. 以谋略制胜为核心的用兵思想

谋略，是指用兵的计谋。《孙子兵法》军事思想的核心是谋略制胜，其突出体现在以下两个方面：

（1）"诡道"制胜。孙武认为"兵者，诡道也"，用兵打仗是一种诡诈行为，要依靠诡诈多变取胜。军事上的"诡道"是指异于常规的一些做法，如果能较好地运用"诡道"，造成敌人的过失，创造战机，就能陷敌于被动。孙武将"诡道"归纳为："能而示之不能，用而示之不用，近而示之远，远而示之近，利而诱之，乱而取之，实而备之，强而避之，怒而挠之，卑而骄之，佚而劳之，亲而离之，攻其无备，出其不意，此兵家之胜，不可先传也"。这也就是兵家常说的"诡道十二法"。

（2）"庙算"制胜。"庙算"制胜主要是指战前要从战争全局上，对战争诸因素进行分析对比，决定打不打，怎么打，用什么部队打，在什么时间、什么地点打，打到什么程度，如何进行战争准备和后方保障，做到有预见、有计划、有保障，心中有数，打则必胜。所以孙武指出："多算胜，少算不胜，而况于无算乎！吾以此观之，胜负见矣。"

另外还有速决战、"不战而屈人之兵"、"知己知彼，百战不殆"、"避实击虚"、"制人而不制于人"等为后人所推崇的用兵思想。

4. "令文齐武"的治军思想

孙武在治军上也有其独到的见解，他认为"卒未亲附而罚之则不服，不服则难用也；卒已亲附而罚不行，则不可用也。故令之以文，齐之以武，是谓必取"。即将帅还没有取得士卒的爱戴和拥护就去惩罚他们，他们就不会心服，心不服就很难去作战；将帅已经取得了士卒的爱戴和拥护，而纪律不能严格执行，也不能使用他们去作战。因此，一方面要用体贴和爱护使他们心悦诚服；另一方面要用严格的纪律使他们行动整齐，这样方能每战必胜。

（四）《孙子兵法》的影响和局限性

1. 《孙子兵法》在国内的影响深远

《孙子兵法》诞生后对后世影响巨大，著名的古代兵法如《吴子》、《尉缭子》等，无不征引《孙子兵法》的文句，吸收其营养。从战国开始，特别是秦汉以后，世人对《孙子兵法》的学习更是日趋广泛。战国时期的著作《韩非子·五蠹》中说："今境内皆言，藏孙吴之书者家有之。"司马迁在《史记》中说："世俗所称师旅，皆道孙子十三篇。"三国时期的曹操，是整理、注释《孙子兵法》的第一人，对这一兵书的广泛流传起了重要的作用。他对《孙子兵法》给予很高的评价："吾观兵书战策多矣，孙武所著深矣。"宋神宗时，朝廷选《孙子》、《吴子》、《司马法》、《尉缭子》、《六韬》、《三略》、《李卫公问对》等七部兵书集中刻印，发行于世，定名为《武经七书》，作为将士必读之书，武举考试，以此取人，《孙子兵法》被列为七书之首。到了清朝，更是"武试默经不出孙吴二种"，可见它对古代军事思想影响之大。

到了近、现代，《孙子兵法》仍然备受重视。伟大的革命先行者孙中山先生曾说："就中国历史来研究，两千年的兵书，有十三篇，那十三篇兵书，便成为中国的军事哲学。"毛泽东同志在自己的许多军事著作中多次引用《孙子兵法》的文句，并给予高度评价。他说："中国古代大军事家孙武子书上'知彼知己，百战不殆'这句话，是包括学习和使用两个阶段而说的，包括从认识客观规律中的发展规律，并按照这些规律去决定自己行动克服当前敌人而说的，我们不要轻看这句话"。新中国成立后，《孙子兵法》曾多次再版，有些原则被列入了我军的战斗条令之中，并一直被作为军队院校中高级干部的必修课。

2. 《孙子兵法》在国外备受推崇

《孙子兵法》不仅是我国现存最早、最宝贵的兵书，而且在国外也有很大的影响，据不完全统计，迄今为止，《孙子兵法》已经被翻译成20多种语言，800多个版本在国外发行，在世界军事史上占有极其重要的地位，是震古烁今的世界之最。

《孙子兵法》首传日本是在唐开元三十三年（735年），至今已有1200多年历史，日本人对《孙子兵法》十分推崇，称孙武是"百世兵家之师"、"东方兵学的鼻祖"。近代日本海军更是把《孙子兵法》配发到驱逐舰一级。

《孙子兵法》传入西方最早的国家是法国。时间是1772年，此书一出现在法国就引起了轰动。据说《孙子兵法》是拿破仑最爱读的兵书，他在重大战役期间常常挑灯夜读，并在指挥作战的实践中运用《孙子兵法》的有关原则。他有一句语录："吾战胜敌人，就必须出其不意地行动"，其出处正是《孙子兵法》中的"攻其无备，出其不意"。

美国虽研究《孙子兵法》较晚，但却非常重视孙武的军事思想及应用。认为《孙子兵法》在现代战争条件下对指导战争的实施很有价值。美国《大战略》一书作者约翰·柯林斯认为"孙子是古代第一个形成战略思想的伟大人物"。美国国防大学、西点军校、海空军指挥学院等把《孙子兵法》列为战略学和军事理论的必读书。美军还把孙武的有关论点写入《作战纲要》，美海军陆战队格雷上将1989年发布训令，把《孙子兵法》列为陆战队所有军官必读之书。在海湾战争和伊拉克战争期间，西方报刊还连续多次地报道了《孙子兵法》对战争进程的影响和作用。

《孙子兵法》在国外的其他领域也有广泛的影响，它被广泛运用于政治、经济、外交、教育、体育、医疗等领域。许多经济学者和企业领导人，为寻找发展的最佳途径，也纷纷转向通过借鉴它的军事战略理论，以图谋利。

《孙子兵法》作为一部伟大的军事著作，它的科学价值和历史功绩是不可磨灭的。但是，由于它诞生在 2 500 多年前的古代，难免存在时代和阶级的局限。其主要表现：战争观方面未能区分战争的性质；治军方面存在愚兵政策；军队补给方面的抢掠政策以及作战原则方面存有某些片面性等。虽然，我们在学习和运用《孙子兵法》中要注意去芜存菁，但在认识这部伟大著作时，绝不能求全责备，应该说《孙子兵法》不仅是春秋战国时期军事思想中最光辉灿烂的部分和杰出的代表，而且它具有超越时间和空间的科学价值，是我国乃至世界最宝贵的文化遗产之一。

复习题：

1. 《武经七书》指的是哪几本书？
2. 《孙子兵法》主要的军事思想有哪些？

第三节 毛泽东军事思想

毛泽东是伟大的无产阶级革命家、战略家、军事家和著名的军事理论家，是中国共产党、中国人民解放军和中华人民共和国的主要缔造者和领导者。在长期的革命战争实践中，毛泽东运用他的聪明和才智，凝聚了全党全军的集体智慧，创造性地形成了毛泽东军事思想。

一、毛泽东军事思想的科学含义和基本特征

毛泽东军事思想是以毛泽东为代表的中国共产党人关于中国革命战争、人民军队和国防建设问题的科学理论体系，是马列主义的基本原理同中国革命战争和新中国国防建设的具体实践相结合的产物，是中国现代军事实践经验的科学总结，是中国共产党人集体智慧的结晶，是毛泽东思想的重要组成部分。

毛泽东军事思想的基本特征如下：

（一）毛泽东军事思想是马克思列宁主义的基本原理和中国革命战争具体实践相结合的产物

这是毛泽东军事思想最基本的特征。这个特征表明，毛泽东军事思想一方面是坚持马克思列宁主义的立场、观点、方法观察和分析战争；另一方面又是从中国革命战争的实际情况出发，运用马克思列宁主义的基本原理，实事求是地研究和指导战争，坚持理论和实践统一的原则。马克思列宁主义是放之四海而皆准的真理，是指导世界无产阶级革命的科学。没有马克思列宁主义的指导，便不会有中国革命战争实践。但是，马克思列宁主义并不是教条，它所提供的基本原理，必须要结合中国革命战争的具体实际才能发挥作用。毛泽东军事思想的产生、形成和发展，首先是由于中国革命战争的迫切需要，它离不开马克思列宁主义的基本理论，更离不开中国革命战争的实践。中国是一个以农民为主体的半殖民地半封建的国家，革命的主要斗争形式是战争，主要组织形式是军队。无产阶级政党怎样组织军队，如何进行革命战争，如何按照中国革命战争的客观发展规律将革命战争引向胜利，这是摆在中国共产党人面前的一个特殊而困难的任务。要完成这个任务，还需要解决许多特殊而又复杂的

问题，在马克思列宁主义的著作中找不到也不可能找到直接的和现成的答案，照抄和照搬外国的经验是不可能成功的。以毛泽东为主要代表的中国共产党人，适应中国革命战争的需要，在长期领导中国革命战争实践过程中，创造性地应用马克思列宁主义的基本原理，正确地解决了这些问题，从而形成了具有中国特色的发展了的马克思列宁主义军事理论，即毛泽东军事思想。

（二）毛泽东军事思想是中国革命战争和国防建设实践经验的总结

毛泽东军事思想具有鲜明的实践性。中国共产党在领导全国各族人民，为完成民主革命而斗争的过程中，经历了国共合作的北伐战争，又独立地领导了土地革命战争、抗日战争和全国解放战争，推翻了帝国主义、封建主义和官僚资本主义三座大山在中国的反动统治，建立了新中国。这场革命战争，其时间之长，规模之大，情况之复杂，道路之曲折，内容之丰富，形式之多样，歼敌数量之多，在中国历史上都是空前的，在世界历史上也是罕见的。这是一场代表人民利益的、得到人民群众广泛参加和支持的人民战争。新中国成立后，又进行了将近三年的抗美援朝战争，以及抗击苏联、印度、越南侵犯我边境的自卫作战，并从各方面进行了以现代化为中心的国防建设。如此丰富的战争和国防实践，为产生、发展和丰富毛泽东军事思想提供了丰富的源泉。毛泽东军事思想就是这些实践经验在理论上的科学概括和总结。

（三）毛泽东军事思想是以毛泽东为代表的中国共产党人集体智慧的结晶

毛泽东军事思想是中国共产党的军事理论，它是毛泽东和他的战友们共同创造的，是亿万军民集体智慧的产物。首先，中国共产党领导的革命战争，代表着亿万人民群众的根本利益，成为人民群众自己解放自己的共同事业。伟大的中国人民革命战争造就了许多卓越的军事家。这些军事家们在中国革命战争过程中，建立了不朽的功绩，也为毛泽东军事思想的形成和发展作出了重要贡献。其次，中国共产党是集体领导，毛泽东提出的党和军队关于战争问题的路线方针政策等都经过了党中央的集体讨论，凝聚了领袖集团的集体智慧。全党全军和全国人民在规模空前的人民战争中发挥出来的聪明才智，成为毛泽东军事思想最宝贵的源泉。这里我们强调毛泽东军事思想是集体智慧的结晶，并不是否认毛泽东个人的独特贡献。必须承认，毛泽东是我党军事家最杰出的代表，是兼无产阶级革命家、战略家、军事家和理论家于一身的伟大的马克思主义者。他直接领导和指挥革命战争长达22年，加上新中国成立以后他直接领导我党军事工作的时间，则长达半个世纪之久。他总结革命战争经验所撰写的军事论著，对我党的军事理论做了最集中、最深刻的概括，他是中国革命军事理论的奠基人和集大成者。我们党军事理论以毛泽东的名字命名，称为毛泽东军事思想，这是完全符合历史实际的，也是当之无愧的。

（四）毛泽东军事思想是集古今中外优秀军事思想的大成

毛泽东军事思想不仅是马克思列宁主义和中国革命战争实践相结合的产物，而且它与中外历史上优秀军事思想遗产有着密切的联系。毛泽东在研究和指导中国革命战争中，批判地吸收了古今中外的优秀军事思想。从他的军事著作中所引用的有关资料来看，他阅读和研究了大量的中国古代军事理论和战争谋略方面的兵书。并将中国军事古籍中的大量资料，通过改造和创造性的发挥，赋予了新的含义。譬如他在引用古代大军事家孙武的"知己知彼，百战不殆"时，除了阐明认识战争规律重要外，还指出："这句话，是包括学习和使用两个阶段而说的，包括从认识客观实际中的发展规律，并按照这些规律去决定自己行动克服当前敌人而说的。"（《毛泽东选集》第1卷，第182页）从而深刻地阐明了在战争指导上的辩证唯物主义的认识论的观点。他还根据中国革命战争敌强我弱的特点，着重研究了中国古代战争中以弱胜强、以劣胜优的著名战史战例。例如齐鲁长勺之战、晋楚城濮之战、楚汉成皋之战、韩信破赵之战、新汉昆阳之战、吴魏赤壁之战、秦晋淝水之战等，这些著名的战争在他的军事著作中都被得到引证和列举。中国近代，特别是孙中山的军事思想对毛泽东军事思想的产生有着直接的影响。毛泽东在谈到中国国民党战争时，对孙中山的战争事业做了高度的评价。毛泽东还阅读了不少外国战争的书籍，在他的军事著作中，就曾引用了法国资产阶级军事家拿破仑和俄国资产阶级军事家库图佐夫指挥的战役来阐明战争指导问题。在他的著作中，德国著名的资产阶级军事理论家克劳塞维茨的一些观点也经常被引用。此外，还引用了第二次世界大战时期东南亚盟军最高指挥官蒙巴顿"认为原子弹能解决战争是最大的错误"的观点。对于引用外国军事思想观点阐述问题时，毛泽东不是简单地照抄照搬，而是批判地吸收其合理的成分，并结合中国革命战争实践经验加以改造和发展，创造出了先进的军事思想。

（五）毛泽东军事思想是毛泽东思想的重要组成部分

党的十一届三中全会通过的《关于建国以来党的若干问题的决议》指出，毛泽东思想主要内容的基本点中，第三点就是军事思想。在取得全国政权前的22年里，我们党的历史实际上是一部武装斗争的历史。军事斗争是我们党的工作重心，占有最突出的地位。毛泽东和他的战友们以极大的精力关注战争、研究军事以指导战争。毛泽东对军事实践活动倾注了大量的精力，正确地指导战争，取得了中国革命的胜利，这是他一生中最辉煌、最成功的部分。因而军事著作很自然地在他的著作中占有大量篇幅，他的军事思想在其整个思想体系中占有重要地位。因此说，毛泽东军事思想是毛泽东思想的重要组成部分。

二、毛泽东军事思想的历史地位和指导意义

毛泽东军事思想的不凡之处，不仅表现在指引中国革命战争夺得胜利，把马克思主义军事理论的历史发展推进到一个崭新的境界，而且还表现为它在世界军事科学领域享有的崇高地位与价值。认识这一点，对于自觉地继承毛泽东军事思想，掌握它的科学原理，也是很有必要的。

（一）毛泽东军事思想是对马克思列宁主义军事理论创造性的发展

毛泽东军事思想是具有中国特色的马克思主义军事理论，在中国革命战争实践基础上，对马克思列宁主义军事理论做了创造性的发展，极大地丰富了马克思主义的军事理论宝库。其主要体现在：

一是开辟了农村包围城市的道路。毛泽东根据马克思、恩格斯提出的无产阶级必须用暴力夺取政权，推翻资产阶级而建立自己的统治的理论，结合中国的特点，在农村建立根据地，实行工农武装割据，以农村包围城市，最后夺取全国胜利，解决了在中国条件下无产阶级夺取政权要走什么样的道路问题。这是无产阶级革命史上的一个伟大创举。

二是解决了把以农民为主要成分的革命军队建设成为一支无产阶级性质的人民军队的问题。毛泽东从中国的实际出发，为适应农村包围城市的需要，提出了一整套人民军队的建军

原则，把一支以农民为主体的军队，建设成了中国共产党领导下的全心全意为人民服务的新型的人民军队。

三是丰富和发展了马列主义的人民战争思想。毛泽东在领导中国革命战争实践中，把人民战争作为根本指导路线，提出了一整套人民战争的理论和方法，充分地依靠人民群众的力量，广泛动员、组织和武装群众，实行了全面的、彻底的人民战争，从而极大地丰富了马克思列宁主义的人民战争思想。

四是系统地制定了适应中国特点的人民战争的战略战术。毛泽东结合中国革命战争敌强我弱、敌大我小的特点，在人民战争的基础上，提出了一系列具体的战略战术，成功地解决了以弱胜强这个最困难的问题，极大地发展了马列主义的战略战术理论。

五是系统地阐明了关于研究和指导战争的战争观和方法论。毛泽东深刻地论述了战争的根源和实质，战争与政治、经济、地理的关系，战争的性质和共产党人对待战争的态度，战争的目的和消灭战争的方法，系统地论述了关于认识论和方法论，把马克思主义的认识论和辩证法创造性地运用于军事领域。

（二）毛泽东军事思想在世界上有着广泛的影响

毛泽东是举世公认的战争艺术大师，在20世纪的世界无产阶级革命家中，就指挥革命战争时间之长、规模之大、经验之丰富，毛泽东当是首屈一指的。毛泽东军事思想在世界军事理论殿堂中享有显赫的地位。毛泽东被称誉为是当代世界上最伟大的军事家、战略家和著名的军事理论家。有着传奇经历的古巴革命运动的领袖卡斯特罗评价说：“毛泽东领导下的中国革命是人类历史上最壮丽的史诗！”国外众多学者十分重视对毛泽东军事思想科学体系的全面研究。他们认为，毛泽东在军事上的认识论和方法论，集中体现了马克思主义哲学与中国传统哲学的结合，是他全部军事思想的基础。

毛泽东军事思想从它形成之日起，就受到国外的注意。中国革命战争胜利后，更是受到世界上各方面人士的重视，许多人开始对它进行探索和学习。新中国成立以来，许多国家纷纷从我国购买或自行翻译出版毛泽东军事著作。世界各国的报纸、杂志竞相发表介绍和评论文章，各种文字的研究专著相继出版，世界上许多论述战争、和平与革命的重要著作和评论文章，都提到了毛泽东的名字，称他是当代最伟大的军事家、战略家和著名的军事理论家。毛泽东的主要军事著作，已成为各国军事家必读经典，甚至成为一些国家首脑人物的案头书。有的国家还要求，军官晋升时必须撰写毛泽东军事思想的论文。在许多第三世界国家里，毛泽东军事思想已经成为被压迫民族和人民争取民族独立和解放的强大思想武器。资产阶级国家的一些军事理论家、评论家，对毛泽东军事思想也很重视，并给予很高的评价，认为“毛泽东是掌握打开这个时代军事奥秘之锁的全部钥匙的一个时代人物”，“表现出高度的分析能力、罕有的洞察力”。同时，在西方国家中还出版了不少研究毛泽东军事思想的论文和专著，研究的内容十分广泛，比较多的是战争观、人民战争、持久战、运动战等方面的问题。总之，无论是朋友还是敌人，都在从不同的目的出发认真研究毛泽东军事思想。上述事实说明，毛泽东军事思想已经成为世界人民的共同财富，在世界军事思想发展史上占有重要的地位，它将永远载入人类进步事业的光辉史册。

（三）毛泽东军事思想是我军打赢未来战争的法宝

毛泽东半个多世纪奋斗的历史，就是人民军队孕育、诞生、成长、发展、壮大的历史。

当我们翻开中国革命的历史画卷，展现在我们眼前的，有巍巍井冈山的星星之火，有神州大地的抗日烽火，有天翻地覆的钟山风雨，有上甘岭的滚滚硝烟……这一切，无不展现出毛泽东军事思想的巨大威力！它雄辩地证明了一个真理：毛泽东军事思想是我们打败强敌、夺取胜利的指南。

20世纪，一部中国共产党的历史、中华人民共和国的历史，都与毛泽东的名字紧紧相连。今天，毛泽东的巨幅画像仍高挂在天安门城楼，他的基本思想仍被奉为中国共产党和中国军队的行动准则。现在，国际国内形势都发生了巨大变化，科学技术发展日新月异，世界军事革命已从理论步入实践。在这种情况下，有的人可能会问：主要产生于战争年代的毛泽东军事思想，还能够适应今天的需要吗？回答是肯定的！

毛泽东军事思想的基本原则，反映了现代战争和军队建设的一般规律，是经过实践检验了的科学真理，对指导我国国防建设、军队建设及做好新时期军事斗争准备，对我军打赢未来高技术条件下的现代战争，都具有普遍的指导意义。

三、毛泽东军事思想的产生、形成和发展

毛泽东军事思想产生于中国革命战争的实践，又反过来能动地指导革命战争的实践，并随着革命战争实践的发展而不断地受到检验和发展。毛泽东军事思想的产生、形成和发展，是同中国革命战争的发生、发展和胜利及同党内"左"、右倾错误的斗争紧密联系在一起的。新中国成立后，在新的历史条件下，毛泽东军事思想适应国防建设和军事斗争的需要，继续得到了丰富和发展。

（一）毛泽东军事思想的产生（1921年7月至1935年1月）

从中国共产党成立到党的遵义会议，是毛泽东军事思想的产生时期。在这一时期，毛泽东等老一辈无产阶级革命家，提出了人民军队建军原则，确立了人民战争思想，规定了红军战略战术原则，这标志着毛泽东军事思想的基本内容已经产生，为其科学体系的形成奠定了坚实的基础。

第一次大革命失败的惨痛教训，使我们党懂得了创建人民军队，进行武装斗争的极端重要性。1927年的"八一"南昌起义标志着我们党独立领导革命战争和创建人民军队的开始。党的"八七"会议，确定了土地革命和武装反抗国民党反动派的总方针，毛泽东在会上提出了"枪杆子里面出政权"的著名论断。1927年9月，毛泽东又亲自发动和领导了湘赣边界的秋收起义。起义失败后，他带领部队进军井冈山，批判和纠正了"城市中心论"，建立了第一个农村革命根据地，实行"工农武装割据"，开辟了一条以农村包围城市的崭新的革命道路。这些起义及中央革命根据地军事斗争的实践，为毛泽东军事思想的产生创造了条件。

从"三湾改编"到"古田会议"，毛泽东提出并制定了一套较为完整的人民军队的建军原则。在反对敌人"进剿"和"围剿"的武装斗争中提出并实践了动员群众、依靠群众和武装群众的人民战争思想；总结出了"敌进我退、敌驻我扰、敌疲我打、敌退我追"的游击战争十六字原则和诱敌深入、集中兵力、运动战、速决战、歼灭战等作战原则。经过斗争实践，形成了一条马列主义的军事路线。这一时期，以毛泽东为主要代表的中国共产党人，从中国的实际情况出发，不断地探索和总结武装斗争和军队建设的经验，提出了中国革命战争的总方针，创造性地解决了中国革命的道路问题，提出了人民战争思想及一系列人民战争

的战略战术原则。至此，毛泽东军事思想的基本内容已经产生，为其科学体系的形成奠定了坚实的基础。

在这一时期，毛泽东的主要军事著作有：《政权是由枪杆子取得的》、《关于红军的情况报告》、《中国的红色政权为什么能够存在?》、《井冈山的斗争》、《星星之火，可以燎原》、《关于纠正党内的错误思想》、《反对本本主义》、《兴国调查》等。

（二）毛泽东军事思想的形成（1935 年 1 月至 1945 年 8 月）

从遵义会议到抗日战争的胜利，是毛泽东军事思想的形成时期。遵义会议纠正了王明"左"倾冒险主义在军事领导上的错误，重新肯定了以毛泽东为代表的正确军事路线，确立了毛泽东在红军和中共中央的领导地位。这是中国革命由挫折走向胜利的一个伟大的历史转折点，也是毛泽东军事思想由产生走向成熟的开端。红军胜利到达陕北后，面对日本帝国主义的侵略和国民党反动派的反共形势，政治斗争和军事斗争出现了十分复杂的局面。毛泽东为了从理论上系统地回答中国革命战争的战略和策略问题，开始了他的理论创造工作，形成了一整套系统的军事理论。

1. 阐述了无产阶级战争观和方法论

以毛泽东为代表的中国共产党人，在指导中国革命战争的实践中，创造性地运用马列主义的辩证唯物论和历史唯物论，观察和分析战争的基本问题，认识和运用军事领域的辩证规律，阐明了无产阶级的战争观和方法论。提出了战争是"从有私有财产和有阶级以来就开始了的"，用以解决阶级、民族、国家、政治集团之间"在一定发展阶段上的矛盾的最高斗争形式"；"拥护正义战争，反对非正义战争"是马克思主义对战争的根本态度；不要枪杆子必须拿起枪杆子，消灭战争的方法只有一个，就是用战争反对战争。他还提出，研究和指导战争应该"从战争的实际出发，着眼其特点和发展"；要关照全局，掌握关节；主观指导要符合客观实际等思想。抗日战争时期，毛泽东又提出了一些基本观点，对上述的战争观和方法论进一步的丰富和完善。提出了战争"是流血的政治"，是政治特殊手段的继续；马克思主义者要为永远和平而战；战争的胜负决定因素是人而不是物；研究和指导战争要采取客观全面的观点，要充分发挥人的自觉能动性等。

2. 创立人民军队建设理论

毛泽东把创建人民军队作为进行武装斗争的首要问题和实现革命理想的最主要手段，强调没有一个人民的军队便没有人民的一切。在革命战争年代，主要的斗争形式是战争，而主要的组织形式是军队。为了把以农民为主要成分的军队建设成为一支无产阶级性质的新型人民军队，毛泽东在长期的战争实践中，总结和提出了一整套建军的理论和原则。强调共产党对人民军队的绝对领导，并从理论上深刻阐述了共产党掌握枪杆子的重要性；从理论上高度概括了人民军队的宗旨；丰富了军队政治工作理论，提出了官兵一致、军民一致、瓦解敌军和宽待俘虏三大原则等。

3. 丰富了人民战争理论

人民战争是我党历来坚持的指导战争的根本路线，是我党唯一正确的战争指导思想，是毛泽东军事思想的核心部分。人民战争是指广大人民群众为反抗阶级压迫或抵御外敌入侵而组织和武装起来进行的战争。人民战争具有两个基本特征：一是战争的正义性。在毛泽东看来，战争的性质既取决于它的政治目的，又取决于它的社会效果，就是能否促进历史的进步，而其根本标志在于是否符合广大人民群众的根本利益。战争的正义性是实行人民战争的首要条件和政治基础。二是战争的群众性。战争的群众性是指战争必须有广大人民群众主持和参加，这是人民战争的重要标志。历史上凡是具备这两个特征的战争都可称做人民战争。但是我党领导的人民战争，较之一般意义上的人民战争，群众性更广泛，革命性更彻底，组织性更严密。毛泽东在红军时期就提出了革命战争是群众的战争。在抗日战争时期，他对人民战争进一步做了系统的论述，全面地解决了进行人民战争的理论和实践问题，阐明了"兵民是胜利之本"，战争之伟力的最深厚根源存在于民众之中的思想；明确地提出了"三结合"的武装力量体制；提出了广泛动员，实行全面、全民族抗战的思想；多种斗争形式相互配合的思想等。

4. 总结了符合中国革命战争特点的战略战术

人民战争的战略战术，是体现毛泽东人民战争思想的战略指导原则和作战方法，是毛泽东高超的战争指导艺术的总结，它揭示了中国革命战争的指导规律，是毛泽东军事思想中十分精彩的部分。毛泽东总结了土地革命战争的经验，深刻地分析了中国革命战争的特点和规律，系统地论述了中国革命战争的战略指导问题，特别是积极防御的战略战术方针及一系列的作战原则和方法。毛泽东针对抗日战争的特点，提出要坚持持久战，要把游击战提高到战略高度；在战略上坚持内线的持久的防御战，在战役战斗上必须实行外线的速决的进攻战；变战略上的劣势为战役战斗上的优势，以争取主动权；在作战形式上，根据战争发展的不同阶段，正确地运用运动战、游击战和阵地战三种形式等观点。

这一时期，毛泽东的主要军事著作有：《中国革命战争的战略问题》、《实践论》、《矛盾论》、《论抗日战争的基本战术——袭击》、《抗日游击战争的战略问题》、《论持久战》、《战争和战略问题》、《论联合政府》等。毛泽东军事思想的全面展现还体现在毛泽东其他著作和其他老一辈革命家、军事家的著作中，如毛泽东的《和英国记者贝特兰的谈话》、《论新阶段》，周恩来的《目前抗战危机与坚持华北抗战的任务》、《抗战军队的政治工作》，刘少奇的《抗日游击战争若干基本问题》，朱德的《论解放区战场》、《论抗日游击战争》，邓小平的《根据地建设与群众运动》，彭德怀的《我们怎样坚持华北六月的抗战》，刘伯承的《游击战与运动战》等。至此，毛泽东军事思想所阐明的无产阶级战争观和方法论、人民军队、人民战争、人民战争的战略战术等方面，都已发展成为系统的理论，形成了比较完整的军事科学体系。

（三）毛泽东军事思想的发展（1945 年 8 月至 1978 年）

抗日战争胜利后，经过解放战争、抗美援朝战争及社会主义建设时期，毛泽东军事思想得到了全面的丰富和发展。

毛泽东军事思想在全国解放战争时期的发展。全国解放战争，是我军和全国人民在党的领导下，同帝国主义、封建主义和官僚主义进行的一场大决战。这个时期，毛泽东为指导战争，总结战争经验，撰写了大量文章、指示和电文，使毛泽东军事思想得到极大地丰富和发展。在无产阶级战争观和人民战争方面，毛泽东提出了"一切反动派都是纸老虎"，"决定战争胜败的是人民，而不是一两件新式武器"。（《毛泽东选集》第 4 卷，第 1 195 页）"人民解放军的战争所具有的爱国的正义的革命的性质，必然获得全国人民的拥护，这就是战胜蒋介石的基础"。（《毛泽东选集》第 1 246 页），要充分调动和依靠广大人民群众，形成野战军、地方军和民兵，武装群众与非武装群众，武装斗争与各条战线紧密配合的最广大的人民战争等观点。在战略战术方面，毛泽东制定了以歼灭国民党有生力量为主而不以保守地方为主的战略方针，提出了著名的"十大军事原则"，创立了关于转入战略进攻、战略决战和战略追击的系统理论。在建军方面，毛泽东提出了军队正确建设的方向，要加强炮兵、工程兵和空军、海军的建设，加强司令部工作和后勤工作的建设，强调了组织纪律建设，规定了城市政策等，进一步发展了军队内部的政治、经济、军事三大民主等。

这一时期，毛泽东的主要军事著作有《抗日战争胜利后的时局和我们的方针》、《以自卫战争粉碎蒋介石的进攻》、《集中优势兵力，各个歼灭敌人》、《三个月总结》、《大举出击，经略中原》、《蒋介石政府已处在全民的包围中》、《解放战争第二年的战略方针》、《目前形势和我们的任务》、《评西北大捷兼论解放军的新式整军运动》、《采取远距离包围迂回方法追歼逃敌》、《将革命进行到底》等。

毛泽东军事思想在抗美援朝战争时期的发展。抗美援朝战争是中国人民志愿军与朝鲜人民军一道进行的正义的反侵略战争，也是同当时拥有世界第一流武器装备的美帝国主义及其仆从国的军队进行的一场现代化战争。在这场战争中，毛泽东提出和阐述了现代条件下进行反侵略战争和建军的一系列理论原则，例如，志愿军出国要严格遵守军事纪律和政治纪律；坚持战略上的后发制人，同时争取达到战略战役上的突然性，以先机之利，取得攻其无备的结果；"零敲牛皮糖"，对美英军实行战术小包围，打小歼灭战；研究打坦克、反空袭、反空降和抗登陆作战的战法；把阵地战提高到战略地位，依托坑道工事，实行坚守防御；以战术战役的反击作战大量歼灭敌人；重视兵力火力对比和军队的伪装隐蔽；建立强大的后勤系统，搞好后勤保障；军事打击紧密配合政治斗争，打谈结合，以打促谈等。

这一时期，毛泽东的主要军事著作有《给中国人民志愿军的命令》、《采取轮番作战的方针》、《对美英军目前应实行战术的小包围，打小歼灭战》、《祝贺中国人民志愿军的重大胜利》、《抗美援朝的伟大胜利和今后的任务》等。

毛泽东军事思想在社会主义革命和社会主义建设时期的发展。新中国成立后，为防御外敌入侵，保卫社会主义革命和建设，保卫国家安全和领土主权的完整，毛泽东对国防建设和反侵略战争的战略问题，做了许多正确而又重要的指示。毛泽东指出，我们将不但要有一个强大的陆军，而且要有一个强大的空军和一个强大的海军，陆军、空军和海军都必须有充分的机械化的装备和设备；要在大力发展国民经济和增强国家经济实力的基础上，建立完整的国防工业体系，发展现代化的技术装备，独立自主地建设强大的国防。他还领导制定了保卫社会主义祖国的积极防御的战略方针；强调加强民兵建设，以强化人民战争的基础；强调帝国主义是现代战争的主要根源；力争从最坏的可能出发，做好反侵略战争的准备，并提出了三个世界划分和建立反帝统一战线的理论；要求贯彻平战结合和军民结合的方针，建设可靠的战略后方，作为未来反侵略战争的依托等观点。

党的十一届三中全会以后，以邓小平为代表的党的第二代领导集体，坚持实事求是的思想路线，在新的历史条件下，运用毛泽东军事思想的基本原理，总结我军历史和现实的经验，精辟地论述了我国的国防建设和军队建设中的许多重大理论和实践问题，坚持和发展了毛泽东军事思想。

四、毛泽东军事思想的主要内容

（一）无产阶级战争观和方法论

以毛泽东为代表的中国共产党人，在指导中国革命战争的实践中，创造性地运用马克思主义和辩证唯物论和历史唯物论，观察和分析战争的基本问题，认识和运用军事领域的辩证规律，创立具有中国特色的无产阶级的战争观和方法论。它深刻地阐明了无产阶级对战争起源、战争本质、战争目的、战争性质、现代战争根源、战争的消亡等问题的根本看法。

（二）人民军队建设理论

以毛泽东为代表的老一辈无产阶级革命家、军事家，把创建人民军队作为进行武装革命的首要问题，强调没有一个人民的军队，便没有人民的一切。其内容主要包括：人民军队是执行革命政治任务的武装集团；坚持党对军队的绝对领导；坚持全心全意为人民服务的宗旨等。

（三）人民战争理论

以毛泽东为代表的中国共产党人，在领导中国革命战争的实践中，创造性地发展了马克思列宁主义关于人民战争的理论，对实行人民战争的必要性和可能性以及如何实行人民战争问题，做了系统的论述，阐明了人民战争的理论基础，实行人民战争的指导原则，创立了具有中国特色的人民战争思想。它的基本精神是：在中国共产党领导下，一切为了人民群众的利益，坚决相信和依靠人民群众，实行全面彻底的人民战争。

（四）人民战争的战略战术

毛泽东军事思想的战略战术，是在人民战争和人民军队的基础上，总结我军作战的丰富经验逐步形成起来的。由于中国革命战争是真正的、彻底的人民战争，所以毛泽东军事思想的战略战术从本质上说是人民战争的战略战术。它是在承认敌强我弱、敌大我小的条件下，充分地利用敌之劣点与我之优点，充分地依靠人民群众的力量，以求得生存、发展和胜利的战略战术。它是把唯物辩证法运用于作战指导，从战争实际出发，在人民群众的掩护之下，扬长避短，趋利避害，敌变我变，以灵活机动为特点的战略战术。

（五）国防建设理论

早在新中国成立以前，毛泽东等老一辈无产阶级革命家，就有关于国防建设的论述。新中国成立后，为适应新的形势和任务的需要，从国家的实际情况需要出发，总结国防建设和军事斗争的实践经验，创立了国防建设理论。他们对国防现代化建设的重要性，国防建设的指导思想、方针和原则，国防建设与经济建设的关系，以及战争准备等问题做了系统的阐述，对我国国防建设起到了极为重要的指导作用，是实现国防现代化的指南。

复习题：

1. 毛泽东军事思想的基本特征是什么？
2. 毛泽东军事思想的形成和发展经历了哪几个阶段？
3. 毛泽东军事思想的主要内容包括哪些？

第四节　邓小平新时期军队建设思想

邓小平是继孙中山、毛泽东、周恩来之后，中国现代历史上最闪光的名字。他是全党全军全国各族人民公认的享有崇高威望的卓越领导人，伟大的马克思主义者，伟大的无产阶级革命家、政治家、军事家、外交家，久经考验的共产主义战士，建设有中国特色社会主义伟大事业的开拓者和领导者，中国社会主义改革开放和现代化建设的总设计师，邓小平理论的创立者。在全面推进社会主义现代化建设的伟大进程中，邓小平也是新时期我国军队和国防建设的总设计师。

邓小平的军事生涯，在他光辉一生中占有重要位置。新民主主义革命时期，邓小平作为人民军队的创建者和重要领导人之一，为民族独立、人民解放和新中国的诞生，建立了不朽的功勋，为毛泽东军事思想的丰富和发展，做出了重要的历史性贡献。具有划时代意义的党的十一届三中全会以后，我国进入社会主义改革开放和现代化建设的新时期，邓小平作为我党我军的卓越领导人，他以巨大的政治勇气和理论勇气，在开辟建设有中国特色社会主义道路的历史进程中，开创了一条有时代精神和中国特色的军队和国防建设道路；在创立邓小平理论的同时，创造性地总结和提出了关于新时期军队和国防建设的一整套理论、方针和原则，逐步形成了邓小平新时期军队建设思想。

一、邓小平新时期军队建设思想的科学含义和基本特征

邓小平新时期军队建设思想，是以邓小平为代表的中国共产党人关于当代中国军事的科学理论体系。它是邓小平理论的重要组成部分，是毛泽东军事思想在新的历史条件下的继承和发展，是当代中国的马克思主义军事理论。邓小平新时期军队建设思想不仅揭示了我国新时期军队和国防建设及军事斗争准备的基本特点和规律，而且提供了正确认识和解决当代军事问题的立场、观点和方法，是新时期军队和国防建设的根本依据和指导方针。

邓小平新时期军队建设思想，是马列主义军事理论、毛泽东军事思想在新的历史条件下的创造性运用与发展，是中国化了的、最具时代特色的当代马克思主义军事理论。邓小平新时期军队建设思想作为一个完整的科学体系，如同其他革命理论一样，既内容丰富，又独具特色。

（一）邓小平新时期军队建设思想是马克思主义军事理论与当代中国实际和时代特征相结合的历史产物，具有鲜明的时代特色和中国特色

邓小平新时期军队建设思想的产生，并被确定为新时期军队和国防建设的指导思想，不是偶然的，根本原因在于我国军队和国防建设所处的历史条件发生了重大的历史性变化。

一是国际环境发生了变化。这主要在于当今世界的时代主题发生了变化，和平与发展成为当代世界的主题。围绕时代主题的变化，世界基本矛盾运动出现新的力量组合和新的斗争焦点，对我军新时期的军事斗争和军队建设提出了新的挑战，也提供了新的机遇。

二是国内情况出现了新变化。粉碎"四人帮"的胜利从危机中挽救了党和国家。以党的十一届三中全会为标志，党和国家工作重心转移到社会主义建设上来，确立了以经济建设为中心，实行改革开放，建立社会主义市场经济，进一步解放和发展生产力的基本方针和原则。这对军队和国防建设提出了新的更高的要求。

三是军队建设的自身特点也有了新的变化。自从邓小平重新回到军队的工作以来，我军逐步进入了建军史上从未有过的发展新阶段。邓小平提出了以现代化为中心的军队和国防建设目标和任务，军队和国防建设指导思想实行战略性转变，军队建设走上新的征途，步入新的发展轨道。

邓小平新时期军队建设思想正是带着这样一些历史特征，适应这样的历史需要形成和发展起来的。

（二）邓小平新时期军队建设思想是毛泽东军事思想的继承和发展

以毛泽东为代表的中国共产党人，在中国军事史上开创了一条崭新的军事道路，培育了一种优良的军事传统。这就是把马克思主义军事理论同中国革命战争和中华人民共和国国防的具体实践相结合。这是中国共产党领导的现代军事的实质，是党领导的军事斗争不断取得胜利的根本原因，也是毛泽东军事思想的本质特征。

邓小平作为党的第一代领导集体的重要成员，对毛泽东军事思想的形成和发展做出了重大贡献。作为党的第二代领导集体的核心，邓小平适应新时期军队和国防建设的客观需要，以大胆创新的精神和求真务实的态度，运用马列主义军事理论、毛泽东军事思想的立场、观点和方法，研究新情况，解决新问题，提出了一系列新时期军队和国防建设的理论、方针和原则，揭示了新时期武装力量建设和军事斗争的基本规律，为创立新时期军队和国防建设的正确的指导思想做出了重大贡献。正如江泽民在邓小平退休之际所指出的，小平既是我国经济建设和改革开放的总设计师，也是我军建设和改革的总设计师，我军建设十年来所取得的一切成就和进步，都是他正确领导的结果，都凝聚着他的智慧和心血。他把马克思主义和我军的实际相结合，提出了新时期加强军队建设的方针原则，丰富和发展了毛泽东军事思想。

（三）邓小平新时期军队建设思想以新时期我国国防建设和军队建设的实践为主要源泉，具有很强的科学性和指导性

邓小平既是我国改革开放和社会主义现代化建设的总设计师，也是新时期我国国防和军队建设的总设计师。在邓小平主持党中央和中央军委工作之后，一方面，他运用马克思主义的基本原理，科学地分析了国际战略形势，从我国的国情、军情出发，对于相对和平时期如何保持我军性质，对于国防建设、军队建设及其与经济建设的关系，对于军队现代化建设和改革的指导方针与任务，对于新时期的军事战略和军队的体制编成，对于教育训练、政治工作、后勤建设、国防科研、军政军民团结、军事科学理论的发展等各个方面，做出了一系列重要论述和战略决策。另一方面，他又亲自领导了新时期我国国防和军队建设的伟大实践，具体研究解决了我国国防和军队建设实践中所遇到的一系列重大现实问题。他的许多重要论述都是针对实际问题做出的，他的许多重要思想都是在实践中集中了党中央、中央军委领导集体和广大指战员集体智慧后提出来的，这就使得邓小平新时期军队建设思想具备了坚实的实践基础和群众基础。如果说，毛泽东军事思想是以中国革命战争的伟大实践为主要源泉，从而实现了马克思主义基本原理与中国革命战争实践相结合的话，那么，邓小平新时期军队建设思想则是以新时期我国国防和军队建设的伟大实践为主要源泉，是对新时期丰富的实践经验的理论升华，从而实现了马列主义、毛泽东思想的基本原理与新时期我国国防和军队建设实践的结合，从而使邓小平新时期军队建设思想成为当代马克思主义军事理论宝库中的新成果。

（四）邓小平新时期军队建设思想是邓小平理论的重要组成部分

江泽民同志在党的十五大报告中指出："在社会主义改革开放和现代化建设的新时期，在跨越世纪的新征途上，一定要高举邓小平建设有中国特色社会主义理论的伟大旗帜，用这个理论来指导我们整个事业和各项工作。这是党从历史和现实中得出的不可动摇的结论。"

邓小平在创立建设有中国特色社会主义理论体系时，也创立了新时期军队建设思想。从根本上说，邓小平新时期军队建设思想就是建设有中国特色社会主义理论体系在军事问题上

的表现，是在军事问题上的具体化。首先，解放思想，实事求是，是邓小平理论的精髓，也是邓小平新时期军队建设思想的理论基础。其次，关于时代主题的理论，既是邓小平理论的一块重要基石，是我们正确认识国际战略环境，做出一系列战略决策的重要依据，同时也是邓小平新时期军队建设思想的重要内容。第三，以经济建设为中心，坚持改革开放，坚持四项基本原则的基本路线，是邓小平理论的核心。实践表明，建设有中国特色社会主义的总路线和总政策需要有以邓小平新时期军队建设思想为指导的军事领域的具体路线和具体政策来推行、贯彻和落实，用邓小平新时期军队建设思想武装全军官兵，是建设有中国特色社会主义这一伟大事业在军事领域的客观要求。

二、邓小平新时期军队建设思想的形成和发展

列宁曾经深刻指出："我们绝不把马克思的理论看做某种一成不变的和神圣不可侵犯的东西；恰恰相反，我们深信：它只是给一种科学奠定了基础，社会主义者如果不愿落后于实际生活，就应当在各方面把这门科学推向前进。"（《列宁选集》第1卷，第203页）邓小平也指出："马列主义、毛泽东思想的基本原则，我们任何时候都不能违背，这是毫无疑义的。但是，一定要和实际相结合，要分析研究实际情况，解决实际问题。"（《邓小平文选》第2卷，第114页）这就告诉我们，科学理论要和实际相结合，在研究解决实际问题中向前发展。不同历史时期的军事思想或军事理论，是随着社会的前进和战争的发展而不断深化的。邓小平新时期军队建设思想作为当代中国的马克思主义军事学说，其产生是有其深刻的内在原因的，是由新的历史条件、新的军事实践这一客观规律决定的。

（一）邓小平新时期军队建设思想产生的客观基础

1. 时代的发展是邓小平新时期军队建设思想产生的根本动因

时代，是根据一定的政治、经济、军事、文化状况划分的历史时期，是社会各种矛盾运动发展不同历史阶段的客观反映。只有正确把握时代的特征，揭示时代发展与军事思想的内在联系，才能使军事理论主动适应时代发展的要求，更好地发挥其先导作用。邓小平新时期军队建设思想的形成，正是当今时代的产物。

当今时代出现了一些新的特征。20世纪80年代下半期，国际战略形势发生了一系列重大变化。美国和苏联经过多次谈判终于在核裁军方面迈出了重要的一步；世界上一些"热点"地区纷纷"降温"，走上和平解决争端的道路；许多国家的主要注意力开始转向经济、科技领域，并对内外政策进行相应的调整和改革。这些现象归结到一点，就是国际形势正在趋于缓和，由全面对抗的时代逐步转变到和平与发展的时代。

和平与发展是当今时代的主题。邓小平于1985年6月4日在中央军委扩大会议上指出："世界战争的危险还是存在的，但是世界和平力量的增长超过战争力量的增长。……真正支持战争的没有多少，人民是要求和平、反对战争的……由此得出结论，在较长时间内不发生大规模的世界战争是有可能的，维护世界和平是有希望的。"（《邓小平文选》第3卷，第127页）这是邓小平关于世界战争与和平问题的著名论断。在此基础上，他又进一步阐述了"我们所处的时代"这一重大理论问题，明确指出："现在世界上真正大的问题，带全球性的战略问题，一个是和平问题，一个是经济问题或者说发展问题。和平问题是东西问题，经济问题是南北问题。概括起来，就是东西南北四个字。南北问题是核心问题。"（《邓小平文选》第3卷，第105页）党的十三大又明确指出："和平与发展是当代世界的主题。"从而

科学地概括了当今时代的基本特征，这是我们党对时代问题再认识所得出的科学结论，是对马克思主义时代观的新发展，为今后较长时间内世界人民的奋斗指明了方向。认清时代的基本特点，是邓小平新时期军队建设思想形成的重要依据。

2. 科学技术的发展是邓小平新时期军队建设思想产生的前提

当今的时代，是科学技术高度发展的时代，又是新的科学技术在军事领域广泛应用的时代。科学技术作为第一生产力，作为人们物化了的认识世界和改造世界的一种能力，是社会发展的助推器，越来越成为上层建筑发展的一种决定性因素。在科学技术高度发展的今天，新的科学技术在军事领域被广泛运用。微电子、新材料、新能源、激光、生物工程、航天、海洋开发、人工智能等技术，正在起着开路先锋的作用。这些技术的存在和发展，不可避免地迫使各国在军队建设、战争准备和实施、作战方法和原则、编制体制等各方面，适时地进行相应的变革。

科学技术的发展，要求人们更新军事上的传统观念：一是武器发展观念的改变。可以说，现代武器已不是仅仅在原有武器基础上的继承和改进，而是将出现一些超出今天的常规和非常规两大类武器范畴的新型武器。二是战场范围观念的改变。未来的战场不仅是陆、海、空战场和无形的电子战场，又增加了可掌握这些战场主动权的宇宙空间战场。由于战场范围的扩大，使未来战争真正成为了一个立体的多维战场。在这种情况下，敌对双方不仅是争夺空中优势，而且要争夺太空优势；不仅要掌握制空权，而且还必须掌握制天权。三是战略战术观念的改变。现代战争与过去战争相比发生了巨大变化，指导战争的战略战术也不同以往。现代科学技术的发展，不允许我们躺在历史经验的温床上，陶醉于传统的战略战术，必须按照毛泽东所说的要着眼特点、着眼发展，探索适应现代战争需要的战略战术。

现代高技术战争的实践，是邓小平新时期军队建设思想产生的重要条件。当代战争的主要形态是局部战争。从海湾战争来看，高科技在现代战争中具有极其重要的作用，明显地反映出科技进步对战斗力的促进作用。"科技强军"战略必将是未来各国国防现代化建设的发展趋势。邓小平新时期军队建设思想的产生，正是这一客观事实的必然结果。

3. 改革开放的实践是邓小平新时期军队建设思想产生的动力

改革开放是邓小平在新时期从社会基本矛盾发展的内在规律出发，提出的一项社会主义制度自我完善的基本方针。实践证明，改革开放既是一条强国之路，又是推进我军建设的强大动力。党的十一届三中全会以来，我军在邓小平改革开放思想的指导下，进行了一系列重大改革，开创了我军现代化建设的新局面，这一切都为邓小平新时期军队建设思想的产生奠定了重要的基础。

为了实现国防现代化，进一步提高我军在现代战争条件下的自卫能力，必须进行改革，否则是没有出路的。军事改革，势在必行，这是邓小平新时期军队建设思想产生的基本动力，也是社会发展的必然。第一，军事改革是当今世界军事领域的共同趋势。目前，许多发达国家都在进行第二次世界大战结束以来最为广泛、最为深刻的军事改革。第二，军事改革是由我国国防和军队工作的主要矛盾决定的。当前，我国国防和军队工作的主要矛盾，是现代战争的客观要求同我国国防现代化水平还比较低的矛盾。解决这一矛盾的根本出路就在于改革。第三，只有革故鼎新，兴利除弊，才能有效地推进军事理论的发展。军事理论的更新建设，是国防和军队现代化水平的重要标志。

对外开放是邓小平所倡导和确立的实现我国国防现代化建设的一个重要思想。现代军事活动的一个重要特征，就是军事活动本身越来越超出军队和本国的范围而扩展到社会和整个世界。与此相适应，要实现军事理论的现代化，就必须面向社会、面向世界，进行开放式的研究。邓小平为我们设计的对外开放的基本国策，不仅结束了长期被封闭的局面，而且更重要的是适应时代的要求，为我们提供了开放性的思维方式，使人们从保守僵化的思维定式中解脱出来。他提出的"三个面向"（面向现代化，面向世界，面向未来），就是要求我们变革封闭的思维方式，打破与世隔绝的状态，走向世界，认识世界，从域外吸收新鲜养料。

总之，邓小平新时期军队建设思想的产生，不是哪一个人主观意志所决定的，而是客观发展的必然结果。时代的前进、科学技术的发展、战争的变化及我党改革开放的实践都为邓小平新时期军队建设思想的产生提供了客观基础。在新的历史条件下，我们要认真学习和领会这一思想的基本精神，并以此为指针，不断探索新的军事实践的内在规律，结合时代发展趋势与现实可能，不断深化认识，以指导我军永远沿着正确的方向前进。

（二）邓小平新时期军队建设思想的形成与发展

邓小平新时期军队建设思想作为马列主义军事理论、毛泽东军事思想在新的历史条件下的创造性运用和发展，伴随着我国国防建设、军队建设和作战实践的不断深入和发展，经历了一个逐步形成、不断发展完善的历史过程。这一历史过程大体可分为以下几个主要阶段：

1. 1975—1978 年是邓小平新时期军队建设思想的酝酿奠基阶段

从 1975 年到 1978 年底党的十一届三中全会召开，这一时期。是我们党、国家和军队拨乱反正，国家经济建设和军队建设百废待兴的时期。在这一时期，邓小平以无产阶级革命家的非凡勇气和政治智慧，排除了"四人帮"种种干扰和破坏，坚决贯彻了毛泽东提出的"军队要整顿"、"要准备打仗"的思想。强调要完整准确地理解毛泽东思想，包括毛泽东军事思想，恢复毛泽东军事思想的本来面目，为坚持和发展毛泽东军事思想奠定了思想理论基础。并依据发展变化了的新情况，提出了一系列适应新时期我国国防和军队建设与作战指导要求的新思想。

1975 年 3 月，邓小平担任军委副主席兼总参谋长后，发表了题为"军队要整顿"的重要讲话，指出："我们这个军队有好传统。从井冈山起，毛泽东同志就为我军建立了非常好的制度，树立了非常好的作风。我们这个军队是党指挥枪，不是枪指挥党。"（《邓小平文选》第二卷，第 1 页）强调要按照毛泽东同志制定的军事路线、建军原则，对军队加以整顿。要通过整顿，使军队的各项工作重新回到毛泽东军事思想的正确轨道上来。同时提出：军队整顿的任务就是要整掉"肿、散、骄、奢、惰"等现象。而整顿必须从领导班子着手，通过整顿，使军队的各级领导权掌握在党性强、作风正、团结好的人手中。实践证明，这次由邓小平发动和组织领导的，旨在拨乱反正，恢复我军光荣传统和把我军各项工作纳入毛泽东军事思想正确轨道上来的整顿工作，在短时间内就收到了明显的效果。

1976 年 10 月，我们党一举粉碎了"四人帮"反革命集团。1977 年 7 月，党的十届三中全会决定恢复邓小平 1975 年初担任的全部职务。这时，邓小平在解决思想路线上的拨乱反正的同时，提出军队要切实把教育训练提高到战略地位的思想。邓小平指出，部队本身要苦学苦练，掌握现代化战争知识，解决干部指挥现代化能力不够的问题。此后，在 1977 年 12 月召开的中央军委全体会议上的讲话中进一步强调，要"抢时间"搞好军队建设。"只要我们坚持人民战争"，用现有装备也可战胜敌人。国防现代化，只有建立在国家整个工业以及农业，特别是科学技术发展的基础上才有可能，并就当时军队建设面临的问题，提出了全军的 10 项任务，通过了 9 个决定和条例，就我军建设的几乎所有领域、所有方面都订出了章程。在 1978 年 6 月召开的全军政治工作会议和 12 月召开的中央工作会议上，邓小平又先后发表了重要讲话，就我国国防和军队现代化建设问题，做出了许多重大决策，提出了许多重要方针和原则。1978 年 7 月，邓小平在一次重要谈话中指出，"我们的战略是毛泽东主席制订的。毛主席的战略思想就是人民战争，过去是正规军、游击队和民兵三结合，现在是野战军、地方军和民兵三结合"。"敌人要打进来，中国的'三结合'就会叫敌人处于人民战争的汪洋大海之中。"当然，"现在的人民战争与过去不同，装备不同，手段也不同。""但战略思想仍然是人民战争。条件不同，人民战争的表现形式也不同。装备的改进，使人民战争更有力量。"（《邓小平关于新时期军队建设论述选编》第 46 页）邓小平的上述重要谈话，涉及我军建设和作战的许多方面，从而初步奠定了邓小平新时期军队建设思想的基础。

2. 1979—1985 年是邓小平新时期军队建设思想的全面成熟阶段

党的十一届三中全会后，作为无产阶级革命家和军事家的邓小平，在继续致力于解决正确地对待毛泽东思想这一重大问题的过程中，通过对新的历史条件下国防和军队建设面临的新问题的解决，不仅为我军现代化建设规划了宏伟蓝图，而且提出了一系列具有重大指导意义的新时期国防和军队建设的理论原则，并就新时期如何贯彻积极防御的战略方针，实行现代条件下的人民战争等问题，发表了重要谈话，从而使邓小平新时期军队建设思想进一步成熟和系统化。1979 年 2 月 17 日至 3 月 6 日，根据党中央和中央军委的决策，我军进行了对越自卫还击作战，并取得了重大胜利。对越自卫还击作战的胜利，既大大提高了我国在国际反霸权斗争中的威望，也大大提高了人民解放军在全国人民中的威望。同年 7 月 29 日，邓小平在接见海军常委扩大会议全体同志的讲话中，强调军队建设要讲质量，讲真正的战斗力，搞少而精的，真正顶用的。同时指出，在不打仗的情况下，部队军事素质的提高就得靠训练。要把这个问题作为一个制度加以解决。同年 10 月 15 日，邓小平又专门论述了积极防御的战略方针问题。邓小平指出："我们总是要立足以弱胜强，以劣势装备战胜现代化装备，以持久战消耗敌人。所以战略方针是积极防御。"（《邓小平论国防和军队建设》第 99 页）强调要立足现有武器作战，军队改革要逐步去做，要搞点合成军并注意抓合成军训练。同时强调，要处理好国防建设和经济建设的关系。1981 年 6 月召开的党的十一届六中全会上，邓小平当选为中央军委主席。这年的 9 月 19 日，邓小平在华北某地检阅演习部队时，发表了题为《建设强大的现代化正规化的革命军队》的重要讲话。在这一纲领性的文献中，邓小平深刻地阐述了我军在新时期的地位和作用，规定了新时期我军建设的总方针、总目标和总任务。邓小平指出："我军是人民民主专政的坚强柱石，肩负着保卫社会主义祖国、保卫四化建设的光荣使命。因此，必须把我军建设成为一支强大的现代化、正规化的革命军队。"（《邓小平文选》第 2 卷，第 395 页）1982 年 7 月，邓小平在中央军委座谈会上又指出：军队也有个体制改革的问题，军队的体制改革，一是要提高战斗力，二是要选拔人才。1984 年，邓小平在国庆典礼的讲话中强调："我们必须巩固国防。中国人民解放军的全体指战员，务必时刻保持警惕，不断提高自己的军事政治素质，努力掌握应付现代战争的知识和能力。"（《邓小平论国防和军队建设》第 123 页）同年 11 月，邓小平在中央军委座谈会上谈到军队建设和国家建设的关系问题时指出：军队要服从整个国家建设大局，要紧密地配合这个大局；在这个大局下面行动，不能妨碍这个大局。军队培养军地两用人才，也是个顾全大局的问题。此后不久，邓小平又先后提出了时代主题、战争与和平、一国两制等重要思想。争取和平就必须反对霸权主义。反对霸权就是维护世界和平。现在世界和平力量在发展，战争危险还存在。中国发展得越有力量，世界和平就越靠得住。包括中国在内的第三世界的力量是世界和平力量发展的重要因素。同时，他还指出："世界上有许多争端，总要找个解决问题的出路。我多年来有个想法，用什么方法来解决这种问题，不用战争手段，用和平方式。'一个国家，两种制度'。世界上的许多争端用这种办法解决，我认为是可取的。"（《邓小平关于新时期军队建设论述选编》第29页）

1985年6月，中央军委召开了扩大会议。邓小平在会上做了重要讲话。这次会议做出了我军建设指导思想实行战略性转变的伟大决策。改变了原来的战争迫在眉睫的看法，尽管世界战争的危险是存在的，但是，因为和平力量的发展超过了战争力量的发展。因此，在较长时间内不会发生大规模的世界战争是有可能的，维护世界和平是有希望的。由于我们对国际形势的认识有改变，对外政策也应相应的调整。也就是说，我们要始终高举反对霸权主义、维护世界和平的旗帜，奉行独立自主的对外政策，坚定地站在和平力量的一边。

纵观这一时期邓小平的重要谈话及其所阐述的重要理论观点，可以看出，邓小平不仅提出了建设有中国特色社会主义的理论，而且坚持和发展了毛泽东新中国成立初期就提出的建设现代化、正规化革命军队的思想，阐明了新时期国防和军队建设的总方针、总任务及其基本途径、方法和要求，并就继承和发展人民战争理论，实行现代条件下的人民战争等一系列重大问题做出了比较系统的理论概括。这表明，在这一时期，邓小平新时期军队建设思想作为一个完整的科学体系已趋于成熟。

3. 1985年以后是邓小平新时期军队建设思想的发展升华阶段

从1985年中央军委扩大会议以后，我国处于进一步改革开放、经济飞速发展的时期。邓小平基于对国际、国内形势和任务的科学分析，发表了《维护世界和平的实际行动》、《在军委扩大会议上的讲话》、《中国必须在世界高科技领域占有一席之地》、《在接见首都戒严部队军以上干部时的讲话》、《会见参加中央军委扩大会议全体同志时的讲话》等重要谈话和讲话，深刻阐明了军队建设必须从准备早打、大打、打核战争的临战状态转变到和平时期建设的轨道，进一步明确了新的历史条件下军队的性质、职能及任务，并就如何在新的历史时期，结合发展变化了的新情况，继承毛泽东军事思想，研究和实行现代条件下的人民战争，发展我国军事科学等重大理论和实际问题，提出了一系列重要思想。具体表现在以下几点：

一是进一步辩证地论述了战争与和平问题。明确指出，由于和平力量的增长，尽管仍存在着战争的危险，但如果我们的工作搞得好，战争是可以避免的。如果20世纪打不起来，21世纪和平就更有希望。但不能掉以轻心，和平必须争取才能赢得。

二是进一步完善了解决两种社会制度矛盾的"一国两制"的构想。认为，这种办法也可以用于解决国际上的历史纠葛，也是面向国际社会的。

三是明确提出在国际关系问题上，我们关心的是两个问题：一个是和平问题；另一个是发展问题。并且指出，解决国际争端，对话比对抗好，缓和比紧张好。反对霸权主义、维护世界和平是我们的根本国策。

四是进一步明确提出搞社会主义现代化建设是我们的基本路线。同时指出，要坚持以社会主义现代化建设为中心，就必须实行改革开放政策，坚持四项基本原则。这两个基本点是相互依存的。

五是号召全军要为把我军建设成为一支强大的现代化、正规化革命军队而奋斗。

六是在 1989 年平息北京地区发生的动乱和反革命暴乱之后，邓小平从国际和国内政治斗争的高度，阐述了四项基本原则与资产阶级自由化斗争的长期性。指明了这种斗争在一定条件下不可避免地将采取激烈的形式。为我军更好地坚持人民军队的性质和宗旨，胜利完成我军所担负的任务提出了明确的要求。

从上述邓小平新时期军队建设思想形成和发展的过程，可以看出，邓小平新时期军队建设思想，是马克思列宁主义、毛泽东思想基本原理同新时期的国际国内形势及我国国防和军队建设的实际相结合的产物，是对新时期国防和军队建设实践经验的科学总结，是毛泽东军事思想在新时期的创造性运用和发展。

三、邓小平新时期军队建设思想的主要内容

邓小平新时期军队建设思想，系统地回答了新的历史条件下军队建设和军事斗争的一系列重大问题，内容十分丰富。

（一）战争与和平

战争与和平是邓小平新时期军队建设思想的理论基础，其核心是把新时期军队建设和军事斗争置于新的国际背景下思考。其主要内容包括：和平与发展是当代世界的主题；世界大战是可以推迟或避免的；霸权主义是当代战争的主要根源，维护世界和平必须反对霸权主义等。

（二）建设现代化、正规化革命军队

建设现代化、正规化革命军队是邓小平新时期军队建设思想的核心内容，创造性地回答了新形势下军队建设亟待解决的重大问题。其主要内容包括：军队建设指导思想实行战略性转变，从"早打、大打、打核战争"的临战状态转到相对和平时期的建设轨道上来；确立了新时期军队建设的革命化、现代化、正规化总目标；提出了新时期军队建设的指导原则和基本途径等。

（三）现代条件下人民战争

现代条件下人民战争是邓小平新时期军队建设思想的重要组成部分，是取得未来反侵略战争胜利所必须遵循的理论指南。其主要内容包括：现代条件下必须坚持人民战争；必须努力研究现代条件下人民战争的新特点；针对现代条件下人民战争的新情况、新问题，创造性地运用和发展人民战争理论等。

（四）现代条件下积极防御战略

现代条件下积极防御战略是邓小平新时期军队建设思想的重要内容，是指导军事斗争全局的重要依据。其主要内容包括：新的历史条件下必须坚持和发展积极防御战略；要以国家利益为最高准则处理军事战略问题；要把打赢战争和遏制战争辩证地统一起来，不断赋予积极防御战略新内容等。

四、邓小平新时期军队建设思想的地位和作用

（一）邓小平新时期军队建设思想，是当代马克思主义军事理论

邓小平新时期军队建设思想作为邓小平理论的重要组成部分，产生和形成于我国社会主

义改革开放和现代化建设的伟大实践之中。它的形成和发展既是邓小平对当今国际形势冷静观察和正确判断的结果，又是他对新时期我国国情、军情进行实事求是的科学分析的产物，它具有鲜明的时代特征，着眼于马克思主义军事理论在新的历史条件下的运用，着眼于对国际战略形势和我国国情的深刻分析，着眼于新时期我军建设的实际，是具有中国特色的当代马克思主义军事理论。

（二）邓小平新时期军队建设思想，是军队和国防建设的科学指南

邓小平新时期军队建设思想，揭示了和平时期军队和国防建设的基本规律。它坚持把当今世界各国国防和军队建设的一般规律和原则，同我国我军实际情况有机结合，把我军传统的经验原则同新时期新情况有机结合，抓住我军建设的主要矛盾，创造性地回答和解决了新时期我军建设亟待解决的一系列重大理论和实际问题。邓小平新时期军队建设思想作为邓小平理论的重要组成部分，是一个完整的科学体系，是马克思主义军事理论、毛泽东军事思想在新的历史条件下的创造性运用和发展，是新时期我军和国防建设的科学指南。

（三）邓小平新时期军队建设思想，是我军做好军事斗争准备的指导原则

邓小平新时期军队建设思想，揭示了现代战争的特点和规律，为现代高技术条件下局部战争的作战指导提供了理论武器。邓小平提出的和平与发展的新理论，极大地丰富了马克思主义的战争观；他提出的现代条件下的人民战争理论，强调把建设强大的常备军与建设强大的后备力量相结合；他为我军制定了新时期积极防御战略方针，赋予了具有时代特点的新内涵；他为我军建设确定的总目标，强调以现代化建设为中心，按照现代战争的客观要求，全面加强军队质量建设，做好军事斗争准备等。不仅是新时期军队和国防建设的依据，同时也是赢得高技术条件下局部战争胜利的锐利思想武器。

复习题：

1. 什么是邓小平新时期军队建设思想？
2. 军队现代化建设主要指哪几个方面？新时期军队建设的总目标是什么？
3. 邓小平新时期军队建设思想的主要内容包括哪些？
4. 邓小平新时期军队建设思想的地位和作用包括哪几个方面？
5. 如何正确把握经济建设与国防建设的关系？

第五节　江泽民国防和军队建设思想

江泽民关于国防和军队建设的思想，是对毛泽东军事思想，特别是邓小平新时期军队建设思想的继承、丰富和发展，是"三个代表"科学理论体系的重要组成部分及在军事领域的体现和运用。它科学地总结了十多年来我国国防和军队建设实践的新经验，深刻揭示了新形势下国防和军队建设发展的基本规律，具有鲜明的时代性、深刻的实践性、系统的理论性和科学的指导性，是21世纪推进国防和军队现代化建设跨越式发展的科学指南，是加强我军革命化、现代化、正规化建设的重要依据。

一、江泽民国防和军队建设思想的主要内容

江泽民在1997年的中央军委扩大会议上指出："对于新时期的军队建设，有两个最重要

的问题是我始终加以关注的：一个是在复杂的国际环境中，我军能不能跟上世界军事发展的趋势，打赢未来可能发生的高技术局部战争；一个是在社会主义市场经济和对外开放条件下，我军能不能保持人民军队的性质、本色和作风，始终成为党绝对领导下的革命军队。"这表明"打得赢"、"不变质"，是贯穿江泽民关于国防与军队建设论述的两条主线。江泽民关于军队和国防建设的一系列重大决策，都是围绕这两条主线展开的。其主要内容可以分为以下13个部分：

（一）正确面对世界军事发展和社会主义市场经济对军队影响的挑战，在军队建设的总体筹划上做出科学的战略决策

1. 适应高技术战争的要求，正确面对世界军事革命发展的严峻挑战

江泽民接任中央军委主席时，正值国内外环境出现剧烈而重大的变化。首先，随着两极世界和国际大三角关系的不复存在，西方敌对势力把新冷战的主要矛头转向中国。为在中国实现西化、分化的图谋，他们千方百计地把和平演变的触角伸向中国人民解放军，企图使我军不战自垮。其次，以美国为首的多国部队，在海湾地区打了世界军事史上的第一次高技术局部战争。这种崭新的战争形态和作战样式的出现，标志着自工业革命时代和核时代以来，世界军事领域又一次重大变革时期的到来。这时，世界各国竞相调整军事发展战略，把军队的质量建设作为面向21世纪竞争的重点。这种高技术化的变革潮流和竞争形势，对军队建设提出了新的时代性要求。第三，中国的改革开放跨入一个新的发展阶段，军队建设直接依托的国内环境也发生了深刻变化。新的历史时期国家建设取得的辉煌成就雄辩地证明，实行改革开放，建立和发展社会主义市场经济，是建设有中国特色的社会主义、实现祖国繁荣富强的必由之路。然而，在建立社会主义市场经济的过程中，商品交换行为的"越界"，西方腐朽文化思想的侵入，也诱发了严重的社会腐败现象。我们军队中也有人经不起考验，成为资产阶级人生观和价值观的俘虏。历史条件的变化，使得军队质量建设面临两大新的历史性挑战，即世界军事发展的挑战和社会主义市场经济对军队影响的挑战。新时期军队建设面临的"两大挑战"，要求在军队建设的总体筹划上做出科学的战略决断。

江泽民指出：我们的认识要随着历史的前进、时代的发展、实践的深化不断提高；要关注时代发展的脉搏和契机、洞察风云，审时度势；要坚持解放思想、实事求是的思想路线，及时发现新问题，寻找新路子，创造新办法，总结新经验，使军队的建设和改革不断迈上新台阶。他多次指出：当今世界正处在大变动的历史时期。两极化格局终结，各种力量重新分化组合，世界正朝多极化方向发展。新格局的形成将是长期的、复杂的过程。国际经济竞争日益激烈，以经济实力为主的综合国力较量已成为新的趋势，科技竞争逐渐成为主战场，世界各国都在制定面向未来的经济战略，把增强综合国力作为首要任务。总之，"世界要和平，国家要发展，社会要进步，经济要繁荣，生活要提高，已成为各国人民的普遍要求"。但"霸权主义、强权政治的存在，始终是解决和平与发展问题的主要障碍"。江泽民同志还强调指出："随着高新技术的大量涌现并广泛运用于军事领域，战争形态、战场环境、作战手段、指挥方式等都发生了革命性变革。"他要求我军要适应高技术战争的要求，正确面对世界军事革命发展的严峻挑战。

2. 坚定社会主义信念，筑牢拒腐防变的思想防线

江泽民十分关注在发展社会主义市场经济条件下，军队如何做好保持强大的向心力、凝

聚力和战斗力这篇治军大文章。他指出：对外开放、发展社会主义市场经济，对人们思想道德方面的积极影响是主要的，但消极影响也不能忽视。市场机制和对外开放为军队建设注入了强大的活力，但其负面影响也不可低估。特别是国际敌对势力"西化"、"分化"中国的图谋和外来腐朽思想文化的侵蚀，对我军保持其人民军队的性质、宗旨和本色是一个非常严峻的考验。对此，他反复指出："在改革开放和发展社会主义市场经济的新形势下，如何使我们的军队成为培养人、锻炼人的大学校、大熔炉，是一个新的迫切任务，也是一个新的重大课题，需要全军同志集思广益，摸索经验，共同研究，共同解决。"特别要重视抵制"灯红酒绿"的腐蚀，教育广大干部战士牢记全心全意为人民服务的宗旨，树立正确的世界观、人生观、价值观和远大理想，坚定社会主义信念，正确对待金钱、名利、苦乐等问题，划清是与非、荣与辱、美与丑的界限，筑牢拒腐防变的思想防线。

为了全面推进军队建设跨世纪发展，迎接世界军事发展的挑战，在十五大闭幕后的新一届中央军委扩大会议上，江泽民高瞻远瞩地提出了国防和军队现代化建设分"三步走"的战略构想。根据"三步走"的战略构想，从现在起到2010年着重打好基础，以结构改革为突破口，积极推进军队体制与结构的战略性调整，建立充满生机和活力的新型的现代化军队的组织框架，实现第一步跨越；从2011年到2020年应搞重点突破，以武器装备升级换代为重点，以加大科技投入为主要动力，实现我军战斗力增长方式的革命性转变，实现第二步跨越；从2021年到2050年应全面推进，以提高总体能力为着眼点，以当时世界先进军事水平为参照系，全面推进我军现代化建设，实现第三步跨越。这一战略构想，科学地总结了我军几十年来丰富的建军经验，深刻地揭示了当代军事发展的基本特点和规律，准确地把握了新时期国家利益对我军的战略要求，是我军向现代化进军的世纪性行动纲领。

（二）以"三个代表"思想指导军队建设，必须始终坚持党对军队的绝对领导

马克思主义认为，军队是一定阶级及其政党实现政治目的的工具，它从属于一定阶级及其政党，并为一定阶级服务。党对军队绝对领导的原则，是中国共产党把马克思列宁主义关于阶级、政党、国家、军队相互关系的学说和无产阶级军队建设理论同中国革命具体实践相结合的产物。中国共产党的性质和领导地位、中国人民解放军的职能和任务，都决定了军队必须置于党的绝对领导之下。

1989年江泽民刚担任中共中央总书记和中央军委主席时，国内那场政治风波刚刚平息，在国际上，正是"山雨欲来风满楼"，苏联、东欧风云变幻的迹象更加明显，各种反共反华势力遥相呼应，情况十分复杂。在这危难之际，如何保持国家和军队的稳定，既是党和国家面临的重大问题，也是国防和军队建设急需解决的根本问题。1989年11月江泽民在中央军委扩大会议上指出：坚持党对军队的绝对领导，这是我们建军的根本原则，是我们党的优良传统，是我们军队特有的政治优势，必须继续保持和发扬。此后，在总结苏联解体和东欧剧变教训的基础上，他进一步把党对军队的绝对领导提升到军魂的高度上来认识，强化了关于党对军队绝对领导的思想。

党对军队的绝对领导是我军永远不变的军魂，是江泽民同志对党的绝对领导在军队建设中的地位作用的新概括，它更加强调了在新的历史时期，人民军队无论在什么情况下，都必须始终以党的旗帜为旗帜，以党的方向为方向，以党的意志为意志。坚持党对军队的绝对领导，关键是保证枪杆子要掌握在忠于党的人手中，保证我军在任何时候、任何情况下都同党中央在政治上保持一致，一切行动服从党中央、中央军委的指挥。坚持党对军队的绝对领

导，是确保人民军队的性质、确保我们党执政地位的巩固、确保国家长治久安的根本政治问题。坚持党对军队的绝对领导，党要从思想上、政治上掌握部队，理直气壮地批驳和反对"军队非党化"、"军队非政治化"、"军队国家化"的论调，坚定不移地坚持我军在历史上形成的党的领导同行政领导、军事指挥紧密结合和内在统一的根本制度。正是在江泽民关于党对军队绝对领导的一系列思想指引下，人民军队不仅保持了高度集中统一和稳定，经受住了政治斗争、军事斗争和与严重自然灾害斗争等各种风险的严峻考验，革命化、现代化、正规化建设取得了长足进步，而且还为社会稳定和国家安全做出了重大贡献。

（三）按照"政治合格、军事过硬、作风优良、纪律严明、保障有力"的总要求，加强军队全面建设

关于新时期军队建设的总目标，江泽民在党的十四大报告中高屋建瓴地指出："使全军部队做到政治合格、军事过硬、作风优良、纪律严明、保障有力。"这"五句话"已成为新时期军队建设的总要求，同时也成为检验总目标实现程度的重要尺度。江泽民"五句话"总要求，涵盖了新时期我军建设的各个方面，是邓小平新时期军队建设思想的实际运用，具有很强的实践性和可行性。

"五句话"总要求，从认识论和方法论上解决了军队建设全面推进的指导思想，理顺了军队各个方面协同一致的关系，明确了军队建设的基本标准，成为实现新时期军队建设总目标必须遵循的行动准绳。

贯彻"五句话"的总要求，必须下大力抓好基层建设。军队的基础在基层，基础不牢，地动山摇。基层工作搞不好，抓什么都会落空。

贯彻"五句话"的总要求，关键要改进领导作风，狠抓工作落实。领导者的责任，首先要正确决策，在决策做出以后，就要狠抓落实，干实事，求实效，不尚空谈。

必须坚持实事求是的思想路线，发扬求真务实的领导作风，建立各级领导机关和领导干部的严格的责任制，保持一种昂扬的精神状态。

（四）确立新时期积极防御的军事战略方针，把军事斗争准备的基点放在打赢高技术条件下的局部战争上

新中国成立以来，我军实行积极防御的战略方针，维护了国家的主权和安全。在新的历史条件下，江泽民强调指出：一个国家，一个民族，要生存和发展，要在竞争激烈的国际环境中站稳脚跟，就不能没有正确的军事战略方针。国防建设要贯彻积极防御的战略方针。在当前复杂多变的国际新形势下，为了掌握战略主动，我们必须确立正确的军事战略方针。

1. 坚持"积极防御"的战略方针

江泽民指出："积极防御这个战略方针是我们的传家宝，要全面系统地学习，要完整准确地理解，要坚定不移地去贯彻。同时，随着形势的变化，还应实事求是地继承和发展。"我军新时期积极防御战略方针的确定，具有多方面的理论与实践依据，是实事求是，符合客观实际的。它不仅符合时代的发展和战争形态的重大变化，符合世界形势和战略格局所发生的重大变化，而且也符合我国国情及面临的主要威胁和周边的实际情况。

2. 打赢高技术条件下的局部战争

江泽民强调指出："以劣胜优，打人民战争，是我党我军的基本经验和宝贵财富，我们一定要发扬我军以劣势装备战胜优势技术装备之敌的优良传统，牢固地树立敢打必胜的信

心。"我们要认真贯彻这些指示精神，认真研究在现代技术特别是高技术条件下，如何立足于现有武器装备，打赢可能发生的局部战争。

未来军事斗争准备的基点要放在打赢可能发生的现代技术尤其是高技术条件下的局部战争上。要研究新特点和新规律，把思想认识进一步统一到党中央的战略决策上来。要努力发展具有我军特色的作战思想，要努力解决好军兵种的联合作战问题，要立足于最困难、最复杂情况充分做好战争准备，要在战争指导上坚持你打你的、我打我的，要依据战争的矛盾法则周密进行战略筹划，要把战略指导和作战思想建立在客观实际的基础上。

要把军事斗争准备作为最重要、最紧迫的战略任务和军队现代化建设的龙头。军队的头等任务是做好军事斗争准备。为了完成祖国的统一，为了维护国家的安全，全军同志都要树立准备打仗的决心和信心。要立足于以现有装备战胜优势装备的敌人。

（五）坚持和发展人民战争的战略思想和作战方法，充分发挥人民战争的整体威力

紧紧依靠最广大的人民群众，是我军最深厚的力量源泉。无论武器装备如何发展，战争形态如何变化，人民战争都是我们克敌制胜的法宝。我们要结合新的历史条件和新的实践，坚持和创造性地发展人民战争的思想。在高技术条件下，人民战争的地位不是降低了，而是更高了。人民群众参战、支前的内容和方式更多，人民战争的历史舞台更加宽阔。

要研究高技术条件下人民战争战略思想和作战方法，在未来的军事斗争中，我们必须充分发挥人民战争的整体威力。只要我们把人民群众广泛发动起来，把人民群众中蕴藏的伟大创造力充分发挥出来，在新的历史条件下，人民战争必将发挥重要的作用。

在加强军队建设的同时要高度重视国防后备力量建设。预备役部队和民兵要保持适度规模，优化结构，提高快速动员能力和训练水平，真正做到招之即来，来之能战。要按照"平战结合、军民结合、寓兵于民"的方针，进一步调整和完善国防动员体制，提高国防动员能力，使我们雄厚的综合国力能够在战时迅速转化为战争实力。要深入持久地开展国防教育，增强全民国防观念。

（六）认真贯彻"三个代表"要求，把思想政治建设摆在全军各项建设的首位

思想政治建设是我军的根本性建设，必须切实摆在各项建设的首位。讲政治是我军优良传统的精髓和核心，注重并始终坚持从思想上、政治上建设部队是党领导军队的一条根本原则。新形势下的思想政治工作只能加强，不断削弱。在改革开放和发展社会主义市场经济的条件下，在国际国内各种思潮相互激荡的环境中，社会上一些错误的思想观念和腐朽生活方式必然会对官兵产生影响。军队讲政治必须标准更高，要求更严。

加强新形势下军队的思想政治建设，必须认真贯彻"三个代表"的要求，增强时代感，加强针对性、实效性、主动性。

新时期军队思想政治建设的使命和根本任务，就是"打得赢"、"不变质"，提供强大的精神动力和可靠的政治保证。要坚持不懈地抓好用邓小平理论武装全军这个根本。开展爱国奉献、革命人生观、尊干爱兵、艰苦奋斗"四个教育"和革命气节、理想信念教育，确保官兵政治上坚定和思想道德上纯洁，在大是大非面前立场坚定，旗帜鲜明，抵御腐朽思想文化的侵蚀和"灯红酒绿"的消极影响。

（七）确立科技强军的思想，走有中国特色的精兵之路

以江泽民为核心的党的第三代领导集体，把加强军队质量建设，依靠科技强军，走有中

国特色的精兵之路，加快我军的现代化建设，提高我军在现代技术特别是高技术条件下的作战能力，作为今后一个时期军队建设的重要指导思想。江泽民丰富和发展了邓小平的"精兵"思想，为21世纪我军的建设和改革指明了方向。

1. 正确处理数量与质量的关系是军队建设的重要问题

江泽民根据古今中外军队建设特别是我军建设的历史经验，对新时期我军的规模问题进行了充满辩证法的论述：一是要适当减少军队员额。江泽民指出，在现代战争中，兵仍然不在多而在精，加强军队建设不能在数量上打主意，不能单纯地靠部队数量去解决问题。因此，要实行精兵政策，进一步压缩军队规模，把部队搞得更精干。二是实现数量与质量的统一。江泽民在1995年12月的一次讲话中指出，如何正确处理质量与数量的关系，是一个非常重要的问题。自古以来，人们都知道，兵少不足卫，兵多则不胜其养。这里，江泽民提出了如何辩证地看待质与量的关系，即如何理解"精"，是指数量与质量的辩证统一，这种统一构成了军队的战斗力。

2. 确立"科技强军的战略"，实现两个根本转变

以江泽民为核心的中央军委，根据马克思主义特别是邓小平关于科学技术是第一生产力的系列论述，以及世界政治、军事形势的发展，确立了"科技强军"的战略思想，并做出了实行"两个根本性转变"的战略决策，即在军事斗争准备上，由应付一般条件下局部战争向打赢现代技术特别是高技术条件下局部战争转变；在军队建设上，由数量规模型向质量效能型、人力密集型向科技密集型转变，这是贯彻落实新时期军事战略方针和加强军队质量建设的重大战略决策。

"科技强军"的一个重要标志和实现"两个根本性转变"的一个基本前提，是加快武器装备现代化的步伐。江泽民指出：国防现代化，更离不开科学技术的发展。海湾战争，使我们进一步看到了科学技术在现代战争中的作用。我们不是唯武器论者，相信最终决定战争胜负的是人，而不是物。但是，先进的武器毕竟是重要的，科学技术是不能忽视的。在国防科技领域，我们要重点研究开发一些关键技术。掌握这些技术，是实现我国新时期军事战略的需要，也是整个现代化建设事业发展的需要。

江泽民要求我军尊重科学，重视武器的作用，把国防科技发展和部队装备建设放在突出地位。

3. 实行精干的常备军与强大的后备力量相结合

坚持精干的常备军与强大的后备力量相结合，是新时期加强国防力量建设的一个重要指导方针，也是新时期注重质量建设、走中国特色的精兵之路的一项重大战略措施。江泽民指出："要做好民兵、预备役工作，不断加强国防后备力量建设"。毛泽东的人民战争思想与今天历史条件下注重综合国力的较量、注重富国强兵、精兵强国的时代精神，在本质上是一致的。坚持走加强质量建设的精兵之路，就要实行精干的常备军与强大的后备力量相结合，注重战争动员、潜力转化，在减少常备军的同时加强后备力量建设，从我军历史上沿袭发展而来的三结合的武装力量体制，重视武装群众的人民战争传统，既符合我军从数量规模型向质量效能型转变，又符合我国武装力量体制的实际。

（八）加快发展国防科技，集中力量把我军武器装备特别是"撒手锏"装备搞上去

我们历来反对"唯武器论"，但又十分重视科学技术，重视武器装备的作用。武器装备落后，缺少有效的制敌手段，在战争中要取胜就会付出很大的代价。必须把国防科研和武器

装备建设摆在提高军事实力的突出位置，特别要注重发展我们自己的"撒手锏"，增强我军打赢高技术战争的物质技术基础。

要集中优势兵力打歼灭战；有所为、有所不为，有所赶、有所不赶；以自力更生为主，引进为辅，瞄准实现技术发展的跨越，加强自主创新；要重视武器装备的体系建设；要重视质量和效益；要加强对现有武器装备的改进和保养。

（九）把培养和造就大批高素质新型军事人才作为一项刻不容缓的战略任务

在新的历史时期，江泽民把提高军人素质摆到了十分突出的地位。他指出："军队的现代化，人员素质是个至关重要的因素。""人才是兴军之本，必须把培养和造就大批高素质人才作为军队现代化建设的根本大计来抓。"

江泽民多次提出，必须通过提高军队质量来提高战斗力。1995 年 3 月，他在第八届全国人民代表大会第三次会议解放军代表团会议上指出，"加强质量建设，首要的是大力提高官兵特别是各级指挥员的素质"。他后来还进一步指出：人才培养是一个长期任务，又是当务之急。高新技术装备一下子搞不上去，但是人才培养要先行。宁肯人才等装备。绝不能让装备等人才。这一论述深刻地揭示了军人素质与战斗力的本质联系。

一是提高人员素质是以劣势装备战胜优势装备之敌的保证。历史经验表明，装备处于劣势的军队，只有具有高度政治和军事素质，才能战胜敌人。

二是提高人员素质是现代高技术战争的客观要求。高技术战争由传统战争发展演变而来，又与传统战争有本质区别。技术密集型的战争，对人的素质的要求大大提高。只有具有高素质的人，才能驾驭各种复杂的高技术武器，才能树立新的作战意识，才能掌握适应高技术战争的现代化作战和指挥技能。

三是提高人员素质是改变我军人员素质偏低现状的需要。我军指战员的整体素质，经过多年的努力有了较大的提高，但是离新时期军事战略方针的要求还有不小的差距，特别是干部队伍的素质还不适应打赢高技术条件下局部战争的要求。

四是要始终坚持把教育训练摆在战略地位。军事训练是培养部队作风、提高军事素质、增强战斗力的主要手段。只有通过严格的军事训练，才能实现人与武器的有机结合，使官兵掌握打仗的本领，增强立足现有装备战胜优势装备之敌的信心，才能在广大官兵中培养英勇顽强的战斗作风和铁的纪律。

五是必须把院校教育摆在优先发展的地位。"治军先治校"，通过深化教学改革，实行依法治教，调整改革院校体制编制，要逐步建立起总体规模适当、结构合理、效益较高的具有我军特色的新型院校体系，形成有利于人才成长和科研创新的培训体制和管理体制，完善军地并举、共同培养军事人才的政策和制度，尽快走出军队干部由自己培养和依托国民教育培养并举的路子。

六是要大力开展科技练兵。科技练兵是提高我军打赢高技术战争能力的根本途径。各级领导机关和领导干部要把抓训练的指导思想转到科技兴训上来，增大训练的科技含量，推动军事训练向更高层次发展，并坚持不懈地抓下去，必须尽快地使部队应付高技术战争的能力有一个显著提高。

（十）努力完成机械化和信息化建设的双重历史任务，实现我军现代化的跨越式发展

国防和军队现代化建设要有与国家经济发展战略相配套的战略构想。党的十五大做出了

用21世纪前50年时间分三个阶段实现国家现代化的战略部署。国防和军队现代化建设作为国家现代化建设的一个重要组成部分，必须有一个与国家经济建设发展战略相配套的"三步走"战略构想，从而使国防和军队现代化建设量力而行，尽力而为，逐步推进。

目前军队的作战方式和作战手段呈现出崭新的面貌，战争形态也在从机械化向信息化转变。新军事革命，实质上是一场军事信息化革命。当前，我军处在机械化建设任务尚未完成，同时又要努力向信息化过渡的特殊阶段。我们必须乘国家加快经济和社会信息化发展之势，在加强军队机械化建设的同时，加快军队信息化建设，以信息化带动机械化，最大限度地发挥后发优势，努力争取我军建设的跨越式发展。

（十一）走出一条投入较少、效益较高的军队现代化建设路子

我军的现代化建设任重道远，始终是在经费较紧、供需矛盾突出的情况下进行的，但我们实现军队现代化的决心绝不会动摇，步子也绝不能放慢。随着改革开放和社会主义市场经济的发展，必然会给军队现代化建设创造更多更充分的有利条件，只要我们善于运用这些有利条件，把手中的军费切实管好用好，就一定能够走出一条投入较少、效益较高的军队现代化建设的路子来。

坚持从国情、军情出发，走出一条投入较少、效益较高的军队现代化建设路子。要发扬艰苦奋斗精神，坚持勤俭建军方针；要加强集中统一管理，始终注意加强科学组织、科学管理，提高军费使用的整体效益；要逐步减轻军队"办社会"的负担，扩大社会化保障的范围；国防经济和社会经济、军用技术和民用技术应该相互兼容、相互促进，推动军队的基础设施建设和科技创新；要加强战略规划的指导作用，集中一切所能集中的财力、物力、人力，形成拳头，抓好一批战略性基础工程建设，力争在较短的时间内抓出成果；要依靠国家经济科技发展，推动军队的基础设施建设和科技创新。

（十二）依法从严治军

必须学会运用法律手段从严治军。依法治军，需要我们重视和加强军事立法工作逐步建立适应社会主义市场经济发展要求，符合现代军事发展规律能够体现我军性质和优良传统的军事法规体系。

依法治军，就是把党对军队绝对领导的根本原则，把党关于国防建设和武装力量建设的主张，把我军治军的成功经验，用法的形式确定下来，使军队建设规范化、制度化，促进我军的革命化、现代化、正规化建设。要适应社会主义民主法制建设的重要发展，更加自觉地贯彻依法治军的方针，把国防和军队建设纳入法制的轨道，做到有法可依，有法必依，执法必严，违法必究。搞好依法治军，先要提高全军领导干部依法办事的能力，学会用法规制度教育、引导和管理部队。

依法治军，贵在严，也难在严。只有坚持按法律法规从严治军才能维护我军威武之师、文明之师的良好形象，才能有战斗力。必须坚决维护军事法律法规和条令条例的权威性和严肃性，一旦违反，依法追究，严肃处理。治军之道得之于严，失之于宽，必须坚持严格按照条令条例管理部队，坚持从领导干部和机关严起，坚持严格管理与耐心说服教育相结合，加强作风纪律建设，提高正规化水平。军队要学习现代管理，形成和发展自己的管理特色。

（十三）在继承优良传统的基础上大胆改革创新

我党我军的一整套优良传统和作风，是我军的传家宝和政治优势，是治党治军的锐利武

器，任何时候都丢不得。在新的历史条件下，由于我军建设的任务和面临的环境发生了深刻的变化，我们必须在坚持优良传统的基础上大胆改革创新，使我军始终保持旺盛的生机和活力。要以改革创新的精神开拓前进。创新是一个民族进步的灵魂，是一个国家兴旺发达的不竭动力，也是军队发展的不竭动力。推进军队现代化建设向前发展，动力在改革，出路也在改革，如果没有开拓的勇气、改革的精神，就很难有所突破、有所作为。

我军的军事工作、政治工作、后勤工作、装备工作等各个方面，都要围绕提高部队战斗力积极稳妥地进行改革，要以改革创新的精神迎接世界军事的发展，要坚持用改革创新精神搞好我军以现代化为中心的全面建设，要着眼于新的历史条件，以认真负责的态度、应有的理论勇气和政治气魄，去大胆开拓解决问题的新路子。

要进一步解放思想，实事求是，坚持一切从实际和实效出发，创造性地开展工作，积极主动地解决矛盾和问题，要正确认识和处理继承优良传统与发展创新的关系，要正确认识和处理借鉴外军经验与坚持我军特色的关系，要正确认识和处理军队调整改革与国家整体改革的关系，要正确认识和处理深化改革与保持部队稳定的关系。改革是一个不断探索、不断完善的过程，要尽可能地论证充分一些，决策科学一些，以减少失误。要加强学习，保证我军始终走在时代的前列。

二、江泽民国防和军队建设思想的指导意义

江泽民关于国防和军队建设的论述，是以他为核心的党中央、中央军委在创造性地实践邓小平新时期军队建设思想过程中集体智慧的结晶。这些论述，坚持、丰富和扩展了邓小平新时期军队建设思想，从更深层面上回答和解决了新形式下国防和军队建设的重大问题，是贯彻"三个代表"重要思想，坚持与时俱进的重要体现，是新形势下我军现代化建设和做好军事斗争准备的理论指南。重视学习江泽民国防和军队建设的一系列重要论述，具有重要的现实意义和深远的历史意义。

（一）江泽民国防和军队建设思想是新形势下国防和军队建设的科学指南

理论的生命力来自实践。1989 年 11 月江泽民担任中央军委主席以来，我国的国防和军队建设所处的历史条件发生了一系列重大变化，出现了许多新情况和新问题。新的问题和新的实践呼唤新的理论，并造就新的理论。

国际战略格局变了，我国的安全形势随之出现新的情况，对台斗争形势严峻；世界军事的新变革，向我军提出了打赢高技术局部战争的历史性课题；进一步扩大改革开放，发展社会主义市场经济，向我军提出了新的建军和治军的问题。江泽民国防和军队建设思想正是基于新的历史条件，适应新的历史呼唤，应运而生的。

（二）江泽民国防和军队建设思想继承和发展了毛泽东军事思想、邓小平新时期军队建设思想，丰富了马克思主义军事理论宝库

江泽民洞察国防和军队建设历史条件的新变化，在实践中发展当代中国的马克思主义军事理论，把国防和军队建设推向新阶段。20 世纪 90 年代以来，由于国内外形势的变化，我国国防和军队建设所处的历史条件发生了深刻的变化：

一是国际战略格局向多极化发展——苏联解体，东欧剧变，使以美苏互为对手的两极战略格局向多极化发展。

二是随着科学技术迅猛发展及其在军事领域的广泛运用，世界性的军事变革日趋深入，使战争形态、战场环境、作战样式、指挥手段及军队结构发生了历史性的变革，从而极大地改变了军事斗争的面貌。世界各主要国家纷纷调整军事战略，加快军队现代化建设步伐，形成了以高技术质量建设为显著标志的军事竞争新态势。这一现实既为实现我国国防和军队现代化建设的跨越式发展提供了机会，也对军队质量建设和军事斗争准备提出了严峻的挑战。

三是随着国内改革开放和社会主义市场经济的迅速发展，社会生活多样化趋势更加突出。这种客观环境，使官兵的世界观、人生观、价值观和部队的作风、纪律面临着更为严峻的考验。

四是在国际形势总体上趋向缓和的同时，天下还很不太平，民族矛盾、宗教冲突、领土争端不断出现，霸权主义、干涉主义有了新的发展，恐怖主义成为世人关注的焦点。

在外部敌对势力的支持和怂恿下，祖国统一进程充满着矛盾和斗争，还会有曲折和困难。所有这些新的变化，无疑给我国国防和军队建设提出了一系列新的重大课题。正是在回答和解决这一系列历史性重大课题中，江泽民提出了一系列新思想、新观点、新论断，极大地丰富和发展了毛泽东军事思想、邓小平新时期军队建设思想，把我国国防和军队建设推进到新的阶段。

江泽民国防和军队建设思想的丰富内容，既是以新形势下我们的任务为中心提出的，又是自觉运用马克思主义军事理论的立场、观点和方法，分析新情况、解决新问题的产物。它们不仅忠实继承和发展了毛泽东军事思想和邓小平新时期军队建设思想的基本原理，也丰富了马克思主义军事理论宝库。学习江泽民国防和军队建设思想，是在新形势下学习毛泽东军事思想和邓小平新时期军队建设思想的深入和深化。

（三）江泽民国防和军队建设思想回答了国防和军队建设的重大问题，开拓了马克思主义军事理论新境界

江泽民在回答和解决新形势下国防和军队建设重大问题的过程中，提出了一系列新思想、新观点、新论断。以改革和创新的精神，全面推进国防和军队建设，创造了新鲜的经验，谱写了新的理论篇章。

为我军现代化建设找出了新路子：以信息化带动机械化跨越式发展的道路。

确立了新时期的战略方针：军队建设必须适应现代高技术战争的需要，努力实现由准备打赢一般条件下的局部战争，向准备打赢现代技术特别是高技术条件下局部战争转变。

提出了四大治军方略：质量建军、科技强军、依法治军、勤俭建军的方略。

江泽民提出的新时期军队建设的总要求："政治合格、军事过硬、作风优良、纪律严明、保障有力。"精辟地概括了军队建设的任务和质量标准，使新时期我军建设总目标更加具体化，回答和解决了关系我军成长和长远建设的重大问题，为全面提高我军战斗力提出了新思路。

把党对军队的绝对领导作为我军永远不变的军魂；把思想政治建设摆在全军各项建设的首位，深刻揭示了我军建设的基本规律。

提出了两个根本转变：在军事斗争准备上向打赢现代技术特别是高技术条件下局部战争转变；在军队建设上实现由数量规模型向质量效能型、由人力密集型向科技密集型转变。把我军质量建设提高到一个新的水平。

提出了人才为政事之本，也是建军治军之本。人才兴军是江泽民同志的极为重要的战略

思想。

强调实施科技强军是中国特色的精兵之路。努力建设有重点的"撒手锏"的装备体系，增强了打赢未来高技术条件下局部战争的能力。

正确处理国防建设与经济建设的关系，提出了把经济建设搞上去和建立强大的国防，是我国现代化建设的两大任务。形成了国防建设和经济建设相互促进、协调发展的重要思想，等等。丰富和发展了毛泽东思想、邓小平新时期军队建设思想，把马克思军事理论推向新的境界。

（四）江泽民国防和军队建设思想是"三个代表"思想新形势下在我国军事领域的集中体现

江泽民指出：全面推进有中国特色社会主义事业，全面推进党的建设新的伟大工程，最根本的是要在各项工作中全面贯彻"三个代表"要求。把"三个代表"的思想贯彻到当代中国军事领域，其理论表现，就是江泽民国防和军队建设思想。

江泽民国防和军队建设思想的精髓是，强调以当代中国国防建设、军队建设和军事斗争准备的实际问题、以军事领域正在做的事情为中心，着眼于马克思主义理论的运用，着眼于对实际问题的理论思考，着眼于新的实践和新的发展。一句话，在新形势下的国防和军队建设中坚持解放思想、实事求是、开拓创新、与时俱进。

江泽民国防和军队建设思想的内容是，强调坚持党对军队绝对领导，把思想政治建设摆在首位；强调坚持以经济建设为中心，正确处理国防建设与经济建设的关系；强调贯彻科技强军战略，以改革创新的精神迎接世界军事的发展。这些，正是"三个代表"在我国军事领域的要求。

江泽民国防和军队建设思想作为 21 世纪中国国防和军队建设的指导思想，是"三个代表"重要思想在军事领域的集中体现，全面贯彻落实"三个代表"重要思想，在军事领域就是要以江泽民国防和军队建设思想为指导，把我军建成一支强大的现代化、正规化革命军队，忠实履行党和人民赋予的神圣使命，为祖国富强、人民富裕、民族复兴作出新贡献。

复习题：

1. 江泽民国防和军队建设思想的主要内容包括哪些？贯穿其全过程的"两条主线"是什么？

2. 如何理解学习江泽民国防和军队建设思想具有重大的现实意义和深远的历史意义？

3. 为什么说把培养造就大批高素质军事人才作为一项刻不容缓的战略任务？

4. 如何实现我军现代化的跨越式发展？

第六节 胡锦涛国防和军队建设的重要论述

21 世纪，中国的发展跨入了一个重要的战略机遇期。胡锦涛主席以政治家和战略家的远见卓识与战略智慧，着眼时代特点，立足维护国家安全和发展利益的大局，依据国际国内环境的发展变化和新世纪、新阶段国防与军队建设的客观实际，提出了关于加强国防和军队建设的一系列重要论述。

一、胡锦涛国防和军队建设重要论述的科学含义和历史背景

（一）胡锦涛国防和军队建设重要论述的科学含义

胡锦涛国防和军队建设的重要论述，是新世纪、新阶段用科学发展观统筹国防和军队现代化建设，打赢信息化战争的军事指导理论，是毛泽东、邓小平和江泽民国防与军队建设思想的丰富和发展，是科学发展观在国防和军事领域的展开，是当代中国马克思主义的创新军事理论。

（二）胡锦涛国防和军队建设重要论述的历史背景

1. 世界多极化和经济全球化的趋势进一步凸显，影响国家可持续发展的外部制约因素增加

新世纪、新阶段，国际形势呈现总体和平、缓和、稳定的基本态势，和平、发展、合作是时代的主流；世界多极化和经济全球化的趋势进一步凸显；各国利益相互依存、相互交织，对话合作意愿不断增强。但是，随着国际形势的发展变化，我国可持续发展面临的外部制约因素也在增加，表现在：西方敌对势力加紧对中国实施西化、分化和遏制政策，千方百计地对中国加以牵制；我国周边安全环境存在诸多隐患，围绕海洋权益的斗争加剧；随着国家利益的拓展，保护海外利益的任务更加艰巨。

2. 国家社会和经济发展形势总体良好，影响国家安全和稳定的不确定因素增多

我国经济、国防和军队建设进入新世纪、新阶段以后，给国家的安全和发展形势带来了有利的机遇，表现在：我国政治安定、民族团结、经济发展、社会和谐的局面得到进一步巩固；我国对世界的影响力在增长；国家社会和经济发展形势总体良好。但影响国家安全和发展的不稳定、不确定因素增多，表现在："台独"等民族分裂势力猖獗；恐怖势力、宗教极端势力等邪恶势力加紧勾连聚合，不断组织策划渗透、瓦解和破坏活动；我国人口、就业和"三农"等问题凸显，社会矛盾和犯罪问题增多；国内安全与国际安全的互动性增强。一些国内问题如果处理不当，可能会演变为国际问题，一些国际问题也可能影响我国，从而诱发社会稳定问题；国家传统安全威胁和非传统安全威胁因素相互交织。

3. 我军所处环境和面临的任务发生了重大变化，国防和军队建设面临时代性的挑战

由于我军所处环境和面临的任务发生了重大变化，国防和军队建设需要解决诸多具有时代性的课题。如何在国际上单边主义和强权政治仍然存在，多极化趋势日渐呈现，区域化和全球化经济机遇与挑战并存，竞争大于合作的复杂形势下，坚决有效地维护国家的战略利益；如何在我国改革发展进入关键时刻，特别是"台独"分裂势力严重威胁祖国和平统一大业的背景下，更好地履行党和人民赋予军队的神圣使命，有效维护国家主权、统一和稳定；如何在世界新军事变革加速推进，战略主动权竞争日趋激烈的形势下，大力推进国防和军队现代化建设，不断增强应对危机、维护和平，遏制战争、打赢信息化战争的能力；如何在我国经济实力、科技实力、国防实力和民族凝聚力不断增强，国防和军队建设取得巨大成就的基础上，继续抓住机遇、乘势而上，推动国防和军队建设迈上新的台阶。这些都给我国国防和军队现代化建设带来了时代性的挑战。

二、胡锦涛国防和军队建设重要论述的主要内容

（一）加强军队思想政治建设，强化部队战斗精神

1. 军队要大力加强思想政治建设

（1）军队要始终坚持正确的政治方向。胡锦涛主席在视察部队时指出：思想政治建设是军队的根本性、基础性建设。要积极适应新的形势和任务，把部队思想政治建设抓得更加有力、更加扎实、更加富有成效。胡锦涛还强调：要坚持把思想政治建设摆在全军各项建设的首位，始终不渝地坚持党对军队绝对领导的根本原则和制度。要按照党中央和中央军委的部署，把全军的意志和力量凝聚到履行新使命、完成新任务的具体实践中。大力加强思想政治建设，坚持不懈地用党的创新理论武装官兵，紧密结合形势任务，深入开展我军历史使命教育、理想信念教育、战斗精神教育和社会主义荣辱观教育，始终保持部队正确的政治方向。要在全军大力开展"以热爱祖国为荣、以危害祖国为耻，以服务人民为荣、以背离人民为耻，以崇尚科学为荣、以愚昧无知为耻，以辛勤劳动为荣、以好逸恶劳为耻，以团结互助为荣、以损人利己为耻，以诚实守信为荣、以背信弃义为耻，以遵纪守法为荣、以违法乱纪为耻，以艰苦奋斗为荣、以骄奢淫逸为耻"的"八荣八耻"教育，引导官兵树立社会主义荣辱观，坚定理想、信念，树立正确的世界观、人生观和价值观，做到听党指挥、服务人民、英勇善战。

（2）增强思想政治工作的针对性和时效性。胡锦涛主席强调指出：要紧密联系部队建设的新形势和新特点，切实加强和改进思想政治工作。这是确保党对军队绝对领导的必然要求，是确保部队"打得赢、不变质"的必然要求，也是确保广大官兵健康成长的必然要求。要着眼于时代发展和任务变化对思想政治工作提出的新要求，根据部队官兵的成分变化和思想实际，有的放矢地做工作，增强思想政治工作的针对性、实效性。要紧密联系部队建设的新形势和新特点，努力改进思想政治工作，不断增强思想政治工作的针对性、实效性、主动性。要始终把革命化建设放在第一位，更加有力、更加扎实、更加富有成效地推进思想政治建设。

（3）积极创新和改进思想政治教育的内容、形式和手段。我军建设进入新世纪、新阶段之后，部队官兵的思想出现了许多新情况、新问题，思想政治教育的内容必须随之而变化。胡锦涛主席指出：要持久地开展以坚定理想信念和树立正确的世界观、人生观、价值观为核心的思想政治教育，使广大官兵始终保持政治上的坚定和思想道德上的纯洁，始终保持坚强的革命意志和旺盛的战斗精神。要深入扎实地搞好保持共产党员先进性教育活动，确保在取得实实在在的成果下，使其成为官兵满意工程。

2. 加强军队各级党委和部队党的先进性建设

（1）要大力加强军队各级党组织的能力建设。为了履行我军新世纪、新阶段的历史使命，胡锦涛要求军队各级党委和领导干部要准确理解和把握党的路线方针政策，准确理解和把握中央军委的决策指示、军事战略方针和各项战略原则，要在军队建设中全面贯彻落实科学发展观。胡锦涛主席强调，要大力加强军队各级党组织的能力建设，不断提高加强部队思想政治建设、把握部队建设正确方向的本领，不断提高领导军事斗争准备、带领部队完成信息化作战任务的本领，不断提高推进中国特色军事变革、推进部队机械化信息化建设的本领，不断提高依法从严治军、加强部队正规化建设的本领。各级党组织的能力建设，体现在

党的思想、组织、作风、制度建设各个方面，要充分发挥党委的核心领导作用、党支部的战斗堡垒作用和共产党员的先锋模范作用，确保部队在任何时候任何情况下都坚定地听党的话、跟党走。要教育引导广大党员加强理论学习，加强实践锻炼，全面提高自身素质，积极投身中国特色军事变革，在推进军事斗争准备中当先锋、做模范。

（2）要重视提高军队领导干部的综合素质。军队领导干部特别是高中级干部是建军治军的中坚力量。军队建设能不能搞好，各项工作能不能真正落到实处，我军能不能履行好肩负的历史使命，高中级干部是关键。要突出抓好高中级干部的思想教育，使他们始终保持共产党人的先进性。要重视提高高中级干部的综合素质，进一步增强政治意识、大局意识和战略意识，积极探索信息化条件下和社会主义市场经济环境中治军带兵的特点规律，努力提高领导部队全面建设和驾驭信息化战争的能力。要坚持党管干部原则，贯彻干部队伍"四化"方针，坚持正确的政绩观，严格实行干部选拔任用的标准和程序。各级领导干部都要向杨业功同志学习，忠于职守，勤奋工作，敢于开拓，严以自律，模范地执行党的路线方针政策，带头遵章守纪，以自身良好的形象影响和带领部队。胡锦涛要求军队领导干部要坚持"三学"，即学习马克思主义理论特别是重大理论创新成果、学习现代科学技术知识和学习现代管理知识。提高"三个素质"，即政治素质、战略素质和科学文化素质。并要求军队各级党委和领导干部要树立现代决策理念，掌握和运用现代决策方法，努力提高科学决策、民主决策、依法决策的水平，建立健全科学决策机制，完善决策规则和程序，重视发挥专家和咨询机构的作用，实行领导决策与专家辅助决策相结合。建立决策监督机制和纠错机制，尽量防止决策失误和降低决策失误带来的损失。要善于利用科学的决策技术、方法和手段，把定性分析和定量分析结合起来，使决策工作建立在科学分析的基础上，克服决策的随意性和片面性。

（3）要转变领导作风，树立良好形象。胡锦涛提出了转变领导作风和工作作风的"四个大力倡导"：即"大力倡导求真务实、真抓实干，坚决反对做表面文章、搞所谓'政绩工程'；大力倡导讲真话、报实情，坚决反对说假话、报虚情；大力倡导用好的作风选人、选作风好的人，坚决反对用人上的不正之风；大力倡导严于律己、以身作则，依靠真理的力量、人格的力量，树立良好形象，为部队和基层做好表率"。胡锦涛要求军队各级党委和领导干部，要坚持衡量和检验部队各项工作的"三个有利于标准"：即是否有利于部队建设的发展进步、是否有利于部队战斗力的提高、是否有利于解决官兵的实际问题。认真贯彻落实科学发展观，科学统筹、科学组织、科学实施军队建设，转变发展观念，创新发展模式，提高发展质量，加快发展步伐，努力把我军现代化建设推进到一个新阶段。

3. 强化战斗精神，树立敢打必胜的信心

（1）强化战斗精神是对我军优良传统的继承和发扬。胡锦涛在2004年12月的一次重要会议上强调指出：要在全军深入进行强化战斗精神、提高打赢能力的教育，真正搞清楚为什么要准备打仗、准备打什么样的仗、怎样准备打仗这个重大问题，引导广大官兵牢固树立敢打必胜的坚定信心。我军历来具有英勇顽强的战斗意志和战斗作风，依靠一不怕苦、二不怕死的革命精神、压倒一切敌人的英雄气概和绝不为强大敌人所屈服的必胜信念，依靠胜敌一筹的战争指挥艺术，依靠灵活机动的战略战术，依靠人民战争的法宝，创造了许多以劣势装备打败优势装备的国内外强大敌人的奇迹，在威武雄壮的战争舞台上导演了一幕幕有声有色的战争活剧。这是我军的优良传统和宝贵精神财富，要在新世纪、新阶段继续发扬光大。在战略上要敢于藐视和战胜对手，牢固树立敢打必胜的信心；在战术上要重视对手，深入研究和探讨克敌制胜的有效战法。

（2）强化战斗精神是以劣胜优的要求。目前，我军武器装备的现代化水平有了很大改善和提高，但与西方主要发达国家军队武器装备的发展水平相比还有很大差距。对我军来说，还是要以劣抗优、以劣胜优，立足现有装备打仗。要充分发挥我军的优长，充分发挥人的主观能动性，把现有装备的潜力和效能最大限度地发挥出来。全靠新装备打仗是不现实的，要坚持有什么装备打什么仗。其中，强化战斗精神是非常重要的内容。

（3）强化战斗精神是谋求战斗力优势的重要途径。人和武器是构成战斗力的两个基本要素，其中人是最活跃、最有决定意义的因素。人的思想觉悟、战斗意志、牺牲精神及综合素质，直接决定着武器装备效能的发挥，影响着战争的胜负。而人各方面作用的发挥首先依赖于敢打必胜的过硬战斗精神。战斗中，如果畏敌如虎、贪生怕死，不想打仗，不敢打仗，缺乏必胜的信念，那么就不能发挥武器装备的最佳效能，就不会积极主动地采取灵活的战法打击敌人，就会在敌人心理威慑面前丧失抵抗意志。仗未打，"气"先失，是注定要失败的。所以，为了打赢未来的信息化战争，捍卫国家利益，我军要在努力改善和发展武器装备的同时，要继承和发扬不怕牺牲、不怕疲劳、连续作战、英勇顽强和敢打必胜的光荣传统，进一步强化战斗精神，保持我军在战斗力上的特有优势。

（二）认真履行使命，统筹军队全面建设，打赢信息化战争

1. 认真履行新世纪、新阶段军队的历史使命

一个国家、一个民族，要想在激烈的国际竞争中立于不败之地并有所作为，既要拥有强大的经济实力，也要拥有强大的军事实力。着眼于国家利益和军队建设与发展的战略全局，根据军队所处的国际国内环境发生的重大变化，2004年底，胡锦涛从维护国家的发展利益和安全利益出发，以战略家的远见卓识，确立了新世纪、新阶段军队的历史使命："军队要为党巩固执政地位提供重要的力量保证，为维护国家发展的重要战略机遇期提供坚强的安全保障，为维护国家利益的拓展提供有力的战略支撑，为维护世界和平和促进共同发展发挥重要作用。"

使命，是一份神圣和厚重的责任。我军的历史使命，是根据党的任务确定的，是军队在新世纪、新阶段所必须完成的基本任务，必须发挥的特殊作用，规定着我军建设的发展方向、奋斗目标和指导原则。我军的历史使命，在不同的历史时期和阶段有着不同的时代内涵。回顾我军不同时期的使命，可以得出以下结论：党的使命决定我军的使命，军队的使命是党的使命的一部分；我军历史使命是由我军的性质和宗旨决定的；军队的使命是历史的和发展的，有恒定不变的内容，也有随时代发展而变化的成分；军队使命是军队在特定时期和阶段全部军事活动的最高导向和最后归依；依据不同的时代背景和历史条件科学确定我军的历史使命，是党的军事指导思想和理论创新发展的重要任务。

（1）"为党巩固执政地位提供重要的力量保证"。为党巩固执政地位提供重要的力量保证，是党赋予我军的核心使命。坚持党对军队的绝对领导，是履行核心使命的根本保证，也是保证社会主义红色江山永不变色、实现人民群众根本利益的保证。

当前，我党执政地位面临着许多方面的挑战：一是西方发达国家在经济、科技、军事等方面的优势给我们造成的压力将长期存在。这就使一些群众不能正确认识我国社会主义初级阶段的基本国情，理想、信念产生了动摇。动摇了跟共产党走和走社会主义道路的信念和信心，有的甚至对党的执政地位、执政能力、执政合法性产生了怀疑。二是西方敌对势力妄图

"西化"、"分化"我国的战略图谋也从来没有改变。西方国家加紧对我国实行"西化"、"分化"战略，企图"和平演变"、"不战而胜"，并通过培植、鼓动和扶持政治的、民族的各类分裂势力，对我国"分而治之"，导致与恐怖主义、民族分裂主义、宗教极端主义"三股势力"的斗争更加复杂。三是社会转型期的矛盾和问题进一步凸显。如近几年发生的"群体性事件"呈上升趋势，在很多地方，群体性事件已成为影响社会稳定的第一位因素。其表现为："群体性事件"数量不断上升，规模不断扩大，涉及面越来越广，行为方式越来越激烈，组织化程度越来越高。四是党对军队绝对领导的根本原则和制度面临着国际思想政治领域的尖锐斗争。西方国家为了在全世界推行价值观，大搞所谓的"民主输出"和"颜色革命"，使格鲁吉亚、乌克兰、吉尔吉斯斯坦等国家的政权一夜变天。他们的一个重要手段就是策动军队保持所谓"中立"。冷战结束后，西方敌对势力加紧了对我国实施西化、分化的战略图谋。特别是近些年来，敌对势力把我军作为"和平演变"的重点目标，渗透破坏活动明显加剧；他们利用大众传媒、国际会议、军事学术交流，直至外交、经济等手段，极力推销"军队非党化"、"军队非政治化"、"军队国家化"等政治观点，千方百计地进行思想渗透和拉拢策反。

我军必须把坚持党对军队绝对领导的根本原则和制度，加强军队的革命化、现代化、正规化建设作为党执政的一项重要战略任务抓紧抓好，确保我军能够经受住各种斗争任务和各种复杂环境的考验，始终成为党巩固执政地位的中坚力量。

（2）"为维护国家发展的重要战略机遇期提供坚强的安全保障"。21 世纪头 20 年，对于我们国家来说，是一个必须紧紧抓住并且可以大有作为的重要战略机遇期。所谓战略机遇期，是指某个时间段出现了有利于国家发展的契机、条件和环境，能够对一个国家或地区的历史命运产生全局性、长远性、决定性的影响。冷战结束以来，两极格局解体，大规模、大范围的军事对抗大为减少，而代之以综合国力的激烈竞争。有人认为，战争是残酷的竞争，竞争是文明的战争；战争的结局是以成败论英雄，竞争的结局是在淘汰中见兴衰。

战略机遇期是就可能性而言的，是努力排除各种风险赢来的结果。如果主观努力不够，战略机遇期不仅抓不到手，而且还会变成"战略风险期"。当前影响我国战略机遇期的主要因素有：一是世界与我国的重大转折同时出现，时间重合但目标不同，各国都想抓住这一机遇发展自己，各种矛盾和利益冲突在所难免。二是我国周边环境也存在诸多不确定因素。如历史遗留的陆地边界问题尚未解决，300 多万平方公里海洋权益中一半以上存在争议；"台独"分裂势力对国家主权、领土完整和国家战略发展空间构成严重威胁；恐怖主义和"藏独"、"东突"等民族分裂势力危害边疆地区安定；非传统安全威胁对国家安全稳定带来不利影响。三是随着经济的进一步发展，改革的不断深化，各种思想文化相互激荡，各种社会矛盾相互影响，不利于社会稳定的因素增多。

把握战略机遇期，关键是要创造一个稳定可靠的安全环境。军队在维护战略机遇期方面必须发挥应有的作用，最重要的就是运用军事实力所产生的威慑作用，遏制或延缓战争的爆发，必要时以果敢的军事行动控制危机、以战止战。这就要求我们要进一步增强忧患意识、战略风险意识，充分认识机遇中包含着风险，风险中隐藏着机遇；认清风险才能更加珍惜机遇，克服风险才能真正抓住机遇。军队要进一步增强紧迫感、责任感，尽可能把风险估计得高一些，切实担负起我军的历史使命，时刻做好应对战争、突发事件和各种危机的准备。

（3）"为维护国家利益的拓展提供有力的战略支撑"。国家利益包括生存利益、安全利益和发展利益，是一个国家和民族的最高利益。维护国家利益，是军队的神圣职责，是军人行为的最高准则。国家把军队作为自己的生存之盾，军队把维护国家利益作为自己的崇高使命，反映了国家与军队不可分离的关系。

胡锦涛主席指出：国家安全逐渐超出传统的领土、领海、领空范围，不断向海洋、太空、电磁空间扩展和延伸。海洋安全、太空安全、电磁空间安全，已经成为国家安全的重要领域。过去，特别是在冷战结束以前，我国的国家利益中生存利益是第一位的，安全利益应对外敌大规模的陆地入侵是主要的，发展利益也主要是自力更生、艰苦奋斗的自我封闭的发展利益。当今时代，国家利益的内涵和外延发生了深刻变化。高科技的发展和陆地资源的逐渐减少，将人们的目光引向遥远的未来和更加广阔的空间。世界上没有不以安全为条件的发展，也没有不以发展为目的的安全，这就决定了国家的安全利益必须随国家利益的发展而不断延伸。安全利益中主要是应对新领域、多元化的非传统威胁。从非传统威胁的方式来看，主要是恐怖袭击、能源断绝、有组织犯罪等。

维护国家在这些领域的安全，是军队新的使命，军队必须具有与之相适应的能力。我军为维护国家利益的拓展提供有力的战略支撑的历史使命，适应了经济全球化和现代科技广泛应用的发展趋势，反映了我军在保证实现国家利益上的新的职能，是维护安全的重要体现。为此，要着眼国家发展大局，拓宽安全战略和军事战略视野，加强维护太空安全战略能力建设；加强维护电磁空间安全战略能力建设；加强维护海外利益安全的远洋防卫作战能力建设；加强维护海洋权益的战备能力建设，有力保障国家的安全和发展利益。

（4）"为维护世界和平与促进共同发展发挥重要作用"。我国要实现和平发展，要维护国家安全和利益，要维护世界和平与促进共同发展，必须有强大的军事实力作后盾。我们要在国家经济不断发展的基础上，努力建设一支同我国安全和发展利益相适应的军事力量，提高应对危机、维护和平、遏制战争、打赢战争的能力，以更好地履行维护国家安全、捍卫国家主权和领土完整的职责，发挥维护世界和平的积极作用。

胡锦涛提出的新世纪、新阶段我军"三个提供、一个发挥"的历史使命，意味着我军的职能和作用进一步拓展：由维护传统领土、领海和领空安全，延伸到维护海洋、太空、电磁空间等领域的安全；由应对传统安全威胁，延伸到应对非传统安全威胁；由维护国家生存利益，延伸到维护国家发展利益；由维护国家改革发展稳定大局，延伸到在维护世界和平中发挥积极作用。赋予了我军历史使命新的内涵，开阔了国家安全战略和军事战略的视野，进一步拓展了我军的职能使命，明确了国防和军队建设的发展目标，提高了军事斗争准备的标准，充实了军事力量运用的指导原则，科学回答了新世纪、新阶段国防和军队建设朝什么方向发展、如何科学发展，如何科学运用军事力量的时代课题，实现了人民军队历史使命的与时俱进。

2. 坚持"五个统筹"，实现国防和军队建设的可持续发展

胡锦涛指出，坚持在国防和军队建设中贯彻落实科学发展观，首要问题是坚持国防建设和军队建设全面协调可持续发展的方针，坚持"五个统筹"，即"统筹中国特色军事变革与军事斗争准备，统筹机械化建设与信息化建设，统筹诸军兵种作战能力建设，统筹当前建设与长远发展，统筹主要战略方向与其他战略方向"。军队要进一步实施科技强军战略，着力推动军事创新，加快转变战斗力生成模式，充分发挥广大官兵的主体作用、推进军队革命化、现代化、正规化的整体发展和全面进步，实现国防和军队建设可持续发展。

（1）国防和军队建设必须统筹中国特色军事变革与军事斗争准备。推进中国特色军事变革与做好军事斗争准备是新世纪、新阶段我军面临的两大战略任务。中国特色军事变革，就是适应世界新军事变革发展趋势，从我国的国情和军情出发，走以信息化带动机械化、以机械化促进信息化的跨越式发展道路。通过深化改革，实现军队建设的整体转型，建设一支能够打得赢未来信息化战争的强大的现代化、正规化的革命军队。

胡锦涛指出，要进一步增强使命感和紧迫感，扎扎实实抓好军事斗争准备。军事斗争准备，是指为了赢得未来战争的胜利而在相对和平时期进行的组织、物质和精神各方面的准备。军事斗争准备作为军事战略方针的一个重要内容，目标更加全面，任务也更加艰巨。客观上要求我们必须把军事斗争准备作为贯彻新时期军事战略方针的一项重要的战略任务来抓。统筹中国特色军事变革与军事斗争准备，两者既相互统一，又相互区别，要注意正确处理好推进中国特色军事变革与做好军事斗争准备的关系：一是要以军事斗争准备来促进中国特色军事变革，以中国特色军事变革来带动军事斗争准备；二是要紧紧围绕军事斗争准备的现实需要推进中国特色军事变革；三是要把军事斗争准备纳入中国特色军事变革的全局之中；四是要以变革的精神指导军事斗争准备。

（2）国防和军队建设必须统筹机械化建设与信息化建设。机械化与信息化是两个不同的概念和不同的军事形态。从发展和建设的角度来看，机械化和信息化是军队现代化的两个不同的发展阶段。信息化是建立在机械化基础之上的，两者既有各自的规律性，又密切联系。军队机械化，是指建立在工业技术基础之上的工业时代或工业社会军队的基本形态。军队信息化，是信息时代或信息社会军队的基本形态，是在机械化的基础上发展起来的。目前展现的主要特征：一是大力发展以精确制导武器为代表的信息化武器装备、隐形武器装备和新概念武器装备；二是军队规模缩减，军种界限模糊，海空军比例扩大，部队编成向小型化、一体化、智能化方向发展，军队人员与武器装备系统的组合进一步优化；三是指挥体制"网络化"，指挥手段"自动化"；四是军事理论主要是信息化战争的作战理论，主要表现为以夺取制信息权为核心的信息战、非接触战及陆海空大电一体化作战理论等。

目前，我军机械化与信息化建设的基本现状如下：一是武器装备仍处在机械化半机械化状态，信息化武器装备建设刚刚起步；二是体制编制仍滞留在机械化时代，走向信息化时代的改革尚处于论证和试验阶段；三是具有我军特色的机械化作战理论体系尚不完善，信息化作战理论还处在探索阶段；四是人才队伍的状况还不适应机械化和信息化建设的需要。

面对我军目前机械化尚未完成，同时又要努力向信息化过渡的现实，我们必须从国情和军情的实际出发，正确处理好机械化和信息化的关系，努力完成机械化和信息化建设的双重历史任务，实现我军现代化的跨越式发展。在实践中必须坚持以下几点：一是要以机械化为基础，加快信息化建设步伐；二是要以信息化为牵引，提高机械化建设水平；三是要将机械化建设与信息化建设有机结合、融为一体；四是要突出建设重点，既要始终把信息化建设放在首位，又要用信息化建设来牵引和带动机械化建设。

（3）国防和军队建设必须统筹诸军兵种作战能力建设。精干够用的诸军兵种作战力量，既是国家强大的象征，也是维护国家安全、捍卫国家利益、保卫国家稳定与发展的重要保证，同时还是我国维护和促进世界和平与发展的重要物质基础。

在新世纪、新阶段，建设中国特色的作战力量，必须着眼于胡锦涛主席提出的建设信息化军队、打赢信息化战争的战略目标，全面贯彻落实科学发展观，调整我军作战力量建设思路，坚持以提高战斗力为核心，统筹诸军兵种作战能力建设。

为适应我军职能的"四个延伸"，陆军要大力加强质量建设，提高空地一体、远程机动、快速突击和特种作战能力。海军要重点提高第一岛链内近海综合作战能力，增强核、常规威慑和反击能力，并逐步发展远海防卫作战能力。空军要由国土防空型，加快向攻防兼备型转变，重点提高空中进攻、信息作战、防空反导、战略投送的能力。第二炮兵部队要加快新一代武器换型建设，着重提高战略核导弹的突防能力、快速反应能力，常规导弹的远程精确打击、综合毁伤能力和部队的生存防护能力。航天力量要适应未来太空防御作战的要求，提高发射、探测、预警、传输和防护能力，加快建设步伐。

胡锦涛指出，必须下工夫解决军队内部存在的各种问题。进一步优化结构，理顺关系，加强体制建设，提高整体效能，使军队建设与发展在系统筹划、协调发展中前进。统筹诸军兵种作战能力建设，牵动整个国防和军队建设全局，涉及军事领域的诸多方面和各军兵种众多的利益关系。

一是要进一步优化军兵种总体结构。适应信息化战争的特点和各军兵种的任务要求，按照精兵、合成、高效的原则，在精减陆军、加快陆军转型的同时，加强海、空军和第二炮兵建设，加强信息作战和航天力量建设，加强应急机动部队建设，形成体系完整、结构合理、比例适当，构建起一体化、立体化、远中近相互衔接、攻防兼备的力量体系，全面提高军队的威慑和实战能力。

二是要进一步优化军种内部结构。优化军种内部的编成和规模结构，提高各军种高新技术兵种和部队的比例。兵种的数量可适当增加，兵种的规模可根据需要缩小。

（4）国防和军队建设必须统筹当前建设与长远发展。实现国防和军队建设的可持续发展，就是要把国防和军队建设作为一个承前启后的发展过程，统筹当前建设与长远发展，既注重当前建设和做好眼前工作，又要着眼未来，谋求长远发展，避免时断时续或大起大落，以确保国防和军队建设与发展的连续性与持久性。当前建设是指国防和军队建设应对近期可能面临的军事冲突和战争威胁而进行的以军事斗争准备为主要内容的建设活动，具有明显的指向性、目标性和应急性。当前建设的指向，就是对我国安全构成现实威胁的作战对象；当前建设目标由一个完整的指标体系构成，是根据作战对象的特点及其作战能力，通过针对性极强的建设和准备，具备战胜对手的战略能力；当前建设的应急性，主要表现在建设时间的有限性和急迫性，要求军队随时做好作战准备，随时准备打仗。长远发展主要是指为实现国防和军队战略目标而进行的建设活动。国防和军队建设的长远目标是通过完成阶段性任务来实现的。无论是当前建设，还是长远发展，都是为了履行保卫国家主权、领土完整和安全，维护国家战略利益的神圣使命，两者紧密联系、相互影响，辩证统一于建设现代化军队的总任务、总目标之中。

（5）国防和军队建设必须统筹主要战略方向与其他战略方向。主要战略方向是指对国家安全和战争全局具有决定意义的方向，是敌我双方矛盾斗争的焦点，是作战力量集中使用的重点和战略指导的关键点。战略方向的确定，来源于对国内外政治、经济、军事形势以及面临威胁和挑战的战略判断，并与国家的发展及安全需求相一致。战略方向判断的正确与否，各战略方向关系处理的如何，关乎国家安全，直接影响到国防和军队建设的大局，是一个重要的战略问题。从国家的战略指导上看，战略方向具有明确的指向性，是国防和军队建设及军事斗争准备的主要依据。正确判断周边安全环境，准确确定和统筹好主要战略方向与其他战略方向，对于保证我国的国家安全、全面建设小康社会具有十分重要的意义。

只有正确选定主要战略方向，才能围绕主要战略方向集中部署军事力量，构成有利于己而不利于敌的战略态势，包括围绕主要战略方向建立陆、海、空军和战略导弹部队密切协同，正规军、预备役部队和民兵紧密配合的作战系统，形成整体作战能力，确保在主要战略方向、重要作战阶段能及时、有效地集中精兵利器，形成战略作战拳头，对作战目标实施全方位、全时空的整体打击。实施战略进攻，迅速打乱敌方战争计划和战略部署，给敌以毁灭性打击。实施战略防御，可建立有重点的全方位大纵深立体防御体系，粉碎敌战略进攻。在和平时期，则能形成有效遏制战争、维护国家统一和领土完整的战略部署，为战时顺利地遂行战略作战任务、实现预期的战略目的奠定基础。

我国是世界上地缘环境最复杂的国家，复杂的地缘关系，决定了我国的战略方向具有多元性。新中国成立后，中国的主要战略方向，就曾随着国际局势、周边安全环境的变化和国家面临的现实威胁做过多次重大调整。统筹主要战略方向和其他战略方向，处理好战略方向之间的关系，必须做到突出重点，兼顾一般，多手准备，有备无患。统筹主要战略方向与其他战略方向需要把握以下几个问题：

一是立足全局抓主要战略方向，做到有所为，有所不为。事物矛盾运动的规律告诉我们，没有重点就没有全局，没有重点就没有战略。抓住了主要战略方向，就是牵住了军事斗争准备的"牛鼻子"。主要战略方向作战能力的快速发展，必将对其他战略方向的建设和发展起示范带动作用，促进其他战略方向同步协调发展。而其他战略方向在国家战略全局中应该摆正位置、当好配角，主动为主要战略方向的建设让路，保证主要战略方向建设目标的顺利实现。

二是根据主要战略方向的相关性，抓好其他战略方向，使其他战略方向起到策应作用。主要战略方向和其他战略方向是一个有机整体，共同构成国防和军队建设的战略全局。主要战略方向没有其他战略方向的积极支援和主动配合，就难以完成所担负的战略任务。其他战略方向的稳定，对于维护国家整体稳定和主要战略方向的建设与发展具有至关重要的支撑作用。搞好其他战略方向的建设，就能保障主要战略方向的翼侧安全，解除主要战略方向的后顾之忧。因此，在突出主要战略方向的同时，也要兼顾其他战略方向的建设和发展。

三是加强形势评估，把握不同战略方向地位的变化，防止战略指导失误。主要战略方向与次要战略方向虽然具有相对的稳定性，但其地位并不是一成不变的，在一定条件下是可以相互转换的。因此，战略指导者应善于从全局上把握战略形势的发展变化，加强形势评估不断提高对战略形势发展变化的敏锐性和预见性。只要形势发生根本性变化，就应适时调整各战略方向上的行动，必要时甚至要果断地把其他战略方向调整为主要战略方向，防止和减少战略指导上的失误，确保在战争和军事斗争准备中始终保持主动地位。

3. 加强军队全面建设，提高信息化作战能力

随着信息时代的到来，世界各国都在加快信息化军队的步伐。随着形势的发展变化，特别是我军要加强全面建设、提高信息化作战能力、打赢信息化战争。胡锦涛主席强调首先要解决的一个重要问题就是正确处理革命化、现代化和正规化的关系问题。

（1）革命化是军队信息化建设的根本方向。胡锦涛指出：要坚持不懈地用马克思列宁主义、毛泽东思想、邓小平理论和"三个代表"重要思想武装全军，保证军队建设的正确政治方向。坚持毛泽东、邓小平、江泽民领导我军在长期斗争实践中形成的光荣传统和优良

作风。要坚持不懈地深入学习贯彻邓小平新时期军队建设思想、江泽民国防和军队建设思想，深入学习贯彻中央军委的一系列重大决策和部署。要坚定不移地坚持党对军队绝对领导的根本原则和制度，进一步强化"军魂"意识，确保党从思想上、政治上、组织上牢牢掌握部队。

胡锦涛主席强调指出，接受党的绝对领导，是我军的立军之本，是我军永远不变的军魂，关系我军的性质，关系我党的兴衰成败，关系社会主义的前途命运，关系国家的长治久安。我们党是代表最广大人民根本利益的，是马克思主义执政党。我军是党的军队，在任何时候任何情况下都必须坚持党对军队的绝对领导，确保军队政治上合格，确保军队永远忠于党、忠于社会主义、忠于祖国、忠于人民。在这个根本政治原则问题上，全军同志头脑要十分清醒，立场要十分坚定，旗帜要十分鲜明。

胡锦涛主席主持中央军委工作以来，特别强调指出："坚持党对军队的绝对领导，是我军建设和发展的首要问题……我们对这个重大问题要始终关注、抓住不放，任何时候任何情况下都不能有丝毫含糊和动摇，确保军队政治上合格，确保军队永远忠于党、忠于社会主义、忠于祖国、忠于人民。"

思想政治建设是革命化建设的核心，革命化是军队信息化建设的根本方向。遵循胡锦涛主席的指示精神，我们要牢牢地把握住"讲政治"这根弦，坚持以党的旗帜为旗帜，以党的意志为意志，以党的方向为方向，绝不能让"军队非党化"、"军队非政治化"、"军队国家化"等奇谈怪论泛滥，更不能从组织体制等方面削弱党对军队的绝对领导。思想政治建设是革命化建设的核心，革命化是军队信息化建设的根本方向。必须扎实抓好军队党的组织建设，确保党对军队绝对领导的有效落实；必须严肃政治纪律、组织纪律和军事纪律，在重大原则问题上分清是非界限，提高鉴别能力；必须坚决维护党中央、中央军委和胡锦涛主席的权威，听从胡锦涛主席的指挥，在任何时候任何情况下都听党的话、跟党走，确保政令、军令畅通。

（2）现代化是军队信息化建设的本质要求。现代化是军队建设的中心任务，是建设信息化军队的本质要求。要从我国的国情和军情出发，坚持以机械化为基础，以信息化为主导，推进机械化和信息化的复合发展，增强我军信息化条件下的威慑和实战能力，实现军队现代化建设的跨越式发展。

（3）正规化是军队信息化建设的重要保证。正规化是军队建设的重要基础，是军队信息化建设的重要保证。要把从严治军作为全局性、基础性、长期性工作紧抓不放，把依法治军作为正规化建设的基本要求，加强军事法制建设，完善军事法规体系，依照条令条例和规章制度规范军队各项建设和工作，使军队建设进一步走上法制化轨道。

按照革命化、现代化和正规化相统一的原则加强军队信息化建设，要紧紧围绕"打得赢、不变质"两大历史性课题，把革命化的根本方向、现代化的本质要求和正规化的保证作用有机统一起来，全面加强和协调推进军队各项工作，不断开创军队信息化建设的新局面。

4. 加强军事训练，提高部队应对危机和处置突发事件的能力

（1）军事训练是重要的治军方式和管理方式。胡锦涛主席在视察部队时强调，军事训练是军队和平时期最基本的实践活动，是战斗力生成的基本途径。加强军事训练，不仅是军事斗争准备的重要实践，也是重要的治军方式和管理方式。要充分认识加强军事训练的重要

性，切实把军事训练作为部队的经常性中心工作，集中精力，抓紧抓实。要坚持从难从严从实战需要出发，坚持高标准、严要求，改进和创新训练的内容和方式方法。要把培养战斗精神贯穿于训练的全过程，发扬我军敢打必胜的光荣传统，养成英勇顽强的战斗作风和铁的纪律。

胡锦涛主席的重要指示为推进军事斗争准备和军队全面建设提供了有力指导。实现人和武器的最佳结合要靠训练，培养部队英勇顽强的战斗作风要靠训练，提高指挥员组织指挥现代战争的能力也要靠训练。在我军武器装备总体水平还不高的情况下，更要靠高质量的军事训练来弥补技术的差距和不足。抓好军事训练，要做到：

一是要以打得赢为根本目的，大力加强新世纪、新阶段军事训练特点和规律的研究，明确军事训练的发展方略，理清军事训练的发展思路，着力解决制约军事训练发展的主要矛盾和问题，在训练体制、训练内容、训练方式和训练手段等方面大力改革创新，建立起符合新时期军事斗争要求的，适应信息化条件下联合作战需要的训练内容和训法战法体系。

二是要坚持练为战、演为战、考为战，从难从严从实战需要出发，根据作战任务、贴近作战环境，加强针对性训练，注重用实兵对抗演习检验军事训练的成效，加大落实训练、战备计划的力度，切实把军事训练工作量化、细化、具体化，努力缩小训练与实战的差距，以高质量的训练弥补技术装备的差距。

三是要大力开展科技练兵，充分运用科学技术手段，增大训练的科技含量，整合现有训练保障资源，积极开展网络化训练、模拟化训练。基地化训练，突出合同战术训练、综合集成训练、一体化训练三个重点，着力抓好首长机关训练，抓好任务课题训练，加强基础训练和新装备训练，切实把部队战斗力的增长转变到依靠科技进步上来，把抓训练的指导思想转到科技兴训上来，不断推动军事训练向更高次发展，不断提高军事训练的质量和效益，提高诸军兵种信息化条件下的联合作战能力。

四是要着眼于提高官兵的战术、技术水平，练思想、练作风、练意志，培养官兵的革命英雄主义精神。

加强军事训练的过程，也是加强部队教育管理、促进各项建设和工作的过程。要充分认识加强军事训练的极端重要性，把军事训练摆在战略位置，才能带动和促进军事、政治、后勤、装备等各项工作全面发展，才能把广大官兵的思想、智慧和力量凝聚到谋打赢上。

（2）提高部队应对危机和处置突发事件的能力。胡锦涛主席强调："要做好军事斗争准备的各项工作，全面提高部队应对危机和处置突发事件的能力。"军队要把国家主权和安全放在第一位，履行好维护国家主权、统一和稳定的神圣职责，为创造一个有利于全面建设小康社会，加快推进社会主义现代化建设的长期安全环境做出应有贡献。要坚决抵御外来侵略，确保我国领海、领空和边境不受侵犯。坚持反对和遏制分裂势力及其活动，严密防范和打击民族分裂主义势力，决不让各种分裂势力和西方敌对势力分化我国、破坏我国主权和领土完整的图谋得逞。要严密防范和坚决打击恐怖主义活动。要密切关注社会形势，积极支持和配合地方党委、政府妥善处理各种社会矛盾和问题，做好维护社会稳定的工作。

军队建设已经进入了新的发展阶段，中国特色军事变革和军事斗争准备不断向深度和广度推进，我军作战能力与信息化战争的要求不相适应的矛盾更加凸显。胡锦涛主席指出，要进一步增强使命感和紧迫感，扎扎实实抓好军事斗争准备。要加强我军历史使命和战备形势教育，从难从严从实战要求出发搞好训练。要着力解决军事训练、战备落实的重点、难点问题，加大落实训练、战备各项计划的力度，切实把各项工作量化、细化、具体化。

5. 推进中国特色军事变革，加快军事创新

推进中国特色的军事变革，关键在于军事领域的创新，创新是军队进步和发展的灵魂。军事创新是军队实现持续发展的动力之源和必要条件，加快军事创新是加速推进中国特色军事变革的内在要求，也是我军履行新的历史使命的客观要求。科学发展观的第一要义是"发展"，"流水不腐，户枢不蠹"，没有军事上的不断创新，就很难有军队建设上的不断发展和进步。

我军目前正处于机械化尚未完成、信息化刚刚起步的特殊阶段，要完成机械化和信息化复合发展的历史重任，面临着前所未有的挑战。新军事变革有一个从量变到质变的过程，而要想实现质变，只能依靠军事创新。胡锦涛主席要求军队在当前应重点实施军事理论创新、军事组织体制创新、军事技术创新和军事管理创新。突出这四大创新，可谓抓住了军队建设的关键。

（1）创新军事理论。军队的科学发展需要科学的军事理论作指导。军事理论要保持科学性，靠的就是创新，要随着时代的发展而创新。军事理论一旦停滞，就会失去其先进性和指导作用的有效性。

第二次世界大战前，波兰军队迷恋于曾给他们带来巨大荣耀的"骑兵战"理论，而在德国军队用坦克装甲进攻的"闪击战"理论指导军队建设时，他们还在固守早已落后的"骑兵战"理论。对军事理论创新问题的漠视，致使波兰军队在军事理论方面大大落后于德军。双方对阵时，出现了波兰军队的骑兵方阵与德军的装甲洪流交锋的现象，结果波兰仅仅支持了 28 天就兵败国亡。军事理论的落后，是波兰军队惨败的重要原因之一。

海湾战争期间，伊拉克军队的作战理论是以两伊战争中运用过的"阵地战"理论为核心的。结果，伊拉克官兵只是躲在堑壕里等待美军来进行"肉搏战"，没想到美军的空中轰炸使他们成了"血肉之靶"。伊拉克军队失败的一个重要原因，就是其不注重军事理论的创新，军事理论落后，根本无法与美军的"空地一体战"理论相抗衡。

在信息社会里，军事理论创新的作用远比以往任何时候都大。新技术的飞速发展，使人们认识和改造世界的方式发生了变化：过去是"实践—技术—理论"，现在强调的是"理论—技术—实践"。美军已让军事理论扮演了战争"设计师"的角色。"有什么条件打什么仗"这句兵家要训，已被其更深刻地揭示为"有什么理论打什么仗"。战争实践和战场成了军事理论创新的"实验场"。从一定意义上说，世界军事领域的竞争首先表现为军事理论创新能力的竞争，谁拥有卓越的军事理论创新能力，谁就能够把握军事斗争的主动权。美军用这些理论指导美军发展军事技术、更新武器装备、改革体制编制、完善政策制度，使美军的作战能力不断提高，保持了在新一轮军事变革中的"领头羊"地位。

我军面临加快军事理论创新的时代性课题。在长期的革命战争中，我军的武器装备不如敌人，但军事理论是先进的，是符合当时实际情况、能与敌军军事理论进行对抗的，因而运用这些理论我军能够以劣胜优并不断发展壮大。进入新世纪、新阶段，我军的建设环境、条件都发生了很大变化，使命任务也有新的拓展。以信息化为核心的新军事变革深入开展，军事发展进入由工业社会形态向信息社会形态转型的关键阶段，我国的国防和军队建设迈开跨越式发展的步伐。新的形势迫切要求我军必须有相应的军事理论作指导，但是，我军的军事理论研究状况与新形势下军队建设和作战的要求，以及与美军等发达国家军队的军事理论研

究相比，还有较大的差距。新的形势呼唤新的理论，我军必须加快军事理论创新的力度，努力实现军事理论的重大突破。

军事理论创新既要保持我军特色又要借鉴外军经验，两者都不可偏颇，只有将两者有机地结合起来，创新才能保持正确的方向，创新成果才能不断涌现，军队建设也才能实现跨越式发展。我们既要重视军事指导理论的创新，也要重视军事基础理论和军事应用理论的创新，并注重在军事斗争实践中创新和检验军事理论。在军事理论研究方面，着重研究世界军事发展趋势，探索信息化战争的特点规律和新形势下的建军治军的特点和规律，研究立足我军现有装备克敌制胜的战法，特别要加强研究信息化条件下人民战争的战略战术。

（2）创新军事组织体制。军事组织体制是影响军队整体效能发挥的关键因素，军队的科学发展需要通过创新军事组织体制来奠定基础。只有军队组织体制科学，部队的战斗力才能充分发挥出来，而军队组织体制的科学性需要与军事理论和军事科学技术创新相一致来实现。军事组织体制的科学性需要通过不断的创新来实现，如在某个时期是科学的军事组织体制，能够成为军队战斗力的"催化剂"，但随着时代变迁和形势的发展，这一体制又可能变得不科学，成为战斗力发挥的"紧箍咒"。因此，必须重视军事组织体制创新。

目前，我军的军事组织体制与未来信息化战争的要求不相适应的矛盾还比较突出，必须进行军事组织体制创新，为履行好新的历史使命创造条件。创新军事组织体制，要着眼于以下几个方面：

一是要着眼于信息传输与使用的快速性。物质力量上的优势之旅，一旦失去了"制信息权"，就会成为战场上的"瞎子"、"聋子"和"靶子"，陷于被动挨打的境地；物质力量上的劣势之军如果掌握了信息优势，仍可以夺取战场的主动权。因此，在设计和构建军事组织体制时，必须把信息传输与使用的快速性作为关键的着眼点。

二是要着眼于军队力量构成的整体性。结构决定功能，整体功能大于部分功能之和。信息化军队的力量构成复杂多样，各种力量的相互作用和相互影响力都很大，力量构成只有注重整体性，才能产生力量增倍效应。

三是要着眼于军队系统的精干和高效。精干，是指军队总体规模小、指挥机构人员少、军队内部单位设置少、高效，主要体现为军事组织系统运转顺畅、快速、准确、有力。在信息化战争中，军队进行精确作战、远程作战和非线式作战，主要依靠信息化武器装备的信息能和火力能，而作战能量的有效发挥，依赖于精干和高效运行的军事组织体制。

创新军事组织体制，要围绕军队总体结构和重大体制展开。

一是要进一步优化总体结构。我军的总体结构经过多次调整，逐渐趋于科学合理，取得了很大的成效。但是，目前的总体结构与履行新使命的要求还有一定的差距，需要进一步的调整和完善。

二是要建立"扁平网状型"的指挥体制。我军的体制编制经过几次改革调整，联合作战指挥体制、军种作战指挥体制都有了重大的变化，指挥层次有所减少，但"纵长树状型"的指挥体制还没有根本改变，与信息化战争"扁平网状型"指挥体制的要求还有很大距离。

三是要建立和完善三军一体化保障体制。三军实行一体化保障，是信息化战争联合作战的要求。我军应在试点的基础上，以进一步的保障体制创新来推动全军大联勤体制的科学发展。

四是要建立多功能、小型化的部队编成体制。为便于适应各种战场条件、遂行多种作战任务，必须使各级部队实现编成充实、规模小型、功能多样和作战能力强的要求。

（3）创新军事技术。技术决定战术，军队的发展需要创新的军事技术作支撑。胡锦涛主席指出："我们只有把科学技术真正置于优先发展的战略地位，真抓实干，急起直追，才能把握先机，赢得发展的主动权。"

科技创新是军事变革的源头，既迫切又艰巨，必须加快推进，并逐步扩展领域和提高水平。作为发展中的大国军队，军事领域的高新科技必须靠自主创新。对此，胡锦涛主席指出：科技力是综合国力的重要内容和基础。自主创新能力是国家竞争力的核心。一个国家、一个民族要真正赢得发展。造福人类，必须注重自主创新。从19世纪40年代到20世纪40年代中期的100年间，世界上几乎所有帝国主义国家都侵略过中国，除了日本侵华战争之外，大都以中国失败、签订丧权辱国条约而告终。其战败的主要原因就是两条：一是社会制度腐朽；二是经济、科学技术落后。胡锦涛主席《在纪念中国人民抗日战争暨世界反法西斯战争胜利60周年大会上的讲话》中告诫人们："落后就要挨打，这是中国人民从近代以来屡遭外来侵略的悲惨经历中得出的刻骨铭心的教训。"科学技术是第一生产力，军队现代化的关键也在于提高军事技术水平。科技强军是重大的战略选择，也是艰巨的历史任务。胡锦涛主席指出：我们必须"坚定不移地依靠科技进步和创新来实现全面、协调、可持续发展"。

我们只有加快以信息技术为核心的军事技术创新，尽快缩小与发达国家军队在军事技术方面的差距，才能为军队的强大奠定坚实的基础。在国防科技及武器装备建设方面，应该集中力量发展那些对提高我军作战能力产生重大作用的关键技术和武器装备，研制出克敌制胜的"撒手锏"，形成我们独有的优势，切实提高我军的威慑能力和实战能力。

（4）创新军事管理。军事管理是形成战斗力的关键环节，军事管理创新是提高战斗力、提高国防和军队建设质量效益的重要途径。胡锦涛主席指出，我们要努力适应军队现代化建设的新形势，更新管理观念，加强现代管理知识的学习，大力提高科学管理的能力。要深化管理体制改革，促进资源的有效配置和综合集成，努力实现人力、物力、财力的最佳组合，产生最大效益。

我们要着眼于新的时代特征、履行新的历史使命，加强军事管理思维、军事管理模式和军事管理理论的创新，为军队的科学发展提供可靠的管理保障。只有搞好这些重点领域的改革创新，军队的战斗力才能够得到大幅度的提高，才能落实听党指挥、服务人民、英勇善战的要求，才能使军队的全面建设跃上一个新的台阶。

（三）弘扬求真务实精神，坚持依法从严治军

1. 进一步增强求真务实的自觉性

以胡锦涛主席为首的新的中央军委领导集体大力倡导求真务实之风，大抓依法从严治军。2004年1月，胡锦涛主席指出："求真务实，是辩证唯物主义和历史唯物主义一以贯之的科学精神，是我们党的思想路线的核心内容，也是党的优良传统和共产党人应该具备的政治品格。"求真务实是我们党创立科学发展观的思想基础，是马克思主义的内在品质。求真，就是求部队建设规律之真；务实，就是务部队建设成效之实。

胡锦涛主席要求各级领导机关和领导干部要进一步端正工作指导思想和工作作风，改进工作方法，坚持战斗力标准，坚决克服形式主义、官僚主义。要进一步增强求真务实的自觉性，进一步振奋革命精神，不辱使命，不负重托，坚持重实际、说实话、干实事、求实效，

埋头苦干，锐意进取，努力学习新知识、总结新经验、增长新本领，把工作的着力点真正放在提高部队战斗力上，扎扎实实地抓落实。要认真贯彻科学发展观和树立正确的政绩观，注重部队建设协调发展、全面推进、整体提高，使各项工作真正落到实处，经得起党的检验、实践的检验、历史的检验。

2. 坚持以人为本，把工作重心放在基层建设上

坚持以人为本，是科学发展观的本质和核心。胡锦涛主席指出，坚持以人为本，在军队建设中，必须充分尊重官兵的主体地位和创造精神，心系基层、情系官兵，切实维护官兵的权益，不断改善官兵的物质和文化生活条件。这深刻表明，在国防和军队建设中坚持以人为本，不是一般的工作方法问题，而是重要的建军治军理念和立场；不是一般的关心人、体贴人、爱护人，而是事关人民军队相信谁、依靠谁、服务谁的根本原则；不是一般的工作要求，而是各级领导干部和领导机关必须担当的政治责任。

人是夺取战争胜利的决定性因素，军事人才是军队最重要的战略资源。我军人力资源的数量居世界第一，在党的绝对领导下，依靠强有力的政治工作，官兵思想政治素质是比较高的，但科学文化素质和军事专业素质同发达国家军队相比却有较大差距。高素质军事人才匮乏，特别是联合作战指挥人才和新装备专业技术人才不足，使军事系统内部各种资源难以充分整合，不能有效发挥整体效能，已成为影响我军向信息化跨越的根本性问题。坚持以人为本，就必然要求以人才为本，必须重视军事人力资源开发。

军队贯彻落实科学发展观，最终要落实到推进基层的建设和发展上。胡锦涛主席强调：各级党委和领导机关要坚持以人为本，面向基层，坚持把工作重心放在基层，把基层党组织建设成坚不可摧的战斗堡垒。努力改善基层官兵的物质文化生活条件，充分调动广大官兵的积极性。要认真贯彻《军队基层建设纲要》，抓紧抓好经常性、基础性工作的落实，建立健全抓基层建设工作的科学机制，充分考虑基层的实际，满腔热情地为基层办实事、解难题、做好事。要深入调查研究，掌握全面、真实、具体的第一手材料，把上级的指示要求同本单位的实际结合起来，推动基层建设全面过硬和持续健康发展。

3. 坚持依法从严治军

胡锦涛主席强调：要适应军队现代化发展的要求，加强依法治军、从严治军，严格按照国家的法律法规和军队的条令条例治理军队、管理部队，确保部队的高度稳定和集中统一，建立正规的战备、训练、工作和生活秩序。

依法从严治军是提高军队建设效益的重要保证。军队是一个庞大的组织系统，要确保这一系统高效运行，巩固和生成强大的战斗力，就必须依法从严治军，通过建立正规高效的各项秩序来提高军队建设的质量和效益。坚持依法从严治军：一是要逐步建立适应社会主义市场经济发展要求，符合现代军事发展规律，能够体现我军性质和优良传统的军事法规体系，把国防和军队建设事业纳入法制化的轨道，做到有法可依，有法必依，执法必严，违法必究；二是要从制度上和法律上保证党对军队的绝对领导，使"党指挥枪"的原则更具稳定性、权威性和规范性；三要是把关于国防和军队建设的主张，通过法定程序上升为国家意志，实现领导与依法办事的统一；四是要把治军的成功经验，用法的形式确定下来，促进我军的革命化、现代化和正规化建设。

当然，我军在依法从严治军方面还存在着一些明显的问题和不足，严重影响了军队建设效益的提高：一是有法不依导致管理松懈，影响了军队战斗力；二是执法不严导致作风松

散，影响了军队凝聚力；三是违法不究导致纪律松弛，影响了军队发展力。这些违法现象的存在，在一定程度上侵蚀了"钢铁长城"的机体，严重影响了我军的发展。

坚持依法从严治军应做到以下几点：

首先，要把从严治军作为一项全局性、基础性、长期性工作紧抓不放。由"单纯管"向"管育结合"转变，打牢从严治军的思想基础。由"治兵"向"治军"转变，提高从严治军的目标层次。

其次，要不断提高依法管理的水平。从严治军的一个重要方面，就是依法管理。军队建设和管理正反两个方面的经验都向人们昭示：依法治军贵在严，也难在严。有法不依，执法不严，等于无法。胡锦涛主席特别强调，要把从严治军与依法治军统一起来，狠抓条令条例和规章制度的落实，坚决做到有法必依、执法必严、违法必究。在新的形势下，要把提高依法管理的水平摆在突出位置，切实转变工作思路、指导思想和管理重点。

再次，要把作风纪律建设作为核心内容。作风纪律是军队的命脉，是部队战斗力的重要因素。军队管理好坏的一个重要标志就是作风优良、纪律严明。胡锦涛主席特别强调：要把作风纪律作为从严治军的核心内容，加强部队的经常性教育和经常性管理，加强部队的作风培养，强化官兵的纪律意识，严肃政治纪律、军事纪律、组织纪律，确保党中央和中央军委政令军令畅通。我军发展之所以能够由小到大、由弱到强，从胜利走向胜利，很重要的一条原因就是有严明的纪律作保证。治军不严，后患无穷，在新的历史时期，坚决贯彻从严治军方针，必须大力加强军队的纪律建设，有力维护和保证部队的高度集中统一。

（四）坚持国防建设与经济建设协调发展

1. 正确处理经济建设与国防建设的关系

胡锦涛主席指出："坚持国防建设与经济建设协调发展，建设一支现代化、正规化的革命军队，是党执政的一项重大战略任务。"2005 年 4 月，胡锦涛主席在一次会议的讲话中又强调："坚持在国防和军队建设中贯彻落实科学发展观，首要问题是坚持国防建设与经济建设协调发展的方针。"

保持经济的持续发展，不断提高国家的经济实力，是提高我国国际竞争力，维护国家独立和主权的关键所在，是解决包括国防现代化在内的当代中国所有问题的基础。正确处理经济建设与国防建设的关系，始终是国家发展战略全局的一个重大问题，也是我国社会主义现代化建设的一条重要历史经验。

我国是一个发展中国家，处于社会主义初级阶段，与世界发达国家相比，国家尚不富裕，经济技术比较落后，我军的现代化建设是在我国特殊国情环境中进行的。由于受国家经济实力所限，我军军费供需矛盾突出的问题不可能在短期内根本解决。我国的国防和军队现代化建设始终面临着双重压力：一方面，我国的军费，无论是绝对数还是占国民生产总值的比重，与世界主要国家相比都是较低的，这么大一支军队，要维持正常运转，还要有所发展，是一件很困难的事；另一方面，如果我们不紧紧跟上世界新军事变革的潮流，不下大力气努力提高国防和军队现代化水平，一旦发生什么事情，就会陷入被动的境地。胡锦涛主席审时度势，提出了经济建设与国防建设，两者兼顾、协调发展的思想。

2. 要把国防建设融入现代化建设全局之中

随着改革开放和社会主义市场经济的发展，必然会给国防和军队现代化建设创造更多更充分的有利条件。胡锦涛主席指出："本世纪头 20 年既是国家经济社会加快发展的重要时期，也是国防和军队现代化建设加快发展的重要时期。""统筹好国防建设与经济建设的关系，是贯彻科学发展观的必然要求。坚持国防建设与经济建设协调发展的方针，既是强国之策也是强军之道。我们必须从全面建设小康社会的全局高度，把推进国防和军队现代化建设作为推进社会主义现代化建设的一项重大战略任务抓紧抓实。""要依托国家经济社会发展，把国防建设融入现代化建设全局之中，统筹国防资源与经济资源，注重国防经济与社会经济、军用技术和民用技术、军队人才和地方人才的兼容发展，进一步形成国防建设和经济建设相互促进、协调发展的良好局面。"

在国家建设全局中思考和筹划军队建设，总的来说，就是要以国家安全环境为前提，摆正军队现代化建设地位；以国家战略利益为根本，确定军队现代化建设目标；以世界军事发展为参照，校正军队现代化建设走向；以基本国情、军情为依据，选择军队现代化建设模式；以综合国力为依托，建立军队现代化建设与国家经济建设协调发展机制。把军队建设和军事斗争准备放在国家发展大局中来思考筹划，使军队建设、军事行动的筹划和部署符合国家工作大局的总体要求，使军队建设进程与国家现代化建设的发展进程相一致，军队建设与国家经济建设相协调，军事战略与国家经济发展战略相配套。胡锦涛主席从国际战略全局出发，根据国家经济不断发展的实际，高度重视国防和军队建设。

3. 要建设一支同我国安全和发展利益相适应的军事力量

如果把 20 世纪视为"战争和对抗的世纪"，那么 21 世纪则是"竞争和淘汰的世纪"。为了防止被"边缘化"，世界各国特别是一些大国，无不把抓住战略机遇期，发展和壮大自己作为首要的战略选择。"机之不至，不可以先；机之已至，不可以后"。战略机遇期具有很强的时效性和挑战性，抓住了就是契机，抓不住就是危机。在人类社会的发展史上，一个国家或民族，因抓住机遇而走向强盛、因丧失机遇而逐渐衰落的事例屡见不鲜。战略机遇期的形成是多种因素相互影响、相互作用的结果，但必须具备安全和发展两个方面的条件。

胡锦涛主席提出：要在国家经济发展的基础上，努力建设一支同我国安全和发展利益相适应的军事力量，确保全面建设小康社会目标的顺利实现。

经济发展并不等于国防自然就强大；国防建设服从经济建设大局，并不意味着等经济搞上去了再抓国防建设。一个巩固的国防，一支强大的军队，始终是国家安全与经济发展的基本保障。维护国家安全，保障国家发展利益，必须提高国家战略能力。这是胡锦涛主席提出的一个重要的战略思想。

国家战略能力，既是指国家在非战争状态下，营造和形成有利的安全战略态势的能力，也是指国家在战争状态下，进行战争、赢得战争的能力。从维护国家安全的角度讲，国家的综合国力就是国家战略能力，主要包括经济科技实力、国防实力和民族凝聚力。提高国家的战略能力，必须在加快发展经济的基础上，进一步增强国防实力。我国作为世界上最大的发展中国家，只有不断提高国家的战略能力，才能从容应对国家安全所面临的各种挑战和考验，始终处于战略主动地位。随着经济的发展，要及时地把一部分经济实力转化为军事实力，形成与经济实力相协调和与国防建设需要相符合的不断壮大的军事实力，要在国家财力增加的基础上，逐步加大国防投入，确保军队担负起维护国家安全和发展利益的重大使命。

三、胡锦涛国防和军队建设重要论述的地位作用

（一）胡锦涛国防和军队建设的重要论述，是当代中国马克思主义的创新军事理论

21世纪，中国的发展跨入了一个重要的战略机遇期，并出现了许多新情况和新问题。国际战略格局的发展变化，世界军事变革的挑战，我国安全形势的新情况，对台斗争的严峻形势，对我国国防和军队现代化建设提出了新的历史性课题。胡锦涛主席以伟大的马克思主义者的巨大政治勇气和理论勇气，把毛泽东、邓小平、江泽民国防和军队建设思想创造性地运用于新的实践，用科学发展观指导国防和军队现代化建设，把我们对国防和军队建设的思考和认识引领到一个新境界。胡锦涛主席反复强调，我国的国防和军队现代化建设，必须着眼于维护国家安全和发展利益的大局，从我国国情军情出发，转变发展观念，创新发展模式，提高发展质量，加快发展步伐，不断提高我军应对多种安全威胁、完成多样化军事任务的能力，确保我军能够在各种复杂形势下有效应对危机、维护和平、遏制战争、打赢战争。胡锦涛国防和军队建设重要论述的精髓突出表现在：解放思想、实事求是、科学发展。胡锦涛国防和军队建设重要论述，着眼于时代的发展变化，对我国国防建设、军队建设和军事斗争准备的重大课题做出的科学回答，是马克思主义军事理论的基本原理同新世纪、新阶段国防和军队建设具体实践相结合的产物，是科学发展观重要思想在我国国防和军事领域的集中体现，是科学发展观重要思想的"军事篇"，是当代中国马克思主义的创新军事理论。

（二）胡锦涛国防和军队建设的重要论述，是新世纪、新阶段国防和军队建设实践经验的科学总结

胡锦涛主席以深邃的历史眼光、强烈的忧患意识、深远的前瞻思维，以战略家的远见卓识与战略智慧，总结历史，放眼未来，筹划和指导国防和军队建设。他始终高度关注世界军事发展的态势，敏锐洞察20世纪末21世纪初发生的一系列高技术局部战争的新特点，立足于新世纪、新阶段国防与军队建设的客观实际，提出国防和军队建设必须跟上世界军事变革和发展的潮流，积极借鉴各国特别是发达国家国防和军队建设的有益经验。胡锦涛主席还强调，必须进一步解放思想，在实践中不断丰富和发展我国的军事理论，为军事斗争准备服务，为我国国防与军队现代化建设服务。他尊重官兵、深入部队，调查研究，总结经验，提出要以时不我待的紧迫感，认真履行新世纪、新阶段军队的历史使命，积极推进中国特色军事变革，加快我军由机械化向信息化转变，全面提高我军的威慑和实战能力，为国家的安全统一和全面建设小康社会提供坚强有力的安全保障。胡锦涛国防和军队建设的重要论述，深刻揭示了新世纪、新阶段国防建设和建军治军的特点与规律，是新世纪、新阶段国防和军队建设实践经验的科学总结。

（三）胡锦涛国防和军队建设的重要论述，是新世纪、新阶段加强国防和军队建设的指导方针

国防和军队建设是一项宏大的系统工程，必须系统思考、整体筹划，有计划、有步骤地重点突破、全面推进。这是胡锦涛主席谋划国防和军队建设的最具特色的指导原则和领导艺术。中央军委明确提出：新世纪、新阶段军队建设面临的主要矛盾，是现代化水平与信息化战争需要不相适应的矛盾。胡锦涛主席在指导国防和军队建设中，始终注意把握和处理好两个方面的重大关系：一个是国防建设与经济建设的关系，强调国防建设和经济建设要相互促

进、协调发展，不能顾此失彼；另一个是军队革命化、现代化、正规化建设之间的关系，强调军事工作、政治工作、后勤工作和装备工作要协调发展，武器装备、人才队伍、体制编制要协调发展。胡锦涛主席提出的国防和军队建设要贯彻"五个统筹"的要求就充分体现了这种系统性的思想。与此同时，胡锦涛主席特别善于抓关键、抓重点、抓枢纽，始终紧紧抓住"用科学发展观统筹国防和军队现代化建设"不放；紧紧抓住"三个提供一个发挥"的历史使命不放；紧紧抓住筑牢党对军队绝对领导的"军魂"意识不放；紧紧抓住军事变革和军事创新不放；紧紧抓住强化战斗精神、打赢信息化战争不放。在系统谋划的基础上，抓住国防和军队建设的主要矛盾、关键环节和重大问题实施重点突破，实现了国防与军队现代化建设的跨越式发展和部队战斗力水平的整体跃升。胡锦涛国防和军队建设的重要论述，是新世纪、新阶段加强国防和军队建设的指导方针。

复习题：

1. 新世纪、新阶段，军队的历史使命是什么？
2. 加强国防和军队建设的"五个统筹"的主要内容是什么？
3. 军事创新的主要内容包括哪几个方面？
4. 如何正确处理国防建设与经济建设的关系？

第三章 国际战略环境

第一节 国际战略环境概述

战略环境，是指国家（集团）在一定时期内所面临的影响国家安全和军事斗争全局的客观情况和条件。国际战略环境，是一个时期内世界各主要国家（集团）在矛盾斗争或合作共处中的全局状况和总体趋势。它是国际政治、经济、军事形势的综合体现。国际战略环境关系到国家的生存与发展、安危与兴衰，影响一个国家（集团）军事斗争的对象、性质、目标、敌友关系，以及据此确定的军事力量建设与运用的基本方向，因而是各个国家（集团）制定战略必须首先考察和关注的外部环境和条件。国际战略环境包含的内容很多，但是其中最为重要的是时代主题、世界战略格局、世界经济形势、世界安全形势及主要国家的安全观等。这些是国际利益矛盾和力量消长在一定条件下的集中反映。从这些方面入手研究国际战略环境，对于洞察国际斗争特别是战争与和平的基本趋势，进而判明对本国战略利益的影响，具有十分重要的意义。

一、时代主题

时代，是指人类社会发展进程中各个不同的历史发展阶段。时代主题，是指某一时代中带有全球性、战略性和关乎全局的核心问题。它是某一时代基本特征的集中反映，代表着这个时代的本质和发展趋势。

正确认识时代主题，有助于战略指导者从宏观上把握当代世界的主要矛盾和总的发展趋势，从而对国际战略环境做出准确的判断，避免战略指导的重大失误。只有首先分析出从一个时代转变到另一个时代的客观条件，才能理解我们面前发生的各种重大历史事件……只有在这个基础上，我们才能够正确地制定自己的发展战略。

对时代主题的分析一般从三个方面进行：第一是从经济关系入手；第二是从力量对比入手，看哪一个阶级的力量居主导地位；第三是从矛盾关系入手，找出国际社会的基本矛盾。列宁由此指出当时时代的主题是战争与革命，即帝国主义发动战争，战争引起革命。

20世纪70年代末至80年代初，邓小平同志冷静观察了第二次世界大战后40多年来世界形势发生的一系列变化，认为时代主题发生了重大的变化，和平力量压倒战争力量，帝国主义的三大矛盾得到缓和，经济发展问题成为国际关系中的主要因素。因此，战争与革命已经不符合时代的特征，和平与发展成为当今时代的两大主题。也就是说，当今世界带有全球性的战略问题，一个是和平问题，另一个是发展问题。和平问题就是反对霸权主义，维护世界和平；发展问题主要是南北问题，即发展中国家的发展问题，也是全人类的发展问题，这是当今世界的核心问题。在和平与发展为主题的时代中，世界大战一时打不起来，人类有可能会争取到一个较长时期的总体和平局面。这是因为和平力量的增长超过了战争力量的增长。当代世界战争的主要威胁来自霸权主义，主要的战争力量也是霸权主义，而和平力量首先是包括中国在内的广大发展中国家，还应包括一些反对战争的发达国家以及广大的美国人民。和平力量有很大的发展，战争力量的发展则受到很大的限制，特别是中国的发展将使战争更难打起来，这是制约战争的重要因素。

发展是硬道理。世界和平不能建立在世界贫富极端悬殊的基础之上，也不可能建立在不平等的国际政治和国际经济旧秩序之上，没有世界各国的共同繁荣，特别是发展中国家经济的发展，世界和平是难以保持的。世界上不管南方还是北方都需要发展：南方要改变贫穷和落后，它们面临的最大问题是发展问题；北方遇到的最大问题是发展速度问题和再发展问题。因此，南北问题不仅是落后国家的发展问题，实际上也是整个人类的发展问题。不解决南北问题，人类的发展将遇到困难。对于这个问题要从人类发展的高度来认识，真正做到在和平中求发展，以发展促和平。这既是发展中国家的责任，也是发达国家的责任。当今世界，国际竞争的重点逐渐由军事转向经济和科学技术，几乎所有国家都在为经济和科技发展、提高综合国力而进行调整和改革，求发展已经成为世界各国的共识。

和平与发展的时代潮流并不是一帆风顺的，而是充满着矛盾和斗争，在曲折和反复中前进。虽然在这个过程中会出现一些逆流和新情况，但是并不能改变和平与发展是当今时代主题的这个根本判断。

时代主题是军队建设、国防建设和军事斗争准备的立足点。邓小平同志的时代主题论断为我国的国家发展战略和军事战略的制定提供了理论基础。我国因此就由"早打、大打、打核战争"的临战状态转入和平时期的建设轨道，一心一意搞经济建设，以经济建设为中心，国防建设和经济建设协调发展。

二、世界经济形势

世界经济形势是指当前整个世界总的经济状况和未来发展趋势。它是国际战略环境的一个重要组成部分。经济是政治的基础，政治是经济的集中表现。国际政治源于世界经济，以世界经济为存在基础，以世界经济变化为发展背景。各国和各国家集团经济实力的消长，决定它们在国际政治中的地位和作用。经济利益的利害冲突是国际政治斗争的最深刻的根源。只有准确地把握和认识世界经济形势，才能对政治和军事斗争有着深刻的理解。

20世纪后半叶，爆发了以信息技术为核心的科技革命，人类文明正经历着最广泛、最深刻的巨大变革，知识经济初显端倪。现代科技革命的迅猛发展，大大改变了人类的生产、分配和消费方式，世界经济发生了重大变化。当前的世界经济形势主要表现出以下四个特点：

第一，以科技和经济为核心的综合国力的竞争日益加剧。冷战结束以后，意识形态淡化，以政治、军事为核心的国际竞争不再处于中心地位，以科技和经济为核心的综合国力的竞争地位上升。世界各国之间的较量不再以军事力量为重点，而是以经济和科技实力为重点。世界各国纷纷把提高经济和科技实力作为目标，调整国家发展战略，以便提高综合国力，增强国际竞争力。因此，经济竞争成为国际矛盾的焦点。在冷战时期，美苏之间的矛盾是世界的主要矛盾，集中表现在军事领域，军事安全是压倒一切的首要问题，是影响国际关系的主要因素，其他一切问题和矛盾都必须让位于军事安全，市场的竞争和摩擦也要服从军事的需要，从而会容忍经济利益的损失。两极格局终结，经济因素上升，国际市场经济竞争和矛盾突出了，而军事和政治斗争相对减弱，退居次要位置，经济矛盾和市场争夺的冲突不断发生，成为国际关系的主要方面。例如，美国、日本和欧盟之间的经济冲突从来没有中断过，经常爆发贸易战。

第二，经济全球化趋势日益加强。经济全球化是指一国的市场、生产和资本运动超越本国范围而与世界各国的经济活动日益紧密地联系在一起的一种历史过程和发展趋势。经济全球化主要表现为：国际贸易快速增长，世界多边贸易体制形成；金融国际化程度日益提高，国际资本流动规模空前扩大；跨国公司迅猛发展，推动生产国际一体化。各国之间经济的相互依赖不断加深，由此促进各国在经济上的融合，促进世界经济的整体化不断加强，从而牵动国际关系深层变动，引发新的安全问题。经济全球化加深了各国之间的相互依存关系，形成了"你中有我，我中有你"、"一荣俱荣，一损俱损"的利益格局。因此，当今世界各国在处理国际政治、经济争端时，越来越多地采用合作与妥协方式，以争取"双赢"结果。不过，各国在经济全球化中的相互依存关系并不是平等和对称的，相互依存度的不同决定着各自所享受到的权利和义务的不均衡、不平等。

第三，知识经济方兴未艾。知识经济是指以现代科学技术为核心，通过创造、加工和应用新知识并由此而产生新价值和新产品的经济体系。知识经济是新科技革命在新时代的产物。知识经济与以往经济体系相比有以下几个特点：一是科技知识的创新与积累使知识成为主要的生产要素；二是智力工具成为重要的生产工具；三是知识产业成为重要的产业；四是知识产品的消费不断上升。知识经济成为世界各国进行综合国力竞争的一个制高点。知识的创新与发展、人才的培养与争夺、知识安全的保护等方面的地位日益提高。知识经济的发展在安全领域也引来了一些新的问题。传统的安全观已经不能反映时代的特征，维护本国的知识产权，保护自己的信息安全和经济安全等问题变得越来越重要。

第四，经济发展不平衡，南北差距日益加大。当今世界的经济秩序主要是由西方发达国家制定的，主要反映了发达国家的利益。发达国家拥有80%以上的生产力和世界贸易额，垄断着绝大多数的高新技术，并凭借着这些优势在经济全球化中获得了巨大的利益。所以，虽然发展中国家存在着机遇，但面临的挑战十分严峻。经济全球化在一定程度上扩大了不同国家和地区之间的差距，南北差距日益拉大。世界上富国与穷国的收入差距30年前为30倍，现在扩大为70余倍。这种不平衡发展如长期得不到缓解，将对国际安全产生重大的威胁。

三、世界安全形势

世界安全形势是指当前世界安全的总体状况以及战争与和平的发展趋势。它在国际战略环境中最引人注目，是世界各国研究和制定军事战略时关注的重要内容。

当前世界安全形势的总体情况是总体和平，局部动荡。所谓总体和平，是指在当前和今后很长一段时期内，基本上不会发生世界大战的危险，大国之间基本上不会出现长期的全面对抗，爆发战争的可能性大大减弱。和平与发展仍然是时代的主题。世界安全形势的总体缓和是由以下几个方面决定的：

第一，大国之间存在着广泛的利益。国家利益是各国处理国际事务时的主要依据，因此，大国之间尽管有分歧和冲突，但是也有广泛的共同利益，需要相互合作，在相当长的一段时间内不会爆发大国之间的大规模战争。

第二，世界和平力量有了明显的增长。冷战结束后，世界大战的危险大大地减小了，世界和平力量也得到了增强。特别是世界和平运动已成为世界上最广泛、参与人数最多的一个国际性运动，世界人民不愿意看到战争，这对遏制世界大战的爆发起到了巨大作用。另外，发展中国家力量的增长，特别是中国的迅速发展对世界和平是一个重大的贡献，中国是制约世界战争爆发的一个重要因素。

第三，核武器的强大毁灭力遏制了世界大战的爆发。世界上几个大国都拥有核武器，都拥有毁灭对方的能力。因此，大国之间即使有冲突也尽可能避免把冲突发展到战争，因为大国之间的战争很可能会引发核战争。而核战争对战争的任何一方来说都是毁灭性的，都是得不偿失的。因此，一旦有了冲突，大国之间都会尽量把这些冲突控制下来，不让它演变成战争。像在冷战时期，美苏是两个敌对的国家，都想使对方屈服，但是两国都不敢发动战争，很大的一个原因就是核武器的遏制作用。

虽然世界大战一时打不起来，但是天下并不太平，局部战争和武装冲突此起彼伏，破坏了地区的安全与稳定，使人员、财产均受到重大的损失。世界局部动荡的主要原因在于：

第一，霸权主义。西方发达国家尤其是美国认为自己的安全利益遍及全球，到处插手地区事务，干涉别国内政。把广大发展中国家和地区，特别是一些战略资源和交通咽喉要地作为渗透、扩张的重要方向，并以高技术局部战争作为推行霸权主义和强权政治的重要手段，同时还用自己的人权观和价值观去要求别国，从而引发和加剧了地区间的矛盾和冲突，造成局部动荡。

第二，极端民族主义。极端民族主义完全从本民族的私利出发，轻视和否定别的民族利益，表现为民族扩张主义和地区霸权主义。由于历史原因，各民族之间在领土、政治、经济、宗教、语言、文化等方面存在着不平等关系。在冷战期间，这些矛盾被掩盖起来，当冷战结束后，这些问题就显得非常突出，容易引发冲突甚至战争，造成地区动荡。极端民族主义往往与宗教极端主义、分裂主义交织在一起。

第三，国际恐怖主义。冷战后，恐怖主义活动在全世界盛行，无论是在发达的国家还是在落后的国家，无论是在稳定的国家，还是在动荡的国家，都不同程度地遭到了恐怖主义的威胁。当今国际恐怖主义组织众多，国际化程度高，成分复杂，武器先进，手段残暴，是地区动荡的一个重要原因。

以上这些因素互相交织在一起，使一些地区冲突持续不断，战乱频仍。旧的热点还未完全消除，新的热点又不断涌现，各种不同性质、不同规模、不同样式的局部战争和武装冲突难以避免。在相当长的一段时期内，这种总体和平、局部动荡的局面仍将延续。

四、中国倡导的新安全观

安全是国家安全战略的一个重要的内容。有什么样的安全观就有什么样的国家发展战略和军事战略。安全观的变化会导致国际战略环境的变化。安全既是一个综合的概念，也是一个动态的概念，是一个历史范畴。它包括两个方面：没有威胁和没有威胁的感觉。国家安全包括国家主权安全、领土的完整与安全、国体与政体的稳定以及国家职能的有效运作等。安全是一个国家生存和发展的重要保障，是军事建设和斗争的根本目标。安全观就是对于安全问题的基本看法和态度，它包括对安全的界定、对威胁的判断以及如何维护安全等内容。

冷战的结束使长期存在的爆发世界大战的危险基本消除，和平与发展成为时代的主题，政治格局多极化不可避免，经济全球化成为潮流。世界各国的安全观因此发生了一些新的变化。但是各国的安全观也不尽相同，各有特点，因为各国的安全观是直接为其国家利益服务的，对国家利益的不同认识就导致了不同的安全观。

自第二次世界大战以来，冷战思维一直左右着国际关系的发展。所谓冷战思维，是指以意识形态画分敌友和以对抗性的零和关系分析国际安全的观念。冷战思维认为，敌对国家的实力强大是威胁国家安全的基本条件，因此，维护国家安全的方法只有两种：一是以扩张军备或加强军事同盟来提高自己的军事力量；二是采取遏制政策削弱对方力量。

冷战结束后，这种旧的安全观已经不符合时代的发展潮流，成为诱发战争和冲突的一个重要因素。为了确保世界的和平与发展，就必须摒弃冷战思维，而代之以新安全观。中国政府近年来就一直致力于树立这种新安全观，并力图使之成为在国际上具有普遍意义的安全观。1995年8月，中国在东盟论坛会议上，首次公开提出了要摈弃冷战时期的旧观念，树立新安全观。

1999年在日内瓦裁军谈判会上，2000年在联合国千年首脑会议上，江泽民阐述了我国的安全观。1996年，中国与哈萨克斯坦共和国、吉尔吉斯斯坦共和国、俄罗斯联邦、塔吉克斯坦共和国共同组建了"上海五国"，这是中国实施新安全观的一个重大举措。2001年6月，"上海五国"发展成为"上海合作组织"，充分肯定了"上海五国"倡导的新安全观。可以说，上海合作组织是维护地区和平与安全、新型国家关系和新型区域合作模式的成功典范。

新安全观强调国家享有主权，国家主权包括国家的独立权、管辖权、平等权、自卫权等，主权安全是国家安全的基本前提，是国家生存发展的基础。针对西方国家鼓吹的"人权高于主权"、"主权过时论"，江泽民严正地指出："维护我国的独立和主权，促进世界的和平与发展，是中国外交政策的基本目标。""在涉及民族利益和国家主权的问题上，我们决不屈服于任何外来压力。""人权问题说到底是属于一个国家主权范围的事，我们坚决反对利用人权问题干涉别国内政。""国权比人权重要得多"。

新安全观强调国家的综合安全，国家安全涉及政治、经济、军事、文化等多个领域，经济安全成为国家综合安全的核心。冷战结束后，在综合国力的竞争中，军事因素的分量相对下降，经济因素的重要性日趋上升。当今世界，资本国际化和跨国经营加速发展，经济日益全球化，经济安全问题就显得越来越重要，1998年东南亚金融危机的爆发及2008年全球金融危机不断地向我们敲响了警钟。随着我国对外开放的不断扩大以及加入世界贸易组织，经济安全的问题就越发突出。经济是社会的基础，没有经济安全，就不可能有真正的国家安全。此外，信息安全、环境安全、文化安全等也都十分重要。

新安全观强调国家安全与国际安全紧密相连。国家的外部安全问题不再纯属一国事务或由一国的政策所能解决的，一个国家的安全与否也会对国际环境产生重大的影响。各国在安全上的相互依存不断加深，共同点在增多，任何国家都难以单独实现其安全目标。只有加强国际合作，才能有效应对全球安全挑战，实现普遍和持久的安全。因此，江泽民指出：营造共同安全是防止冲突和战争的可靠前提。应彻底抛弃冷战思维，建立以"互信、互利、平等、协作"为核心的安全观。这八字方针是新安全观的精髓。

共同利益是维护安全的首要条件，而不是一个国家或国家集团所具备的实力。一个国家即使拥有强大的实力，如果一意孤行，其安全仍然不能得到保证。只要有共同利益，无论实力差距有多大，也有安全合作的可能。当今世界各国都面临许多共同安全的问题，如国际恐怖主义、国际犯罪、难民问题、环境问题、能源问题等，没有国际范围的合作，任何国家都不可能单独解决。

相互信任是实现地区安全与稳定的政治条件，是安全合作的政治基础。当一个地区内的国家之间彼此相互信任时，相互之间就没有必要以军事力量来防备对方，这一地区也就不会出现军备竞赛，从而减少因军备竞赛导致军事冲突的危险。此外有了相互信任的战略关系，出现小的利益冲突时各方也会主动寻求以非武力的方式解决纠纷，而不会以武力相威胁，破坏已有的战略合作关系。中国认为不干涉别国内政以及双边合作不针对第三方等原则有助于扩大有共同利益的成员范围，建立开放型的多边安全合作机制。

经济发展是安全的基础。各国经济持续发展，经济交流合作不断扩大，从而加深各国利益的相互依存，为地区安全提供坚实的经济基础。为此，各国应该以平等互利为原则，增加共同利益，增强相互信任，确保彼此的安全。

中国的新安全观既适应世界潮流又符合我国复杂环境现实的大安全观念，是与冷战思维相对立的和平的、合作的安全观，是对人类探求和平与发展之路的重大贡献。

第二节　世界战略格局

格局是指事物内在的结构、状态、局面。世界战略格局是指对国际事务具有重要影响力的力量在一定历史时期内相互联系、相互作用而形成的较为稳定的力量结构。世界战略格局又分为世界政治格局、世界经济格局和世界军事格局，世界战略格局是这几种格局的综合，也称"世界格局"。世界战略格局形成、发展和变化的物质基础在于各国政治、经济、军事力量间的相互对比。大国实力地位的变化，是导致世界战略格局变动的重要因素。世界战略格局形成、发展和变化的政治基础就在于各国在战略利益上的矛盾和需求。各种战略力量对自己国家、民族、阶级、集团利益的认识决定了它们对外战略的调整，并导致世界战略格局的破裂与重构。世界战略格局反映了一定时期内主要国际政治行为体的力量对比、利益矛盾和需求以及基本的战略关系，是国际政治的核心内容，是一定时期国际关系特点的集中表现。它是各国生存和发展的基本外部环境，也是制定内外战略和策略方针的主要依据之一。世界战略格局是正确认识和判断国际战略环境的一个关键因素，它有助于从总体上了解世界各主要国家在世界全局中的地位以及战略利益方面的矛盾和需求。"先谋于局，后谋于略，略从局出"。没有对世界战略格局的基本判断和认识，就不可能制定正确合理的战略。

一、世界战略格局的形成与现状

世界战略格局并不是自古有之，它的形成需要一定的条件。只是到了 15 世纪后，随着哥伦布等人的地理大发现，世界才从分散走向整体，人类才逐渐开始有了世界意识；同时，资产阶级革命蓬勃发展，进行了划时代的工业革命，极大地解放了生产力，为资产阶级强国在世界上的扩张奠定了丰厚的物质基础；世界贸易迅速发展，资本主义的世界市场也日趋成熟，国际分工日益明显，国际政治开始形成。伴随着几个欧洲强国在世界范围内的殖民扩张，欧洲就成了世界战略格局变化的中心地带。具有典型意义的第一个世界战略格局是在拿破仑战争后形成的。

第一个世界战略格局：均势格局（1815～1871年）。以拿破仑失败、维也纳会议召开为标志。世界上的重要战略力量是俄国、英国、普鲁士、奥地利和法国。拿破仑的失败导致欧洲列强重新建立一种政治、军事的均势，俄国、英国、奥地利成为当时国际政治中的主导力量。各大列强都企图利用维也纳会议来达成自己的战略目标。最后，形成了维也纳体系。其主要内容就是要防止法国的重新崛起，维持欧洲大陆的均势，避免发生新的战争，同时，消灭18世纪法国大革命的一切后果，并在欧洲大陆上恢复旧的封建专制制度，对欧洲版图进行了重新分割。维也纳会议形成的均势格局在较长的时期内确保了欧洲列强之间没有爆发新的战争，但是，由于维也纳会议没有解决列强之间的一些内在矛盾，因此，到了19世纪50年代，这个均势格局就开始走向崩溃。

第二个世界战略格局：两大军事侵略集团抗争的格局（1871～1918年）。自19世纪60年代开始，普鲁士经过三次王朝战争，最终于1871年完成了德意志的民族统一，成为德意志帝国。德国的崛起粉碎了均势格局，使欧洲格局彻底改变，也使世界战略格局发生了变化，引起了帝国主义列强重新制定新的世界势力范围。作为新兴的强国，德国对英国和法国等老牌的帝国主义强国构成了严重的挑战，在19世纪后30年瓜分世界的狂潮中，欧洲列强的矛盾日趋加剧，帝国主义集团终于形成以英、法、俄为一方的协约国集团和以德、奥、意为另一方的同盟国集团相互抗争的局面，并最终引发了第一次世界大战。

第三个世界战略格局：多极格局（1918～1945年）。第一次世界大战后，为了瓜分战败国德国、奥匈帝国和土耳其帝国的遗产，帝国主义列强召开了巴黎和会及华盛顿会议，形成了"凡尔赛—华盛顿体系"，成立了以战胜国主导的国际联盟，形成了多极格局。第一次世界大战导致了第一个社会主义国家苏联的诞生，打破了帝国主义国家一统天下的局面，苏联成为世界战略格局中的一支重要力量。世界大战使英国和法国逐渐开始衰落，德国暂时削弱，美国开始崛起，加入了争夺世界的行列。"凡尔赛—华盛顿体系"只是对战争结束后列强之间实力对比关系的一种暂时性维系，随着各大战略集团力量的变化，这种多极格局很快就被打破了。

第一次世界大战后，对"凡尔赛—华盛顿体系"的不满，以及世界经济危机的爆发，促进了法西斯政治思想势力在欧洲的兴起和发展。1922年，意大利的法西斯夺取了政权。1933年，希特勒掌握了德国的政权，成立了第三帝国。日本的法西斯军国主义也十分猖獗。德、日、意三国形成了轴心国同盟，决心称霸世界。1939年，第二次世界大战爆发，世界开始分为两个战争集团，一个以德、日、意为首的法西斯同盟，一个以苏、美、英为首的反法西斯同盟，双方进行了长期的激烈的战争。

第四个世界战略格局：美苏争霸的两极格局（1945～1991年）。第二次世界大战彻底粉碎了以欧洲为中心的传统格局，英国和法国虽然取得胜利，但是战争创伤严重，实力大大削弱，德、意、日等战败国退出了国际政治舞台的中心。而美国和苏联通过战争成长为两个最具影响的超级大国。第二次世界大战后，美、苏两国的战时同盟关系迅速破裂，形成了长期的冷战局面。在意识形态上，美国和苏联根本对立；在政治经济体制上，双方完全不同；在军事上，北约和华约两大军事集团相互对峙。两个超级大国为争夺世界霸权展开了长期的较量。

1991年，苏联解体，两极格局崩溃。两极格局的崩溃促使世界格局重新构建，世界各种战略力量重新定位和整合，目前的世界格局正处于动荡和调整时期，但多极格局是世界格局发展的方向。

多极格局是第二次世界大战后国际政治发展的必然趋势，是世界经济政治发展变化的必然结果。世界格局多极化的过程并不是在苏联解体后开始的，在冷战期间两极格局的状态下就开始了多极化的潮流，并在冷战后得到了进一步加强。

首先，第三世界的形成对两极格局造成了极大的冲击。第二次世界大战后，民族解放运动蓬勃高涨。在20世纪50年代，亚洲掀起了民族解放运动的高潮，到了60年代，运动的中心转移到了非洲，仅1960年一年，就有17个非洲国家独立，到了60年代末，大部分非洲国家赢得了解放。拉丁美洲在古巴革命的推动下，也掀起了反美风暴。获得独立的亚非拉国家十分珍惜来之不易的成果，不愿意成为美苏争霸的牺牲品。不结盟运动和"77国集团"的形成标志着第三世界的形成。第三世界以不结盟运动和区域组织为代表，逐渐成为国际舞台上的主角之一，在世界战略格局中起着重要的制衡作用。第三世界具有独立的自成体系的新兴民族主义战略，坚持中立不结盟政策。第三世界的形成和发展沉重地打击了霸权主义的强权政治，加速了帝国主义阵营和社会主义阵营的解体，极大地冲击了两极格局，使两极格局开始松动，开创了世界战略格局的新局面。

其次，两大阵营的破裂和分化加速了多极化趋势。自20世纪50年代中期以后，苏联开始推行大国沙文主义，把自己的意愿强加于别的社会主义国家，造成了社会主义阵营的破裂。在资本主义阵营中也发生了分裂，主要表现为西欧与美国的竞争与反控制斗争，西欧走上了一条联合自强的发展道路；同时，日本在20世纪60年代经济获得高速发展，日益成为美国在经济贸易领域的重要竞争对手。美国在资本主义世界中的霸主地位开始动摇。两大阵营的破裂和分化使国际政治力量出现了新的变化，中国、西欧和日本日益成为相对独立的力量，推动着多极格局的发展。

再次，两极格局的崩溃为多极格局的形成提供了历史机遇。两极格局的突然崩溃，世界各战略力量摆脱了超级大国的控制，力量结构发生新的变化，欧、日、中等其他战略力量的地位相对提高，力量相对增强，使多极化趋势加速发展。美国和欧、日之间的矛盾已经不是单纯的贸易之争和科技竞争，而成为世界经济、政治的主导权之争。俄罗斯虽然国力衰弱，但是它继承了苏联的遗产，在军事上仍然是一个超级大国，在其传统的势力范围内仍然有着举足轻重的影响。中国在改革开放后，综合国力迅猛发展，在国际政治、经济和军事领域的地位越来越重要。

虽然未来的多极格局的发展有着很多不确定因素，但是一般认为，多极格局将会由美国、俄罗斯、中国、日本、欧盟等这些战略力量构成。这样的一种格局将和历史上的战略格局完全不同，是一种新型的格局，具有稳定性、复合性、民主性等特征。

二、世界战略格局的特点

（一）政治格局的基本特点

在世界政治舞台上，美国一霸强权，多极争雄；美、俄、中三极战略大三角仍处于主导地位，即美国仍推行强权政治、霸权主义；中、美、俄、日、欧盟争雄，但美、中、俄仍处于主导地位。其原因是：美国、俄罗斯和中国均为联合国的常任理事国，三个地域大国（地处北美、欧、亚三大洲），三个军事大国都有相当数量的现代化军队，并有战略核力量。

在国际政治范围内，美国和西欧国家中的德、英、法、意等，虽然也有不协调的声音，但总体上处于一条战线，美国起决定性作用，亚洲的日本也属于它的阵营。而中、俄由于经济制度和外交政策的相近，在国际政治事务中比较协调一致，也就成为以美国为首的西方国家推行强权政治的最大障碍。

（二）经济格局的基本特点

世界经济发展很不平衡，而美、日、欧盟经济实力强大，三足鼎立，竞争激烈。从20世纪70年代以来，美、日、欧在世界经济格局中处于非常重要的地位。国际范围内在技术、产值、贸易、市场、金融等领域，它们占据世界的70%以上，但是，中、俄发展潜力很大，而且是个大市场。

1. 美国仍为世界上唯一的、他国无法抗衡的超级经济大国

美国经济实力总量第一，GDP在2004年已达到13.2万亿美元，占世界总量的30%。GDP在2007年达到13.92万亿美元。

第二次世界大战结束后，1947～1953年为"经济繁荣"阶段，国民生产总值年增长3.94%，工业生产总值年增长6.5%；1954～1960年为低速发展阶段；1961～1969年为持续发展阶段；1970～1982年为"滞涨"阶段；1983～1992年为财政赤字、外贸赤字和债务居高不下阶段；从克林顿上台执行新经济政策至2001年为经济低速增长阶段，国民生产总值年增长率为4.2%。

科技发展水平第一，在经济发展中科技起了重要作用。微电子、宇航、新材料、新能源、生物工程、光导通信处于领先地位，在此基础上建立了新产业。军费支出高，刺激了经济发展。在20世纪90年代后期每年军费支出高达2 800亿美元以上，1999年为2 921亿美元，2000年为2 933亿美元，2001年为3 156亿美元，2002年为3 300亿美元，2003年为3 865亿美元，2004年为4 013亿美元，2005年为4 220亿美元。2006年为4.533亿美元，2007年达到5 468亿美元。军费支出在世界上一直处在第一位。

2. 俄罗斯经济处于改革调整阶段

俄国十月革命后，苏联经济曾取得了巨大成就，20世纪80年代开始走下坡。苏联解体后情况更糟。从1997年经济开始发生重大变化，下滑局面得到控制。1998年出现金融危机，1999年开始增长。2000年5月7日普京上台就职，通过团结各种政治力量，修宪立法，削藩集权，打击寡头，结束了近10年的动荡历史，创造出有利于生产发展的经济环境，加之国际石油价格上升，使俄罗斯经济发展出现良好势头。2004年俄罗斯的GDP总额达5 420亿美元。俄罗斯的人均GDP首次超过4 000美元。2004年俄罗斯的黄金外汇储备也首次突破1 000亿美元大关，而在2000年，这个数字只有110亿美元。军费支出也由过去占GDP的2.8%提高为3.5%。据俄罗斯《红星报》报道，2005年俄罗斯国防预算支出约5 281亿卢布，比2004年几乎增加了1/3。然而，这仍远远不能与美国相提并论。军工科研生产水平仅在美国之后。当前，俄罗斯外债仍然很重，1998年为1 500亿美元，2002年至今累计偿还了苏联时期所欠的近800亿美元外债。2004年12月21日，普京在德国出席俄、德第七次政府间磋商时表示，俄罗斯将提前归还所欠德国等西方国家的债务。俄罗斯经济发展还要经过一定调整恢复阶段，但由于自然资源雄厚，加之强大的科技工业基础，其发展潜力是巨大的。

3. 日本经济条件有"二小五大"

日本经济先天不足，是地域小国、资源小国。第二次世界大战后，通过技术立国，创造

出了经济奇迹。1999年国民经济生产总值达到了4.3万亿美元，约占美国的1/2。2000年，经济下滑，增长率为 -1.4%。尽管如此，日本已成为名副其实的经济大国，并在世界经济中成为重要一极。在经济规模和实力上有"五个大"：

技术大国：整个工业达到世界先进水平，尤其是重工业和化学、造船工业为第一，产品超过美国。特别是微电子、新材料、生物技术，已走在世界前列。

贸易大国：从1983年起成为贸易顺差大国，2004年日本贸易总额为10 216亿美元，同比增长19.4%。其中出口总额为5 663亿美元，比上年同期增长20%；进口总额为4 553亿美元，比上年增长18.8%，全年贸易盈余1 110亿美元，比上年增长25.4%。

资本输出大国：1991年以来，2万亿美元投资于海外，居世界第一位。

另外，日本还是债权大国和金融大国。

4. 欧洲联盟在经济上是重要一极

西欧的德、英、法、意、比等12个国家，自第二次世界大战后，经过一阶段恢复，经济就达到了战前水平。20世纪70年代欧洲经济结束"黄金"时代，开始走"联合图强"的道路。

1982年，欧洲共同体国家首脑会议决定建立内部统一市场。1986年签署以欧洲一体化为宗旨的文件，1987年生效。1993年1月它开始统一以共同市场的商品、劳务、人员资本的自由流动。1993年11月，欧洲共同体改为欧洲联盟，成为世界上最大的经济集团，成员由12个发达国家组成，到2007年欧洲联盟发展到27个成员国。

1999年1月1日欧元正式启动。2002年1月欧元正式开始流通。从2004年国民生产总值统计看，西欧国家大体与美国相当，而且科技水平、对外贸易额等居世界前列，在国际社会有一席之地。

5. 中国综合国力大大加强，具备支撑高速增长的物质技术基础

中国国民生产总值2000年是89 404亿元，2004年达到136 515亿元，5年平均增长10.54%。一些关系国计民生的产品产量均已名列世界前茅。煤、水泥、棉花及电视机的产值都名列世界第一。而且，今后中国这些基础产品的产量还将会跳跃式增长。不仅如此，我国在"九五"和"十五"时期的固定资产投资已转化为现实生产力，进一步壮大了中国经济实力。农业经过几年的基础建设具有一定抵御自然灾害的能力，农业连续丰收使粮食储备增加。中国对外开放进一步扩大，对外贸易大幅度增长，外贸产品质量提高，结构改善，从而使我国的产品在世界市场具有很大的竞争力。在当时中国已是世界第3贸易大国，外汇结存也有较多的增加，为中国进一步扩大对外开放提供了物质基础。国内建设资金也较为充裕。中国的城乡居民储蓄大量增加，2007年外汇储备达到1.53万亿美元。城乡居民年均收入分别达到8 280元和2 760元。目前，市场商品充裕，而社会商品零售增长平衡，这表明中国居民消费进入相对稳定期。

中国还拥有一支具有较高水平的科技队伍和吃苦耐劳的劳动力大军，凭着中国人民的聪明才智和对外开放的政策，我们完全可能在不太长的时间里掌握现代科学技术知识，学会进行现代化建设的管理和经营，在科技领域赶上发达国家。

（三）军事格局的基本特点

正如世界政治、经济领域一样，世界军事领域正在经历着前所未有的变革。毫无疑问，世界军事格局作为世界战略格局的一个重要侧面或组成部分，在其本身由两极向多极过渡的

过程中，不仅必须服从并服务于维持和平、增进稳定这样一个世界性的需求，同时也与世界各国对未来战争的判断、军事战略调整等产生互动的影响。从上述三个方面对世界军事形势进行综合分析，将有助于我们从整体上把握今后一段时期世界军事形势的发展规律，探寻世界主要国家和地区的军事形势发展趋势，摸索出一条通往和平的道路。

世界军事格局脱离了两极对峙、争夺势力范围的轨道，呈现出"一超多强"的态势并将维持一段时期。新的安全观念正逐步为世界所接受并开始在实践中得以运用，形成以国家军事同盟和区域安全合作为主的多形式、多层次的安全合作模式共存的局面。多极并存、多国制衡成为今后维持世界军事格局相对稳定的基本形式。

1. 当前世界军事格局呈现"一超多强"的态势

第二次世界大战结束之后，美苏两国出于地缘战略和意识形态的需要，开始了在全球范围内的竞争与对抗，由此形成了以美国为首的帝国主义阵营和以苏联为首的社会主义阵营全面对抗的两极战略格局，即"雅尔塔格局"。两极格局以军事对峙为核心，从而决定了当时世界军事格局的两极框架，其基本特征反映在如下四点：第一，美、苏两国处于严重军事对峙状态；第二，以美、苏为首的北约和华约两大军事集团在欧洲地区构成冷战局面；第三，美、苏通过两大军事集团在世界其他地区争夺势力范围，形成多个热点地区；第四，美、苏之间以军事对抗为核心的对峙结构制约着世界范围内政治、经济和科技的发展，一切服从军事斗争的需要。

自从 1989 年底美、苏首脑在马耳他会晤时宣布冷战结束，世界各主要大国都在军事领域进行了前所未有的调整，其结果是经过 8 年的过渡之后，两极军事格局已彻底瓦解，"一超多强"的世界军事格局框架已基本形成。

所谓"一超多强"，即从军事实力和企图两个方面评估，"一超"指美国，"多强"指俄罗斯、英国、法国、德国、日本、中国、印度、东盟等。

从实力看，美国是当今世界上独一无二的军事超级大国，它不但拥有三位一体的核进攻能力，而且陆、海、空三军能够在全球范围内实施联合作战，其实际作战能力无人可以望其项背。

俄罗斯从苏联继承下来的军事力量已有一定下降，近几年还进行了大幅度的裁减，但其实力仍然不可低估。100.4 万的总兵力加上三位一体的核进攻能力，使其在世界军事力量排位上仅次于美国，居于第二位。

英国、法国、中国分别是世界公认的五大有核国家之一，尽管具有一定的核攻击能力，但其军事控制范围有限。日本、德国、印度等国的军事实力近年来处于上升趋势，在所在地区具有很大的影响力。东盟作为一个国家间的联合集团，不具备统一的军事实力，但在维护地区军事安全方面具有独特的重要作用。

从战略企图上看，美国声称在全球范围内拥有利益，并在多个地区承担防务义务，所以，它是具有全球性能力的一极。而俄罗斯、英国、法国、日本、德国、中国、印度、东盟等国家或国家集团，其军事活动范围目前主要限于本国所在地区，是地区性的一极。这"一超多强"的九极好比是九个支撑点，托起了世界军事格局这个局面，而每个极根据其实力和企图，都拥有一定范围的控制区和影响区。所谓"控制区"是指对该地区军事安全事务拥有主导权，并有排他性；"影响区"则指对某一地区军事安全态势有某种程度之影响，不具排他性。比如，美国作为超级军事大国，其控制区主要在拉美地区、西欧地区和北美地区，并且，在西欧的控制力正跟随着北约东扩的步伐跨进中、东欧。另外，它对大洋洲地区、中东地区、朝鲜半岛和台海地区具有较大的影响力。

俄罗斯的控制区主要集中在苏联地区，它在阿富汗、中东地区、南亚的影响力正逐步下降。英、法两国在非洲地区和中东地区的传统影响力也在逐渐下降，其发挥作用的形式主要表现在英、法、德在欧洲地区的控制权及与西方盟主美国的斗争上。中、日两国在亚太地区具有一定的影响力，其控制区仅限于本国领域。

当前世界军事格局"一超多强"的态势，不仅从各极的实力和企图上反映出来，而且，在各极之间的关系上也有所体现。美、俄之间已从冷战时期的战略对手、冷战结束之初的"大伙伴"与"小伙伴"的安全关系定位到如今的和平伙伴关系。但由于北约东扩，美、俄会不会成为新的战略对手还难以预料，因为俄罗斯在新的军事战略中把北约东扩作为最主要的威胁，视北约为主要的战略对手。今后，美、俄安全关系将可能进入矛盾与合作并存、摩擦与协调并行的新轨道。

英、法、德与美国的安全关系限定在北约的范围之内。随着苏联解体、华约解散，北约针对以苏联为首的华约集团的军事功能已不成立，北约的欧洲国家对美国产生了离心力，谋求欧洲自主安全体系的愿望日益增强，美国的盟主地位受到冲击。尽管美国希望通过北约东扩来强固它的盟主地位，但是，从1997年7月马德里会议上关于东扩还是南下、南欧军事指挥权问题及法德建立欧洲军团等问题来看，显示出美国与西欧大国之间的安全关系正逐步由过去的盟主与盟友关系转变为平等的伙伴关系。

美、日安全关系从冷战时期的主仆关系逐步向地区性平等伙伴关系过渡，在1996年4月的《美日安保条约联合宣言》及1997年9月两国修改《美日防卫合作指针》获得质的突破，尤其是美日制定的周边有事法案和2006年《美日安保条约》的修改和完善。标志着美日之间的安全框架已从冷战时期防止苏联进攻日本本土、监视日本军国主义复活嬗变为一定程度地利用日本军事力量，在亚太地区联手谋求地区安全主导权。

中、美之间虽然在近年增加了军事接触，但因受政治、经济关系的影响，两国军事关系时断时续，在武器扩散、核能利用、军事透明等问题上两国仍存在分歧。随着中国前国家主席江泽民对美国的国事访问，两国确立建设性战略伙伴关系后，两国将建立起比较正常的军事安全关系。

中、日之间在安全关系上扑朔迷离。日本军费开支近年来基本高居世界第二，其海军力量大幅攀升，西方评论已超过英法海上作战能力，实际成为亚太地区军事强国之一。

中、俄之间出于谋求自身安全利益考虑，于1996年、1997年通过谈判基本解决双方边界划分和在边境地区撤军并建立信任措施，2008年10月14日，中国和俄罗斯在黑瞎子岛举行"中俄界碑揭牌仪式"标志中俄长达4 300多公里的边界线全部界定，使两国安全关系真正地进入一个共同参与、互利合作、面向21世纪的战略协作伙伴关系。

日、俄之间的安全关系在日本首相桥本于1997年年初提出新的对俄政策之后，出现了基本搁置领土争端转而谋求政治经济关系的新局面，双方安全关系进入了一个超越北方四岛难题、谋求相互信任的时期。11月初日、俄首脑进行了非正式会晤，并就在2000年前签署两国和平条约事宜达成共识。这次会晤标志着日俄关系正逐步走出"北方领土"问题所带来的低迷状态，2005年俄、日领导会晤中，普京提出北方四岛平分议案，两国的安全关系出现更为乐观的前景。

总体来看，世界新的军事格局在1997年度已见雏形，呈现出"一超多强"的态势。在这样的格局中，美国居于最为主动的地位，英、法、德日作为美国的伙伴将成为美国实现全球利益的地区性助手，而中、俄、印和东盟在积极保障自身安全、谋求地区和平与稳定的努力中，不断加强安全合作，倡导新的安全观念并身体力行，代表着一种新型的活力。由于此次格局的转换是在和平中进行，因此，"一超多强"的格局将在相当一段时期内存在，并随着各国综合国力的相对升降而在地位的重要性上也将有所升降，这主要是指"多强"，并可能影响到相互之间的安全关系框架。

2. 合作安全观念启动新的安全模式

不同的国家或国家集团对安全概念的认识不尽相同，这种安全观念上的差异，必然导致世界各国在安全实践上寻找不同的安全模式，以适应自身安全的需要。

在冷战时期，一国的安全往往建立在他国不安全的基础之上，谋求本国安全的同时常常须采取针对他国的军事措施。缔结军事同盟对付共同的对手成为冷战时期主流的安全模式，比如北约、华约等。这种安全观念也即我们所说的"冷战思维"，其特征是：第一，树立一个或几个对手，并将之渲染成最危险、最可怕的敌人；第二，以意识形态画线组织军事同盟，形成集团对抗；第三，由超级大国在各自集团中做盟主，在全球或地区实行强权政治和霸权主义；第四，搞军备竞赛，以战争相威胁。

随着世界经济、政治形势的深入发展，世界各国相互依存程度不断增加，一国的安全与他国的利益息息相关，有时达到消灭对手就可能减损自身安全或国家利益的地步。因此，维护全球安全的共同利益已越来越得到广泛的认同。这样，合作安全观念应运而生。

合作安全的思想来自于合作思维，即面向未来、友好合作、加强交流、求同存异、共同参与、平等协商、不搞对抗、共同安全。

所谓合作安全，就是以互信与合作为基础，通过对话增进相互信任，通过合作谋求共同安全。合作安全基于不干涉内政、和平解决争端、维护地区稳定的共识，其核心就是摒弃以遏制、威慑为基础的冷战安全模式，寻求通过降低军事对抗水平、增进互信互利。合作谋求共同安全的新安全模式。其基本的原则是协商一致、共同安全。对新的合作安全观念的探索和实践，较早地开始于亚太地区。这主要是因为本地区的多样性和近年来经济高速发展的缘故。

1997年上半年，中、俄、哈、塔、吉五国签署了在边境地区相互裁减军事力量的协定；关于朝鲜半岛新的和平机制问题的"四方会谈"也于8月启动，之后在朝鲜半岛南北举行最高级会晤；东盟地区论坛是目前本地区唯一就安全问题进行正式多边对话的官方论坛，它在安全问题上已初步形成了平等参与、协商一致的合作方式。这些都是寻求新的安全模式的尝试和初步成果。在亚太地区，还有很多双边、多边，官方、半官方及民间的多形式、多层次的安全对话与磋商，这些新的安全模式都是在合作安全观念的牵引下而启动的。

3. 多样化的安全机制开始在安全领域占据主导地位

所谓安全机制，即国家或国家集团因谋求自身或共同的安全利益而建立的各种组织、机构、集团，或签署的各种条约、公约，或举行的各种会议、磋商、对话等的统称。这些安全机制既有国际性的，也有地区性的，既有官方的，也有民间的。安全机制的建立与运用，是应时代之运而生，在一定程度上对不同时代的世界安全和地区稳定产生各自所特有的影响。

纵观当代世界历史，曾在处理诸多安全问题上发挥过作用的安全机制有：军事集团机制、联合国机制、安全会议—磋商—对话机制、安全条约机制、裁控谈判机制、外交斡旋机制、军事透明机制、信任措施机制等。

在冷战时期，带有浓厚"冷战思维"色彩的安全机制，如军事集团机制、安全条约机制等对维持两极格局产生了巨大的影响。正是因为美、苏两国通过安全条约分别组建了各种双边、多边的军事集团，才由此形成两大国家集团间的军事对峙。军控与裁军机制则成为两家进行军备竞赛时讨价还价的手段。但在新的军事格局形成的过程中，新的安全机制正逐渐占据主导地位，开始担负起维持世界安全和地区稳定的历史使命。

联合国协调机制尽管仍有被大国利用、控制的情形，但与冷战时期相比，其协调功能已大大提高。安理会在海湾战争期间所表现出来的较高程度的一致性，在冷战时期是难以想象的，而联合国的维和机制在冷战后更是发挥得淋漓尽致。尽管人们对于大国操纵而颇有微词，但联合国在冷战后所进行的维和行动无论在规模上、次数上都是冷战时期所无法比拟的，而且在一些地区确有成效。

在全球领域产生重大作用的还有裁控谈判机制。冷战结束后，裁军机制才真正发挥其作用。从1987年的《中导条约》，到1993年的《进一步削减战略武器条约》，到1995年无限期延长核不扩散条约等，显示出裁控谈判机制在未来安全领域中的乐观前景。

就解决地区问题而言，安全对话—磋商机制、外交斡旋机制等正在发挥越来越重要的作用，并以其互利合作、平等参与、协商一致、共同安全的面向未来的鲜明特色而对具有冷战思维的军事集团机制产生强大的冲击。

中、俄、哈、吉、塔五国就边界问题达成的协定以及东盟地区论坛对安全问题所作的探索，可以说是新的安全机制在新的格局中的初步尝试和率先树立的典范。虽说现在断言新的安全机制将全面取代旧的安全机制为时尚早，但可预料，在新旧两种安全机制的较量中，新的安全机制已经深受推崇，渐占上风。

正是因为这些具有合作安全观念的新的安全机制所具有的符合历史潮流的特性，以致欧、美在北约东扩之时，日、美在修改防卫合作指针之际，对其针对他国的目的这一事实始终不敢言明，只能以闪烁其词来搪塞国际舆论，这也足以证明"冷战思维"正失去市场。

三、世界战略格局的发展趋势

世界军事格局已经进入"一超多强"的时期。从根本上说，"一超多强"是多极化的格局。但多极化并不意味着各极力量的绝对均衡，各极之间在实力上存在一定的差异，甚至有一极在整体实力上领先于其他各极，也正是世界经济、政治、军事发展不平衡的表现。

但就目前而言，美国这一极并未强大到足以构成单极格局的地步，所以，"一超多强"的格局基本上保持了"力量平衡"。所谓"力量平衡"，是指国际体系处于一种没有任何力量具有压倒一切的优势或可以对别的力量发号施令的关系状态。在这种各极力量既不绝对均衡，但又处于相对平衡的多极格局中，维持世界军事格局相对稳定的方式就从两极格局时的军事对峙转为多极制衡。在冷战时期，只要美、苏两国不打，两极就相对稳定，全球就相对安全，是"极"稳"球"稳。而冷战后，"一超多强"的格局则由多极支撑，各极有自己的控制区或影响区，并在区内发挥自己的军事作用。相对而言，除美国在全球范围内具有较大的军事影响力外，其他各极主要通过在区内发挥作用并由此而影响全球，所以需要依靠各区保持稳定，才可组成全球的稳定。这是由"极—区—球"组成的系统，是"区"稳"球"稳。按照地缘政治和地缘军事的概念，全球可分为九大安全区域，即西欧地区、东欧地区、苏联地区、北美地区、拉美地区、非洲地区、亚太地区、中东地区和大洋洲地区。从目前各极的情况来看，拉美地区、西欧地区和北美地区是美国的控制区，中东地区、大洋洲地区、亚太地区的朝鲜半岛、日本是美国的影响区；俄罗斯的控制区目前主要集中在苏联地区，它在东欧地区、中东地区、亚太地区的南亚和东南亚地区的影响力已明显下降；日本与中国除本土之外，在世界其他地区并不像美国那样具有控制力，但两国在亚太地区具有相当大的影响力；英、法、德三国的控制力主要集中在西欧地区，它们在非洲地区和中东地区的传统影响力也在不断地削弱；印度对南亚地区具有一定影响力，并试图控制印度洋；东盟国家对东南亚地区的安全局势具有不可替代的影响力。当然，在所谓"控制区"或"影响区"内也有不受控制或影响的国家。

所以，在冷战时期，"极"稳"球"稳的特点决定了在欧洲地区是有"冷战"而无"热点"，广大第三世界地区成为美、苏争霸的热点地区。而新的格局中，"区"稳"球"稳的特点决定了某些极为谋求在区内争夺安全主导权而扩展自己的控制区、影响区，从而导致各种区内争端和区与区相交之处的纠纷。区内的争端（如波黑问题），由于大国利益相近，控制力强，诉诸武力解决可能多一些、容易一些。而区区相交之处的矛盾（如朝鲜半岛问题），因为涉及多方面利益问题，大国之间为避免冲突，往往以协调为主，一般不敢轻易动用武力。

多极制衡主要通过如下机制来保持"一超多强"格局的相对稳定：一是内控，如北约内部、日美之间各大国控制与反控制的斗争；二是弹压，如北约东扩对俄罗斯在政治上、军事上就是采取压缩其影响力的做法；三是竞争，如英、法、德等国在欧洲地区主导权问题上的立场；四是互信，如中、俄之间在边界问题上的处理方式；五是合作，如东盟国家与其他大国在安全问题上的立场以及中、美在朝鲜半岛问题上的态度；六是协调，如美、日、英、法、德等国在处理相互关系及在需要一致对外时的做法。

总之，在"一超多强"的世界军事格局中，各极之间尽管有分歧，但不至于分离；尽管有对立，但不至于对抗；尽管有竞争，但不至于失衡。当然，也不排除在局部地区出现短时间的失衡甚至对抗的情况。但是，今后总体的趋势可能是，各极将在争夺安全区主导权的斗争中，以竞争为手段，以协调为主轴，在相互制衡中达成安全区的稳定并由此而达成全球的稳定。在21世纪初，世界上各个国家都有自己的战略目标，特别是作为世界战略格局中的重要的五极，都有更为明确的设想。

（一）美国

继续顽固推行霸权主义和强权政治，确保"领导地位"，充当"世界宪兵"，并为21世纪成为美国世纪做好准备。

主要战略对策是：①加强与西方国家特别是欧盟和日本"伙伴关系"；②向全世界推行美国价值观、政治经济模式，推行全球资本主义化；③一直保持高额军事预算，坚持研究和部署"国家导弹防御系统"，制定新的军事战略方针，把中、俄作为21世纪主要战略对手；④决不会轻易放弃中国台湾地区这艘不沉的"航空母舰"，履行"美台安全法"，为中国统一制造种种障碍。

（二）日本

坚持日、美联盟，强化科技立国，力争 21 世纪"主导世界"，逐步在国际社会发挥"战略作用"，从经济大国走向政治大国。其战略对策是：①坚持日、美同盟，但主张对美说"不"；②发展日、俄关系，但提出北方四岛要求；③发展中、日友好，但主张保持距离，不修改历史教科书，并把中国作为潜在威胁；④将中国钓鱼岛和东海大陆架划入日本版图，潜在存在着领海岛屿争议和冲突。

（三）俄罗斯

通过深化经济、政治体制改革，力图恢复超级大国的形象和地位，敢于与美国在北约东扩、"NMD"防御计划等问题上叫板。战略对策：①加强与中国"全面战略伙伴"联系；②加强与欧盟联系和经济技术合作；③巩固与美国"伙伴关系"，坚持对话也对抗，但双方矛盾甚多；④军事上收缩，强调防御，军事力量贯彻"足够合理"原则，但不甘心落后，发展新型武器装备。特别重视发展战略核武器，坚决主张俄罗斯以核导弹之"矛"戳穿美国"NMD"防御之"盾"，并主张在核武器使用上先发制人。

（四）欧洲联盟

坚决主张建立 21 世纪欧洲大厦，实现"欧洲人的欧洲"的构想，摆脱美国的控制和对美国的依赖，在科技、经济、政治和军事上走联合图强的道路。其中，德国想在欧洲发挥中心作用，特别是在美兜售的"NMD"问题上，已经开始对美国说"不"。

（五）中国

把发展经济作为中心任务，实现在 21 世纪中期达到第三步战略目标。其战略对策是：①根据本国实际选择政治、经济制度的发展模式；②发展科技经济争取在世界有一席之地，为维护世界和平和稳定做出应有的贡献；③坚持不干涉他国内政，各国平等；④通过和平方式解决国际争端，反对超级大国的强权政治和霸权行径。

中国将是多极格局中的一极。不管未来的世界多极格局是几极，中国肯定是其中的一极。中国成为多极格局中的一极不是我们的一厢情愿，而是由中国的实力地位和在国际事务中的影响力决定的。

中国自改革开放以来，国力蒸蒸日上，随着经济的快速发展，中国的经济总量与世界主要发达国家间的差距逐渐缩小。中国是世界上最大的发展中国家，也是最大的社会主义国家，同时还是联合国安理会常任理事国之一。中国有着独立自主的国际战略。此外，随着中国加入世界贸易组织，中国的影响力将会日益增强，因此，中国将是世界多极格局中的一极。

多极格局虽然是发展方向，但要形成多极格局，还有一个艰难曲折的过程。

一是因为美国企图构建单极世界。苏联解体之后，美国成为唯一的超级大国，世界形成了"一超多强"的局面，在 20 世纪 90 年代，美国在经济上连续高速增长，其国力日益增强，军事实力强大，政治影响广泛，其综合实力处于绝对领先地位，为美国独自称霸世界提供了雄厚的基础。冷战后，美国历届政府都极力想保持这种"一超"的局面，构建美国领导下的单极世界。90 年代初，老布什提出了建立"世界新秩序"的构想，认为美国在"新秩序"中要发挥领导作用，声称"在世界各国中，只有美国同时具有道义上的声望，也具有维持这一声望的物质力量"。维护美国的领导地位是建立新秩序的首要任务。克林顿政府继续加大单极世界的构建。1999年美国发表的《美国新世纪国家安全战略》认为，冷战后美国获得了从未有过的和平环境和实力。除了尚有部分战略核力量外，美国处于没有一个国家能够对其发动全球军事挑战，没有一个国家在常规军事技术及应用能力方面能与之较量，没有一个主要的联盟对其持敌对立场，没有任何至关重要的地区在敌对的非民主势力控制之下的所谓"四无"战略机遇期，美国应利用这一天赐良机，继续加强美国的力量和战略地位。为此，美国大力鼓吹"国家导弹防御计划"，对中国继续推行接触遏制政策，遏制俄罗斯的复苏，通过北约和美日军事同盟加强对欧洲和日本的控制。小布什上台后，在国际问题上单边主义色彩愈来愈浓。在"国家导弹防御"问题上态度十分强硬，不顾国际舆论的普遍反对，决心废除《反弹道导弹条约》，部署国家导弹防御系统。将中国视为主要竞争对手，向中国台湾出售武器升级。继续挤压俄罗斯，坚持北约东扩。不顾欧洲国家的强烈反对，拒绝接受《京都议定书》。由此可见，美国政府构建单极世界格局的企图不断膨胀。

二是其他重要力量要形成与美国力量的相对平衡需要较长的时间。欧盟在冷战后无论是在经济还是在政治上发展都十分迅速，尽管如此，它仍然面临着诸多难题，使其短期内难以达到与美相当的水平。目前，欧盟内大国与小国间矛盾十分突出、斗争十分激烈，法、德之间在欧盟理事会投票权分配等问题上也存在分歧，这些在一定程度上将恶化欧盟国家间的关系，给欧盟今后的一体化进程带来消极影响。同时在未来欧盟的发展战略上，欧盟内部也存在不同甚至截然相反的观点和主张，严重制约着欧盟的整体发展。

自20世纪90年代以来，日本经济发展缓慢，趋近衰退，经济结构改革的速度缓慢，收效不大，陷入了战后日本历史上最长的一次经济萧条期。在经济上日本与美国的差距正在逐渐拉大。在短时期内，日本经济难以赶上美国。同时，日本在国际政治中的地位不高，作用不大，严重影响日本迈向强国的步伐。

苏联解体后，俄罗斯虽然继承了庞大的遗产，但是也承担了巨大的包袱，外债庞大，经济萧条，改革不见成效，内乱不断，成为一个"跛足巨人"。普京上台后，俄罗斯的情况开始好转，但是在政治、经济等方面仍然存在着诸多问题。虽然俄罗斯在军事力量上还拥有与美相抗衡的战略手段，但是整体力量与美相去甚远，俄罗斯的复兴还需要相当长的一段时间。

中国在改革开放后取得了举世瞩目的成就，综合国力大大提高，但中国毕竟还是一个发展中国家，基础薄弱，家底不厚。中国正处于社会主义的初级阶段，初级阶段是一个相当漫长的过程。我国刚刚进入小康社会，到了21世纪中叶，中国才有可能赶上世界中等发达国家的水平。因此，我们要赶上世界先进国家的水平还需要很长的时间。

尽管如此，美国构建单极世界的想法仍然只能是一厢情愿。因为美国的实力与目标不相称，美国虽然综合实力强大，与其他战略力量相比，占有明显的优势，但若想独自控制全世界，无异是痴人说梦，世界绝大多数国家都反对美国提出的所谓"新秩序"主张，美国的单边主义将会把更多的国家推向自己的对立面。中、俄在反对国家导弹防御系统、反对美国的"新干涉主义"和支持世界多极化方面都有着共识，两国在政治、经济和军事上的合作日益加深，成为抵制美国建立单极世界的主要力量。欧盟和日本对于国际问题的认识与美国分歧增多，不愿再听任美国的摆布，独立自主的意愿越来越强。虽然任何单一战略力量对美国不能构成威胁和挑战，但是联合起来的力量却能有力地制约美国的行动，阻止美国建立单极世界。

因此，在 21 世纪初的一段时间内，国际政治的主要矛盾是单极与多极之争，斗争的结果将取决于美国力量的变化、欧洲、日本等国与美国关系的亲疏、中国的崛起、俄罗斯的复兴、广大发展中国家的壮大等。从总的趋势上看，在这场格局之争中，美国会因实力不济而改弦更张，迎合世界多极化的潮流。

复习题

1. 什么是国际战略环境？
2. 如何认识当今时代的主题？
3. 什么是世界战略格局？
4. 当前世界经济的主要特点有哪些？
5. 当前世界安全形势的总体情况及原因是什么？
6. 中国倡导的新安全观的主要内容及精髓是什么？

第三节 中国周边安全环境

国家安全环境是指在一定的时期内周边国家或地区影响本国生存与发展的客观条件和因素。国家周边安全环境是指国家周边有无危险和受到威胁的情况及条件，也就是说，一国的周边国家或集团对其国家主权、领土完整是否构成威胁、有无军事入侵、渗透和颠覆等情况。它是关系国家和民族兴衰存亡的大事，是制定国防战略的依据，是国家发展与强盛的基础。

在人类迈进 21 世纪之际，时代条件发生了巨大的变化，我国周边安全环境所面临的形势也出现了许多新的情况和特点，因此，我们必须更新观念，来面对新形势，从维护国家整体利益出发，牢固树立忧患意识，客观、准确、全面地认识和分析问题。

一、中国周边概况

（一）周边概况

中国地处亚欧大陆东部，太平洋西岸。疆域范围南北长约 5 500 千米，东西宽约 5 200 千米。陆地边界线总长约 22 000 千米，大陆海岸线总长 18 000 千米。我国陆地与 14 个国家相接壤，在海上与 8 个国家的大陆架或 200 海里专属经济区相连接，还与美洲、欧洲、大洋洲的许多国家隔海（洋）相望。我国既是一个陆地大国，陆地国土面积居世界第三位为960 万平方千米；我国还是一个海洋大国，海洋国土面积约 300 万平方千米，有便利的海上通道和丰富的海洋资源。陆海相连，总面积约 1 260 万平方千米，疆域辽阔，美丽富饶。

从历史上看，我国一直是一个国势强大、幅员广阔的国家，到清朝前期，我国的疆域西北达巴尔喀什湖北岸，北接西伯利亚，东北到黑龙江以北的外兴安岭和库页岛，东临太平洋，东南到台湾地区及其附属岛屿钓鱼岛、赤尾屿等，南至南海的南沙群岛、东沙群岛、中沙群岛、西沙群岛等，领土面积约达 1 300 万平方千米。自 1840 年鸦片战争以来，帝国主义先后对我国发动大规模侵略战争 20 余次，腐朽没落的清政府前后与帝国主义列强签订了500 多个不平等条约，割地赔款，丧权辱国。仅 1842 年、1860 年、1895 年和 1901 年，列强发动的四次侵华战争，清政府割让国土约 160 万平方千米，赔款 7.1 亿两白银。从清朝前期到 1949 年中华人民共和国成立，我国被周边邻国及其他国家割占或"独立"出去而丧失的土地面积竟达 300 余万平方千米，这还不包括被割占肢解的海域。由于外敌入侵，至今我国边界仍遗留很多历史问题，隶属我国的海洋国土还有约 200 万平方千米存在重大争议。岛屿被侵占，海域被分割，资源被掠夺的严酷事实依然摆在我们面前。亚太地区一些国家和地区近年来在经济上有所发展的同时，国防拨款明显增加，纷纷制定国防发展新战略，武装力量悄然崛起，有的已向世界军事强国迈进。在我国众多的邻国中，有的内部不稳定因素多，有的国内狭隘民族主义泛起、宗教派别斗争加剧，必然对我国的安全产生重大影响。

（二）海洋领土观念

海洋是海和洋的总称，是指地球表面被海水覆盖的部分，总面积为 3.61 亿平方千米，占地球表面总面积的 70.68%，平均深度为 3 795 米。地球上共有四大洋，即太平洋、大西洋、印度洋和北冰洋，共有 20 多个海，我国濒临黄海、东海、南海，不仅拥有内海渤海，而且拥有漫长的海岸和 6 500 多个岛屿。根据《联合国海洋法公约》，应划归我国管辖的海洋国土，除内海、领海、毗连区外，还包括大陆架和经济专属区，共计 300 余万平方千米。海洋是巨大的宝库，辽阔的海洋国土蕴藏着丰富的渔业资源、油气矿产资源和海洋能源。对人类的生活、生产与发展都具有十分重要的战略意义，它一直是海洋国家争夺的对象。我国人民对于祖祖辈辈用汗水和生命开垦和保卫的每一寸土地有着深厚的感情，守土意识非常强烈。而对海洋和海洋权益则缺乏应有的关注，对海洋国土的丢失和海洋资源被掠夺，缺少应有的"疼痛感"，与西方发达的资本主义国家相比，反差明显。

海权是国家的一种综合力量，是国家安全的门户，"操之在我则存，操之在人则亡"。1973 年 12 月至 1982 年 4 月，联合国召开了第三次海洋法会议，154 个国家出席了会议，通过了《联合国海洋法公约》，从 1994 年 11 月 16 日起正式生效。第三次联合国海洋法会议对领海、海峡、大陆架、专属经济区、群岛国、岛屿制度等一系列重大问题进行了讨论，规定了群岛国制度，将一大片公海划为这些国家的内水；确定了"200 海里专属经济区"制度；重新定义了"可达 350 海里的大陆架"概念。

《联合国海洋法公约》（以下简称《公约》）由序言和 17 个部分组成，共 320 条，另有 9 个附件，几乎涉及海洋法的所有方面，是迄今为止最为详尽的一部国际海洋法公约。其中，与我国周边安全环境密切相关的主要内容有：

1. 基线、内水、领海和毗连区

（1）基线。基线是陆地和海洋的分界线，也是测算领海、毗连区、专属经济区和大陆架的宽度的起点线。基线有两种。一种是正常基线。正常基线就是低潮线，即海水退潮时退到离海岸最远的那条线，这条线即为领海基线。《公约》第五条规定："测算领海宽度的正常基线是沿海国官方承认的大比例尺海图所标明的沿岸低潮线。"正常基线一般情况下多适用于海岸较平缓、无明显凸凹，也无紧接海岸的一系列岛屿的情况。另一种是直线基线。直线基线是在海岸上和沿海岛屿上选定一系列的基点，在这些基点之间划出一条条相互连接的直线，构成一条折线，这条折线即为领海基线。直线基线一般适用于海岸线比较曲折，沿海有许多岛屿的国家。《公约》第十四条还规定："沿海国为适应不同情况，可交替使用以上各条规定的任何方法以确定基线"，称为"混合基线法"。

我国政府在 1958 年的《中华人民共和国关于领海的声明》中指出："中国大陆及其沿海岛屿的领海以连接大陆岸上和沿海岸外缘岛屿上各基点之间的各直线为基线，从基线向外延伸十二海里的水域是中国的领海。"1992 年颁发的《中华人民共和国领海及毗连区法》明确规定："中华人民共和国领海基线采用直线基线法划定，由各相邻基点之间的直线连线组成。"根据此法，中华人民共和国政府于 1996 年 5 月 15 日发表声明，宣布了我国领海的部分基线和西沙群岛的领海基线。

（2）内水。国家内陆水和领海基线向陆一侧的水域，统称为内水。内水构成沿海国领水的一部分，沿海国在这一海域内享有排他性的主权。内水包括内陆的河流、湖泊和领海基线内的海湾、海峡、海港、内海、河口等。其中，海湾根据湾口宽度以及海湾与沿海国的关系可分为三种：沿岸属于一国领土的海湾；沿岸属于两个或两个以上国家领土的海湾；历史性海湾。

对于沿岸属于一国领土的海湾，国家可在一定条件下将其划入本国的内水范围，实行完全排他的主权。《公约》第十条规定：如果海湾天然入口两端的低潮标之间的距离不超过 24 海里，则可在这两个低潮标之间划出一条封口线，该线所包围的水域应视为内水；如果海湾天然入口两端的低潮标之间的距离超过 24 海里，24 海里的直线基线应划在海湾内，以划入该长度的线所可能划入的最大水域。历史性海湾是指沿岸属于一国，其湾口虽然超过领海宽度的两倍，但历史上一向被承认是沿海国内海湾的海湾。如我国的渤海湾。历史性海湾完全处于沿岸国排他性主权的管辖下。

（3）领海。濒海国陆地领土及其内水以外邻接的一定宽度的海域，称为领海。其范围为领海基线至领海线之间的海域。国家主权及于领海的海床、底土及其上空。《公约》第三条规定："每一国家有权确定其领海的宽度，直至从按照本公约确定的基线量起不超过 12 海里的界线为止。"目前，包括中国在内，世界上有 117 个国家实行 12 海里的领海宽度。领海是沿海国家领土的组成部分，受沿海国主权的管辖和支配。沿海国在领海享受有属地最高权，领海内的一切人和物均受沿海国管辖。沿海国有权制定和颁布有关领海的法律和规章。外国船舶可以在领海上无害通过，但外国飞机未经许可不得飞越他国领海的上空。沿海国的主权不仅及于领海，也及于领海的上空、海床和底土。

（4）毗连区。沿海国在毗连其领海以外一定范围内，为行使必要管制权而划定的区域。其外部界限从领海基线量起不得超过 24 海里。沿海国在毗连区内可对本国和外国公民及船只行使海关、缉私、卫生和移民等事项的管制权。

2. 专属经济区、大陆架

（1）专属经济区。它是指主权国家在邻接其领海的外部海域设立的经济管辖区。其外部界线至领海基线不应超过 200 海里。专属经济区是国家自然资源区的组成部分，国家对之行使有关国际海洋法规定的经济主权权利和管辖权。

专属经济区是《公约》创设的一种新的海域，它介于领海和公海之间，具有独立的法律地位。专属经济区不同于领海，它虽属沿海国管辖区域，但并不构成沿海国领土的组成部分，沿海国对它不享有绝对的、排他的主权。专属经济区也不同于公海，其他国家虽然在专属经济区有自由航行、飞越权，但已不是公海意义上的那种自由，沿海国可对其他国家在专属经济区内行使这类自由加以限制。

（2）大陆架。陆地向海面下自然延伸和缓倾的浅水平台。其范围从低潮线起到海底坡度突变陡坡止。国际法上是指邻接一国海岸，但在领海以外的一定区域的海床和底土。沿海国有对其行使勘探和开发自然资源为目的的主权权利。地理学上的大陆架是指从大陆沿岸向外自然延伸，直到海底大陆坡为止的平缓的浅海底区域。在国际法上，大陆架是指沿海国家的陆地在海水下面的自然延伸，并与大陆形成一个连续的完整的整体。《公约》第七十六条规定："沿海国的大陆架包括其领海以外依其陆地领土的全部自然延伸，扩展到大陆边外缘的海底区域海床和底土。如果从测算领海宽度的基线量起到大陆边的外缘的距离不到200海里，则扩展到200海里的距离。"由于各国大陆架宽度不同，《公约》对大陆架的宽度设置了两个标准：①如陆地领土向海底延伸部分不足200海里时，可扩展到200海里；②如延伸部分超过200海里的，不应超过从测算领海宽度的基线量起350海里，或不超过连接2 500米深度各点的等深线100海里。

我国的海岸线漫长，大陆架极为广阔，属于大陆架超过200海里的18个国家之一。渤海、黄海海底全部为大陆架，东海有2/3的海底是大陆架，最宽处近400海里，南海大陆架占海底面积的一半以上，总面积约有150万平方千米。但是，除渤海大陆架外，我国大陆架都与邻国存在划界问题。在东海，我国与日本、韩国相向，东海大陆架位于三国之间。1974年1月30日，日、韩签订了《日韩共同开发大陆架协定》，划出所谓"共同开发区"，我国外交部于同年2月4日发表声明指出，这种侵犯中国主权的行为，中国政府决不能同意。此后，中国政府多次郑重声明，根据大陆架是陆地领土自然延伸的基本原则，中国对东海大陆架拥有不可侵犯的权利。东海大陆架涉及其他国家的部分，应由中国和有关国家协商划分。

位于南海上的东沙群岛、西沙群岛、中沙群岛和南沙群岛领海，有150多个岛屿和礁、滩，自古以来就是中国的领土。南海诸岛大陆架与其他国家的划界问题，应由我国与有关国家依据《公约》和国际习惯，通过谈判协商公平合理划定。

中国是联合国安理会常任理事国，也是一个海洋大国，自始至终都参加了第三次联合国海洋会议，积极支持广大发展中国家维护海洋权益。1982年12月10日，我国作为首批签署的国家签字。1996年5月15日，我国第八届全国人民代表大会常务委员会第十九次会议批准实施。

二、特殊地理环境对我国安全的影响

国家的地理环境是指影响国家安全的地理位置、地理特征以及与地理密切相关的国家关系等因素。中国的地理环境是很特殊的。从古至今，这种特殊的地理环境无时不在影响着中国的安全形势、安全观念、防务政策和军事战略。

（一）我国是一个陆海大国，历史上曾经重陆轻海

我国是一个陆海兼备的大国，理应既重视陆地又重视海洋，形成陆海并重的安全观和国防政策。但是，特殊的地理、历史和社会情况，使我国长期以来形成了重陆轻海的观念：我国陆地面积大，陆地资源丰富，气候条件良好，有足够的生存空间，在世界进入现代文明之前，中华民族完全可以依靠江河流域发展自给自足的农业文明；以小农生产方式为经济基础的中央集权的封建社会形成较早，体制和制度严密，政治和思想上统治力量强大，极大地限制和束缚了资本主义生产方式的发展，使我国缺乏向海洋谋求经济利益的社会动力；古代中国，对我国王朝的主要威胁来自陆地，多数来自我国内部北方游牧民族的侵扰，历代中央王朝的主要防御方向是北方。长城就是这种防御政策的产物和历史象征，长城两侧是当时中央王朝与北方游牧民族交战的主战场，长城的走向标志我国中原农业文明和北方游牧文明的分

界线。

新中国成立以前屡遭西方列强从海上的大举入侵，才迫使中央政府开始重视和加强海上的防御。早在明代，我国就开始遭到倭寇从海上的入侵，但由于明王朝的忽视海防力量建设，一代抗倭名将戚继光只能采取以海战为辅，以陆战为主，待敌人上陆以后再加以歼击的御敌方略。清朝后期，为了对付列强从海上入侵，我国从国外购买了先进的铁甲战舰，组建了实力雄厚的北洋水师。但是，由于清王朝腐败和作战指导上的消极被动，甲午一战致使北洋水师全军覆灭。

新中国成立后，毛泽东提出建立强大海军的战略思想。进入20世纪60年代，中苏关系急剧恶化，力量对比强弱悬殊，我国被入侵的危险性增大，只能采取诱敌深入的防御方针对付可能的侵略战争。在这种情况下，我国海军的任务只能是配合和保障以陆军为主的陆上防御，从而形成了一支近岸防御型海军力量。

进入新时期以来，维护祖国统一和海洋权益不受侵犯的任务十分艰巨。彻底改变过去重陆轻海的安全观，这对于保卫我国安全，发展经济，加强国防现代化建设和维护祖国统一，都具有十分重要的战略意义。

海洋是强国富民的宝库，是联系世界各国的重要纽带。长期以来，中国人有很强的守土意识，海洋意识却一直非常淡薄。现代条件下，大海对于人类再也不是障碍。21世纪是海洋的世纪，各国现代高新科学技术和经济快速发展，对海洋开发利用的步伐将进一步加快。我们必须重视海洋，进一步强化海洋意识，维护我国海洋权益不受侵犯。在新形势下，我国随着改革开放的深入和加入WTO而进一步走向世界，加强与各国的友好往来和经济技术合作，世界也正走进中国。

（二）我国陆地边界和海岸线漫长，近代屡遭帝国主义列强入侵

我国有漫长的陆地边界和大陆海岸线。青藏高原和帕米尔高原将我国与南亚、中亚隔断，在西北只有一条穿越茫茫沙漠戈壁的狭窄通道与中亚相连，南有云贵高原和横断山脉天然屏障，东南有更是不可逾越的万里海域，由于地理因素和历史原因，在西方列强的势力还没有发展到东亚之时，在陆地方面，历代朝廷主要担心来自外族的威胁。在海岸方面，明朝虽也出现过来自倭寇的威胁，却对朝廷的安全感影响有限。随着近代西方工业化快速发展，先进的军事技术和航海能力很快就使海洋和中国的出海口成了敌人入侵的通道。

自1840年后的一个世纪里，帝国主义列强屡屡践踏中国边界线，入侵中国。不论陆上海上，没有一个方向是安全的。过去认为最安全的浩瀚海疆，成为敌军入侵成功次数最多的突破口。第一次鸦片战争中，英法联军攻占广州、厦门、定海、镇海、宁波和镇江，从长江口入侵南京江面。第二次鸦片战争中，英法联军攻占广州、大沽口、天津，从天津侵入北京。中法战争中，法军攻占我国南方海军基地福建的马尾港。甲午战争中，日军从辽东半岛花园口登陆攻占旅顺，从山东半岛荣成登陆攻占威海。1897年德国军舰占领胶州湾，俄国军舰闯进旅顺口。1900年八国联军登陆大沽口，攻陷天津和北京。1914年日军从胶东半岛登陆，沿胶东铁路侵入济南，继而攻占了青岛。1932年日寇进攻上海。在1937年以后的全面侵华战争中，日军先后经上海、青岛、广州和广西钦州等地向我国腹地大举进攻。

在中国近代史上，我国台湾地区、海南岛等岛屿和海洋，由于经济、军事战略地位重要，更是成为被帝国主义列强和地区霸权主义入侵、强行霸占和瓜分的重灾区。

（三）我国邻国众多，安全环境受外部影响的因素复杂

陆地上与中国接壤的邻国多，按地理位置从东向西、从北到南排序依次是：朝鲜、俄罗斯、蒙古、哈萨克斯坦、吉尔吉斯斯坦、塔吉克斯坦、阿富汗、巴基斯坦、印度、尼泊尔、不丹、缅甸、老挝和越南。在海上我国与日本、朝鲜、韩国、菲律宾、马来西亚、印度尼西亚、文莱和越南的大陆架或200海里专属经济区相连接，其中朝鲜和越南既是海上邻国，又是陆地邻国，还与美国隔海相望。我国陆海邻国众多，排世界第二位，俄罗斯的邻国虽然比我国多两个，但其陆地面积比我国约大一倍，与我国陆地面积大致相当的美国只有两个陆地邻国，英国和澳大利亚被海洋环抱，这些国家的周边安全环境均不及我国的复杂。

邻国中，有些过去曾经对我国发动过侵略战争，并且现在仍是经济大国，并正在成为军事强国。一些邻国之间存有积怨，甚至对立，一旦他们之间发生冲突，必将影响我国的边境安全。有的国家内部不稳定因素多，一旦发生内乱，将对我国边境安全造成压力。有的国家居民与我国边境居民同为一个民族，有的国家居民与我国某些地区居民信奉同一宗教，积极因素是有利于我国边境居民与邻国居民友好往来，改善国家之间的关系，但也存在消极因素。还有一些国家与我国之间存在着历史遗留下来的边界领土争端和海洋划界争议。随着这些不同因素的变化，将对我国安全环境产生不同的影响。

我国安全环境的外部影响主要来自陆、海两个方面。历史上，美、苏曾分别从海上和陆上对我国施加过影响。苏联解体后，俄罗斯仍是世界上最大的陆地国家，面积1 700万平方千米，其中1/3在欧洲，2/3在亚洲。美国位于北美洲大陆南部，陆地面积约936多万平方千米，北邻加拿大、东濒大西洋、南邻墨西哥和墨西哥湾、西临太平洋，海岸线总长22 680千米，海岸比较弯曲，良港多在大西洋沿岸。进入20世纪，美国的综合国力日益增强，积极向海外发展。美国和俄罗斯对欧亚大陆具有全局性影响。

日本、印度是我国周边地区的两个重要国家，是构成我国地理环境的重要因素。日本岛国资源缺乏，对海外资源和海外市场的严重依赖性是它的显著特点。在近代，日本经历了50年的侵略扩张和对美国的依附。甲午战争至第二次世界大战结束，日本军国主义积极推行侵略扩张政策，主要是向亚洲大陆扩张。第二次世界大战结束后，美国控制世界海洋，日本转而依附美国，充当美国在太平洋的前沿堡垒。冷战结束后，日本继续追随美国，变化了的国际形势曾为日本提高国际地位提供了难得的机会，日本注重将经济、科技、金融优势转化为政治和军事影响力，积极开拓战略空间。

印度人口众多，是一个依陆面海的大国。从地理条件看，印度北面被崇山高原带阻隔，其半岛却深入印度洋，陆地上的隔绝与海路上的通达，形成鲜明对照。所以，"由陆向海"是印度关注的战略发展问题。印度的地理条件较为优越，周边邻国主要是中小国家。我国是直接与印度毗邻的唯一大国，两国虽然存有边界争议，但是中、印分别面对太平洋和印度洋两个不同的方向，同时受到青藏高原的阻隔，地理上的矛盾是有限的。

东南亚、中亚是我国周边的两个重要地区，也是我国陆、海两面的两个枢纽地区。这两个地区的形势稳定与否，对我国的安全和经济发展具有重要影响，在交通、资源、安全等方面都有重要战略意义。在交通方面：东南亚是连接亚洲与大洋洲，沟通印度洋和太平洋的"十字路口"，控制太平洋到印度洋的主要水上航线。中亚地区处于东亚、西亚、南亚和北亚的地理连接点上，是连接欧亚大陆以及中国、俄罗斯、欧洲、中东、南亚各地陆路连接的枢纽。在资源方面：东南亚有丰富的战略资源，锡储量占世界60%，橡胶年产量占世界的

80%以上，矿产资源丰富，石油和稻米出口量较大。在安全方面：东南亚邻接我国的东南沿海与西南地区，是影响我国南部安全的重要方向。贯穿东南亚的海上战略通道对于日本有重要意义，对美欧各国的航运也有重要影响。中亚地区与我国新疆、西藏等地接壤，该地区的形势与我国西北边疆的安危相关。中亚五国曾是苏联的加盟共和国。随着上海经合组织的建立，我国与中亚各国建立了平等合作的友好关系，将对这一地区的安全环境产生有利影响。

新中国成立之前100多年我国被侵略和掠夺的历史告诉我们，没有海权唇亡而齿寒，国家无安宁可言。海洋权益是指主权国家在海洋事务方面所拥有的权利和利益的总称。当前，我国与周边国家关于海洋权益的争端越来越突出，所面临的问题越来越棘手，除渤海为我国内海外，在黄海、东海、南海海域我国都面临着大量与邻国划分海洋权益的争议，总共涉及约200万平方千米。在今后的几十年中，树立大国土，尤其是海洋国土的观念，以维护国家海洋权益为准则，以国际海洋法规、公约为依据，及时、公正地解决我国的海洋权益问题，已经变得越来越紧迫。

三、缓和与稳定是我国周边安全环境的主流

进入新世纪以来，世界格局和安全形势正发生着巨大变化，和平与发展成为新时代的主题，一个相对和平稳定的安全环境不断得到巩固和发展。中国与所有邻国的关系得到全面改善，没有一个国家与中国处于敌对状态。经过共同努力，中国与一些曾经关系对立的国家逐渐建立起相互谅解和信任的正常关系，修复和重新走上了健康发展方向，我国周边安全环境处于新中国成立以来最好的时期，呈现出和平稳定的新局面。

（一）美国和俄罗斯对我国长期的直接军事威胁目前已消除或减弱

随着两极战略格局的解体，世界正在逐步走向多极化，将出现多个力量中心。目前，中国与这些力量中心的关系发展总的来说是在加强。

中美关系的发展曾历经了一个曲折的过程，从新中国成立初期，直到20世纪80年代末期，美国一直构成对我国直接军事威胁。20世纪70年代初，毛泽东、周恩来开创了中美关系新格局，邓小平于1979年亲自出访美国，并主持实现了中、美关系正常化，使我国完全摆脱了美国全面的现实军事威胁。两极格局结束后，1996年底至1997年初，中美实现了高层官员互访；1997年10月，江泽民主席访问了美国，发表了《中美联合声明》（以下简称《声明》）。《声明》中指出：中美双方将"共同致力于建立中美建设性战略伙伴关系"，双方将"在中美三个联合公报的原则基础上处理两国关系"。1998年6月，克林顿访问中国，两国首脑决定，"中美不把各自控制下的战略核武器瞄准对方"。克林顿第一次在公开场合表示：美国不支持台湾"独立"，不支持"一中一台"、"两个中国"，不支持台湾加入任何必须由主权国家才能参加的国际组织，中美关系史上揭开了崭新的一页。中美关系在布什政府上台后，曾因台湾问题而受到影响，特别是科索沃战争结束后，美国出于经济上力不从心，政治上矛盾重重和国际形势的多极化趋势，在调整其军事力量在世界各地的部署时，对亚太地区的军事力量也做了较大调整。目前驻亚太地区美军为14万多人，主要是支持其盟国在这一地区保持稳定。近期中美关系已出现明显转折。尽管中美在人权、贸易、技术交易、台湾问题等方面存在重大分歧，但美国政府已认识到合作与对话比对抗更符合美国的利益。随着中美首脑实现互访，中美签署中国加入WTO的协议以及中美在缔结"建设性战略伙伴关系"方面所取得的进展，这都将对我国周边安全向好的方面发展起到促进作用。从

总体上看，在今后相当长的时间内，中美关系将呈现斗争、缓和、发展相互交织的复杂局面，在缓和中爆发冲突，在冲突中求缓和、求发展，这种状态将使双方在保持一定距离的情况下，维持总体关系态势上的缓和。目前，增大的共同利益特别是在经济领域里的合作，使两国关系重新走上了正轨。

俄罗斯对中国安全有着长远的影响。苏联从 20 世纪 60 年代中期中苏关系破裂后，直到 80 年代后期，长期对我国大兵压境，甚至进行核讹诈，使我国周边安全环境十分严峻。1991 年苏联解体后，中国与俄罗斯保持着良好的国家关系，两国领导人曾多次互访，先后签订了一系列联合声明，并签订了和平友好条约。1996 年双方建立了"平等信任、面向 21 世纪的战略伙伴关系"，由原来的"建设性伙伴关系"上升到"战略协作伙伴关系"。中国和俄罗斯已经建立不对抗、不结盟，以"和平共处五项原则"为基础的友好和互利合作关系，新形势下，中俄关系进一步巩固，正沿着健康轨道稳步发展。2001 年，两国签订了《中俄睦邻友好合作条约》，用法律的形式确立了两国世代友好永不为敌、好伙伴、好邻居的关系。

中国与日本建交后，两国关系发展基本平稳，双方都把发展长期稳定的友好关系作为各自的基本国策。1998 年 11 月，江泽民访问了日本，中日双方发表了联合宣言，宣布"建立致力于和平与发展的友好合作伙伴关系"。

中国与欧盟各国保持着良好的关系，中国与欧盟领导人在亚欧首脑会议期间成功地举行了首次会晤，就建立中、欧长期稳定的建设性伙伴关系达成共识。2002 年，中国与东盟达成了"南沙行为准则"。

（二）曾经与我国发生过武装冲突的国家，都与我国实现了关系正常化

新中国成立以来，我国除参加抗美援朝战争外，还与印度、苏联、越南发生过武装冲突。与印度的冲突从 20 世纪 50 年代末一直延续到 80 年代末。70 年代末与越南的冲突不仅前后延续了近十年，而且最为激烈。这些冲突及与这些国家的长期不和，一直构成对我国周边安全的直接威胁和强大压力。到 80 年代后期，我国与上述三国的关系开始改善，先后与俄罗斯、越南、印度国家关系实现了正常化，友好往来增多，国家领导人的互访，使我国与俄、越、印的友好关系明显发展。尽管我国与印度、越南还有较大的领土或者领海纠纷，与俄罗斯有潜在的中亚问题，但近期发生大规模武装冲突的可能性极小。

我国在坚持"和平共处五项原则"基础上与一切国家发展友好关系，特别注重发展与邻国的睦邻友好关系。早在 20 世纪 60 年代，我国就先后与缅甸、尼泊尔、巴基斯坦、蒙古、阿富汗、朝鲜等 6 国签订了边界条约或协定。1991 年，我国与老挝签订了《中老边界条约》，至今与这些国家保持着友好的国家关系和安宁的边界。

（三）建立了多边的区域合作机制

经济全球化、一体化使资源流向了发达的国家，而贫穷落后的国家和地区将会遭受损失，面对这种情况，许多地方或建立了某种关系，或成立一个组织来抗衡这种资源流向的不平均状态。在亚洲也同样面临这一个问题。

"上海合作组织"成立于 2001 年 6 月 15 日，因其全新的安全观念，使其成为一个摆脱冷战思维模式面对新的国际形势而成立的新型区域合作组织。俄罗斯国家杜马（议会下院）于 2003 年 5 月 14 日批准《上海合作组织宪章》确定了其合法地位。

我国与亚洲另一个经合组织东盟之间关系的全面改善及取得的积极进展，对推动区域合作具有重要的现实和历史意义。

现在亚太各国和地区以发展经济为中心，双边和多边经济合作促进了各国之间的联系，并在我国睦邻友好政策的推动之下，使我国周边安全环境进入了新中国成立以来的比较好的时期。

（四）解决了历史遗留的边界问题

世界多极化趋势的发展使我国和周边国家关系得到全面改善，1999 年以来，我国与俄罗斯及中亚国家就边界问题的谈判不断取得重大而实质的进展，解决了长期以来遗留下的边界问题。随着中俄、中哈、中吉、中塔领导人频繁互访及裁减边界驻军等协定的签订，我国与上述四国在军事和政治上的合作开始进入一个新的时期。我国北部、西部边界可望得到较长时期的和平与稳定。

1999 年经过双方的共同努力，我国与越南最终签订陆疆边界协议，并在 2004 年 6 月底又签订了中越北部湾海上边界协议，基本上解决了长期以来遗留下的边界问题。在新的国际背景之下，我国将继续致力于同周边国家领土、领海争端问题的解决。

（五）我国周边的热点地区冲突得到不同程度缓解

所谓"热点"，是指那些经常或多年发生战争的地区或国家。中国周边地区的热点，从 20 世纪 50 年代初就存在朝鲜半岛的问题，从 70 年代末开始出现了阿富汗、柬埔寨战争，它们都是发生在中国的周边地区，严重地威胁到中国边界地区的安全。冷战结束后，这三个热点地区先后出现了不同程度的逐渐降温，尽管还存在着多种矛盾或武装冲突，但总的形势是趋于缓和，对外部的影响越来越小，减缓了对我国有关边界地区安全的威胁。

新形势下，在中国周边的热点问题中，对中国安全影响较大的是朝鲜半岛问题和印巴之间的对立。朝鲜半岛是东亚各国利益的交汇点，各大国都不希望朝鲜半岛出现危机。朝鲜半岛问题的根源在于南北对立的分裂局面，表现为朝鲜与韩国的对立和朝鲜与美国的对立。目前朝鲜半岛核问题使该地区的紧张局势加剧，但各大国都在努力，希望用和平的方式来解决朝鲜半岛的核危机。虽然和谈的进程将是长期的和复杂曲折的，但相互间的气氛逐渐缓和，南北双方的经济交往和民间往来也逐渐增多。

对中国影响较大的另一热点是印度与巴基斯坦的对立。两国关系曾有一定程度的改善，但目前仍存在着严重对立，甚至可能失控。总的来看，我国周边安全环境总的形势是趋于和平与稳定。

总之，在世界格局的大变动中，亚太地区没有出现战略力量严重失衡现象，亚太各国和地区以发展经济为中心，双边和多边经济合作促进了各国之间的联系。我国作为亚太乃至世界范围内的一支重要战略力量，在睦邻友好政策的推动下，在以经济建设为核心的国内政策指引下，积极开展与世界各国的外交关系，大力发展经济。近年来，我国提升了中俄关系的战略层次，密切了与俄罗斯的战略协作关系；在矛盾和斗争中稳定了中美关系；维持了与日本的总体友好，并保持了较为密切的经贸关系；改善了中越、中印关系，增进了与东盟的联系和对话，而且与周边各国的传统友谊进一步加深，并在政治、经济、文化等领域开展了广泛合作，我国的国际地位和影响力明显提高。俄报认为：中国取得的前所未有的成绩，是最近几十年世界历史上的最重大事件之一。在亚洲金融危机中，中国被世人称之为一个对世界负责任的大国。众多西方国家纷纷放弃在人权政策上与中国对抗的立场。中国的国际声望日益提高，安全环境得到重大改善。连美国舆论界也承认我国和平外交取得了重大成果，同亚太周边国家和地区的关系已经进入了新中国成立以来的相对缓和时期。

四、中国周边安全环境面临的威胁

中国的安全环境存在着两重性：一方面是一个相对和平稳定的安全环境不断得到巩固和发展；另一方面中国又面临着一些不安全因素和潜在的威胁。

当前，亚太地区形势相对稳定，热点地区降温，短期内不至于发生牵动全局的战乱，外敌大规模入侵我国的可能性基本排除，国内形势稳定，经济发展较快，周边安全环境获得改善，这是我们对目前周边态势的基本判断。但是，我国与周边国家和地区的一些固有矛盾没有解决，甚至有些问题和矛盾正向着对我国极其不利的方向转化，影响和平、安定的因素依然存在，我国周边安全面临着不同对象、不同程度的多种威胁。对我国周边环境面临的威胁与挑战，我们要高度关注、审慎对待、居安思危，增强忧患意识，深刻认识新形势下维护国家政治安全、经济安全、国防安全的重要性，确保信息安全、金融安全和粮食、石油等重要战略物资的安全。要以对国家、对民族高度负责的态度，来深刻地分析和认识当前安全环境中所存在的隐患。

（一）美国的霸权主义和冷战思维对我国周边安全的影响是综合性、长期性并带有根本性

美国是与中国隔海相望的国家，但在中国安全的许多问题上，美国的"影子"无处不在，对中国安全环境有着综合性的影响。在各大国与中国关系向前发展的同时，在以美国为首的西方世界仍然有一股企图遏制中国的逆流，反华势力顽固地坚持冷战思维，不愿意看到中国的富强和统一，以所谓"人权"为幌子，干预中国的内政，继续坚持对台军售，对中国统一大业进行阻挠和破坏。西方国家特别是美国对华政策的两面性，是中国安全环境的不稳定因素之一。美国的干预和影响渗透到了我国周边的大多数地区，中美关系时有变化，总是处在不断的摩擦和碰撞之中，近期的中美关系处在由轰炸我国驻南大使馆而引发激烈对抗后的平静期，但从长远看，中美之间的对抗将长期存在，美国对我国安全将构成长期、严重的威胁。

1. 美国推行全球霸权主义与"和平演变"战略，与我国存在着根本利益冲突。美国是当今世界最大的全球霸权主义国家，冷战结束后，与美国直接对抗的战略力量消失了，美国称霸世界的野心进一步膨胀，视我国为长期战略对手，力图以政治、经济手段"西化"、"分化"和遏制中国。

2. 美国军力强大并在亚太地区保持前沿部署，具有威胁我国安全的军事实力与潜在企图。美国是世界头号军事强国，其经济和军事力量均对我国形成绝对优势。

近年来，美国重新把我国列为潜在的作战对象。目前，美国在亚太地区仍有十几万驻军，与其在整个欧洲的驻军相当，而且其军事部署有明显针对我国的一面，一旦形势需要，随时都可对我国挑起事端。

3. 美国推行实质上的"一中一台"政策，是我实现祖国统一的严重障碍。台湾与祖国统一最大的外部阻力来自美国。近年来，美国更加明目张胆地推行实质上的"一中一台"政策，暗中支持"台独"活动，其目的就是将台湾问题作为牵制中国的重要战略筹码，并连通西太平洋一线对中国形成包围态势。美国在台湾问题上的立场和政策是我实现祖国统一

的严重障碍，也是可能诱发台湾政局动荡的重要根源。

此外，美国进一步插手朝鲜半岛事务；与我周边一些国家重归于好，讨论所谓"共同利益"；和日本签订安保条约，从而增加了亚太地区的不稳定因素。目前我国周边安全环境所面临的诸多麻烦，几乎都有美国的背景。

（二）日本对我国安全构成的潜在威胁呈上升趋势

近百年来，在世界列强中，日本是加害中国最重的国家。目前，中日摩擦的焦点集中在四个问题上：台湾问题、历史问题、钓鱼岛问题和日本扩军问题。近年来，日本对华政策中消极因素明显上升，随着日本经济、军事力量进一步增强和政治野心的不断膨胀，日本对我国安全构成的潜在威胁呈不断上升趋势。

日本急于谋求政治大国地位，急于成为安理会常任理事国，提出修订联合国维和行动合作法，以解除日军参加维和部队的限制。日本提出对周边爆发战争将进行积极对应，其所指就是中国。日本加快扩军步伐，防务开支高居世界第二位，已成为军事技术领先的潜在军事大国，对我国的潜在军事威胁逐步增大。邓小平同志曾经说过："日本一些人就是想把经济上的强大变为政治和军事上的强大。"美国前国务卿基辛格也曾断言："即使日本军费维持在国民生产总值的1%，日本也将很快成为军事大国"。正是在巨额军费的支持下，日本的军事力量才有了迅猛的增长。日本与我国存在着钓鱼岛和东海大陆架争议，不能排除在一定情况下挑起事端的可能性；日本是一个政治、经济高度发达，同时领土、资源及其有限的国家，因此，钓鱼岛群岛及东海20余万平方千米的海洋争议区将是其视若珍宝的一块地区。

（三）印度对我国领土的侵犯和威胁

在我们周边国家当中，中印边界问题是最复杂、最难解决的。中印边界全长2000千米，总争议面积12.5万平方千米。印度占了9.2万平方千米，占了总争议面积的74%。东段边界长600千米，争议面积约9万平方千米。中段边界长450千米。西段边界长650千米，争议面积共3.35万平方千米。

从历史上讲，中印边界有个传统习惯线。习惯线以里一直是由中国管理。1950年，抗美援朝期间，印度侵占习惯线以北约90000平方千米的中国领土。

对于印度的侵略行径，我国边防部队在1962年10月根据中央指示进行了对印自卫反击作战，并取得了战争的胜利。1962年打完仗，印度国会确立了"攻势"防御的战略思想，军事战略以我为敌。为此，加强边界战场建设，实施重兵布防。印度是不可小视的地区性军事强国。军队现有总兵力居世界第4位。军费开支已达到150多亿。在中、印边界部署了21万人的作战部队，经常举行针对我国的军事演习，公然宣称要谋求与我国对等的核威慑。1998年5月印度以"中国核威胁"为借口，进行了5次核试验。印度拥有了核武器，可能迫使我周边国家对印度的霸权行为逆来顺受，从而严重影响我国与南亚诸国的关系，这使我国的安全环境增加了新的复杂因素，从而成为我周边安全环境中的一大症结。20世纪80年代中期以来，两国进行了多次边界谈判，但至今仍无实质性进展。

2003年4月20日印度的国防部长费尔南德斯以及5月底印度总理瓦杰帕伊的访华使中印之间的关系出现转机，虽然双方就加强军事合作、联合反恐及经济贸易发展等方面提出了很好的建议，但是仍然存在一些棘手的难题，如边界领土争议。印度政府对华的政策是决定两国友好关系的关键。

（四）俄罗斯对我国安全的影响不容忽视

今后，中俄友好关系将继续发展下去，但是，在分析和研究俄罗斯对我国安全的影响时，应该以史为鉴。沙俄和苏联对我国疆土的掠夺最为严重。中俄在意识形态、对外政策等问题上仍存在分歧和争议，俄政局及对外政策走向也有很大不稳定性和不确定性。我们应予以高度重视和警惕。

（五）中亚五国战略地位日益重要，使我国安全环境面临许多新的挑战

冷战结束后，在世界多极化趋势加速发展的大背景下，中亚地区形势发生了重大变化，战略地位日益突出，围绕中亚的现在和未来，世界主要大国和各种势力渗透加剧，竞争激烈，形成了新的热点，使我国在政治、经济、军事安全领域都遇到了许多新的情况和问题。

（六）我国与周边国家尚存在诸多领土、领海、海洋权益的争议

中国坚持在"和平共处五项原则"基础上与一切国家发展友好关系，特别注重发展与邻国的睦邻友好关系，与所有邻国的关系得到了改善。但另一方面也应看到，中国与邻国的边境争议及关于海洋权益的争议情况复杂，解决起来难度很大，这些争议始终是可能影响到中国边境和领海安全的不稳定因素。我国除与日、印等存在领土争议外，与周边其他一些国家也存在领土、领海和海权争议，需制定可行方案并采取有效措施，以维护我国主权。

我国南海传统海疆线内，海域大部被别国分割，海洋资源被掠夺，岛屿被侵占。今后，东南亚一些国家与我国围绕南海主权的斗争将十分突出，潜藏着危机。尤其是海上领土争端和近海大陆架、海洋专属经济区划分问题日趋紧迫和表面化，可能导致海上局部战争的潜在动因增加。

目前，我国在南沙问题上面临越南、菲律宾、马来西亚、文莱、印度尼西亚等有关国家利用东盟这一地区组织共同与我对抗，面临以美国为首的西方国家染指及联合其盟友共同对我施压的斗争格局，由于多国利益交织、多方军事对峙、多种矛盾共存，决定了南沙问题的复杂性和艰巨性。

我国还面临着与朝鲜和韩国对黄海大陆架的争议以及与越南的陆地边界争端及北部湾问题。

（七）祖国统一面临现实而严峻的挑战

以民进党为主的"台独"势力是影响台湾政局的重大、现实威胁，是在台湾岛内公开打着"台湾共和国"旗帜的最大的"台独"组织。台湾岛内的"台独"分子不会放弃在国际上制造"两个中国"或"一中一台"的阴谋，岛外以美、日为首的西方敌对势力也不会改变把台湾视为"不沉的航空母舰"和利用台湾问题对我进行牵制的图谋，我实现祖国统一大业，面临着严峻的挑战。

两极格局终结后，世界战略形势发生了一系列深刻变化。一超多强的新格局出现在世人面前，和平与发展已成为当今世界的主题，和平与安全的因素进一步增长，不稳定、不确定和相互制约的因素增多，总的趋势走向缓和。在世界形势趋于缓和的环境中，我国周边安全环境既有机遇，又有挑战，总的讲机遇大于挑战。我们一定要抓住机遇，利用和争取一个较长的和平环境，集中精力发展我国的经济建设，增强综合国力，在复杂的国际斗争中争取主动权，使我国周边安全环境形成更有利于我的局面。

复习题：

1. 国家安全环境是什么？国家周边安全环境是什么？
2. 为什么说缓和与稳定是我国周边安全环境的主流？
3. 什么是领海和专属经济区？它们有何重要意义？
4. 我国周边安全环境有哪些主要特点？
5. 我国相对稳定的周边安全环境中存在哪些不安全因素？

第四章　军事高技术

科学技术的发展特别是军事高技术的发展正在军事领域引发一场深刻的变革。纵观 20 世纪末期发生的几场极具代表性的局部战争——海湾战争、科索沃战争、阿富汗战争和伊拉克战争，从中人们不难看出，现代战争在很大程度上表现为高技术武器装备的较量，谁拥有军事高技术，谁就能够在战争中占据更大的主动权，现代战争已进入高技术时代。

第一节　军事高技术概述

一、高技术的概念

什么是高技术？我国科技界的一种较有代表性的看法认为，高技术是建立在现代科学技术全面发展基础上，处于当代科学技术前沿的，对提高生产力、促进社会文明、增强国防实力起先导作用的技术群。

所谓军事高技术，简言之，就是应用于军事领域的高技术。具体地说，军事高技术是建立在现代科学技术成就基础上，处于当代科学技术前沿，对武器装备发展起巨大推动作用的那部分高技术的总称。

二、高技术的种类

当代高技术的发展可谓是日新月异，但总体上讲，当代高技术主要分为相互支撑、相互联系的六大技术群，即信息技术群、新材料技术群、新能源技术群、生物技术群、海洋开发技术群和航天技术群。其中以信息技术为核心，以新材料技术为基础，以新能源技术群为动力，依靠生物技术群向微观方向发展，依靠海洋技术群和航天技术群向宏观方向发展。

（一）信息技术群

信息技术、材料和能源是人类社会赖以生存和发展的三大支柱。信息技术是当今技术群的核心和骨干，其标志技术是智能计算机和智能机器人。现在计算机技术正以不可想象的速度向前发展，可以预见，它的发展对未来世界，对国防建设必将产生巨大的影响。

信息通常是指情报、资料和知识等，是生活主体和外部客体之间有关情况的通知，是一种能创造价值和进行交换的知识，是一种重要的资源。信息科学是由信息论、控制论、系统论和计算机组成的四维一体的综合型的崭新学科。它是 20 世纪 70 年代后期随着计算机技术的高速发展和广泛运用而逐步形成的。信息技术是指运用现代科学的原理和方法进行信息获取、交换、处理以及运用信息功能等所有技术的总称。信息技术主要包括传感器技术（信息的收集、检测、交换和显示等），通信技术（信息的提取、传输等）和计算机技术（信息的存储、分析、处理和控制等），三者联成网络，融为一体，构成现代社会的"神经"。信息的存储、分析、处理和控制水平，标志着信息技术的发展程度。因此，计算机功能的大小决定着信息科学的发展水平。信息技术由"信息基础技术"和"信息系统技术"组成。"信息基础技术"包括微电子、光电子、激光、光纤、超导等技术；"信息系统技术"包括信息获取、传输、处理和控制等技术，以及计算机、电报、电话、传真、广播、电视、卫星、卫星通信、遥感、自动控制和仿真等技术。20世纪70年代以来，微电子、光电子、光纤、传感器、数字通信等技术，特别是计算机技术取得了迅猛的发展，使信息的开发、存储、传输、处理等应用技术达到了新的水平。

（二）新材料技术群

新材料是新兴产业的物质基础，是高技术发展的基本条件。其标志技术是设计（分子设计）和超导材料技术。材料是指可用做成器件、结构件或其他可供使用的物件的那些物质，是人类生产和生活的物质基础。没有材料，就没有一切。因此，材料和相应的材料加工技术在人类社会发展的任何时期，都是新兴产业的基础。在现代，则构成高技术的基础。新材料是指那些新近发展或正在发展的具有全新功能或优异特性，并对科技进步和经济发展有巨大推动作用的材料。一般具有技术密集、工艺复杂、发展迅速、性能优异、作用巨大等特点。新材料技术是研究开发新材料品种、功能及其应用的综合技术。它的发展将直接推动其他高技术群体的迅速发展。

（三）新能源技术群

新能源技术是高技术发展的动力。其标志技术是核聚变能和太阳能的开发利用。所谓能源，是指提供某种形式能量的物质资源或某种物质的运动形式。它是人类社会生存和发展的重要物质条件。能源技术的每一次重大突破，都引起社会生产力的巨大发展。生产要发展，社会要进步，能源须先行。能源的种类很多，按其生成方式分为一次能源和二次能源。一次能源又称自然能源，是指自然界以天然形态存在的能源。一次能源又可进一步分为再生能源和非再生能源。再生能源具有自然恢复能力，例如太阳能、风能、水能、海洋能、地热能等。它们不会随着本身的转化或人类的利用而逐渐减少。而非再生能源不具有自然恢复的能力，它们将随着人类的利用而逐渐减少。例如煤、石油、天然气、核燃料等都属于这一类。二次能源是指由一次能源加工得到的能源，如电能、汽油、柴油、煤油、焦炭、煤气等。新能源是指尚未被人类广泛利用，有待进一步开发利用的能源，例如核能、太阳能、地热能、海洋能等。

新能源技术是指研究各种新能源的开发、生成、转换、传输、储存以及综合利用的技术。当前的热点主要是核能、太阳能、地热能、氢能、风能、海洋能、煤的汽化液化以及节能技术等。这些新能源技术的出现标志着第三次能源革命的开始。目前，它的两项突出成果是核聚变与太阳能。在检测的联合聚变环形试验装置里已经实现了人类受挫核聚变，产生出了1.8MW电力聚变功率，持续时间2秒，温度达到3亿摄氏度，比太阳内部温度还高20倍。核聚变产生的能量效率比裂变高600倍，比普通煤的效率高1 000倍。

（四）生物技术群

生物技术又称生物工程，是直接或间接利用生物及其组织和功能的全新领域，是在分子生物学等现代生物科学理论指导下的各种生物利用技术的总称。

生物技术主要包括基因工程（又称遗传工程）、细胞工程、酶工程和发酵工程等。基因工程是用人工式方法把不同生物的基因从生物体内取出，在体外进行切割、组合、拼装，然后再把人工重新组合的基因放入生物体内，使遗传特性重新组合，创造出更适合人类需要的新的生物类型的技术；细胞工程是将一种生物的细胞，转移到另一种生物的细胞中去，使其所携带遗传信息在受体细胞中得到表达，达到改良或创新物种的技术；酶工程是利用生物方法，以酶作催化剂进行物质分解、合成及化学转换，生产人类所需产品技术；发酵工程是利用微生物制造工业原料和产品的技术。

20世纪70年代以来，生物技术取得了很大进展，出现了基因重组、细胞融合、生物反应、组织培养和生物克隆等新技术。由此带来了现代生物技术突飞猛进的发展，开创了按照人类的意愿再造"生命"再"物种"的先河。

（五）海洋开发技术群

海洋开发技术是指人类对海洋资源和环境进行研究开发所利用的技术的总称。海洋占地球表面的71%，是个巨大的资源宝库。早在2 500年前，古希腊海洋学家就预言："谁控制了海洋，谁就控制了一切。"海洋资源可分为生物资源、矿物资源、化学资源和动力资源等。海洋的开发利用是解决人类食物、能源、物质资源以及人类活动空间日益短缺等问题的一条重要出路。海洋开发技术的发展，不仅在经济上，而且在政治、军事、科学技术上都有重大的战略意义。

海洋开发技术的研究，主要围绕海洋调查检测和海洋工程开发两个方面展开。海洋调查检测体系的建立，是发展海洋开发技术以及海上军事行动的基础。近20年来，由于海洋探测技术的发展，使反映海洋实况的信息资料成千上万倍地增加，从而使探索海洋基本规律的基础研究取得开拓性进展，海洋开发技术主要包括海洋捕捞和水产养殖、海洋能源开发、海底探矿和采掘、海水化学资源开发、海洋空间开发利用等技术。

（六）航天技术群

航天技术又称空间技术，是指研究、开发、利用不依赖于地球大气的各种飞行器及其应用的综合性工程，是人类认识太空，开发和利用太空环境资源的一门综合性的高技术群，是探索地球、太阳系、银河系乃至整个宇宙的新起点。它的主要标志技术是人造地球卫星、航天飞机和永久性太空站。该技术群主要包括：运载技术、空间飞行器技术和地面测控保障技术等。从1957年到现在，全世界共发射近5 000个航天器，其中70%是为军事目的发射的，它们被应用于侦察、通信、导航、测地、预警等各种军事活动中。

航天技术是当代高技术中综合程度最高，科技力量投入最多，耗资巨大，效益显著，竞争激烈的高技术领域，是当今高技术发展的前沿。发展航天技术的重要意义在于利用宇宙空间的一些特殊条件与环境，加速开发人类生存与发展所必须的物质、能源和信息资源，既可为科学研究和资源开发服务，又可为军事目的服务。目前，航天技术早已成为各大国军事系统中不可缺少的重要组成部分。各大国争相投入大量人力和资源，制定全面发展计划，以增强其军事实力。

三、高技术的特征

高技术是科学、技术工程最前沿的新技术群。高技术是相对于常规技术和传统技术而言的，其"高"主要表面在以下八大特征：

（一）高创新

高技术是知识密集型技术，它的发展必须依靠创造性的智力劳动，依靠富有创新意识、创新能力的高素质人才，体现了高智力的特性。比如半导体集成电路，从成本上讲，原料及能源仅占其总成本的2%，而其余98%都是其智力含量。

（二）高投资

高技术的研究开发，需要昂贵的设备和较长的研制周期，因而研制过程需要耗费巨额资金。据统计，目前，一般高技术企业用于研究开发的经费占其产品销售额的比例高达10% ~ 30%，而科研成果产业化的投资又比研究开发投资高出5 ~ 20倍，形成高技术产业后的设备更新还会越来越大。比如制造集成电路的设备，10年之中关键设备就更新了三代，每更新一代，设备投资就要增加一个数量级。

（三）高竞争

高技术的时效性决定了谁先掌握高技术、谁先开发出新产品并抢先投放市场或用于战场，谁就能获得优势，占据主动。为此，世界军事强国和大国都制订了高技术发展计划，试图在世界高技术发展的竞争中占有一席之地。

（四）高风险

高技术研究本身蕴含着巨大的风险，甚至要以生命作为代价。而高技术竞争的失败，对企业而言，就意味着投资的失败；对国家而言，意味着国家的利益将要受到损害。以航天技术发展为例，40多年来，航天技术取得了神话般的巨大成就，但其风险也高得惊人。1961年3月23日，苏联的邦达连科就成为为航天事业献身的第一人。2003年，美国"哥伦比亚"号航天飞机上的科学家也为航天事业献出了自己的生命。英国《新科学家》杂志分析：目前正在组装的国际空间站，在组装过程中，发生至少一次重大失误的可能性为76.3%。

（五）高效益

高技术产品是高附加值产品，其形态是知识的物化形式，所以其价值远远超过所消耗的原材料和能源的价值。实践证明，高技术成果一旦转化为市场化的产品，就能获得巨大的经济收益，一旦得到实际化应用，就能产生广泛的社会影响。比如航天技术，其投资效益比高达1:14，充分体现了高效益的特点。

（六）高渗透

高技术本身具有极强的综合性和技术辐射性，隐含着巨大的技术潜力，不仅可以用于新兴产业的创立，而且可以用于传统产业的改造，成为经济、国防、技术、政治、外交和社会生活等各个领域发展变化的驱动力。

（七）高速度

高技术产业是目前发达国家经济中最活跃也是增长最快的经济部门。美国经济在"9·11事件"前连续十多年呈现高增长、低通胀趋势，而且美国GNP占世界总值的比例也由20世纪90年代初的24.2%增加到2000年的30%。这些都是以信息技术为龙头的高技术产业带来的结果。高技术产业的成功，不仅表现在产值、产量的发展高速度上，而且还突出表现在产品性能更新的高速度，比如计算机芯片的处理速度，从其诞生到现在，几乎每隔18个月就翻一番。目前已研制出的高性能计算机，其运算速度已达到每秒40万亿次，微型机的处理速度已达到每秒 10 亿次。

（八）高战略

高技术是衡量一个国家的经济、政治和国防实力的重要标志，是一个国家综合国力的制高点。江泽民主席说："国际竞争，说到底是综合国力的竞争，关键是科学技术上的竞争。"谁在科学技术特别是高技术上落后，谁就可能在军事上被动挨打，在政治上沦为强权政治的附属，重新被殖民化。因此高技术的发展水平直接关系到一个国家在世界上的战略地位。

四、高技术的发展趋势

高技术的迅猛发展，对整个世界的战略格局产生了巨大的影响。当今任何一个国家要想在综合国力上取得优势，就必须首先取得高技术优势。许多国家特别是工业发达国家都从长期的战略要求出发，把发展高技术当做增强经济竞争力、军事威慑力、政治影响力以及社会发展推动力的重要手段。具体地说，就是以高技术的研究开发为主攻方向，以高技术产业的发展和国际市场的开拓为基本目标，力争在 21 世纪取得有利的竞争条件。可以说，目前高技术已成为当代世界各国进行战略争夺的焦点。

第二次世界大战中，为满足战争的需要而研制的雷达、核武器、导弹（V1 和 V2 导弹）以及稍后于 1946 年研制成功的电子计算机等，实际上揭开了 20 世纪 60 年代开始的高技术发展序幕。在冷战时期由于两个超级大国激烈的军备竞赛，使得以核武器技术、导弹技术、计算机技术、微电子技术、航天技术为代表的军事高技术群体现在 60 年代以后民军突起，并以此带来了战后世界科技发展的黄金时代。

20 世纪 70 年代，在美国、苏联、西欧诸国以及日本，在计算机技术、航天技术发展的影响下，以信息产业为代表的高技术产业如雨后春笋般涌现并迅速成长壮大，以军事高技术为先导，这些国家的国防科技和军事工作开始全面走向高技术化，精确制导武器、军用卫星、电子战装备和指挥控制自动化系统等崭新的高技术武器装备因此而大量研制成功并登上了战争舞台，同时，许多传统的常规武器也因采用高技术加以改造使其性能有了质的提高。高技术就这样全面进入了军事技术的各个领域。

20 世纪 80 年代爆发了几次局部战争。如：1981 年以色列空军空袭伊拉克的核反应堆；1982 年英国和阿根廷的马岛战争；1986 年美军空袭利比亚的"外科手术式"打击等。这些战争中都充分显示了高技术武器装备给战争所带来的崭新变化。军事高技术的发展因此更引起了世界各国军界的关注。

20 世纪 90 年代初的海湾战争，大量高技术装备在战场的广泛应用及其所取得的惊人作战效果，更使各国普遍深刻地认识到，未来战争将是高技术的较量，如果不掌握高技术手段，将难以在高技术战争中立于不败之地。因此，在冷战结束后，尽管国际形势总体上趋于缓和，各主要国家都调整了军事战略，缩小了各军兵种之间的比例，但军事高技术反倒成为人们更加关心的热门话题。一些大国和一些军事强国制订并实施了满足新需要的军事高技术发展计划，而一些小国也纷纷从军事发达的国家购买大批高技术武器装备。军事高技术因此进入了一个崭新的发展时期。

我国军事高技术的发展始于 20 世纪 50 年代中期。1955 年初，中共中央做出了发展原子能事业、研制原子弹的决策。1956 年，中央军委又做出了发展导弹的决定。原子弹和导弹研究工作的开展及研制计划的实施，标志我国以尖端技术为代表的军事高技术的发展不但已经起步，而且将在世界军事高技术发展中占有举足轻重的一席之地。此后，经过几十年的不懈努力，我国先后研制出了原子弹、氢弹、各种战术导弹和战略导弹、核潜艇等高技术武器装备。

1986 年 11 月 18 日，中共中央、国务院正式批准实施了《高技术研究发展计划纲要》，即"863"计划。纲要从我国国情出发，坚持"有限目标，突出重点"的方针，选定了 7 个领域中的 15 个重点项目为目标，通过伞形辐射，带动相关科学技术的进步。"863"计划的研究内容主要有信息技术、新能源技术、新材料技术、生物技术、航天技术、激光技术、通信技术、自动化技术和海洋开发技术等。

"863"计划运行 20 多年来，实施进展顺利，成绩显著，培育出了一批具有世界先进水平的科技成果。与此同时，1986—1989 年，在中央军委领导下，国防科工委提出了 2000 年国防科技发展的战略思想、发展重点、政策措施和奋斗目标。列为重点发展的就是精确制导技术、电子对抗技术和指挥控制自动化技术。展望未来，我国的军事高技术发展必将为我军现代化建设和国防的巩固提供更加强大、更加坚实的物质技术基础。

五、高技术对现代作战的影响

军事高技术的发展及其在军事领域的广泛应用，对现代武器装备和作战行动产生了巨大的影响，具体表现在以下五个方面：

（一）打击精确化

衡量武器装备的优劣，打击力是第一要素。传统武器装备片面追求唯大、唯多和大规模杀伤破坏，其能量的释放缺乏有效控制。高技术武器装备主要表现在"精与巧"上。所谓"精"，就是"打击一点，不及其余"，尽量避免不必要的附带毁伤。根据推算，就杀伤破坏效果而论，定位精度每提高 1 倍，相当于增加了 3 颗弹，增加了 7 倍当量；定位精度每提高 2 倍，相当于增加了 8 颗弹，增加了 26 倍当量。提高武器精度所产生的效果，与此相仿。例如在海湾战争中，当美国空军投下的制导炸弹在伊拉克电信大楼爆炸时，紧挨电信大楼的希拉德饭店却安然无恙，CNN 的电视记者，透过饭店玻璃窗，向全世界进行实况报道。这种情况在传统的战争中，简直是不可思议的事情。正因为精确制导武器有如此的奇效，所以各国才竞相研制和发展。据统计，越南战争中，所用精确制导弹药占总弹药数的比例为 0.02%，到海湾战争时这一比例已达到 9%，波黑战争时达到 60%，而伊拉克战争中则高达 70%。目前，一种全新的作战方式"精确战"已经登上了战争的舞台，它要求探测目标精确，攻击目标精确，摧毁目标精确，毁伤评估精确，总之，仗越打越"精"了。

在求"精"的同时，借助高技术的帮助，也开始在"巧"字上下工夫。比如，对于人，是打死好还是打伤好；对于物，是打碎好还是打废好。随着时代的发展，人们已经开始重新审视这个古老而又崭新的话题。美国人认为，致死不如致伤，致伤不如使其失能。这里讲的"失能"既可以指武器，也可以指人员。这样做，效率比较高，副作用更小，后遗症更大，对此，从美军在索马里的军事行动中，从美国发动的科索沃战争中，人们已经有所领教，其今后的发展动向，值得人们高度重视。

（二）侦察立体化

侦察效果更加显著，比如同样一架视角为 20° 的照相机，装在 3 千米高的侦察机上，一张照片可以拍摄 1 平方千米的地面面积；如果放在 300 千米高的侦察卫星上，一幅照片囊括的范围可达 1 万平方千米，两者相差近 1 万倍。如果把侦察卫星放在地球同步轨道上，一颗卫星就能同时看到太平洋两岸，监视地球表面 42% 的面积。不仅如此，航天侦察还有许多其他侦察手段无可比拟的优点，它不受时间和空间的限制，不受地形和气候的限制，也不怕地面火力的威胁，加上卫星在轨道上是无动力飞行，就是说，只靠地球引力和初始速度就能不停地运行，无须再提供另外的能源，再加上日益发达的空间遥感技术帮忙，可以说，凡是暴露在光天化日之下的目标，都难以逃过卫星的眼睛。在第四次中东战争中，本来以色列已经被打得焦头烂额，手足无措，正在这时，美国大鸟侦察卫星雪中送炭，及时提供了埃及第二、三军团之间有长达约 10 千米的空隙，使以军偷渡苏伊士运河成功，从而转败为胜。假如没有卫星帮忙，以色列的历史可能就要改写了。

侦察是打击的前提，从一定意义上讲，高水平的侦察监视技术，本身就是一种威慑力。1991 年海湾战争打响之前，美国人向伊拉克人送去了一套卫星拍摄的伊军兵力部署、防御设施以及伊拉克总统萨达姆公寓的照片，其清晰程度令人吃惊，起到了涣散伊军士气的作用。为了对毁伤效果进行有效的评估，美军要求每隔 72 小时把战区照片更新一遍。从一定意义上讲，侦察能力的差异性，决定了双方的不平等性，换言之，战场对一方是透明的，对另一方则是黑暗的。

（三）反应高速化

战争中，指挥员注重的是"兵贵神速"，但因受技术条件的限制，传统武器装备常常"欲速不达"。现代武器装备由于充分利用了信息技术的成果，真正做到了机动快、反应快、打击快、转移快等。1982 年贝卡谷地之战，以色列事先进行了周密的电子侦察后，出动百余架飞机，用电子干扰飞机干扰叙利亚军队导弹制导系统，使其发射出来的导弹都偏离目标，然后以迅雷不及掩耳之势，通过饱和式轰炸，仅用了 6 分钟就摧毁了叙利亚军队设在"贝卡谷地"价值 20 亿美元的 19 个"萨姆—6"防空导弹连，获得了巨大的胜利。1986 年美军空袭利比亚，美国飞机从英国基地起飞，经过 4 次空中加油，往返约 10 000 千米，飞抵利比亚上空，对 5 个预定目标倾泻了大批精确制导弹药，把导弹直接打到卡扎菲总统住所，炸弹从窗子飞进卧室，幸亏卡扎菲躲进了地下室才免于一死。这次空袭仅用了 12 分钟，但它却开创了"外科手术式"打击的先河。这种战法在当时是史无前例。

在部队机动速度大大加快的同时，现代武器从发现目标到攻击目标的反应时间，也大大缩短。当前，计算机控制的火控系统，能在 96 秒内操纵 4 门火炮摧毁 35 个分离的目标，而在 15 年前，摧毁这些目标需要 2 小时；相当于拥有 1 万名士兵和 500 辆坦克的装甲师。在高技术战争中，"被发现就意味着被命中"，有些目标在炮击开始 10～15 秒后就可能隐蔽起来，因此要求发射准备时间和反应时间要尽量缩短。由于微电子技术和计算机技术的发展，使得从定位定向、跟踪目标、计算射击诸元、气象修正、调整火炮方向和高低，都有正在或即将实现自动化，从而使火炮达到进入阵地后做好射击准备的时间缩短为 60 秒，同时还提高了精度；而从发现目标到发射炮弹的反应时间也相应减少到 5～8 秒。如美制"罗兰特"地空导弹反应时间为 8 秒，英制"长剑"地空导弹的反应时间为 6 秒，法制"西北风"地空导弹的反应时间为 5 秒。从一定意义上讲，反应的加快相当于距离的缩短，效能的提高，所以，谁的反应速度更快，谁就能更易于发扬火力，撤离现场，就能达到消灭敌人而不被敌人所消灭。

（四）控制智能化

现代技术特别是高技术的发展，使武器装备的射程、威力、精度都几乎达到了各自的极限。交战双方的差别，在很大程度上取决于它们对武器控制和部队指挥的水平上。而要想驾驭信息战，单靠人脑已经不够了，必须借助于电脑来帮忙。在海湾战争中，美军在战区中有3 000多台计算机同国内的计算机相连，跟踪与分析敌军实力，制定与演练作战方案，汇集与查找各种资料，都使用计算机进行。多国部队的战斗机，一般每一架都装有20台左右的计算机；每一辆美军的M1A1坦克或者法国的"勒克莱尔"坦克，均装有各类微机30余台；而每一艘航空母舰，各系统至少装有200台左右的计算机。美国的"全球军事指挥控制系统"，总共由100多台大型机、3 000多台小型机和工作站、数以万计的微型机组成，可连接全球100个基地与战争热点的大型作战指挥网。从一定程度上讲，没有电子计算机，就根本不可能打"高技术战争"。仍以海湾战争为例，在整个38天的空袭期间，多国部队飞机的飞行活动，涉及122条空中加油航线、600个限制区，312个导弹交战空域、78条空中走廊、92个空中战斗巡逻点、36个训练区和6个国家的民航线，总航线长达15万千米，要完成如此复杂艰巨的任务，没有一个智能化的指挥控制网络，简直是不可思议的事情。除了指挥控制系统外，随着计算机技术、虚拟现实技术等的发展与应用，今后武器装备的研制试验甚至武器装备本身，也都在出现智能化的趋势。以往搞核武器试验，兴师动众，劳民伤财；现在，不用核燃料，不用真爆炸，借助仿真技术就能得知核武器的性能。过去人们常说，"枪炮不长眼"，靠高技术武装起来的枪炮，不但长"眼睛"，而且长"心眼"，可以做到打了不用管。

高技术发展给现代战争带来新变化，还远远不只这些。随着新军事革命的兴起及在全球范围内的迅速拓展，未来战争还将出现更多更新的变化。我们必须高度重视，加紧学习，深入研究，积极探索未来战争的特点与规律，提高驾驭和指挥高技术战争的能力，从而赢得未来高技术战争的胜利。

（五）防护综合化

"保存自己，消灭敌人"是战争的共同目的，由于现代侦察、监视和探测手段具有全频谱、全天候、全方位的特点，进攻一方如果不能有效地保护自己，就可能出现"发难者先遭殃"的结局。现在，当一架战斗机在重要地区300米以上高度飞行时，可能受到800～900部雷达的照射，其中可能有300～400部雷达以600～700个不同频率的波束进行搜索，有30～40部雷达跟踪飞机。如果再加上光电探测设备的威胁，战场电磁环境必将更加复杂。这对飞机、导弹等进攻性武器是一个严峻的挑战。在这种情况下，防护的地位显得特别重要。海湾战争中，F—117A隐形飞机大出风头，出动1 600多架次，仅占战斗机攻击架次的1.77%，却完成了对40%战略目标的攻击任务，而且无一损伤，因而被专家评为这次战争中唯一获得满分的最佳作战飞机，其奥妙之处，便是借助于外形设计和表面涂料，有效地实现了隐身要求，其雷达反射面只有0.01平方米，比一个士兵头盔还要小。除了隐身技术外，先进伪装、预警告警、致育致眩、施放诱饵、加固装甲、防电磁脉冲等，也都成了现代武器装备的防护手段。

对于武器装备处于相对劣势的一方而言，搞好伪装隐蔽，直接关系到胜败与存亡。海湾战争中，美国大获全胜，但是，如果不以成败论英雄的话，伊拉克人的伪装隐蔽堪称高明。

在经过了38天的打击之后，不仅伊拉克领导人照样在电视上露面，伊拉克共和国卫队照样保存了实力，就是那性能欠佳的"飞毛腿"导弹，东一榔头，西一棒子，也颇令美国人头痛。战争期间发射80余枚，美国和多国部队出动了2 700多架次飞机到处找寻，也没能找得到，战后联合国去核查，伊拉克又交出138枚。在举世瞩目的科索沃战争中，南斯拉夫的人民和军队不仅敢打，而且善藏，硬是在以美国为首的北约进行了78天的野蛮轰炸，投下了数万吨各种精确制导弹药之后，巧妙地保存了自己的军事实力。由此可见，那种认为"高技术侦察监视手段发展了，伪装隐蔽没有意义了"的观点是错误的。事实证明，只要能够综合运用多种防护措施，藏起来，盖起来，小起来，跑起来，是可以收到隐真示假效果的。

复习题：

1. 什么是高技术？什么是军事高技术？
2. 军事高技术主要包括哪些？
3. 军事高技术的发展与应用给现代战争带来哪些变化？

第二节　高技术在军事上的应用

军事高技术就是应用于军事领域的现代高新科学技术，即已经应用或即将应用于军事领域中，并对现代军事和现代战争产生重大影响的高新科学技术群。它是高技术的重要组成部分，是诸多高技术中为了满足国防的需要而发展起来的那部分新技术群，如制导技术、侦察监视技术、伪装与隐身技术、电子对抗技术、航天技术、指挥控制技术等。

一、精确制导武器

精确制导武器被誉为"现代兵器之星"。它的出现是第二次世界大战后军事技术发展最引人注目的进展之一。作为现代战争三大支柱之一，精确制导武器得到了迅速的发展并大量装备和广泛使用，对现代作战乃至战争都产生了巨大的影响，是现代战争的重要主战兵器。

（一）精确制导武器概述

1. 精确制导武器概念

制导武器是按照特定的基准选择飞行路线，控制和导引对目标进行攻击的武器。制导包含控制、导引的意思，采用导引、控制系统或装置，调整受控对象的运动轨迹，使之完成规定的任务，具有很高的精度和总体效能。一般认为，直接命中的概率超过50%的制导武器称为精确制导武器。

2. 精确制导武器的特点与分类

（1）精确制导武器的特点。精确制导武器与传统武器相比，主要特点表现在以下几个方面：

一是命中精度高。这是精确制导武器最显著的特征。目前，世界上装备和使用的精确制导武器的命中概率达80%以上，如美国的"战斧"巡航导弹的命中精度为9米，精确红外成像制导武器的命中精度小于1米。精确制导导弹的命中率可达85%～95%，精确制导炸弹的命中率可达90%以上。与同类非制导炸弹相比，命中概率提高了30倍。使用电视制导的导弹，比同类非制导武器的命中精度提高了100%。俄军现装备的AT—6反坦克导弹，首发命中率高达 90% 以上。精确制导武器的命中精度在战争中已得到充分验证，早在 1972 年，美军在越南战场上为炸毁一座桥梁，曾出动战斗机 600 多架次，投下普通炸弹数千吨，桥不但未炸毁，反而损失了一定数量的飞机。后来美军利用激光制导炸弹，仅出动了 12 架次飞机就将桥梁炸毁，接着又轰炸了附近的 20 座油库，其中 19 座被命中。

二是作战效能高。精确制导武器比一般武器具有更大的作战效能。在海湾战争中，多国部队使用的精确制导炸弹，有效地摧毁了伊军用水泥和钢筋构筑的工事，那些坚固的地下碉堡在激光制导武器面前也显得异常薄弱。由于命中精度高，有些激光制导炸弹可有效地摧毁建筑物及有生力量。比如，要消灭一个典型的地面目标，如铁路枢纽，若在第二次世界大战期间，需要 4 500 架次战斗机投放 9 000 枚炸弹；在越南战争中，由于武器命中精度的提高，消灭这样一个目标，只需要 95 架次飞机投放 190 枚炸弹，而在海湾战争中，只用 1 枚精确制导导弹就能消灭这样的目标。在海湾战争中，美军 1 枚激光制导钻地炸弹曾摧毁伊军深达 30 多米的钢筋混凝土掩体。

三是具有较强的远距离突防能力。精确制导武器除精度高之外，还具有射程远、速度快和突防能力强等特点，精确制导炸弹借助先进的飞行器如虎添翼，使得精确制导武器具备了第三个突出的特点，即攻击突然、难于防范。如美国"战斧"巡航导弹射程可达 2500 千米，美军的 GBU—15 精确滑翔炸弹能在 80 千米以外投放。

四是作战效费比高。在以往的战争中，往往使用 250 发 155 毫米非制导炮弹才能击毁 1 辆坦克，现在使用制导炸弹仅需 1 ~ 2 发即可。精确制导武器虽然制造成本高，但由于它具有很高的直接命中概率，通常用于攻击高价值重要目标，因而具有较高的作战效益。例如一枚"陶 2"式反坦克导弹造价虽高达 1 万美元，它击毁一辆造价 244 万美元的 M—I 型坦克，作战效费比高达 244:1。

（2）精确制导武器的分类。导弹的分类方法很多，通常有如下几种：一是按作战任务的性质分类，可分为战略导弹、战役导弹和战术导弹。二是按发射点与目标的关系位置分类，可分为地面发射导弹、空中发射导弹、水面发射导弹、水下发射导弹。三是按射程分类，可分为近程导弹、中程导弹、远程导弹和洲际导弹。四是按飞行弹道分类，可分为巡航导弹、弹道式导弹。五是按攻击目标分类，可分为防空导弹、反坦克导弹、反舰导弹、反辐射导弹、反导弹导弹和反卫星导弹。六是按战斗部性质分类，分为精确制导导弹和精确制导弹药两大类。

3. 精确制导武器系统及制导方式和制导原理

（1）精确制导武器系统。导弹武器系统是使导弹能够完成作战任务的一套完整的设备。这个系统通常由弹体、推进系统、制导设备和战斗部等部分组成。根据使用目的的不同各组成部分及布局也可以不同，可增可减。此外，还包括导弹制导系统的地面部分、发射设备、测试设备、运输装填设备、发射控制设备以及使以上设备能正常工作的工程勤务设备等。

（2）导弹的制导方式。制导的含义是按选定规律对导弹或精确制导弹药进行引导和控制，调动其运动轨迹直至以允许的误差命中目标。目前精确制导武器的制导方式主要有以下几种：

①寻的制导。通过弹上的导引系统（导引头或寻的器）感受目标辐射或反射的能量，自动跟踪目标，导引制导武器飞向目标。主要有毫米波、激光、红外成像和可见光寻的制导等。

②遥控制导。导引系统的全部或部分设备安装在弹外制导站，由制导站执行全部或部分的测量武器与目标的相对运动参量并形成制导指令之任务，再通过弹上控制系统导引制导武器飞向目标。遥控制导包括指令制导和波束制导两类。

③惯性制导。利用惯性测量设备测量导弹运动参数的制导技术。惯性制导系统全部安装在弹上，主要有陀螺仪、加速度表、制导计算机和控制系统。

④地形匹配和景象匹配制导。在导弹发射区与目标区之间选择若干特征明显的标志区，通过遥测、遥感手段按其地面坐标点标高数据绘制数字地图，预先存入弹载计算机内。导弹飞临这些地区时，弹载的雷达高度表和气压高度表测出地面相对高度和海拔高度数据，计算机将其同预存数字地图比较，算出修正弹道偏差的指令，弹上控制系统执行指令，控制导弹飞向目标。景象匹配制导与地形匹配制导相似，是利用弹载"景象匹配区域相关器"获取目标区域景物图像数字地图，将其与预存的参考图像进行相关处理，从而确定导弹相对于目标的位置。

⑤全球定位系统导航卫星制导。利用弹上安装的 GPS 接收机接收 4 颗以上导航卫星播发的信号来修正导弹的飞行路线，提高制导精度。

⑥复合制导。导弹从发射到命中目标的过程中，采用一种以上的制导方式。如红外＋毫米波寻的制导，惯性＋卫星定位制导等。

（3）精确制导武器的工作原理。精确制导武器尽管制导方式各种各样，但其基本工作原理或过程大致是：

①通过探测装置探测或接收从目标发出或反向的电磁波、红外辐射、声波，或从目标或环境反向的阳光、月光等信息，测量出目标与武器的相对速度和位置，发现、跟踪目标，并对目标进行定位。

②将有关信息传送给数据处理装置，计算出武器飞行的轨迹与理想轨迹的偏差，给出消除偏差的指令。

③然后经由控制系统修正控制武器的飞行轨迹或姿态，从而命中目标。

（二）精确制导武器的发展与现状

1. 精确制导武器的发展历史

第二次世界大战期间，德国人制造并在实战中使用了弹道式导弹"V—2"和飞航式导弹（即巡航导弹）"V—1"，从此揭开了制导这门神秘技术的序幕。

导弹起缘于火箭，最早的火箭是起源于我国。近代的火箭是依靠火箭发动机推进的飞行器，它根据不同的用途装有不同的有效载荷，当有效载荷是战斗部，并且对火箭的飞行可以实施控制、导向的火箭武器，就被称为导弹。装有战斗部，但发射后不可控制的称为火箭弹。有效载荷不是战斗部的火箭则给以其他名称，如探空火箭、卫星运载火箭等。

1903 年俄国科学家齐奥尔科夫斯基提出了燃烧液体推进剂的火箭、多级火箭和惯性导航的概念，推导出了火箭速度的公式，奠定了现代火箭和航天技术的理论基础。20 世纪 30 年代，由于液体、固体火箭推进剂、高温材料和控制技术取得了新的进展，使火箭武器进入了应用阶段。第二次世界大战时期，纳粹德国积极从事火箭武器的研究，设计并生产了一系列火箭，其中已用实战的有 V—1 飞航式导弹和 V—2 弹道式导弹。V—1 导弹能携带 1 000千克炸药，按预定弹道自动操纵导弹飞行，最大航程 250 千米左右。V—2 导弹是一种最早使用液体燃料发动机的弹道式导弹，携带 750 千克炸药，最大射程为 300 千米，最大弹道高

100 千米左右。

第二次世界大战后，导弹武器进入了一个新发展时期，数量之多，品种之全都是前所未有的。目前已发展到第三代到第四代。第一代导弹是在 20 世纪 40 年代中期至 50 年代末发展的。其特点是：地面储存，地面发射，不易隐蔽，生存能力低，发射前加注燃料，反应时间长，命中精度低。第二代导弹是在 50 年代末至 60 年代中期发展的。其特点是提高了战略导弹的生存能力，陆基导弹由地面发射改为地下井发射；潜射导弹由水面发射改为水下发射。射击精度也有所提高。第三代导弹是在 60 年代中期至 70 年代初期发展的。战略导弹针对反导武器的出现，主要解决突防问题。其技术途径是发展多弹头，使对方无法同时对几个至十几个弹头进行拦截。第四代导弹是 70 年代开始研制的，主要是提高导弹的命中精度和机动发射能力，争取首发命中，保证自身安全，以便在核战争中有足够的反击能力。

精度制导武器自投入战场以来，已显示出强大的威力，在所发生的局部战争中都扮演了重要角色。从越南战争、中东战争、海湾战争、波黑战争、"沙漠之狐"行动直到最近发生的伊拉克战争，精确制导武器的作用越来越大，甚至可以说，现代战争是无导不成战。未来随着精确制导技术的发展和各种精确制导武器的研制成功并用于作战，精确制导武器将成为高技术战争中打击敌人的最主要毁伤手段和"撒手铜"。

精确制导武器是在现代局部战争需求牵引和新技术革命推动下出现的高技术武器。在 20 世纪 80 年代，超音带、远射程、卫星定位导航及激光制导等技术的应用，导弹已成为一种突防能力强、命中精度高、难以有效防御的武器。如在 1982 年的马岛战争中，英国海军的现代化导弹驱逐舰"谢菲尔德"号是被阿根廷的一枚"飞鱼"反舰导弹命中而沉没的，使世界各国感到震惊。在 1991 年的海湾战争中，使用导弹就有 30 多种，许多型号的导弹是第一次实战使用。这次战争充分展示了现代战争的基本模式，导弹战、电子战成为战争的重头戏。开战当天，美国海军发射了 100 枚"战斧"式巡航导弹，90% 以上命中预定目标，伊位克的"飞毛腿"式地地导弹虽有 60% 被拦截，依然使多国部队和以色列感到惊慌。其他的诸如"爱国者"地对空导弹、"哈姆"反辐射导弹、"斯拉姆"空对地导弹等都给人们留下深刻的印象。在科索沃战争中，北约也大量使用"战斧"巡航导弹对南联盟的重要军事设施进行了轰炸，并取得了较明显的作战效果。

2. 制导武器的发展概况

（1）外国精确制导武器的发展现状。精确制导武器被称为"常规威慑力量"，是世界各国最优先发展和采购的武器。美军将精确制导技术和精确制导武器列为推进新军事革命进程的两大技术措施之一。

在海湾战争中，精确制导武器曾显示出优异的作战性能。例如美军发射了 288 枚"战斧"巡航导弹，其命中率高达 90%。在一次空袭中，美军的一架 A—6E 攻击机在 90 千米之外发射一枚"斯拉姆"导弹将伊拉克一座发电厂的围墙上打开一个大洞，2 分钟以后，另一架 A—6E 攻击机又发射一枚"斯拉姆"导弹，这枚导弹沿着第一枚导弹在围墙上打开的洞穿入发电厂内将发电设施摧毁。这促使各国更加重视精确制导武器的发展。

海湾战争结束以来，一些国家一直在进一步发展采用上述各种精确制导技术的导弹、制导炸弹和制导炮弹。例如，采用红外成像制导技术的有美国的"狱火"空地导弹、MRASM"战斧"中程空地导弹，法、英、德联合研制的先进中程空空导弹等；采用毫米波雷达制导技术的有美国的"萨达姆"制导炮弹、ACM 巡航导弹等；采用嵌有 GPS 接收机的复合制导系统的有美国空军和海军的"战斧"巡航导弹、"联合防区外发射武器"和"联合直接攻击弹药"等。现在，电视制导、激光制导、地形与图像匹配制导等技术更趋成熟。电视制导炸弹、激光制导炸弹的命中精度可达2米；采用惯性/地形与图像匹配制导技术的巡航导弹在飞行上千千米之后，攻击目标的误差不超过10米。

由于许多国家都认识到弹道导弹和巡航导弹及反导防御技术的重要性，因而使弹道导弹和巡航导弹的攻防对抗成为精确制导技术发展的一个特别重要的方面。近几年，美国已对在海湾战争中使用的"爱国者"PAC—2导弹进行了改进，使其拦截作战高度从11千米提高到15千米，作战空域扩大1倍，同时还研制出性能更好的"爱国者"PAC—3导弹防御系统，并在重点发展"战区高空区域防御"系统，该系统拦截高度达100~150千米，拦截距离可达150~200千米，可与PAC—3配套组成两层反导防御系统。美国还研制出改进型"霍克"导弹，使这种导弹具备了反飞机、反战术弹道导弹和巡航导弹的能力。此外，美国海军也在研制舰载战区导弹防御系统，该系统以"宙斯盾"舰载防空系统为"低层防御系统"，以原来SDI计划研制的"大气层外轻型射弹"及"标准"2IV型导弹组成"高层防御系统"，构成作战高度分别为30千米和80千米的两层的舰载战区反导防御系统。现在，美国、德国、意大利、荷兰、以色列、土耳其及一些中东国家已部署反导防御系统。

（2）我国精确制导武器的发展现状。我国精确制导武器发展，起步于20世纪50年代，发展于60年代，完善于80年代。经过50多年的努力，我国精确制导武器的发展取得了巨大的成绩，现已形成了门类齐全，种类繁多，多系列、多型号的导弹家族。

到了20世纪50年代中期，我国组建了导弹研制机构及相应的试验基地。尽管当时中国的综合国力特别是经济技术基础还非常薄弱，但由于充分发挥社会主义制度可以集中力量办大事的优越性和广大科技人员的聪明才智，终于我国的导弹武器得到了顺利的发展，并大获成功。1960年11月5日，我国仿制的第一枚近程导弹发射试验成功。随后我国的火箭导弹事业迅速实现了从仿制到自行研制的转变，走上独立发展的轨道。到1976年底，我国先后研制和发射成功了中近程、中程、中远程、远程地地导弹。20世纪80年代以来，我国在"两弹一星"的基础上，奋力攀登，仅用7年时间，就顺利完成了洲际导弹、潜地导弹的研制任务。相继于1980年5月18日向南太平洋预定海域发射成功了洲际导弹，1982年10月12日成功地进行了潜艇水下发射导弹试验，1988年9月15日导弹核潜艇水下发射潜地导弹获得成功，使我国的战略导弹核武器又迈上一个新台阶。

（3）精确制导武器的各种应用状况。精确制导武器中，数量最多、比重最大的是各类导弹，此外，制导炮弹、制导炸弹等精确制导武器的数量与品种也日渐增多。按照不同的战术用途，精确制导武器的主要应用情况如下：

①防空导弹。从地面或舰艇上发射攻击空中目标的导弹为防空导弹。其中地面发射的称为地对空导弹，舰艇上发射的称舰对空导弹。防空导弹加上发射装置、目标探测与跟踪设备、火控设备和技术保障设备以及操作人员，构成可以独立作战的防空导弹系统。按导弹拦截目标的距离和高度，可分为中远程中高空防空导弹、中近程中低空防空导弹和近程低空防空导弹，按部署方式分，有固定阵地防空导弹、车载机动式防空导弹和便携式防空导弹。

目前世界上有防空导弹约100多种，其中地对空导弹70余种，舰对空导弹30余种。以往研制的防空导弹主要是反飞机，现在有把反飞机与反战区弹道导弹合成一体的趋势。比较有代表性的防空导弹是美国的"爱国者"系列和俄罗斯的"萨姆"系列。"爱国者"属于中远程中高空防空导弹，最大射程 70 千米，现有"爱国者—1"、"爱国者—2"及改进型"爱国者—2"和"爱国者—3"。

苏联和俄罗斯发展的"萨姆"系列防空导弹共有 19 个型号，其中比较先进的是 SA—10。其改进型 SA—10C 和 SA—10D 有效射程分别达到 150 千米和 200 千米，具有反飞机和反战术弹道导弹能力。

②反坦克导弹。反坦克导弹是指用于摧毁坦克和其他装甲目标的导弹。近年发展的反坦克导弹还可用于摧毁其他坚固目标，如防空阵地、地面指挥所和防御工事、桥梁、水面舰艇等。与传统的反坦克武器相比，反坦克导弹具有射程远、精度高、威力大、质量轻、机动性强等特点。现已成为反坦克武器系统的主力军。

反坦克导弹有多种分类方法：按发射平台可分为地面发射型和机载空中发射型两类。而前者又可细分为单兵便携、三脚架发射式、车载式和炮射式四种。按射程可分为近距离（1 000 米内）、中距离（1 000～3 000 米）和远距离（3 000 米以上）三类。在反坦克武器中，反坦克导弹和精确制导反装甲弹药是精确制导武器发展最为活跃的领域。目前，已发展到第三代，正在研制新一代反坦克导弹。

③反辐射导弹。利用敌方雷达的电磁辐射进行导引，攻击敌方雷达及其载体的导弹，又称反雷达导弹。反辐射导弹属于电子战中的硬杀伤武器，有空对地、空对空和舰对舰等类型。空对地型主要用以攻击防空警戒雷达、导弹制导雷达和高炮瞄准雷达等目标；空对空型用于攻击机载雷达和机载电子干扰机及其载机，如预警飞机、战场监视雷达飞机和电子战飞机等。

④空空导弹。空空导弹是指从空中平台发射、攻击空中目标的导弹。它是歼击机对空作战的主要武器，也是歼击轰炸机、轰炸机和强击机的空中自卫武器。它与航炮相比，具有射程远、命中精度高、毁伤威力大等优点。按射程可分为近距（20 千米）、中距"爱国者—2"导弹（20～100 千米）和远距（100 千米以上）空空导弹。目前，空空导弹已发展到第四代，第三代仍是空空导弹的主力。

⑤地地战术弹道导弹。地地战术导弹是从地面发射攻击敌方师、集团军纵深内及方面军浅纵深内的战术或战略目标的导弹。地地战术导弹按弹道特征可分为战术弹道导弹和战术巡航导弹。按射程可分为远程（500～1 000 千米）、中程（300～500 千米）地地战术导弹和近程（300 千米以内）地地战术导弹。

目前，地地战术弹道导弹已发展到第三代，全部采用固体火箭发动机，机动式发射，制导技术先进，反应速度快，命中精度高，有多种战斗部，可用于不同的作战目的，已成为陆军作战的重要武器。

⑥巡航导弹。在大气层中飞行，利用气动升力和支持其重量，依靠推进装置的推力克服前进阻力，大部分时间以近平等速，等高状态飞行的有翼导弹。按作战任务不同，巡航导弹可分为战略巡航导弹和战术巡航导弹。射程在 500 千米以上，用于攻击地面战略目标的称为战略巡航导弹；射程较近，用于攻击陆上高价值目标或海上目标的称为战术巡航导弹。战术巡航导弹带常规弹头，战略巡航导弹可带常规弹头，也可带核弹头。现装备的巡航导弹的一个主要缺点是飞行速度慢，一旦被发现，可以用多种武器拦截。

⑦激光制导炸弹。利用目标反射的激光作引导、对目标进行轰炸的航空炸弹，是一种精确制导武器。照射目标的激光器通常装在飞机上，投弹时，弹上的激光导引头接收目标反射

的激光，通过弹翼控制使炸弹投向目标。激光制导炸弹可以从高空投掷，也可以从中空或低空投掷，命中精度比普通炸弹要高几十倍到一百倍。激光制导炸弹的主要缺点如下：一是受云、雾、雨、雪和烟尘等影响，不能全天候使用。二是携带激光器的飞机在炸弹命中目标之前不能离开，容易受到敌方防空火力的攻击。

（三）精确制导武器的影响与发展趋势

1. 精确制导武器对现代战争的影响

近几场高技术局部战争表明，精确制导武器已经成为战场的主力兵器，它的不断发展和广泛应用，大大改变了作战的进程和作战的结果，对现代战争具有较大的影响。

首先，精确制导武器大大地提高了作战效能。在越南战争中，美国为了轰炸河内附近的一座大桥，曾出动600多架次飞机，投掷数千吨炸弹，损失飞机18架，仍未能炸毁该桥，改用刚刚研制成功的激光制导炸弹，仅出动12架次，就将大桥炸毁，飞机无一损伤。而在海湾战争中，精确制导武器对现代战争和作战的影响更为明显。在这场战争中，使用精确制导武器种类、数量最多，发挥的作战效能最大。这次战争具有明显的高技术特征，精确制导武器的大量使用，大大提高了作战效能，这是过去任何一场战争都无法比拟的。在这场战争中，精确制导武器与电子战的密切配合，以精确制导武器为基本火力的空袭作战，以精确制导武器为主要压制杀伤手段的空地反装甲联合作战和纵深打击等，成为多国部队一方迅速取得胜利的重要因素。从海湾战争可以看出，精确制导武器对未来的高技术条件下的局部战争和作战将产生深远的影响。

其次，精确制导武器使作战样式发生深刻变化。精确制导武器有现代作战中的大量使用，给现代作战带来许多新的变化，主要表现在如下几方面：一是使超视距、多模式、多目标精确打击成为可能。二是可以同时连续精确地打击整个战场纵深，减少前沿的短兵相接，使前后方界线模糊，战场呈"流动"状态、非线性或无战线化。三是实现"外科手术式"打击，使得对点目标攻击的附带损伤和破坏可以降至尽可能小的程度。四是提高了全天候、全天时的作战能力。

第三，精确制导武器成为改变军事力量对比的杠杆。海湾战争表明，精确制导武器正在改变坦克、飞机、大炮、军舰等大型武器装备的传统军事价值，并成为现代战争基本的火力打击力量，正在成为改变战争双方军事力量对比的杠杆。其表现如下：一是精确制导武器与电子战的密切配合，成为决定战争胜负的重要因素。二是精确制导武器改变军事力量平衡的作用越来越明显和重要。三是精确制导武器促进了常规威慑力量的形成。

精确制导武器由于其巨大的作战效能，大大改变了战争的进程和作战的样式，已成为现代战争中的主要作战武器。目前，精确制导武器已成为世界各国武器装备发展的重点，预计今后这种武器还将有较大的发展，并可能对战争和作战产生更大的影响。

2. 精确制导武器的发展趋势

随着探测技术、高速信号处理技术、控制技术等高新技术的发展，未来精确制导武器将广泛采用先进的毫米波、红外成像、全球卫星导航定位系统等单一或复合制导技术，命中精度将进一步提高，并逐步向多功能、自主化、灵巧化、轻小型和智能化方向发展，精确制导武器将得到不断的提高。从目前的状况来看，未来精确制导武器的发展主要呈现出以下几种趋势：

一是导弹的智能化程度和命中精度将有进一步提高。所谓智能化，也就是具有分析问题、处理问题的能力，也就是说能使精确制导武器具有人脑的一些判断、决策功能。未来战争的战场环境越来越复杂，精确制导武器要在极短的时间内将目标摧毁，仅仅依靠人工引导已不可能，必须使制导武器具有某种人工智能，判断和首先攻击对方威胁最大的目标，并且能对攻击效果及时进行毁伤评估。当导弹具有智能化后，就使得自主攻击成为简单的问题。自主攻击主要是指导弹在机动、飞行过程中具有抗干扰、躲避诱饵、进行自主识别、判断和攻击的能力。美国在这方面领先一步，它们研制的"黄蜂"机载反坦克导弹就具有智能化特点，它能在距目标很远的距离上发射，到目标上空能自动俯视战场，搜索发现坦克，然后各导弹头分散攻击不同目标。随着各种精确制导武器继续提高和完善制导技术，新一代精确制导武器将广泛采用先进的制导技术，可以选择目标最脆弱的部位达到命中即杀伤的效果，精度将从现在的 10 米量级提高到 1 米量级。

二是提高导弹的抗干扰能力和全天候作战能力。现代战争是信息化的战争，在实战中精确制导武器所处的电磁环境很复杂，敌方总会千方百计地破坏精确制导武器的正常工作条件，这就要求制导系统在现代电子对抗条件件有很强的抗干扰能力。首先，采用被动寻的制导系统。由于被动寻的制导系统本身不辐射电磁波，而是利用目标的辐射波，敌方较难发现，具有一定的攻击隐蔽性，因此各类被动寻的制导系统如电视、红外、微波被动寻的将广泛应用。其次，对主动寻的系统采取措施来提高攻击的隐蔽性。由于主动寻的系统必须向目标辐射电磁波，因而比较容易被敌方侦察到并采取相应的干扰措施，所以主动寻的系统抗干扰的能力格外重要。再次，采用新的制导方式。如毫米波雷达制导、GPS 制导等。毫米雷达具有频带宽、天线口径小、增益高、波束窄、分辨率高的特点。因此，毫米波制导将大大提高制导精度（2~3 米）。

从目前装备的精确制导武器看，大都受天候、气象和烟幕的影响，为改变这一状况，世界竞相提高精确制导武器的全天候作战能力，以适应未来战场需要。如美军的"小牛"空地导弹，采用了电视、红外成像和激光三类制导装置，以适应白天、黑夜不良气象等各种条件下作战。海湾战争中，多国部队使用的"爱国者"防空导弹，采用的就是相控阵雷达、指挥控制系统和复合制导系统，使其具有全天候、全空域的作战能力。

三是提高导弹的隐身性能和突防能力。隐身技术是一种可降低飞机、导弹等目标的可探测特征，使其不易被敌方各种探测设备发现的综合性技术。其包括雷达、红外、可见光和声学等隐身技术，其中应用最广泛的是雷达隐身。隐身的意义在于能够发现常规目标的距离上，发现不了采用隐身技术的同类目标。未来，巡航导弹将通过综合利用雷达、红外和声学等隐身技术，使导弹的雷达反射截面、红外信号特征和噪声将进一步减小，防御系统进行探测和跟踪更加困难。

提高突防能力的措施主要有以下几点：①采用隐身技术，隐身的意义在于在能够发现常规目标的距离上，发现不了采用隐身技术的同类目标，未来，巡航导弹将通过综合利用雷达、红外和声学等隐身技术，使导弹的雷达反射截面、红外信号特征和噪声将进一步减小，防御系统进行探测和跟踪更加困难；②提高飞行速度，提高导弹的飞行速度，也可以使突防能力大大提高，因为速度高，在射程相同时，飞行时间就更短，其发现、跟踪和拦截的概率就更小。如果再采用机动变轨等措施，将大大增强其突防能力。

四是将向轻小型化方向发展。轻小型化是指采用新型材料、新工艺、微型化、固体化、多功能化的部件。用复合材料和轻型铝合金，可大大减轻导弹的重量，用快速凝固的新工艺可筛选出更高性能的合金，"爱国者"导弹系统采用大规模集成电路和固体电子器件之后，其重量和体积比"奈基 II"均减轻和减小 4/5；"爱国者"制导系统用一部相控阵雷达，起到了"霍克"5 部雷达的作用，大大简化了系统的组成。弹道和炸弹的轻小型化和微型化，可以提高效率，并降低拦截的概率。美国目前正在发展一项微型灵巧弹药技术，可以将一种 250 磅（1 磅 = 0.45359237 千克）的炸弹装入隐形飞机内，这种炸弹与 2 000 磅炸弹具有同等的毁伤效果，而飞机的运载负荷却降低了 70% ~ 80%。多功能和轻小型化的实现，将使精确制导武器的费用显著下降，成为负担得起的高技术武器。

五是提高精确制导武器系统的模块化和标准化程度。模块化是指制导技术的结构而言，它不但使导弹能迅速地适应不同目标，而且减少的后勤支援设备，便于维护和技术改进。目前，用于导弹武器系统的模块，已有结构模块、助推模块、惯性制导及其他制导模块、控制模块、导引头模块、有效载荷模块、引信模块等。今后，用于导弹武器系统的模块化将越来越多，越来越广。

标准化是指制导技术采用标准化元件、组什，计算机用标准化程序语言，以减少备件种类、简化设备，并增加它们的互换性。如"爱国者"地对空导弹系统的相控阵雷达的数字、模拟组件、A/D 转换器和电源、存储器等，均采用了标准组件，其电子备件仅用了 239 种标准组件，是"霍克"地对空导弹使用备件的 1/10。

六是提高导弹的通用性和系列化。制导技术的通用化将向两个方面发展：一方面是指一种导弹稍加改动或更换某些组件便能多用，意大利 20 世纪 80 年代初服役的"阿斯派德"导弹可做空对空、地对空、舰对空导弹使用，美国正在研制三军通用的"远程两用导弹"，可做反舰、地对空、舰对空、空对地导弹使用；另一方面是指某项技术通用，使各种制导技术间横向渗透，互相补充，如战略导弹的惯性制导技术、垂直发射技术等将更多地用于各种战术导弹，而战术导弹的一些特有技术也是将更多地用到战略导弹中。系列化通常指一种用途的由低级向高级发展的系列，或用一种大致相同的构思研制的多用途导弹系列。系列化的优点是便于技术继承、提高和性能改进，并缩短新型号导弹的研制生产周期，提高效费比。目前世界各国装备的导弹中，有 16 种系列，如空对空导弹"麻雀"、"响尾蛇"系列；空对地导弹"响尾蛇"系列等。系列化思想还将促进某些在实战中证明是有效的导弹的技术改进。

二、伪装与隐身技术

现代侦察探测技校的迅猛发展，必然刺激与之对抗的反侦察技术的不断进步。现代伪装技术已成为对付侦察探测和精确制导武器最有效的技术措施之一，而隐身技术则更是现代进攻性武器装备突防的重要手段。

（一）伪装技术

1. 概述

（1）伪装的定义。所谓伪装，就是为隐蔽自己和欺骗、迷惑敌方所采取的各种措施，也就是常说的"隐真"和"示假"。伪装是对抗军事侦察和武器攻击的一种有效手段，是作战保障的一个重要组成部分。它的目的在于降低敌方侦察器材的侦察效果，提高目标的生存能力，增强部队的战斗力，使敌方对己方军队的行动、配置、作战企图和各种军事目标的位置、状况等产生错觉，造成指挥上的失误，保持己方军队行动的自由权，最大限度地发挥兵力兵器的军事效益，从而达成战役战斗的胜利。

军事伪装具有很强的综合性，其所涉及的学科包括光学、电学、声学、物理学、化学、生物学、植物学、仿生学、材料科学等。针对高技术侦察的特点，现代伪装技术主要是为减少目标和背景在可见光、红外、无线电波等方面的反射或辐射能量差异而采取的各种技术措施。

（2）伪装的基本原理。任何目标都处在一定的背景之中。目标的属性和功能决定了它与背景之间存在着差别。这种差别使得目标易被各种侦察器材所发现。目标的可探测特征主要包括：形状，如各种技术兵器装备和设施的外形、轮廓、大小及阴影；色调，即目标的颜色和亮度；位置，即目标与其周围环境的相对位置关系，活动痕迹；热辐射，即目标辐射的红外线特征，电磁波的发射或反射；等等。

军事伪装就是要使目标的这些特征不容易被发现，或者有意扩大这些特征以制造假目标。即，通过采用光学的、电学的、热学的、声学的、磁学的、生物化学的技术手段和天然条件，以及材料技术、表面结构设计和模拟技术等手段，减小或消除目标与背景的差别或可探测特征，将目标隐蔽在背景之中，以实现目标的"隐真"；相反，模拟或者扩大目标与背景的差别，增大可探测性，构成假目标，以通过"示假"欺骗敌方。

（3）伪装的分类。军事伪装最基本的分类有两种：按其在战争中的运用范围可分为战略伪装、战役伪装、战术伪装；按所对付的侦察器材的工作频谱又可分为雷达波段伪装、可见光及红外波段伪装、防声测伪装等。

2. 伪装的主要技术措施

（1）天然伪装。天然伪装就是充分利用地形、地物、夜暗和能见度不良天候（如雾、雨、风、雪）等天然条件，隐蔽目标或降低目标暴露征候的一种方法。天然伪装主要用于对付光学（紫外、可见光和近红外）侦察，在一定条件下也能对付热红外和雷达侦察。其主要原理在于，可见光、红外线、雷达波是直线传播，高山、谷地、沟渠、森林等地形易形成天然遮障，或者形成雷达波回波干扰，使目标得到较好的隐蔽。天然伪装的优点是可以因地制宜，不需要制式器材，简便易行，省时省力。实施天然伪装时，要注意不破坏背景的天然外表，为提高伪装的综合效果，通常还要结合其他伪装措施。

（2）迷彩伪装。迷彩伪装就是用特制的涂料、染料和其他材料，按一定要求喷涂目标表面，达到消除或减小目标和背景之间反射或发射可见光、热红外和雷达波差别的措施。迷彩伪装依照目标类型、背影特点和涂料技术状况，分为保护迷彩、仿造迷彩、光变色迷彩和多功能迷彩等。

保护迷彩是一种使目标与背景颜色相近的单色迷彩。它能降低目标在背景中的显著性，用于伪装色调、亮度比较单调的背景上的目标。

变形迷彩是采用多种颜色的涂料组成斑点形状不规则的多色迷彩。这种迷彩歪曲了目标外形，使运动中的坦克、火炮、汽车很好地融合在背景中，造成敌人侦察和识别的困难。现在由计算机辅助设计的三色迷彩图案达数百套，可满足近千种不同装备在不同环境中的迷彩伪装要求。

仿造迷彩是仿制周围背景斑点图案的多色迷彩。仿造迷彩在技术上与变形迷彩相似，只是多用于伪装斑驳背景上的固定目标或长时间停留的活动目标，如建筑物、永久工事、火炮等。

光变色迷彩是一种能随背景色调而变化的迷彩。例如为提高军服在核爆炸时对人体的保护作用，在常规军服上涂覆防原子变色涂料，在普通光照射时呈草绿色；在核爆炸光辐射条件下，在0.1秒后即变成白色，可减少光辐射对人体的伤害。

多功能迷彩是随着现代涂料装技术发展而出现的，能同时对付可见光、红外、雷达等多种探测器的新型迷彩。其特点是在可见光范围内，可实现目标与背影的融合，在红外区可达到斑驳变形效果，并且能防雷达波的侦察。如美军用醇酸树脂涂料配制的12种标准伪装色，可组成黄褐色、褐色、暗绿色、黑色四色迷彩，能有效对付紫外区、可见光和近红外波段的侦察，使目标可见性平均减小30%。

（3）植物伪装。植物伪装是利用种植植物、采集植物和改变植物颜色等方法对目标实施伪装的措施。由于简易有效，在现代战争中仍经常使用。如，在目标上种植植物进行覆盖；利用垂直植物遮蔽道路上的运动目标；利用树木在目标地区构成植物林；利用种植植物改变目标外形和阴影；利用新鲜树枝和杂草对人员、火炮、汽车和工事实施临时性伪装等。

（4）人工遮障伪装。人工遮障是指利用各种制式和就便伪装器材对目标设置遮障的一种措施。它由遮障面和支撑构件组成。制式遮障面有叶簇式薄膜伪装网、雪地伪装图、伪装伞、反雷达伪装网、反中红外侦察伪装遮障和多频谱伪装遮障等。伪装遮障按其用途和外形可分为水平遮障、垂直遮障、掩盖遮障、变形遮障和反雷达遮障等五种。

近几十年来，遮障伪装技术已有很大发展，其主要表现：一是由单波段遮障伪装发展到多波段遮障伪装；二是结构轻便，易于使用。如国外装备的超轻型伪装网，每平方米仅136g，不勾挂装备，具有良好的多波段伪装功能。

（5）烟幕伪装。烟幕伪装是施放烟雾遮蔽目标和迷盲、迷惑敌人或使来袭制导武器失效所实施的伪装。它通过散射、吸收的方式衰减光波能量，来干扰敌方光学侦察。由于发烟材料的发展，现代烟幕不仅可以遮蔽可见光，在雷达和红外波段同样地具有干扰或遮蔽作用，而且还可用于对付激光制导武器等。目前常用的烟幕伪装器材主要有：发烟手榴弹、发烟火箭、发烟炮弹及炸弹、烟幕施放器、飞机布洒器、航空发烟器等。

（6）假目标伪装。假目标伪装是指为欺骗、迷惑敌人而模拟目标暴露征候所实施的伪装。假目标包括形体假目标和功能假目标两类。前者指仿造外形与兵器、人员、工事、桥梁等相似的模型类假目标，后者指各种角反射器、尤伯透镜反射器、热目标模拟器、红外诱饵弹、综合红外箔条等具有反射雷达波或产生热辐射等特定功能的假目标。当前，假目标制作与生产已发生了很大变化，由目标外形、大小和颜色的模拟发展到多波段特征的模拟，由采用就便、散件材料或器材现场制作发展到工厂化生产，产品具有功能齐全、结构形式多样、操作迅速轻便等特点。

（7）灯火与音响伪装。灯火伪装是指在夜间消除、降低和模拟目标的发光暴露征候，以隐蔽目标或迷惑敌人所采用的伪装。灯火伪装分为室内灯火伪装和室外灯火伪装。室内灯火伪装包括遮光法、降低照明强度、限制照射范围、模拟透光窗户等方法。室外灯火伪装主要有信号灯的隐蔽、车辆前后灯的隐蔽、发光标志的隐蔽、彩新型冷光源模拟正在行驶的车辆灯光及作业场的灯火等。

音响伪装是消除、降低、压制或模拟目标的音响暴露征候，以隐蔽目标或迷惑敌人所采用的伪装。消除音响应使目标音响在到达侦听时比环境噪声小15dB；压制音响时要求噪声比目标音响高15dB；模拟音响时要求模拟音响与目标音响具有相似的频率和音量等特征。

3. 伪装技术的发展趋势

伪装技术作为信息对抗和提高目标生存能力的一种经济、有效的手段而受到各国的普遍重视，现有的伪装技术将继续得到更广泛的应用，并在应用中得到完善和发展，同时，引入高技术发展全新的伪装技术，更多的、技术更先进的新型伪装装备将不断涌现。未来伪装技术的发展趋势主要表现在以下几个方面：

（1）伪装技术中的关键技术将得到优先发展。由于未来热红外成像技术将成为情报侦察、开口制导采用的一个主导技术，发达国家将普遍使用热红外成像技术装备；激光制导武器因精准、廉价将在未来战争中大量使用；雷达探测特别是合成孔径雷达技术，以其全天候、全天时、近实时和分辨高的工作特点和探测浅地表下目标的功能，将得到迅速发展和应用；综合探测性能特别是在分辨率、不良天候适应能力和天线尺寸三个方面具有明显优势的毫米波探测器将异军突起。针对这些侦察和攻击系统的现状和未来发展，防热红外、防激光、防雷达和防毫米伪装技术势必将成为优先发展的关键技术。

（2）新的伪装技术将有较大突破。未来伪装技术最重要的发展是新型伪装技术的发展。在继续使用、改进和完善现有伪装技术的基础上，未来将更广泛应用高技术，集中发展一系列全新的伪装技术。

高技术迷彩目前常用的有三种迷彩，即保护色迷彩、变形迷彩和仿造色迷彩，都是大斑点迷彩，它只适用于特定的目标或环境，用途和效果都受到一定的限制。现在正在研制一种智能迷彩系统，该系统以小斑点迷彩为基础，采用计算机辅助图形设计、配色和喷涂技术制造。这种高技术迷彩是小斑点多色迷彩，迷彩斑点直径较小，一般为10厘米，分别采用两种明快、纯净的颜色，疏密不一，相互渗透，在不同距离上能"空间混色"形成大小不一的图案。近距离看去是小斑点迷彩，远距离看去则为大斑点迷彩，被伪装的目标的外观始终被这些对比鲜明的斑点所分割、变形。

高技术涂料未来研制并使用的高技术涂料主要有两大类：生物涂料和纳米材料。生物涂料主要是光变色生物涂料，是根据"变色龙"的色素细胞变色原理，利用生物技术将变色基因引入藻类或苔藓等物种中，制成生物涂料使其具有良好的光学伪装性能。如果掺入必要的超细微粒金属粉末等电磁波吸收材料，则同时具有防光学、防热红外和防雷达伪装性能。

纳米材料是指颗粒大小为纳米（十亿分之一米）级的超微细固体材料。实验表明，纳米材料在较宽的频带范围内，显示对电磁波的均匀吸收性能，伪装效果远在一般涂料之上。如在目标表面喷涂几十纳米厚的纳米材料，其吸收电磁波的效果与比它厚1000倍的现有吸波材料相同。因此，纳米材料是一种有广阔发展前景的、最优异的多波段伪装材料。

超级植物毯天然植物伪装可有效地对付可见光和近红外侦察，是一种经济实用的伪装手段。未来可能利用生物技术，获得生长迅速、耐旱、适应性强、外形各异、依周围天然环境变化而变化的超级生物。使用时，可将此物种的种子播撒到设置在前沿阵地、工事以及各种相对固定目标表面的一种超级"植物毯"上。这种超级"植物毯"是由供植物生长的营养剂经特殊加工而制成的。通过用水喷灌，使"植物毯"营养剂逐渐分解供植物吸收，并能在较短的时间内促使植物快速生长，将植物"编织"在"植物毯"中，形成一种天然植物伪装。

新型多功能伪装遮障如何将变形迷彩与伪装网的特点结合起来，使伪装遮障能同时适用于对静止和运动目标的伪装。目前正在研制的一种多功能变形遮蔽装置就具有这一特性。这种遮障的伪装面采用先进的具有可见光、红外、雷达三种防护功能的伪装网制作，由几米或更小尺寸的小块组成。在使用时，遮障并不是将整个目标全部盖住，而是经过科学设计后，分别安装在目标易暴露部位或具有特殊形状的部位，并和原有的迷彩有机结合，从而起到较好的伪装效果。

新型气溶胶发生剂烟幕在现代战争中作用越来越显著因而备受重视，现正在研制一种新型气溶胶发生剂，这种气溶胶发生剂形成的烟幕在可见光波段有较强的散射作用，对红外线有较强的吸收作用，同时还能强烈地反射雷达波等。

智能蒙皮是一种由具有程序控制并动态可调性的材料制成的蒙皮。蒙皮表面由众多微机电系统元件组成，它可以传感外来红外、近红外、雷达等辐射，并通过平板取向、染料抽运和粒子的取向使表面发生改变，实现与背景的良好匹配，达到伪装的效果。

（3）一系列新型伪装器材将被研制和装备。在伪装技术发展的推动下，未来将有一系列标准的新型伪装器材被研制和装备。

——适用于遮蔽各类目标，效果好、简便易用的标准组件式重型和轻型的伪装网系统。

——能适应高技术条件下单兵作战需要的多功能、多用途单兵伪装器材，包括伪装服、头盔伪装网、单兵伪装网和伪装油膏等。其中，使用新材料制作的伪装服，除具有三防功能外，还具有防寒、防潮、防可见光及防红外侦察、防激光的多种功能，甚至还具有变色能力。

——自动烟幕和假目标系统，包括：一是着重研究一种大面积、快速设置烟幕的自动施放系统，以适应高技术战场上隐蔽部队行动的需要；二是研制能同时设置烟幕和假目标的组合式施放系统，以对付多种探测手段的侦测和制导武器的攻击；三是研制高效假目标和能自动控制的假目标施放系统。

——新型多功能、高效率的伪装作业机械。

（4）伪装技术与武器装备融为一体。现有的伪装技术大都是将伪装器材与武器装备分开单独设计和配合使用。战争的发展要求在高价值武器装备的研制、生产过程中，要综合考虑其外形、结构、材料以及声、光、电、热等特性，将伪装技术纳入其结构中，使武器本身具有良好的伪装性能。隐身飞机、隐身舰艇等隐身武器就是将伪装技术与武器装备融合为一体的典型代表。

（二）隐身技术

1. 概述

隐身技术又称隐形技术、低可探测技术或目标特征控制技术，是通过降低武器装备等目标的信号特征，使其难以被发现、识别、跟踪和攻击的综合性技术。隐身技术是传统伪装技术走向高技术化的发展和延伸。作为一门交叉性学科，它综合了诸如流体动力学、材料学、电子学、光学、声学等众多领域的技术，是第二次世界大战以来新出现的重大军事技术项目之一，被称为"王牌技术"。

由于现代战场上的侦察探测系统主要有雷达、红外、电子、可见光、声波等探测系统，所以目前的隐身技术也相应的分为雷达隐身技术、红外隐身技术、电子隐身技术、可见光隐身技术、声波隐身技术等。

随着隐身技术的发展和应用，在未来战场上将出现愈来愈多的各种隐身武器。这将大大提高武器装备的生存能力、突防能力和作战效能，打破已形成的攻防平衡态势，推动防御系统中的各种探测系统发生重大变革，刺激反隐身技术的发展。

2. 隐身技术的现状及其应用

（1）发展现状。隐身技术的研究最早可以追溯到第二次世界大战期间，当时德国潜艇的通气管和潜望镜就开始有机用吸波材料以达到反雷达探测的目的。20世纪50年代，美国开始探索减少雷达散射截面积的途径，并在U—2等侦察机上采用。70年代以后，美、苏、英、日、法、德、意、加拿大、以色列等国都投入大量人力、物力和财力研究隐身技术。目前，五种隐身技术的研究均取得了不同程度的进展，其中研究的重点——雷达和红外隐身技术已取得重大突破，并被应用于研制隐身飞机、隐身导弹、隐身坦克、隐身舰船等各种隐身武器装备而获得成功。

雷达隐身技术。根据雷达在无干扰时自由空间的测距方程，具有一定性能参数的雷达的探测距离与目标的雷达散射截面积的4次方根成正比。因此，要想缩短雷达的探测距离，就要减小目标的雷达散射截面积。目前研究出的雷达隐身技术主要包括下列内容：

——隐身外形技术。合理设计目标外形是减小其雷达散射截面积的重要措施。以隐身飞机为例，飞机的机身、机翼、翼身接合部、雷达罩、座舱罩、垂尾、进气道、尾喷管等是雷达波的强反射体。减少这类强反射体、消除角反射器、消除连接体间的缝隙及突出部位是隐身外形设计的基本要求。目前采用的主要技术措施是采用翼身融合体、多面体外形、后掠翼、发动机深置于机体内、内倾双立尾、进气口隐身材料网罩、S形进气道和锯齿形接缝等，以消除角反射器，减少镜面反射和谐振，可避免产生雷达回波尖峰信号。

——隐身材料技术。目前研制的隐身材料主要有雷达回波材料和雷达透波材料，按其使用方法可分为涂料型和结构型。已广泛应用的吸波涂料有各种铁氧体，近年来又研制出了席夫碱视黄基盐类涂料、"铁球"涂料和"超黑色"涂料等性能更好的吸波涂料。已广泛应用的结构型隐身材料主要有碳纤维/环氧树脂、石墨/热塑性材料、硼纤维/环氧树脂等复合材料。如美国研制的轻强型结构吸波板，由数层交错排列的塑料蜂窝板和电阻片组成，可将宽频带电磁波衰减约20dB。

——自适应阻抗加载技术。在金属体目标表面人为地附加集中参数或分布参数的阻容元件，改变蒙皮表面的电流分布，使其产生与雷达回波的频率、极化、幅值相等但相位反的附加辐射波，它与雷达回波相抵消，从而达到减小目标雷达散射截面积的目的。

——微波传播指示技术。即利用计算机预测雷达波束在不同大气条件下传播发生畸形所产生的"空隙"和"波道"，使突防飞行器在雷达波覆盖区的"空隙"、"盲区"内或"波道"外飞行，以避开敌方雷达的探测。

——等离子体隐身技术。即用等离子气体层包围飞机、舰船、卫星等目标的表面，利用其对雷达波具有的特殊吸收和折射特性，使雷达回波的能量减小。

上述各种技术雷达隐身效果很好，但都存在一定的局限性。例如，通过隐身外形设计可降低飞行器的雷达散射截面积，但会影响其气动性能；飞行器表面涂敷吸波材料，会增加其重量，影响其载荷能力等。因此，使用各项隐身技术要与装备的战术技术性能结合权衡考虑。

红外隐身技术。许多军事目标，特别是飞机、导弹等在飞行途中都会发出强大的红外辐射。红外隐身技术采用红外干扰外主要就是通过抑制目标的红外辐射，使敌方红外探测系统难以发现的一种技术。目前研究出的抑制目标红外辐射的技术措施有：

——改进发动机结构。如改善燃烧室设计使燃油充分燃烧；采用金属—石棉—金属夹层材料隔热；采用碳或陶瓷复合材料制造的 S 形二元喷管和排气口红外抑制挡板；采用降低排气温度的辅助时气口；将发动机置于机翼之上等。

——使用能降低排气的红外辐射的新燃料，或在燃料中加入特殊添加剂以减弱排气的红外辐射或改变排气的红外辐射波长等。

——装备表层采用吸热、隔热材料和涂料。主要有红外反射涂层、漫反射伪装涂料、隔热泡沫塑料和中远红外伪装涂层等。

——利用气溶胶屏蔽发动机尾焰的红外辐射。

——采用闭合环路冷却的环境控制系统，用以降低荷载设备的工作温度。

当前，世界各国研制的隐身武器基本上都综合采用了上述红外隐身技术。据报道，如果同时采用这些隐身技术，可抑制 90% 以上的红外辐射。

电子隐身技术。电子隐身技术主要是抑制武器装备等目标自身的电磁辐射。目前采用的主要技术措施是：

——减少无线电设备。如用红外设备代替多普勒雷达；用激光高度表代替雷达高度表；用全球定位系统或天文惯导系统代替无线电导航系统等。

——采用低截获概率技术改进电子设备。如采用发射功率自动管理技术；在时间、空间和频谱方面控制无线电设备的电磁波发射；采用频率捷变技术；武器装备采用被动雷达等电子探测系统等。

——减小电缆的电磁辐射。如尽量缩短电子设备的距离；用光缆取代电缆等。

——避免电子设备天线的被动反射。如将天线做成嵌入目标体内的结构，不使用时收回体内等。

——对电子设备进行屏蔽。如改进装备结构，采用特殊材料和涂料等。

可见光隐身技术。可见光探测系统的探测效果取决于目标与背景之间的亮度、色度和运动这些视觉信号参数的对比特征，采用可见光隐身技术目的就是要减少这些对比特征，目前提出的技术措施主要有：

——改进目标外形的光反射特征。如飞机采用平板或近似平板外形的座舱罩代替曲面外形的座舱罩，以减少太阳光反射的角度范围和光学探测器瞄准、跟踪的时间等。

——控制目标的亮度和色度。如涂敷迷彩涂料或挂伪装网；涂敷能随环境亮度变化而变化自身亮度色度的涂料；用有源光照亮目标低亮度部位等，以使目标与背景的亮度和色度匹配。

——控制目标发动机喷口的火焰和烟迹信号。如采用不对称喷口、转向喷口或喷口遮挡；使燃料充分燃烧或在燃油中加入添加剂以减少烟迹等。

——控制目标照明和信标灯光。

——控制目标运动构件的闪光信号。

声波隐身技术。许多装备使用时都会向周围介质传播噪声。运用声波隐身技术就是要控制目标的声波辐射特征，以降低敌方声波探测系统对目标的探测概率。目前研究的主要技术措施有：

——发动机和辅助机采用超低噪声设计。

——采用吸声和阻尼声材料、减振和隔声装置。如采用双弹性支撑基座、橡胶和软塑料坐垫和履带、隔声罩、消声器、消声瓦等。

——减小旋桨对介质的扰动噪声。如增加旋桨叶数并降低旋速,舰艇采用主动气幕降噪法等。

——合理进行目标整体设计,以避免发生共振现象。

采用上述技术措施虽能降低噪声,但不能完全消除噪声。因此,消除目标噪声问题目前还未能从根本上解决。

(2)隐身技术的应用——隐身武器装备。隐身武器是应用隐身技术研制的不易被敌方雷达、红外、电子、可见光和声波探测系统发现的武器。隐身武器研制始于20世纪70年代,80年代以后,由于隐身技术的突破性进展,加之战场对武器的隐身要求,使隐身武器的研制进展加快。目前,一些隐身轰炸机、隐身战斗机、隐身侦察机、隐身巡航导弹等已相继面世并投入使用,其他类型的隐身武器装备也正在加紧研制,使隐身武器向系列化方向发展。

①隐身飞机。隐身飞机是隐身武器研制和发展最快、取得成果最多的领域。隐身飞机之所以能有效地对付雷达、红外、电子、可见光及声波的探测,就是由于它综合运用了各种隐身技术。主要表现在:降低飞机的雷达截面积、红外辐射及电磁辐射特征;控制飞机的可见光目视信息特征及降低飞机的噪声等。

美国的F—117A是世界上第一种按低可探测性技术设计原则研制的并投入实战使用的隐身战斗机。它采用多面体外形、平等棱边、后掠机翼、V型尾翼;导弹、炸弹等武器全在机身或机翼内,机体下部没有突出部和外挂物;取消了发射强大功率的微波雷达;大量使用复合材料并涂敷多种吸波材料,雷达截面积只有0.01平方米,比常规飞机的雷达截面积缩小2~3个数量级。此外,还采用了减弱热、声、光、烟等信号的隐的技术,飞机整体的隐身性能极佳,因而能在1989年入侵巴拿马和1991年海湾战争中一鸣惊人。

B—2是美国的第二代隐身轰炸机,具有更好的隐身效果。它采用翼身融合技术、无独立尾翼的全翼气动布局、发动机埋装在机体内等独特设计,同时大量使用对电磁波反射率很低的复合材料,大部分机体采用钛和环氧树脂—石墨复合材料,外涂深灰色的铁氧体吸波涂料,将电磁波的后向散射变为前向和侧向散射,使其雷达截面积仅0.1平方米,比B—52轰炸机的1平方米和B—1B隐身轰炸机的0.75平方米都有大幅度减小。

目前,在隐身飞机的研制上,美国居世界领先地位。美国还在加紧研制性能更先进的三军能通用的"联合隐身攻击机"。其他一些国家也在研制隐身飞机,如俄军的I—42隐身战斗机,日本的FS—X隐身战斗机等。

②隐身导弹。隐身导弹是伴随隐身飞机发展起来的,目的是减小被拦截概率,增强突防和攻击能力。导弹隐身主要是通过采用雷达吸波材料及特殊的头部外形设计以减小雷达散射面积,改进发动机及尾气排放装置以降低导弹的红外特征来实现的。如美国通用动力公司研制的AGM—129型先进隐身巡航导弹,采用了埋入式进气道,其后缘为锯齿形,能将雷达波向各个方向散射,其雷达截面积只有0.005平方米,并且应用主动电子对抗装置,使雷达难以探测和跟踪。法国生产的巡航导弹,采用翼身融合体,使用吸波材料来减少雷达截面积。导弹隐身已成为一种发展趋势,不仅发展隐身的巡航导弹、地对空导弹、反舰导弹,有些国家还在探索研制隐身的洲际弹道导弹。

③隐身舰船。随着各种侦察探测系统以及高精度雷达/红外寻的反舰导弹、新一代鱼雷

和声/磁水雷的迅速发展，为了使舰船具有低可探测概率和高生存能力，近年来隐身舰船的研制正在兴起。各国研制的隐身舰船采用的隐身技术途径主要有：

——减少舰船的雷达散射截面积。如改进舰体及上层建筑形状，避免敌方雷达波的镜面反射和角反射；采用吸波和透波材料，以减少雷达散射截面积等。

——降低舰船的噪声辐射。如采用超低噪声发动机、辅助机和传动机械部件；采用双弹性支承基座、隔声罩、消声器等降低振动噪声装置；舰体表面采用消声瓦等。

——抑制舰船的红外辐射。如降低主机舱、发动机排气、排水和烟囱的温度；采用隔热和涂敷绝热层等。

——抑制舰船自身的电磁特征。如采用低截获概率技术改进电子设备；减小电缆的电磁辐射；对电子设备进行屏蔽；用卫星全球定位系统或天文惯导系统代替无线电导航；采用非磁性或低磁性材料建造舰体和设备等。

另外，舰船通常还配合施放箔条、红外和声诱饵等，以对付来袭导弹和鱼雷，进一步提高了舰船的生存能力。由于目前科学技术水平所限，舰船要完全消除可探测信息特征还无法做到。

当前，世界各国都非常重视研究舰船的隐身技术。新研制的舰船，如英国的 23 型护卫舰、法国的 C—70 级驱逐舰、苏联的"基洛夫"级巡洋舰、德国的"梅科"3 型护卫舰、法国的"拉菲特"级轻型护卫舰、瑞典的"司米奇"号隐身试验艇等，普遍采用了隐身技术，具有很好的隐身效果。

④隐身坦克。随着现代高技术反坦克武器的发展，坦克一旦被发现就很容易被击毁。引入隐身技术使其难以被发现是增强坦克生存能力十分有效的技术途径。20 世纪 80 年代中期以来，美、英等已开始进行隐身坦克技术的研究，尽管目前尚未见有隐身坦克研制成功，但有关隐身技术已获得了较大进展，预计 21 世纪初，主战坦克有望实现"隐身"。

3. 隐身技术的发展趋势

隐身技术以其重要的军事价值早已引起世界各国的高度重视，并把其作为优先发展的高技术加以研究，加之反隐身技术发展提出的挑战，促使隐身技术进一步向深度和广度发展。未来隐身技术的发展趋势是：

（1）隐身技术领域将不断扩展。能在各种侦察探测系统面前均具有很好的隐身性能是隐身技术发展要追求的目标，因此，一方面继续发展目前的隐身武器所主要采用的反雷达探测和反红外探测隐身技术。如针对反隐身技术的发展，雷达等探测系统的工作波段在向毫米波、亚毫米波、红外、激光和米波波段扩展，研究扩展隐身波段。另一方面积极向反电磁、反可见光、反声波探测隐身技术领域扩展。此外，还在寻找更多更新的技术途径。例如拟将仿生学的研究用于隐身技术。人们发现海鸥与燕八哥的体积相近，但海鸥的雷达散射截面积却比燕八哥大 200 倍；蜜蜂的体积小于麻雀，但它的雷达散射截面积反而比麻雀大 16 倍。

（2）隐身材料技术将有进一步发展。隐身技术的发展使隐身材料的研究进入一个新的阶段。一是隐形材料向反雷达探测和反红外探测相兼容的方向发展。要求未来的隐身材料必须具有宽频带特性，既能对付雷达系统，又能对付红外探测器。二是雷达吸波材料向超细粉末、纳米材料方向发展。人们发现超细粉末、纳米材料可能是良好的雷达吸波材料。目前一些国家正在对其吸波机理进行深入的研究。这类材料的优点是质量轻、透气性能好，但制造技术要求高，价格昂贵。

（3）注重各种隐身技术的综合运用。现代侦察探测系统应用了多种探测技术，这就决定了隐身技术是一项多学科的综合性技术。要想使目标达到理想的隐身效果，必须综合应用各种隐身技术。实验表明，为降低飞行器的雷达散射截面积，采用隐身外形设计可降低 5～8 分贝，利用吸波材料可降低 7～10 分贝，其他措施可降低 4～6 分贝，综合起来，可获得降低约 20 分贝的隐身效果。

（4）武器装备将更广泛地采用隐身技术。根据现代战争的要求，隐身技术的发展与应用现已由隐身飞行器开始扩展到研制地面坦克和火炮、水面舰艇、水下潜艇等各种武器装备，并都取得了一定的进展，一些国家还在研究具有隐身性能的机场、机库、士兵、侦察系统、通信系统和雷达等。预计，未来将会出现更多的隐身和具有部分隐身性能的武器装备和设施。

（5）降低隐身武器装备的成本。由于目前采用隐身技术的成本很高，如吸波结构材料和吸波涂料的价格非常昂贵，导致隐身武器装备的造价不菲。例如 F—117A 隐身战斗机单价达 1.1 亿美元，B—2 隐身轰炸机机单价已超过 5 亿美元。因此，如何在技术上突破，降低隐身武器装备的成本，是今后隐身技术发展的重要方面。

三、侦察与监视技术

许多成功的战例表明，秘密行动，突然袭击，便可马到成功。其中深入、细致地了解敌情是取胜的前提之一。无论何时，信息都是军队指挥员决策的基础。随着现代侦察与监视技术提供的全时域、大空域的"千里眼"、"顺风耳"，做到"知己知彼"，为实时地采取相应的对策提供可靠的依据，为克敌制胜创造有利的条件。

（一）概述

1. 侦察与监视技术的基本概念

侦察与监视是军队为获取敌情、地形及其他有关作战情况而进行的活动，其直接目的是探测目标。整个目标探测过程可分为六个阶段：发现、区分、识别、定位、监视和跟踪。

发现，就是通过把目标与其背景做比较，或依据周围背景的某些不连续性，将目标从背景中提取出来，即确定在某个地方有目标。

区分，即确定目标的种类，主要是根据目标的外形和运动特征加以区分。辨别目标外形的明显特征对于区分目标是非常关键的，同时，目标的运动特征也有助于对其进行区分。

识别，是指在目标探测过程中，对目标进行详细的辨认，确定出真假、敌友及确切的种类型号。所发现、区分的目标既可能是真敌，也可能是假敌，首先要予以确认。对于真目标，还要确认其是敌，是友；如是敌，还要再确认目标的型号。

定位，即按照一定的精度，探测出目标的位置。一般包括目标的方位、高度和距离三个要素。

监视，是指隐蔽地对目标进行严密的监视。在现代战场上，实现对运动目标的跟踪，对技术器材提出了比监视更高的要求。

现代侦察与监视技术，就是指在全时空内用于发现、区分、识别、定位、监视和跟踪所采用的技术。

2. 实施侦察与监视的基本依据和工作过程

（1）基本依据。由于任何物体都具有向外发射和反射电磁波的能力，而且不同的物体发射和反射电磁波的情况千差万别，这就可以通过人的感观或借助一些技术手段，将目标与背景区分开来，这就是实施侦察与监视的基本依据。

从发射特性上讲，任何物体只要它的温度高于绝对零度（−273℃），就会不断地以电磁波的形式向外释放能量，这就是热辐射。大多数目标，在常温下的热辐射都处于红外线波段，对于温度大都处于−15～37℃的一般军事目标而言也不例外。被动式侦察与监视系统就是利用物体的这一发射特性进行工作的。虽然不易暴露自己，且耗能少，但也使对手有机可乘。

从反射特性上讲，一方面同一物体对不同波长的电磁波反射能力不同；另一方面不同物体对同一波长的电磁波反射能力也不同。如在阳光的照射下，红花只反射红色光波，绿叶只反射绿色光波。主动式侦察与监视系统就是利用这一特性进行工作的。这种手段在探测目标的同时，也很容易使自己暴露。

此外，由于侦察器材设备都远离目标，物体发射和反射的电磁波都需要通过大气传输，在此过程中，经过大气中的水汽、二氧化碳、臭氧等气体的吸收，只有较少的波段能够透过大气，这些波段包括全部可见光、部分紫外光、近红外、中远红外、微波等波段。

（2）工作过程。实施侦察与监视的工作过程通常是：探测器接收目标发射或反射的电磁波等目标特征信息，然后对信号进行加工处理，进行图像显示或记录，进而发现、区分、识别、定位、监视和跟踪目标。

3. 侦察与监视技术的分类

侦察与监视技术的分类方法很多，根据运载侦察与监视技术设备平台的活动空域可分为地（水）面、水下、航空和航天侦察与监视四类；按侦察任务、范围和作用可分为战略、战役和战术侦察与监视三类；根据实施侦察与监视技术的原理可分为光学、电子和声学侦察与监视三类。

（二）侦察与监视技术的现状

1. 地面侦察与监视技术

地面侦察与监视是在陆地上进行的侦察与监视行动，是一种传统的侦察与监视方式。其手段除熟悉的光学侦察外，主要还有无线电技术侦察、雷达侦察和地面传感器侦察等。

（1）无线电技术侦察。无线电技术侦察是指使用无线电技术器材搜集和截收敌方无线电信号的侦察。其方式包括无线电侦收、无线电侦听和无线电测向等。通过技术侦察，可以截收和破译敌方无线电通信信号，查明敌方无线电通信设备的配置、使用情况及战技术性能，以此判明敌人的编成、部署、指挥关系和行动企图。无线电技术侦察具有隐蔽性好、获取情报及时、侦察距离大、不受气象条件限制、能不间断地对敌进行侦察等优点，同时也受到敌无线电通信距离、器材性能和采取的各种隐蔽措施所制约。

① 无线电侦收。无线电侦收是指使用无线电收信器材接收敌方无线电通信信号，从中获取情报的方法。无线电侦收主要是利用电波传播、电波信号及联络的三个规律来实施侦察。利用电波传播规律，如长波利用地波传播，对岩石、海水具有一定的穿透力，适于潜艇通信、远洋通信等；中波以地波传播为主，天波为辅，适于广播、航空通信；短波以地波方式传播时，通信距离较近，以天波方式传播时，传播的无线电波通信进行侦收，可有效缩小无线电侦收的频率搜索范围。利用电波信号规律，可识别和掌握敌方各类信号的调制方法，使无线电侦收设备能有效地截收敌台信号。通过联络规律，可以分析判断敌方的编制序列和

指挥关系。

②无线电侦听。无线电侦听就是使用无线电收信器材收听敌方无线电通话，从中获取发报的方法。无线电侦听在技术上与无线电侦收是相同的，其区别仅仅在于收到的无线电信号是通话内容还是文字内容。

③无线电测向。无线电测向是指利用无线电测向设备确定正在工作的无线电台的方位。通常以配置在适当地点的两个以上的测向站交会测定电台的位置，是无线电技术侦察的一种重要手段。无线电测向具有作用距离远，并且与气候条件、能见度和被测目标是否运动无关等特点。

（2）雷达侦察。雷达侦察就是使用雷达设备进行的侦察。它是利用物体对无线电波的反射特性来发现目标和测定目标距离、速度、方位和运动速度的一种侦察手段，具有探测距离远、测量精度高、能全天候使用等特点，是目前应用非常广泛的一种侦察手段。

雷达是利用无线电波能被目标反射的原理探测目标位置的。雷达测定目标的距离等于雷达测定的电磁波从雷达到目标往返时间的一半与光速的积；目标的方位角和仰角是利用天线波束的指向特性测出的；根据目标距离和仰角，便可得到目标的高度；当目标与雷达之间存在径向相对运动时，雷达接收的目标回波的频率就会产生变化，它的数值与目标运动速度的径向分量成正比，这样即可测定目标的径向速度。

雷达的种类很多，按任务或用途可分为警戒和引导的雷达、武器控制雷达、侦察雷达、航行保障雷达等。

①引导和警戒的雷达。对空情报雷达，包括对空警戒雷达、引导雷达和目标指示雷达，是用于搜索、监视和识别空中目标的防空雷达；对海警戒雷达，安装在各种水面舰艇或海岸、岛屿上，是用于对海面目标进行探测的雷达；机载预警雷达，是用于预警收音机的专用雷达，它可以探测、识别各种高度上空中、地、水面目标，引弹道导弹的发射，并测定其瞬时位置、速度、发射点、弹着点等弹道参数，为预警、防御和反导提供必要的信息。

②武器控制雷达。炮瞄雷达，是专门用来测定空中目标，为小口径高炮提供目标信息，并通过指挥仪控制其跟踪和射击的雷达；导弹制导雷达，用于引导和控制各种战术导弹飞行的雷达；鱼雷攻击雷达，安装在鱼雷艇上，用于测定目标的坐标数据，通过指挥仪控制鱼雷攻击的雷达；机载火控雷达，安装在战斗机上，用于搜索、截获和跟踪空中目标，并控制火力系统瞄准射击的雷达；机载轰炸雷达，安装在轰炸机上，用于搜索和识别地、水面目标，并确定投弹电动机和位置的雷达。

③侦察雷达。战场侦察雷达，主要用于陆军侦察分队，对对方人员和车辆等运动目标实施侦察与监视；炮位侦察校射雷达，炮兵用于侦察目标位置、测定炸点位置或偏差量，以校正火炮射击的雷达；侦察与地形测绘雷达，主要安装在收音机和卫星上，对地、海面目标实施侦察的同时，并能够测绘地形的雷达。

④航行保障雷达。航行雷达，用于观测飞机前方气象情况、空中目标和地形地物，不仅要保障安全飞行，还要保障航线正确；航海雷达，用于舰艇定位、导航，以保障航行安全的舰艇雷达；地形跟随与地物回波雷达，是用于保障飞机低空、超低空飞行安全的机载雷达。能使飞机在飞行过程中，飞机随地面起伏，始终保持一定距离，以保证飞行安全。

（3）地面传感器侦察。地面传感器侦察，是指对地面目标运动所引起的电磁、磁、声、地面振动和红外辐射等变化量进行探测，并把它们转换成人能识别与分析的图像及电信号的设备。地面传感器通常由探测器、信号处理电路、发射机和电源四个部分组成。其工作过程是：运动目标所引起的振动波、声响、红外辐射、电磁或磁能等被探测器接收所并转换成电信号，再由信号接收机接收、解调，从而发现、识别目标。目前，使用比较广泛的有震动传感器等，具有受地形限制小、结构简单、便于使用、易于伪装、易被干扰等特点，其设置方法主要有人工埋设、火炮发射和飞机空投等方式。

①震动传感器。震动传感器是利用地面扰动波来探测目标，是使用最为普遍的一种传感器。其主要优点是探测灵敏度高，距离远，通常可有效探测到 30 米以内的运动人员和 300 米范围内的运动车辆；具有一定区分目标的能力，能有效地区分人为扰动还是自然扰动，是人员还是车辆，但不能识别是徒手人员还是全副武装人员，是轮式车辆还是履带式车辆等；耗能小，能长期不更换电池连续工作；设置方式灵活，能采取人工、火炮发射、飞机空投等方式。

②声响传感器。声响传感器的工作原理与麦克风相同，也是一种使用比较广泛的传感器。其特点是识别目标能力强，由于它能重现目标运动时所发出的声响特征，所以很容易识别。如运动目标是人员，则能直接听到他的声响和讲话内容，易于判明其国籍和身份。如果运动目标是车辆，则根据声响判定车辆的类别。至于是人为扰动还是自然扰动更是易于判明。探测范围大，通常对人与人之间的正常音量对话，探测范围可达 40 米，对运动车辆的探测可达数百米。但其耗电量大，通常是受人工指令工作，或者与震动传感器结合使用。

③磁性传感。磁性传感是利用磁场的变化来探测目标的。其特点是具有较强的目标识别能力，能区别徒手人员、武装人员和各种车辆；对目标探测的响应速度快，通常速度为 2.5 秒，更有利于探测快速目标；但由于受能源限制，其探测范围小，对武装人员为 3 ~ 4 米，对运动车辆为 20 ~ 25 米。

④应变电缆传感器。应变电缆传感器是利用应变钢丝的变形引起阻值变化来探测目标的。其主要特点是探测范围受限，其探测范围与电缆布设长度相等，只在 30 米左右；只能人工埋设，野战使用受限，但在边海防和特殊设施的预警上使用方便，效果好；响应速度快，通常为 2.5 秒，更有利于探测快速目标；但由于受能源限制，其探测范围小，对武装人员为 3 ~ 4 米，对运动车辆为 20 ~ 25 米。

⑤红外传感器。红外传感器是利用钽酸锂受热释电的原理来探测目标的。其主要特点是体积小，隐蔽性能好，同时探测目标的反应速度快，能探测快速运动目标，但只能进行人工设置，且仅限于探测器正面的扇形区域，也不具备识别目标性质的能力。

2. 水下侦察与监视技术

水下侦察与监视是利用水下侦察与监视设备探测水下的各种目标。它是现代侦察监视系统的重要组成部分之一。

（1）水下侦察设备的类型。水下侦察设备大体可分为两类，即水声探测设备和非水声探测设备。水声探测设备主要有声呐、水下噪声测量仪、声线轨迹仪、声速仪等。非水声探测设备主要有磁探仪、红外线探测仪、废气探测仪等。目前，水下严密的侦察网络是以水声探测为主构成的，非水声探测设备使水下侦察与监视的补充也得到了较快的发展。

（2）声呐。声呐是利用声波对水中目标进行探测、定位和识别的水声探测装备。声呐是最主要的水声探测设备，它是水下的"千里眼"、"顺风耳"。

声呐按其工作方式分为主动式和被动式两种。

主动式声呐主要由发射机、换能器、接收机、显示器、定时器和控制器等组成。发射机产生电信号，经换能器，把电信号变成声信号向水中发射，声信号在水中传递过程中，如遇到目标，则被反射，返回的声信号被换能器接收后，又变成电信号，经接收机放大处理，就会在显示器的荧光屏上显示出来。可见，主动式声呐需要主动地向海中发射声信号，测定目标方位和距离。能够探测静止无声的目标，但同时也很容易被敌方侦听，使自己暴露，另外，侦察距离也比较近。

被动式声呐主要由换能器、接收机、显示控制台等组成。当目标在水中、水上航行时，所产生的噪音被换能器接收变成电信号，传给接收机，经放大处理再传送到显示控制台进行显示。可见，被动式声呐不主动发射声信号，只接收海中目标噪声信号，从而发现目标，测出目标方向和判别其性质。它隐蔽性、保密性好，识别目标能力强，侦察距离也较远，但不能探测静止无声的目标，也不能测定目标距离。

根据使用对象不同，声呐可分为水面舰艇声呐、潜艇声呐、航空声呐和海岸声呐等。

① 水面舰艇声呐。水面舰艇难以隐蔽，为了探测水中障碍、与己方潜艇进行水声通信，特别是为了避免遭受潜艇攻击和反潜作战的需要，水面舰艇往往装有几种不同类型的声呐，包括远程搜索目标的搜索声呐，精确定向和测距的射击指挥声呐，探测水雷的探雷声呐，测量海水深度的测深声呐，侦察对方声呐以及能够判明敌我双方的侦察识别声呐，与己方潜艇进行水下通信的通信声呐等。正是由于水面舰艇装备了这些性能齐全的声呐，才使其攻防兼备，完成应有的作战使命。

② 潜艇声呐。潜艇隐蔽于水下，能够出其不意地打击对方舰船，但其对声呐的依赖程度更甚于水面舰艇。潜艇为了搜索、发现、区分、识别、监视、跟踪水面舰艇和潜艇等目标，保障对目标实施有效攻击，探测水雷等水中障碍及进行水下通信和导航，潜艇上通常装有多种类型的声呐。如：噪声测向仪、声速测量仪、声线轨迹仪、测深仪、测冰仪等，构成了一个水声综合系统。潜艇声呐使潜艇"眼观六路，耳听八方"，不仅能保证自己的安全，还能确保完成预定的作战任务。

③ 航空声呐。由于直升机速度快，便于机动，对潜艇实施搜索、发现、区分、识别、监视和跟踪，以及对其攻击或引导其他反潜兵力攻击等行动比较便利和有效。航空声呐包括吊放式声呐、拖曳式声呐和声呐浮标系统三种。

吊放式声呐便于对大面积海区实施搜索，较为迅速地查明有无潜艇活动。为搜索一支高速航行的特混舰队周围的海区，只需要少量使用吊放式声呐的这种反潜超重直升机便能完成任务。使用吊放式声呐对潜艇搜索时，一般采取跳跃式逐点搜索。在某一点搜索时，载机低空旋停，将换能器基阵吊放入水中至最佳水深，以主动或被动方式实施全向搜索。

拖曳式声呐由于收放十分方便，阻力很小，搜索效率高，目前得到了较大的发展。而且有些水面舰艇也装备了反潜预警用的拖曳线列阵声呐系统，将数百个换能器组装在拖缆上，组成长达数百米的线阵，放到 1 000 米水深层，据说侦察距离可达 1 000 海里以上。

声呐浮标同样适用于对大面积海域的搜索，使用比较便捷。在使用时，反潜直升机先将若干声呐浮标按一定的要求投布于搜索海区，然后飞机在上空盘旋，接收和监听由浮标系统发现并发射的目标信息，由此分析判断，确定潜艇等目标的准确位置。

④ 海岸声呐。在港口附近的海区、重要海峡和航道，固定地设置换能器基阵，以此来实施对潜警戒，并引导岸基或海上的反潜兵力实施对潜攻击。海岸声呐的工作方式通常以被

动式为主。其隐蔽性能好、探测距离较远，但体积庞大，安装维修困难，特别是还容易受气象条件和海底地质情况的影响。海岸声呐在工作过程中，首先是由换能器基阵将声音信号转换成电信号，电信号通过海底电缆传送到岸上的电子设备，经过放大处理供显示和收听，并将此提供给作战部门决策使用。

3. 航空侦察与监视技术

航空侦察与监视，是指使用航空器在环绕地球的空气空间，对地面、水面或水下以及空中的情况进行的侦察。由于航空侦察具有灵活、机动、准确和针对性强的特点，它既是获取战术情报的基本手段，也是获取战略情报的得力助手，即使是有了侦察卫星，航空侦察也仍是不可缺少和不可代替的。

航空侦察与监视就是利用侦察设备接收并记录各种目标的电磁辐射，经加工处理后，从中提取有价值的信息。其平台主要是收音机侦察平台，包括有人驾驶侦察机、侦察直升机、无人驾驶侦察机和预警机。平台上实施侦察与监视的主要设备有可见光照相机、多光谱照相机、激光扫描机、红外扫描装置、电视摄像机、合成孔径雷达、机载预警雷达等。

（1）航空侦察与监视设备。

① 可见光照相机。可见光照相机是一种常见的侦察器材，已大量应用于航空和航天侦察与监视。可见光照相机是利用普通黑白和彩色胶片作为感光组件的照相机。根据结构可分为画幅式、航线式和全景式三种。画幅式主要用于对目标定位，而航线式和全景式主要用于发现、区分和识别目标。可见光照相机具有分辨率高、相片容易判断和理解的优点，但也同时需要太阳做光源，受到只能在晴朗无云的白天工作的限制。

② 红外照相机。红外照相机与可见光照相机的原理相同，所不同的是要采用只能透过红外辐射的锗制镜头，而且要采用对红外辐射敏感的专门的红外胶卷。根据所拍摄的红外黑白照片的色调变化或红外彩色照片的色彩变化，就能识别伪装，发现隐蔽的目标。红外照相机除具有可见光照相机的优点外，还具有在夜间或浓雾等不良条件下拍摄远距离影像的能力，但在夜间照相时必须用强光源照射目标。

③ 多光谱照相机。目前，多光谱照相机已广泛用于航空、航天侦察与监视。多光谱照相机是把电磁波划分成几个窄的谱段，用几台照相机（可以是一架多镜头照相机或多架单镜头相机或光束分离型多光谱相机）同时对同一地区拍照，得到同一地区的几个谱段的一套照片，经适当处理比较，就可将目标进行分类和区别。它的最大的优点在于能够剥去绿色植物伪装，发现军事目标。

④ 激光扫描相机。激光扫描相机是利用激光良好的相干性实现的非透镜成像，它是一种可昼夜使用的机载实时侦察设备，主要用于低空和夜间摄影。激光扫描相机由激光器、发射机、视频信号存储和显示设备组成。其工作原理是：将一束激光分成两路：一路扫描、照明地面目标场景，并经场景反射，接收机收到激光辐射；一路直接照射接收机作为参照光，这样产生连续的模拟信号，在显示设备上将电信号还原成图像，或者用胶片、磁带将图像记录下来，观看此"图像"只要用相同频率的激光照射，就能得到一个极为逼真的三维立体图像。它的优点是归咎生动逼真、立体感强、分辨率高、容易判读，同时也提高了侦察飞机的生存能力。

⑤ 红外扫描装置。目前，扫描装置在军事侦察领域已经获得了广泛的应用。它是利用光学扫描技术和对中、远红外辐射敏感的半导体材料，将地物辐射的红外能量转变成电信

号，进行处理放大后再转变成可见光图像。根据提供图像的方式不同，有红外扫描相机、前视红外系统和热像仪等。

⑥目前，电视摄像机已在航空、航天侦察与监视系统中获得了广泛的应用，极大地提高了侦察与监视的时效性。它是把光学图像转换成便于传输的视频信号。常用的主要是反束光导管型的多通道电视摄像机。其原理是：把地物景象聚集在摄像管的光导靶面上，然后用电子束扫描靶面，碰到靶面反射回来的电子束的强弱情况与靶面上的景象明暗程度相对应，并从阳极以电信号输出。该电信号传到地面，记录下来，经过一定的处理放大，可将图像还原。电视摄像机具有体积小、质量轻、没有机械传动部件、易获得可靠的地面遥感数据，而且对照度要求低，分辨率比较高。

⑦合成孔径雷达。合成孔径雷达在航空、航天侦察与监视方面有广泛的应用，是一种新型侦察遥感设备，是利用雷达与目标的相对运动，把尺寸较小的真实天线孔径用数据处理的方法，合成一较大的等效天线孔径的雷达。它具有分辨率高，能全天候工作，能有效地穿透某些掩盖物和识别伪装，但图形几何畸变较大，判读困难。

⑧机载预警雷达。机载预警雷达是预警飞机的主要电子设备，是具有下视能力的脉冲多普勒雷达，它利用多谱效应探测运动目标，能探测目标的距离远、机动性强的特点，但现役的机载预警雷达彩机械旋转的方式实现天线的扫描，这种方式在扫描速度、多目标跟踪能力，同时执行多种任务和可靠性方面都受到很大限制。目前，美国、以色列等国均在研制新一代相控阵雷达，是电扫描相控阵天线利用计算机控制相位的方法实现波束的扫描，具有扫描灵活、可靠性高、抗干扰能力强、对载机气动影响小和有利于隐身等优点、研制、使用相控阵雷达是今后发展的方向。

（2）航空侦察与监视平台。

①有人驾驶侦察机。有人驾驶侦察机是实施航空侦察的主力。从设计上分为两类：一类是专门设计的侦察机；另一类是由各型收音机改装的侦察机。专门设计的侦察机不仅生存能力强，而且侦察容量大、精度高，但技术复杂，研制周期长，成本高，目前使用数量受限。相反由各型飞机改装的侦察机数量就比较多。由运输机和轰炸机改装的侦察机主要用于完成战术侦察任务。有人驾驶侦察机能够携带可见光照相机、红外相机、电视摄像机等电子侦察设备，可为指挥员提供大面积、远纵深的情报，还能直接引导突击兵力摧毁目标，具有反应灵活，机动性能好，能及时、准确地对战场情况实施侦察，为指挥员做出正确决策提供了依据。

②侦察直升机。侦察直升机可依靠视觉和各种光学观察设备进行直接观察，还普遍装备了航空照相机、电视摄像机、红外扫描装置等侦察与监视设备。其优点是：根据作战需要较为方便地组织侦察；飞机高度低、速度慢，有利于对地面进行更细致、更准确的观察，可靠性好；能够在空中旋停，可以在己方空域直接监视敌战术纵深内的活动目标。侦察直升机在战术侦察具有较好的发展前景。

③无人驾驶侦察机。无人驾驶侦察机能够携带可见光照相机、电视摄像机、前视红外遥感器及侧视雷达等侦察设备，既能进行高空或低空摄影，也能及时把侦察图像传送回地面站，还能距敌一定距离进行侦察。具有成本低，可靠性高，体积小不易被发现和击落，而且机动灵活，易于发射使用等特点，但在地面需要多人维护保养和测试，操作比较复杂。无人驾驶侦察机20世纪60年代发展以来，在历次的局部战争中，都发挥了重要作用。

④ 预警机。预警机是航空侦察与监视系统的一个重要组成部分，起到了活动雷达站和空中指挥中心的作用。预警机通常由载机和电子系统组成，电子系统包括监视雷达、数据处理、数据显示与控制、敌我识别、通信、导航和无源探测等。预警机能够引导各种飞机执行防空、夺取制空权、空中封锁、近距空中支援、营救、侦察、护航等任务，还能为战区指挥员提供各种作战情报。预警机具有低空性能好、监视范围大、生存能力强、指挥控制能力强和灵活机动等特点，在航空侦察与监察系统中，具有举足轻重的地位。

（3）航天侦察与监视技术。航天侦察与监视，是指使用有侦察设备的航天器在外层空间进行的侦察。航天侦察与监视的分类方法很多，如按使用的航天器是否载人，可分为卫星侦察和载人航天侦察。其中卫星侦察是航天侦察与监视的主要方式，按其任务和侦察设备又可分为成像侦察卫星、电子侦察卫星、导弹预警卫星和海洋监视卫星等。航天侦察与航空侦察所使用的侦察设备基本相同，包括照相机、电视摄像机、红外遥感器、合成孔径雷达等。随着航空、航天技术的发展，航天侦察与监视已经不仅能满足战略情报的需要，而且也能满足某些战役、战术情报的需要。航天侦察与监视具有轨道高、速度快、范围广、限制少等优点，还能根据需要可长期、反复地监视全球或定期地监视某一地区，也能在较短的时间内乃至实时地提供侦察情报，满足军事情报的实时性要求。

① 照相侦察卫星。照相侦察卫星是侦察卫星中发展最早、发射最多，同时也是航天侦察与监视任务的主要承担者。它主要使用可见光相机、红外相机、多光谱相机及电视摄像机等侦察设备。同时使用不同种类的相机，可以优势互补。有的照片直观，易于判读；有的能识别伪装；有的便于识别更多的目标；有的可进行近实时的传送。目前，只有少数国家能够发射并回收照相侦察卫星，又以美国水平最高，历史最长，已经发展到第六代。前三代卫星，分为普查和详查型两种；到了第四代，一颗卫星带有更先进的光电遥感器，进一步提高了夜间侦察能力和情报信息的准确性，据称其地面分辨率达 0.1 米，同时还具有截获电子信号的侦察能力和变轨能力。

② 电子侦察卫星。目前，世界上只有美国和苏联发射和使用电子侦察卫星。为保证电子侦察卫星的寿命，其高度不能太低；为保证侦察效果，又不能太高。一般高度为 300 ~ 1 000 千米。电子侦察卫星上装有侦察接收机和磁带记录器，当卫星飞经敌方上空时，将接收的各种频率的无线电信号记录在磁带上，当卫星飞经本国地球上空时，再回放磁带，以快速通信方式将信息传回。其任务：一是侦察对方雷达的位置、使用频率等性能参数，为实施电子干扰和为战略轰炸机、弹道导弹的突防提供依据；二是探测对方军用电台和发信设施的位置，以便于窃听和破坏。侦察卫星具有天线覆盖面积大、侦察范围广、持续时间长、手段优越和安全等特点。

③ 预警卫星。预警卫星是指用于监视、发现和跟踪敌方战略弹道导弹的发射及其主动段的飞行，并提供早期预警住处的侦察卫星，此外，还兼有探测核爆炸的任务。它利用红外探测器探测导弹在主动飞行期间展机尾焰的红外辐射，为保证不"虚惊"、误报，还使用电视摄像机加以配合，准确地判明导弹发射。预警卫星属地球表面的 1/3 区域。一旦有导弹发射，据称卫星上的红外望远镜在导弹发射后大约 90 秒时就能探测到尾焰产生的红外辐射信号，并传送到地面站，然后又传送到指挥中心。据说过程仅需 3 ~ 4 分钟，能为己方争取 15 ~ 30 分钟的预警时间。

④ 海洋监视卫星。海洋监视卫星是指用于探测、监视海面舰船、潜艇活动，侦收舰载

雷达信号和窃听舰船无线电通信的侦察卫星。它能在全天候条件下鉴别舰船的编队、航向、航速，并能探测水下核潜艇的尾流辐射等，还可为舰船的安全航行提供海面状况和海洋特性等重要数据。它具有覆盖海域广阔、探测运动目标、轨道高、由多颗卫星组网等特点。

（三）侦察与监视技术的发展趋势

随着微电子、光电子、通信、雷达、航天等技术的发展及广泛应用，现代侦察与监视技术已经进入了一个崭新的发展阶段。不仅从侦察方式、侦察手段、侦察设备上，而且从战术技术运用上，也都将提高到一个新的水平，实施侦察与监视的效果对现代高技术战争结局将产生直接的影响。

1. 空间上的多维化

为了适应未来高技术立体战争的需要，太空中的侦察卫星，天空中的侦察飞机，陆地上的雷达、地面传感器、无线电设备，水下的声呐等侦察监视设备，不能是孤立的，必须有机地形成一个整体，组成一个涵盖陆、海、空、天、电磁的综合的侦察监视网络，在侦察与监视的地域、时间、周期以及对情报的处理和利用方面，使不同的侦察与监视设备之间互相取长补短，相互印证，使侦察与监视设备的优点和特长充分发挥出来。

2. 速度上的实时化

高技术战争火力、兵力机动快，作战节奏快，要求侦察与监视提供的信息也要快，否则就满足不了作战的需要。为此，必须要提高信息处理和传输能力。随着遥感技术和计算机技术的迅速发展，借助大容量和运算速度快的计算机对遥感图像进行自动分类和识别，可大大地提高信息处理速度，将使侦察与监视获得的信息实时地传递给指挥员决策使用成为现实。

3. 手段上的综合化

侦察技术的发展，反过来又促进了反侦察技术和伪装干扰技术的发展。为了有效地发现、区分、识别、定位、监视和跟踪目标，特别是有效剥除其伪装，不仅要加强目标特征研究，还要加速研制新的遥感器，使用多种遥感器，同时观测同一地区，既能获得较多的信息，也能使各种信息之间相互对照、比较和印证，从而提高信息的可信度。

4. 侦察、监视系统与攻击系统结合更加紧密

在未来的高技术战争中，只有将侦察监视系统与武器系统，特别是精确制导武器有机地结合起来，才能充分发挥侦察与监视的效果。武器系统要"够得着"，侦察监视系统要"看得到"。侦察与监视系统不仅能以自身携带的武器攻击，更重要的是能引导空中、地（水）面的武器攻击所发现的目标。通过信息传输是侦察监视系统与武器系统紧密结合的最重要也是最主要的途径。

5. 提高侦察与监视系统的生存能力

由于精确制导武器的迅速发展，对侦察与监视系统的生存构成了严重的威胁。能否确保侦察与监视系统的生存，将直接关系到作战结局。航空侦察与监视系统，要向高空、高速、隐形、超低空方向发展，以便让对方的防空火力"够不着"、"追不上"、"看不见"。反卫星武器的出现，航天侦察与监视系统也不再"高枕无忧"，而必须在如何躲避攻击、抗电子干扰、耐核辐射等方面采取措施。在地（水）面和水下实施侦察与监视，更要随时做好反侦察与监视的准备。

四、电子对抗技术

随着科学技术的不断发展，电子技术几乎渗透到军事技术的各个领域。电子技术水平的

高低和装备数量的多少，已成为军事系统现代化水平高低的重要标志之一。包括 C⁴ISR 系统在内一切军事电子系统的效能能否充分发挥，将直接影响现代化武器系统乃至整个军事系统的综合作战能力。敌对双方围绕电子系统使用效能的削弱与反削弱、破坏与反破坏的斗争——电子对抗，已成为现代战争的一个重要组成部分和显著特征。

未来的高技术战争，是电子技术发挥巨大作用的战争。没有"制电磁权"，就很难有"制空权"、"制海权"，没有"电磁优势"，就很难有"钢铁优势"。电子战已经成为了未来战场上高技术武器的"保护神"和"效能倍增器"，已经成为了高技术战争的重要支柱。

（一）电子对抗概述

1. 电子对抗的定义

电子对抗是指敌对双方利用电子设备、武器、器材所进行的电磁斗争。它是一方为削弱、破坏对方电子设备的使用效能，保护己方电子设备正常发挥效能，而利用电磁能和定向能以控制电磁频谱或用电磁频谱攻击敌方的电子设备、器材的作战行动。

由于电子对抗是在军事领域中使用电磁波的斗争，因此所有使用电磁波的设备，如 C⁴ISR 系统、雷达、通信、导航、敌我识别、精确制导、无线电引信、计算机、光电兵器等，都是电子对抗的对象。每一项电子技术的新发展，都会引出新的对抗措施和手段。

电子对抗一般不能直接对人员和武器装备构成杀伤，但它能使敌无线电通信指挥系统失灵、雷达迷盲、火炮和导弹等武器失控，为保卫自己和大量杀伤敌有生力量创造条件。因此，它在现代战争中的地位越来越重要，成为军事电子技术中发展最快的领域之一。

2. 电子对抗的产生与发展

1906 年，德国福雷斯特研制成了世界上第一只可以对无线电信号起放大作用的真空三极管。这是电子技术发展史上的一次重大突破，它不仅促进了军用电报、电话和广播事业的迅速发展，也为电子对抗准备了条件。

第一次世界大战中，电子对抗作为一种作战手段引起了军事家的兴趣。第二次世界大战前夕，各军事强国都努力发展自己的军用电子技术，旨在争夺电磁优势。1937 年 2 月，英国政府决定在英国东部和南部沿海地区设置雷达网，该项工程于 1939 年夏全面完成。第二次世界大战期间，英国东南沿海的雷达网在保卫英伦三岛的战争中，发挥了重要作用。

第二次世界大战后，电子对抗进入了一个缓慢发展时期。直至 1947 年末，美国贝尔电话试验室的三名物理学家肖克莱、巴丁和布拉坦研制成功第一只点接触型锗晶体三极管后，电子技术才有了新的突破性进展，为电子对抗设备向着功耗低、体积小、质量轻的方向发展提供了有利条件。朝鲜战争中，面对中、朝军队的反攻，美军将第二次世界大战中使用过的老式干扰机安装在 B—29 飞机上实施无线电干扰。战争结束后，美官方出版的《美国空军在朝鲜》一书中指出，如果当时没有电子对抗的支援，B—29 飞机的损失很可能是原来的三倍。

20 世纪 50 年代后期，人们对电子对抗又有了新的认识。先是在携带核武器的战略轰炸机上安装了多种类型的电子对抗设备，以干扰敌方的地面预警雷达、引导雷达系统。飞机上还装有消极干扰弹，投放锡箔条引诱敌人的红外寻的导弹。60 年代初出现了一种专用的电子对抗武器系统，美空军研制了形似飞机、头部装有一个雷达反射体，代号为"鹌鹑"的灵巧装置，上面装有一部和 B—52 重型轰炸机上使用的无线频率完全相同的干扰发射机，可用同样频率施放无线电干扰。在越南战场及其以后的多次局部战争中，电子对抗成为一种不可缺少的作战方式，争夺战场的电磁优势，已成为争夺战争整体优势的一个重要组成部分。

电子对抗经历了由通信对抗到雷达对抗，再到电子武器系统全面对抗几个发展阶段。在各个发展阶段中，发展陆、海、空军电子对抗装备和提高电子对抗能力，始终是各国争夺电磁优势的重点。近年来，由于大规模集成电路和微电子技术及微型电子计算机的迅速发展，军用电子设备正向小型化、性能化、价格低廉的方向发展，为大量使用电子对抗装备提供了广阔前景。现代战争中，几乎每一个作战单元都配有电子设备和电子对抗装备，如警戒雷达、红外夜视系统及其他电子对抗装备已在战争中普遍使用。为夺取未来战争中的电子对抗主动权，许多国家专门建立了电子战部队。

3. 电子对抗分类及电子对抗的主要内容

电子对抗是由综合的、交叉的、多层面的多种学科所构成的军事科学体系。按照不同的侧重，会有多种不同形式的分类。按电子设备工作的频谱范围划分，通常分为射频对抗（亦称无线电对抗）、光电对抗、声呐对抗等。从战场行动主体的层面可分为：陆军、海军、空军、第二炮兵等电子对抗。从作战空间上可分为：地面、海上、空中和外层空间的电子对抗。从作战表现形式上可分为：电子侦察与反侦察、电子干扰与反干扰、摧毁与反摧毁。从作战内容及电子设备的类型上可分为：通信对抗、雷达对抗、光电对抗、水声对抗等。电子对抗的主要内容有无线电通信对抗、雷达对抗、光电（红外、激光）对抗、水声对抗等。

（1）无线电通信对抗。无线电通信对抗简称通信对抗。通信的目的是传递信息。在语言通信中的信息是语言，以差错率（误码、误比特率）衡量。在数字通信中的信息是数据，将原始数据如语言、文字、图像等变成数字通信脉冲编码信号实现信息交换的方式，称为数字通信。无线电通信把信息从发射端传送到接收端，通信系统的质量以有效性、可靠性、抗干扰性指标衡量。通信对抗是为削弱、破坏敌方无线电通信设备的使用效能，保护己方无线电通信设备正常发挥效能而采取的各种措施和行动的统称。其基本内容包括通信对抗侦察、通信干扰和通信电子防御等。

① 无线电通信对抗侦察，是为获取通信对抗所需的情报而进行的电子对抗侦察。它主要通过搜索、截获、分析和识别敌方无线电信号，查明敌方无线电通信设备的频率、频谱结构、调制方式、功率电平、工作体制、配置位置以及通信规律、通信网络的性质和组成等。

② 无线电通信干扰，是为削弱或破坏敌方无线电通信效能的电子干扰。按干扰性质，无线电通信干扰可分为压制性通信干扰和欺骗性通信干扰。欺骗性通信干扰又叫通信欺骗。通信干扰的目的，在于破坏和降低敌方通信系统工作的有效可靠性。一般雷达的发射和接收是在同一地点，而通信的发射和接收分在两地，往往不知接收端的位置，通常只能在较大方位范围实施干扰。通信干扰信号对通信发射端不产生干扰作用，仅对通信接收端进行干扰。当通信干扰信号特征与通信信号特征近似吻合，接收机难以区分干扰信号时，干扰效果最佳。

无线电通信干扰的方式与雷达干扰方式类同，有窄带噪声和连续波单音干扰（瞄准式）、宽带噪声干扰（阻塞式）和扫描调频干扰。语音通信干扰的调制方式有等幅报、调幅话、移频报、单边带等。对不同通信方式必须使用不同的最佳干扰方式，对语音通信的干扰使系统信噪比下降，接收端听不清。

③ 无线电通信电子防御，是电子防御的重要组成部分，是为保护己方电子设备及其系

统正常发挥效能所采取的措施与行动，主要包括反电子侦察、反电子干扰和防反辐射武器摧毁等。它通常由雷达、无线电通信等专业部队和使用各种电子设备的战斗部队，按统一计划分别组织实施。

（2）雷达对抗。雷达是发射探测脉冲并接收被照射目标的回波来发现、测定目标的空间位置并对目标进行跟踪的设备。雷达对抗是与敌方雷达和雷达制导导弹系统及火控系统作斗争的各种战术和措施的总称。它是利用专门的电子设备或器材，与敌方雷达设备作斗争，以阻止敌方雷达获得电磁信息，减弱和破坏敌方武器系统的效能和威力，同时保护己方雷达等电子设备及武器系统在敌方干扰条件下发挥效能和威力。其中，进攻性对抗措施主要包括雷达的侦察、干扰、伪装、欺骗和摧毁。

雷达对抗与反对抗的斗争，其实质是电磁信息的斗争。雷达对抗可按技术分为：雷达侦察、雷达干扰等。雷达的电子进攻和雷达本身的电子防御，常被称为"雷达对抗"和"雷达反对抗"。

随着雷达对抗技术的不断发展，现代雷达对抗技术的特点和要求是：发展倍频程、多倍频程的天线，微波元件和功率器件，圆极化和多种极化，以适应对各种雷达的侦察、干扰；雷达干扰机应有尽可能高的功率，特别是高的连续波功率；全频段、全空域的侦察干扰能力；适时快速的信号处理能力，以适应高密度、多威胁目标的信号环境；能够准确获取雷达的多种参数，具有掌握各种雷达"指纹"的能力；综合使用多种对抗技术，对付多部雷达的能力；具有多种技术储备，对雷达技术发展具有快速反应能力。

未来战争中，雷达对抗与反对抗斗争将更加激烈，雷达对抗可在空间、地面、海上和水下进行，促使了"空中电子战"的迅速发展。

（3）光电对抗。光电对抗包括光电侦察与反侦察、光电干扰与反干扰、光电制导、光电隐身与反隐身、光电摧毁与反摧毁等。

为避免雷达对抗的影响，第二次世界大战后的主要军事大国都继续研究红外线在军事上的应用。1950年，美国研制成第一个无源红外制导系统，首先在AIM—9L"响尾蛇"导弹上应用，使之具有了较高的跟踪精度。红外对抗从此应运而生。该导弹由美海军作战飞机携带，并同时在飞机上配置了红外探测瞄准设备，之后陆续在作战飞机上配置了与雷达告警设备功能相似的红外告警设备及红外对抗手段，以破坏红外制导导弹的跟踪效果。

在越南战场，美军用20枚激光炸弹炸毁了17座桥梁。马岛战争中英军用美国的"响尾蛇"AIM—9L空空导弹攻击阿根廷幻影飞机，发射27枚导弹，击落24架飞机。海湾战争中，许多重要目标是由光电制导武器毁伤的。目前世界上光电制导的武器已有100多种，美国在研的有红外制导导弹30多种、红外成像制导导弹和激光制导武器各20多种。

光电对抗频段包括激光、红外与可见光频段。光电制导包括红外点源制导、红外成像制导、红外/雷达复合制导、红外/紫外双色制导、激光制导及电视制导等十几种体制数十种型号。光电威胁频谱宽：紫外波段0.2~0.4微米；可见光波段0.4~0.76微米、激光波段0.53~0.904微米，1.06~10.6微米；红外波段1~3微米，3~5微米，8~14微米。光电威胁是全方位、全天候的威胁。光电电子对抗的作战样式与雷达电子对抗类同，包括攻、防两个方面，但其频段高、技术难度大，构成独立的光电对抗领域。

光电对抗的主要威胁有激光测距机、激光雷达、红外侦察、电视跟踪等十几个方面数百种型号的技术装备。光电对抗侦察主要是截获敌方的光电辐射信号、测量技术参数、分析识别辐射源类型，判断威胁性质、获取战术技术情报等。

4. 电子对抗与指挥控制战、信息战的关系

信息战是现代高技术战场上作战双方为争夺信息的获取、控制和使用优先权，利用信息技术手段、装备或系统实施的作战行动，是以夺取战场主动权为目的、以信息化战场为依托、以数字化部队为基本作战力量而展开的斗争形态。

指挥控制战是一种作战思想和作战策略，它强调集中力量打击敌方的整个指挥控制系统，破坏敌方的指挥控制能力，瓦解其作战体系，同时保护己方的指挥控制能力。指挥控制战是进行信息战的军事战略，是信息战的关键和核心。

信息战是在电子对抗的基础上发展起来的，其主体仍然是电子对抗。电子对抗是信息战的主要手段，是指挥控制战的基本支柱。信息战明确揭示了信息时代战争的最重要特征——夺取信息优势。

（二）电子对抗在现代战争中的地位及作用

1. 电子对抗在现代高技术战争中的突出地位

（1）它是贯穿高技术战争始终的重要战线。由于电子技术在军事领域的广泛渗透，电磁优势的争夺已成为作战双方激烈争夺的又一焦点，这就在客观上构成了两条不同的战线：一条是运用硬杀伤武器直接杀伤对方有生力量的有形战线；另一条则是使用电子技术和设备，以夺取制电磁权为目的无形战线。随着高技术战争形态的不断变化，电子对抗手段被称为与火力、机动力并列的"第三打击力量"，电子对抗已经成为了一条越来越重要的战线。

（2）它是信息战的主体和夺取信息优势的重要手段。信息战是在电子对抗的基础上发展起来的，从本质上说，信息战与电子对抗都是为了破坏对方的信息获取、信息传递、信息处理和信息利用。只有通过电子对抗的实施夺取电磁优势进而掌握信息优势，才能达成信息战的目的。在信息化的战场上，信息化武器的火力攻击由电磁频谱控制，军队的指挥控制系统高度电子化，70%的情报信息依赖于电子设备获得，所以，电子对抗是信息战的主体，是夺取信息控制权和使用权，达成信息战目的的重要手段。

（3）它是战斗力构成要素的力量"倍增器"。由于指挥控制及武器系统对电子设备的高度依赖，打击和破坏对方的电子系统，就可以成倍地削弱敌武器系统的威力，有效地降低对方的整体作战能力；而采取有效措施保证己方电子设备的正常工作，就能保证己方作战能力的正常发挥，对战斗力起到倍增作用。这一点，已经被中东战争、海湾战争、科索沃战争以及"9.11事件"后的反恐战争所证实。据统计，带自卫电子对抗设备的轰炸机，生存率可达70%~95%，反之则不超过25%；作战飞机带电子对抗设备出击时的生存率为97%，反之不超过70%；水面舰艇不装电子对抗设备，被导弹击中的概率约为加装电子设备的20倍。可见，电子对抗确实对高技术战争中的战斗力形成发挥着重要作用。

2. 电子对抗的主要作用

（1）获取重要军事情报。未来战争是信息时代的战争。利用电子对抗的装备和手段，查明敌方电子设备的工作性能、技术参数、类别、数量和配置位置等，判断其兵力部署和行动企图，是赢得战争胜利的关键。1943年4月。日本海军大臣山本五十六到前线（中所罗门岛）视察，日本第8舰队司令给另一个指挥所发出了视察路线、时间的电文，这一电文被美军截获并破译，当山本五十六出发后，美军出动18架战斗机将山本座机击落。

海湾战争中，多国部队为了对伊拉克实施空袭，获取伊军雷达及防空系统情报，美军在投入的53颗各类卫星中，至少有12种共18颗侦察卫星，300余架预警侦察飞机及地面电子情报站，伊军大多军事行动难逃多国部队的"电子耳目"监视。海湾战争爆发前，沙特阿拉伯在美国授意下数次派战斗机闯入伊领空，以激起伊军的雷达反应，从而测定其雷达位置，分析其性能，美军空袭时顺利实施了电子干扰和压制。美国防技术安全局为美军提供了伊拉克核、生、化、导弹研制和常规武器生产设施的情况及位置，为轰炸提供了目标信息。美国防测绘局提供了1.16亿张地图拷贝和上万张照相地图，为"战斧"巡航导弹袭击陆上目标提供了有价值的情报。

（2）破坏敌方作战指挥。破坏敌方指挥系统，使敌军瘫痪陷入被动挨打地位，是电子对抗的重要任务。1944年，苏军在加里宁格勒附近包围了德军一个重兵集团，德军试图用无线电与大本营联络，求得增援和突围。苏军派出无线电干扰分队压制了德军的无线电通信，使德军250次联络未能成功，全军覆灭。德集团军司令被俘后供述，投降的主要原因之一是无法与大本营取得通信联络。

（3）掩护突防和攻击。雷达作为预警和兵器制导装备，已成为防御体系的"哨兵"和"千里眼"。它们能对空、对海实施警戒，及早发现来袭敌机、导弹、舰艇，可对火器实施射击控制和导弹的制导等。进攻时对敌雷达系统实施干扰、欺骗或摧毁，使其失去效能。在海湾战争中，多国部队空袭编队得到了各种电子战飞机4 000多架次的电子支援，掌握了制电磁权，有效掩护突防，致使伊军作战飞机和防空导弹部队未能做出有效反应。

（4）保卫重要军事目标。在重要城镇、桥梁、机场、工厂和军事要地等目标附近，设置有力的雷达干扰设备或采用欺骗手段，能有效干扰敌轰炸机瞄准雷达和导弹的制导系统，使飞机投弹不准，导弹失控，减少被击中的几率，达到保卫重要目标的目的。如海湾战争中，伊军"飞毛腿"导弹发射系统对多国部队构成了一定的威胁，成为多国部队重点轰炸目标。伊军为了欺骗多国部队，用铝板和塑料制成许多假导弹发射架，这些假导弹发射架在雷达荧光屏上显示的雷达回波与真发射架极为相似，引诱多国部队无效轰炸，有效地保存了实力。

（5）夺取战场主动权。未来高技术战争中，电子对抗技术将越来越先进，电子对抗领域将越来越广阔，电子对抗的作用将越来越重要。不掌握制电磁权、制信息权，自身作战兵力兵器的作战效能就无法正常发挥，就很难掌握整个战场的主动权。

3. 电子对抗手段

电子对抗宏观上包括电子对抗与电子反对抗两个方面。电子对抗手段不断创新，派生的有电子隐身与反隐身、电子制导与反制导等，归结起来主要包括：电子侦察与反侦察、电子干扰与反干扰、摧毁与反摧毁。

（1）电子侦察与反侦察。

① 电子侦察。电子侦察是一种搜索、截获敌方电子设备的电磁辐射信号，从中获取其战术、技术特征参数及位置数据等情报的活动。它是电子对抗的组成部分，目的是为组织实施电子干扰和电子防御，为部队作战行动提供准确的情报。

电子侦察是通过截获、探测、分析、识别威胁辐射源信号特征及有关参数，输出各类辐射源的特征报告，然后对多类报告的信息进行相关跟踪/滤波、融合/归并、识别/更新、态势评价和威胁估计等数据处理，获得准确可靠和完整的电子情报，为电子对抗及作战提供情报。

电子侦察按对象可分为：雷达侦察、通信侦察和光电侦察。雷达侦察是指侦测、记录敌方雷达及雷达干扰设备的信号特征参数，并对其定位、识别。通信侦察是指对敌方无线电通信电台和通信干扰设备，进行侦察测向、定位，并根据通信电台的技术性能、通信诸元、通联规律，判别通信网的组织、级别和属性。光电侦察是指截获和识别敌方激光雷达、激光制导武器的激光辐射信号和飞机、坦克、导弹等本身的红外辐射信号。

电子侦察是夺取电磁优势的前提条件，没有时空限制，每时每刻都要进行，是和平时期电子对抗的主要形式。现代高技术战争需要电子侦察向扩大侦察范围，对重点地区保持不间断监视，改进电子侦察技术，提高侦察效能，研制智能化接收系统，扩大侦察频段，提高信号截获概率和测量精度，以及提高分析处理能力的方向发展。

② 反电子侦察。反电子侦察是为了防止敌方截获、利用己方电子设备发射的电磁信号而采取的措施。目的是使敌方难以截获己方的电磁信号，或无法从截获的信号中获得有关情报。

反电子侦察的主要措施有：电子设备设置隐蔽频率和战时保留方式，平时采用常用频率工作；减少发射次数，缩短发射时间，尽可能采用有线电通信、摩托通信、可视信号通信等通信手段；使用定向天线，充分利用隐蔽作用，减少朝敌方向的电磁辐射强度；将发射功率降低至完成任务的最低限度；转移发射阵地不使敌人掌握发射规律；减少发射活动，实施静默。其具体做法还有：设置简易辐射源，实施辐射欺骗或无线电伴动；采取信号保密措施，使用不易被敌截获、识别的跳频电台等新体制电子设备。

电子侦察无论平时、战时都在不间断地进行着，反电子侦察已成为经常性的电子防御措施。反电子侦察涉及所有作战部队，必须严密组织、统一实施，与其他反侦察手段结合使用。

（2）电子干扰与反干扰。电子干扰与反干扰，是现代战争中夺取战场电磁优势极为重要的作战手段。应灵活掌握，正确决策，实施计划管理。

① 电子干扰。电子干扰是采用专用的发射信号干扰、破坏敌方电子系统正常工作的专用技术。目的是削弱或破坏敌方电子系统遂行战场侦察、作战指挥、通信联络和兵器控制能力；为隐蔽己方企图，达成战役、战斗的突然性和提高己方飞机、舰艇、装甲车辆等武器装备的生存能力创造有利条件。

电子干扰可分为有源干扰、无源干扰两大类。按干扰专业、干扰专用平台、干扰技术、干扰方式和干扰机组成类型有多种分类法。专业领域不同，干扰技术特点不同，电子设备的类型不同，信号波形不同，干扰波形设计也不同，如预警、探测、目标监视雷达与跟踪、制导雷达、火控雷达的干扰技术不同；干扰平台不同，作战环境不同，干扰机的设计原则也不同，干扰方案、战术、战法都不同；此外，自卫干扰、随队干扰、远距离支援干扰的设计重点也不同；从而构成陆、海、空军的电子干扰装备系统。对指挥员而言，重要的不是深研设计技术，而是要了解电子干扰技术概貌，决策干扰手段，选用干扰装备，组织电子战斗。

② 电子反干扰。电子反干扰是识别、阻止敌方干扰以保护己方电子系统处于正常状态的技术。其目的是削弱或消除敌方电子干扰对己方电子设备使用效能的影响。

电子反干扰随着电子系统的不同而异，天线、发射、接收、显示、波形设计均可采用反干扰技术，而且从系统体制、组网运行上反干扰效果较佳。电子反干扰按电子设备种类可分为：雷达反干扰、通信反干扰、引信反干扰、导航设备反干扰、光电设备反干扰等。按作战使用可分为：技术反干扰和战术反干扰两大类。技术反干扰主要是提高电子设备本身在干扰条件下的工作能力，在电子设备的发射机、天线、接收机、信号处理系统中采取反干扰措施。技术反干扰针对性强，通常一种反干扰措施只能有效对抗一种干扰。战术反干扰主要是调整电子设备的配置、组网工作和综合运用等，将不同体制、各种频段的雷达配置组网，发挥整体抗干扰能力；综合运用多种探测和通信手段，有源、无源探测相结合；红外寻的、激光制导和雷达制导相结合；有线通信、运动通信和无线电通信相结合；设置隐蔽台、站，适时启用；利用干扰信号对干扰源进行跟踪寻的、定位，必要和可能时实施火力摧毁。

（三）摧毁与反摧毁

专用电子对抗设备和作战手段在战场上的广泛应用，不仅使雷达、通信和光电设备难以发挥效能，并且对作战飞机、舰船、装甲车辆和精确制导武器等构成了严重威胁。电子对抗手段不断升级，已由消极防御发展到"软"杀伤，进而发展到"软"、"硬"结合，对敌方电子设备直接摧毁。

（1）摧毁。摧毁是指在查明敌方电子对抗装备及其工作情况的基础上，用直接毁伤的方法使其瘫痪并在短期内难以恢复正常工作的一种电子对抗手段，主要有火力摧毁、派遣人员摧毁和反辐射摧毁等。电子摧毁是对敌方的电子设备实体摧毁。反辐射导弹、反辐射无人机等，就是这种"硬摧毁"的反辐射武器系统。反辐射导弹和对辐射源实施摧毁性攻击有两种方式：一种是接收到目标信号后发射，由于导弹具有"记忆"（锁定）装置，发射后，即使被攻击的雷达关机，也可"记住"其位置，不偏离航线击中目标；另一种是"先升空后锁定"方式，先盲目发射，让其无定向在空中飞行、盘旋，一旦接收到目标信号，即咬紧目标，将目标摧毁。反辐射导弹的自导引系统是采用无源被动跟踪方式，本身不辐射电磁信号，具有稳定性好、不易受干扰和突防能力强等特点，引导头带很宽，具有较高的制导精度，是当今战场上威慑力较高的一种有效电子战武器。

（2）反摧毁。反摧毁是雷达利用战术或技术保护自己及友邻雷达免遭反辐射导弹攻击的技术。反摧毁技术目前常用的有以下几种：采用诱饵引偏技术，部署假雷达阵地；采用雷达发射控制、关机、间歇交替工作；采用反辐射导弹告警系统；采用新体制雷达，如低截获概率雷达、双/多基地雷达、高频雷达、毫米波雷达等；雷达与无源传感器联合组网实施综合对抗技术。

（四）电子对抗发展趋势

现代电子战装备发展的技术基础是超高速度集成电路、微波集成电路、人工智能、人工神经网络、并行处理技术、光纤数据总线、高级程序语言和隐身技术等高新技术成果。电子对抗将面临宽频带、高精度、低截获概率、多模式复合、多信号格式、多技术体制的电子威胁，并要面对全高度、全纵深、全方位的作战空域，必须具有快速应变的作战能力。其发展趋势主要表现在以下几个方面：

1. 电子对抗的电磁频谱范围将从射频段向全频段发展

雷达侦察技术向扩展频段、提高测向/测频精度、增强信号处理能力方面发展。根据国外现役及在研的电子侦察设备预测，21世纪初电子电磁斗争频谱将从射频段向全频段发展。

2. 电子对抗的手段将从传统的单一手段向综合一体化方向发展

高技术综合战场是以高技术电子兵器的综合应用为特征的，它将导致未来的军事对抗和电子对抗的内容、模式和概念发生深刻变化。未来电子对抗中，空地、空海一体和陆、海、空、天、电一体的多维立体战要求多功能的电子战系统。据有关对美军未来电子战装备发展趋势分析认为：一是单平台电子战手段——侦察/干扰/摧毁一体化；二是单平台上的电子战装备与雷达、导航、通信等电子战设备和系统的综合一体化；三是多平台电子战设备的综合。法国 THOMSON—CSF 公司研制了 EWC3I 雷达对抗与通信对抗的综合电子战系统；英国 MARCONI 公司研制了多平台由软件驱动的 EWCS 综合电子战系统，电子战指挥控制系统在战场上与 C^3I 的 C^2 发生交联，并由单平台的综合管理向多平台的综合管理发展。

3. 电子对抗的重点将向为 C^4ISR 一体化系统和反精确制导武器方向发展

电子对抗的对象是较广泛的，其中主要目标是指挥、控制、通信以及情报系统、防空雷达系统、武器制导系统等。这些系统中最重要的是指挥、控制、通信、计算机、情报以及侦察、监视系统即 C^4ISR 系统。C^4ISR 系统是国家和军队威慑力量的重要组成部分，是现代化军队的神经中枢。C^4ISR 系统一旦遭到破坏，后果不堪设想。苏军认为：只要能使敌军 C^3I 指挥、控制、通信、情报系统瘫痪，我们便能取得决定性胜利。

精确制导武器具有极高的命中率和作战效能，在历次局部战争中都发挥了重要作用，在海湾战争中，其对要害目标的打击精度和杀伤威力非同凡响，使其成为海湾战争的三大支柱之一；科索沃战争以及"9·11事件"后对阿富汗的军事打击中，精确制导武器同样是美军的制胜法宝。精确制导武器的命中率取决于它的制导系统，由电磁波、红外或激光传感器来引导，因此，对付它的最有效手段就是电子对抗，尤其是综合电子对抗系统。可以预见，精确制导武器势必成为高技术战争中广泛应用的主要杀伤性武器系统，一批围绕制导与反制导斗争的新的电子对抗装备或系统，将成为电子对抗技术发展的重要内容。

4. 电子对抗的领域将不断拓展，新样式不断出现

在高新技术的推动下，电子对抗装备将不断更新，电子对抗领域将不断拓展。

（1）计算机病毒战将成为电子战的新领域；

（2）定向能武器可望成为电子战的又一"拳头"；

（3）电磁脉冲弹可能成为电子设备的新"克星"；

（4）网络战将成为信息争夺的重要平台。

五、航天技术

（一）航天技术概况

茫茫宇宙，变幻多彩，令人神往。几千年来，人类从未停止过对宇宙观测与研究，并一直做着"飞天"的梦想。随着科学技术的不断发展，1957年10月4日，苏联成功地将世界上第一个航天器"地球卫星1号"送入太空，标志着人类从此进入了航天时代。

在近半个世纪里，航天技术的飞速发展，迄今为止人类已经将近5 000个不同类型的航天器送上太空。它们不仅极大地方便了人民群众的社会生活，加速了生产和生活方式的变革，而且也成为军事高技术重要的组成部分，拓展了军事斗争的深度和广度。

（1）航天技术的定义和组成。航天技术是指将航天器送入太空，以探索、开发和利用太空及地球以外天体的综合性工程技术，又称空间技术。其组成主要包括：

① 航天运载器技术。航天运载器技术是航天技术的基础。要想把各种航天器送到太空，

必须利用运载火箭的推力克服地球引力和空气阻力。常用的运载器是运载火箭。运载火箭主要由动力系统、控制系统、箭体和仪器、仪表系统组成。为了使航天器获得飞出地球所需的速度，靠单级运载火箭的推力目前难以达到。为此，人们发展了多级火箭。

②航天器技术。航天器是在太空沿一定轨道运行并执行一定任务的飞行器，亦称空间飞行器。航天器分为无人航天器和载人航天器两大类。

（2）航天器飞行的基本条件。航天，是指航天器在太空的航行活动，即在大气层以外，包括环绕地球、飞往月球或各大行星的航行、星际间和飞出太阳系的航行。

将航天器送入外层空间，其手段和运载工具目前有两种：一是用多级火箭发射，二是用航天飞机向近地轨道运载和布放。

①航天器飞行的速度。从地球上将航天器发射上天，使其沿一定轨道运行而不落回地面，必须借助运载火箭的推力产生足够大的飞行速度，航天器才能冲破地球引力和空气的阻力，飞向太空。根据对航天器的不同运行要求，通常将航天器运行速度分为第一、第二和第三宇宙速度。

第一宇宙速度：又叫环绕速度，指航天器（地球上的物体）绕地球做圆轨道运行而不落回地面上所必须具有的速度，为每秒7.9千米。

第二宇宙速度：又叫脱离速度，航天器运行速度大于环绕速度时，将沿着椭圆轨道运行。当发射速度增加11.2千米每秒时，航天器将挣脱地球引力，成为一颗绕太阳运行的人造行星。

第三宇宙速度：又称逃逸速度。当运行速度大于16.7千米每秒时，航天器将脱离太阳系，进入茫茫宇宙深处。

②航天器飞行的高度。地球周围有稠密的大气层，空气密度与地面的垂直高度成反比。在距地面100千米的高度上，空气密度约为海平面的一百万分之一，在200千米高空，空气密度只有海平面的五亿分之一。航天器运行轨道太低时，与空气摩擦产生高温，会将航天器烧毁，空气的阻力也会使航天器运行速度下降而陨落。要使航天器在轨道上安全运行，除了必要速度外，运行高度通常在120千米以上。

（3）航天器的运行轨道。航天器运行轨道是其运行质心运行的轨迹，由其入轨点位置、入轨速度和入轨方向决定。

①轨道参数。人们为了说明航天器运行轨道的形状、在空间的方位及其在特定时刻所在的位置，常用以下轨道参数来描述。

a. 轨道形状和高度。绕地球运行的航天器轨道有圆轨道和椭圆轨道两种。航天器到地球表面的垂直距离叫航天器的轨道高度。沿圆轨道运行的航天器只有一个高度参数。沿椭圆轨道运行的航天器在轨道上离地面最近的位置叫近地点，离地面最远的位置叫远地点，这两个点到地面的垂直距离分别称为近地点高度和远地点高度。根据执行任务不同，航天器可以选用不同形状、不同高度的轨道。

b. 轨道周期。航天器在轨道上绕地球运行一周所用的时间称为轨道周期。航天器高度越高，速度越慢，周期也就越长。

c. 轨道倾角。航天器绕地球运行的轨道平面与地球赤道平面之间的夹角称为轨道倾角。它用地心至北极的方向与轨道平面正法向之间的夹角度量。倾角小于90°的轨道，航天器自西向东顺着地球自转方向运行，称为顺行轨道；倾角大于90°的轨道，航天器自东向西逆着地球自转方向运行，称为逆行轨道；倾角为 0° 的轨道，航天器始终在赤道上空飞行，称为赤道轨道；倾角为 90° 的轨道，航天器飞越地球两极上空，称为极轨道。

② 常用轨道。

a. 地球同步轨道。轨道周期与地球自转周期（23 小时 56 分钟 4 秒）相同的航天器轨道称为地球同步轨道。此时航天器每天在相同时刻经过地球相同地方的上空。对于轨道周期与地球自转周期相同、倾角为 0° 的航天器轨道，则称为地球静止轨道。在这种轨道上的卫星，高度为 36 786 千米，星下点（卫星和地心连线与地面的交点）轨迹为赤道上的一个点，从地面上看好像静止不动，故称为静止卫星。通信、气象、广播电视等卫星常采用地球静止轨道。

b. 太阳同步轨道。轨道平面绕地轴的旋转方向和周期，与地球绕太阳的公转方向和周期相同的航天器轨道，称为太阳同步轨道。在这种轨道上运行的卫星，每次从同一纬度地面目标上空经过，都保持同一地方、同一运行方向，具有相同的光照条件，因此可在同样条件下重复观测地球。气象、地球资源等卫星常采用这种轨道。

c. 极轨道。倾角为 90° 的航天器轨道称为极轨道。在极轨道上运行的卫星，每圈都经过地球两极上空，其星下点轨迹可覆盖整个地球。气象、地球资源、侦察等卫星常采用这种轨道。

（二）航天技术发展概况

1. 世界航天技术的发展概况

航天技术是 20 世纪人类认识和改造自然进程中最有影响的科学技术之一。近 40 年来，世界航天技术取得了划时代的巨大成就。

（1）航天运载器方面。自 1926 年美国研制成功世界上第一枚液体火箭后，由于发展洲际导弹和航天的需要，运载火箭技术得到了迅速发展。随着航天事业的发展液体火箭已逐渐由武器和运载两用转向主要为航天运载服务。固体火箭则主要用做运载火箭的助推器以及空间发动机。自 1957 年以来，苏联、美国、法国、日本、中国、英国、印度等国家以及欧洲空间局先后研制出 80 多种运载火箭，修建了 18 个航天发射场，进行了近 5 000 次轨道发射。美、苏两国发射次数占世界发射总数的 96% 以上。迄今世界各国研制成功的运载火箭主要有：苏联/俄罗斯的"东方"号、"上升"号、"天顶"号、"能源"号，美国的"宇宙神"系列、"大力神"系列、"土星"系列，中国的"长征"系列等。它们可将 100 多吨的载荷送入近地轨道，把十几吨至几十吨的载荷送入地球静止轨道、月球或火星、金星等逃逸轨道。

下面以德尔它 3920 运载火箭为例来看看运载火箭的组成和各系统、舱段的所在部位。德尔它的一、二级是液体发动机，并捆绑了九台固体发动机。在第二级上装有制导系统，第三级是固体发动机，采用旋转稳定控制。

（2）航天器方面。自 1957 年 10 月 4 日苏联成功发射第一颗人造成地球卫星后，各类人造卫星纷纷上天，除科学卫星和技术试验卫星外，最多的是各种应用卫星。

截至 1993 年，世界各国发射了 120 多个太阳系空间探测器，分别用于探测火星、金星、木星和行星际空间。美国 1992 年 3 月发射的"先驱者" 10 号探测器，在 1986 年越过冥王星的平均轨道，成为第一个飞出太阳系的航天器。

1961 年 4 月 12 日，苏联宇航员乘坐"东方"号载人飞船进入太空，第一次实现人类漫游太空的梦想。1969 年 7 月 20 日，美国宇航员乘坐"阿波罗" 11 号飞船首次登月成功，开辟了人类登月活动的新篇章。1971 年 4 月 19 日，苏联发射了第一个载人空间站"礼炮" 1

号，1986年2月20日发射了"和平"号空间站。美国从1972年后研制可重复使用的"挑战者"号（失事炸毁）、"亚特兰蒂斯"号、"发现"号、"哥伦比亚"号（失事炸毁）和"奋进"号。

迄今世界各国共成功发射了近5 000多个航天器，仍在轨道上工作的约有500多个，它们在政治、经济、科学、文化、军事乃至社会生活等领域发挥了重大作用。

（3）航天测控方面。航天测控技术的发展，已可以确保运载器和航天器所需的飞行轨道和姿态。同步轨道通信卫星对地指向精度已经达0.05度，天线指向精度达0.01度。对地观测卫星的指向精度可达0.03度，指向稳定度高于0.0001度每秒。经过几十年的实践，航天技术显示了对经济建设、国防建设和社会生活的重要意义，特别是它能极大地提高社会生产力，能形成高效益的产业，能为解决当代全球若干问题开辟了新的道路，引起了世界各国的重视。目前，世界上已有60多个国家投资发展航天技术，有170多个国家和地区应用航天技术成果，总投资在7 000亿美元之上。

2. 我国航天技术的发展概况

（1）我国航天技术的成就。我国航天事业从20世纪50年代中期起，依靠自己的力量，经过50多年的艰苦奋斗，经历了创建、打基础和上档次三个阶段的发展，取得了举世瞩目的巨大成就，在世界航天领域占有一席之地。1956年10月8日中国导弹火箭技术研究院建立，1960年2月19日就发射了首枚试验型探空火箭，1960年11月和1964年6月，我国分别成功地发射了第一枚近程和中程弹道导弹，为航天技术的发展奠定了基础。1970年4月24日，我国首次发射了"东方红"1号试验卫星，成为继美、苏、法、日后第五个能制造和发射人造卫星的国家。1975年11月，我国成功地发射并回收了第一颗返回式遥感卫星，成为第三个掌握卫星回收技术的国家。1981年，我国用一枚运载火箭，一次把三颗卫星送入太空，从此掌握一箭多星技术。1984年4月8日又成功地发射了我国第一颗地球同步轨道试验通信卫星。1988年9月，"风云"1号太阳同步轨道气象卫星成功发射。1997年5月12日，我国研制的"东方红"3号广播通信卫星发射成功。1997年6月10日，我国"风云"2号气象卫星发射成功，成为第三个能同时发射太阳同步轨道和地球同步轨道试验通信卫星的国家。1999年10月14日，中国和巴西联合研制的"中巴地球资源卫星"成功进入了太空。1999年11月20日，我国"神舟"号试验载人飞船成功发射。2000年10月31日凌晨0时02分，我国自行研制的第一颗导航定位卫星"北斗导航试验卫星"发射成功，标志着我国拥有自主研制的第一代恒星导航定位系统。2001年1月10日1时整，我国自行研制"神舟"2号飞船发射成功。2002年4月1日16时51分，我国于3月25日发射升空的"神舟"3号飞船，在太空遨游6天18小时成功返回地面。2002年5月15日9时50分，中国自行研制的第一颗海洋探测卫星"海洋"1号成功进入预定轨道，标志着中国已基本建成长期稳定运行的卫星对地观测体系。2005年10月17日，"神舟"六号载人航天飞行的成功，标志着中国在发展载人航天技术、进行有人参与的空间实验活动方面取得了又一个具有里程碑意义的重大胜利。2008年9月25日，"长征2F"运载火箭将"神舟"七号飞船准确送入太空预定轨道；航天员飞行乘组出色完成了各项预定的操作项目，其中，航天员翟志刚着"飞天"舱外航天服、刘伯明着"海鹰"舱外航天服，互相配合，成功完成了空间出舱活动，航天员翟志刚在舱外取回了科学试验材料并成功进行了首次太空行走。这也向世人昭示中国"步"入了太空强国。"神舟"系列飞船的发射成功，使我国载人航天技术从试验阶段初步进入到应用阶段，具有自主知识产权的"神舟"飞船及卫星系列、"长征"运载火箭系列，标志着中国航天技术的跨越式进步。"神舟"飞船的七次成功发射，标志着我国的载人航天事业的巨大突破。

（2）21 世纪初我国航天技术展望。面向 21 世纪，国家已把航天技术作为国家总体发展战略的一部分，列入《国家中长期科学技术发展纲领》中。目前，我们的目标是逐步建成几个国民经济急需的、长期稳定运行的应用恒星系统以及进行载人航天飞行、太空探索等。

在通信广播方面，要发展大容量、高功率、多波束、长寿命的通信广播卫星，发展"直接进入家庭"的电视广播卫星，区域移动通信卫星和跟踪与数据中继卫星。

在导航定位方面，要加速发展导航卫星。要从国情出发，以建成的双星导航定位系统为基础逐步建立我国的全球卫星导航定位系统，为我国的车辆、船只、飞机等开展导航服务，从而提高指挥和高度调度交通运输的能力。

在科学试验方面，要以微重力、空间环境和生命科学及新技术实验为重点，继续利用返回式卫星进行空间微重力材料设备和生命科学实验；与此同时，还要加速发展小型卫星，以适应空间探测、科学技术试验、海洋观测等需要。研制新一代无污染、高推力和可重复使用的火箭，配套发展各种测控和发射设施，开展新型航天器（空间站、航天飞机）等复杂系统的研究。

（三）航天技术的军事应用

航天技术的成果是军事航天系统。世界发射的众多航天器，大约 70% 是为军事目的服务的。军事航天系统大致可分为 4 类：军事航天运输系统，军事载人航天系统、军事卫星系统和航天作战系统。

1. 军事航天运输系统

军事航天运输系统是把军用航天器、宇航员或物资等有效载荷从地面运送到太空预定轨道或能将有效载荷带回地面的运输系统。目前可利用的军事航天运输系统主要是一次性运载火箭，还有可重复使用的航天飞机。

2. 军事载人航天系统

（1）载人飞船。载人飞船包括星式载人飞船、登月载人飞船和行星际载人飞船。载人飞船主要用于发展新的军事航天技术和试验新型的军事设备，对地面进行观察和侦察以及作为航天运输工具及武器平台。早期的载人飞船是由卫星改装的，后来的飞船是专门研制的。

（2）航天飞机。航天飞机，是一种载人航天运输工具。它既能像火箭一样垂直起飞，像航天器一样在轨道上运行，又能像普通飞机一样滑翔着陆。航天飞机主要由轨道器、固体助推器、外挂式燃料储箱组成。其主要特点是：可重复使用，能将有效载荷送入空间轨道，发射和载入时的加速度比火箭要小，在空间可以从事各种研究和实践活动。特别是在军事应用方面，不仅可以发射和回收卫星，还可遂行侦察、反导和袭击任务。它不仅是一种空间运输器，而且是一种载人航天兵器。

（3）空间站。空间站是在载人飞船的基础上发展起来的永久性航天器，又称载人航天站、轨道站。它标志着载人航天活动已由空间探索向开发和利用空间发展。空间站可供多名宇航员巡访、长期工作和居住的大型人造卫星，具有很高的军事价值。

研制空间站的设想，最早由俄国科学家齐奥尔科夫斯基于 20 世纪初提出的。1923 年德国火箭专家奥伯特预示了航天站的军事应用。

1971 年，苏联"礼炮"号空间站发射成功后，先后发射 7 个"礼炮"号和 1 个"和平"号空间站。其中"和平"号空间站，有 6 个对接口，可与 6 艘飞船对接成 7 个舱体的大型轨道复合体，总重量达 106 吨，工作舱总容积达 510 立方米，可容纳 5 ~ 6 人同时工作。美国于 1975 年开始实施"天空实验室"计划，在接待了 3 批宇航员后停止使用，于 1979 年 7 月 12 日陨落在印度洋。

3. 军事卫星系统

军事卫星是专门用于各种军事目的的人造地球卫星的统称。它按用途可分为军事侦察卫星、军事通信卫星、军事导航卫星、军事测地卫星、军事预警卫星等。近期几场局部战争表明，各种军用卫星在支援陆、海、空作战中发挥了重要作用，成为现代侦察、通信和定位的重要手段。未来战争中，军用卫星作为一种发射平台，与激光、定向能和动能等新式武器一起，构成天战武器装备系统，将成为空间军事化的主要工具。

（1）侦察卫星。

① 侦察卫星的特点和用途。侦察卫星是获取军事情报的人造地球卫星。它发展早、应用较广，具有侦察效率高，搜集、传递情报速度快，效果好，生存能力强和不受国界与自然地理条件限制等特点。其主要用途是：侦察对方战略目标，对领土进行测图，监测对方战略武器系统，侦察对方地面部队的部署。

② 侦察卫星分类。侦察卫星按不同的侦察设备和任务，可分为照相侦察卫星、电子侦察卫星、海洋监视卫星、导弹预警卫星和核爆探测卫星等。世界上第一颗照相侦察卫星是美国于 1959 年 2 月 28 日发射的"发现者" 1 号。目前，美国第六代照相卫星 KH—12 采用热成像和自适光学技术，分辨率达 0.1 米。

电子侦察卫星，是用以侦察敌方电子设备的电磁辐射信号以获取情报的侦察卫星。其主要任务：一是侦察敌方雷达的位置和性能参数，为空中攻击武器的突防和实施电子干扰提供数据；二是探测敌方电台和发信设施的位置，以便于窃听和破坏。目前，只有美国和苏联发射和使用了电子侦察卫星。美国有"纹流岩"系列、"大酒瓶"、"牧人小屋"等电子侦察卫星；苏联有"宇宙"号系列电子侦察卫星。

导弹预警卫星，是用以监视、发现和跟踪敌方战略弹道导弹的发射及其主动段的飞行，并提供早期预警信息的侦察卫星。它装有红外探测器和电视摄像机等设备，通常由多颗卫星组成预警网。卫星上一般还装有 X 射线、Y 射线和中子探测器等，以兼顾探测核爆炸的任务。目前，美国在地球同步轨道上部署 5 颗导弹预警卫星，海湾战争中用其监视了伊拉克发射的"飞毛腿"导弹，为"爱国者"导弹实施拦截提供了预警信息。

核爆探测卫星，通过卫星上的各种探测器，探测核爆炸时间、高度、方位和当量，从而获取别国发展核武器的情报。此种任务现已由预警卫星担任。

（2）通信卫星。通信卫星是用做无线电通信中继站的人造地球卫星。按卫星上有无通信转发器，可分为无源通信卫星和有源通信卫星；按卫星运行轨道可分为静止通信卫星和非静止通信卫星、区域通信卫星和国内通信卫星；按不同用途可分为军用通信卫星、海事通信卫星和电视广播卫星。

军事通信卫星可分为战略通信卫星和战术通信卫星。战略通信卫星通常在地球同步轨道上运行，为远程乃至全球范围的战略通信服务。战术通信卫星的运行周期一般是 12 小时，其作用主要是提地区性战术通信或军用飞机、舰船、装甲车辆及单兵移动通信。

通信卫星的主要特点是，覆盖面积大、通信距离远、通信容量大、传输质量高、生存能力强等特点。在地球同步轨道上，等距离部署3颗通信卫星，就可实现除地球两极外的全球通信。

美国于1958年12月发射了"斯科尔"有源试验型通信卫星。1962年6月，美国发射了"国防一代"中高度轨道小型通信卫星。1963年2月开始，又相继发射了"国防二代"和"国防三代"卫星，这两代卫星均为地球同步轨道卫星。

苏联自1965年4月发射第一颗实用型通信卫星后，共发展了3种不同轨道的通信卫星。其中"闪电"卫星是苏联优先发展的大椭圆轨道通信卫星系统，由于苏联位于北半球高纬度地区，最适合使用大椭圆轨道通信卫星。此外，苏联还发展过一种近地轨道通信卫星"数据中继卫星系统"。

除美国和苏联外，欧洲空间局、日本、中国等都独立发射了自己的通信卫星。

（3）导航卫星。军事活动领域的扩展，武器射程的增大，军队运动速度的加快，特别是精确制导武器的出现，使军事行动的导航、定位问题格外突出。利用卫星导航具有精度高、全天候、覆盖广等优点，在军事领域有着极为重要的意义。

导航卫星是为航天、航空、航海、各种导弹、地面部队以及民用等方面提供导航信号和数据的航天器。

卫星导航在美国发展较快，先后淘汰了经纬仪系统和导航星全球定位系统，于1994年完成了由24颗例导航定位系统卫星的部署，目前，美国"全球定位系统"（GPS）是第二代导航卫星系统，由24颗卫星（包括3颗备用星）组成，能向全球任何地点和近地空间用户提供24小时不间断的三维导航定位服务。GPS导航卫星发布军用和民用两种导航信息，军用信息又称P码或精码，理论定位精度约为0.29~2.9米，垂直定位精度为27.7米。

（4）测地卫星。测地卫星装有光学观测系统、无线电测距系统、雷达测高仪等设备。可用于测制地图、建立精密作标系统、提供地球引力场分布有关数据，有利于提高战略武器的命中精度。

（5）气象卫星。气象卫星是从外层空间对地球及其大气层进行气象观测的卫星。大多数气象卫星为军民合用，按运行轨道可分为太阳同步轨道气象卫星和地球静止轨道气象卫星。美国是世界上第一个将气象卫星用于战场气象保障的国家。20世纪50年代末期，美国开始研制第一代军民合用气象卫星"泰罗斯"号。并在60年代将其用于侵越战争的气象保障。1965年开始正式部署工作型的国防气象卫星。国防气象卫星能提供7 400千米×3 000千米范围内的实时气象照片。

4. 航天作战系统

（1）航天作战任务。随着航天技术的发展，航天大国为开发和控制太空，开始建立天军，研究和完善航天作战理论。一时间，理论层出，众说纷纭，各种理论对航天作战任务的描述众说不一，但概括而言，一般包括以下任务：

① 防空防天预警。就是预防敌人从大气层内和大气层外进行攻击，主要是预防各种导弹和轰炸机攻击。

② 航天监视和全球定位。监视空间是指能连续了解和掌握空间的状况，提供轨道目标

的位置和特性。全球定位，是对敌我双方目标的定位，对我导航和对敌实施攻击。

③保护本国航天系统。采取各种措施，以减小自然或人为因素对航天系统的威胁。这包括：近实时地探测和报告对国家重要航天器采取加固、机动和对航等方法；能在几天或几小时内重建和修复航天系统的能力。

④防止敌人使用本国航天系统。

⑤阻止敌人使用航天系统。即扰乱、欺骗、破坏敌方的航天系统或降低敌方航天系统的应用效能。

⑥从太空对地基目标实施攻击。

（2）航天作战武器系统。航天作战武器系统，是部署在太空或陆地、海洋与空中，用以打击、破坏与干扰太空目标的武器以及从太空攻击陆地、海洋与空中目标的武器的总称。

航天作战武器系统包括反卫星武器、反导武器、轨道轰炸武器、军用空天飞机等。反卫星武器是专门用于攻击航天器的武器。按设置场所不同，反卫星武器可分为地基和天基两种；按杀伤手段不同，反卫星武器分为核能、动能和定向能（激光、微波、粒子素）三种。反导武器包括地基反导武器和天基反导武器，用于拦截弹道导弹和巡航导弹，可分为包括动能拦截弹和电磁轨道炮在内的动能反导武器和包括强激光武器、高功率微波武器和粒子束武器在内的定向能反导武器。与地基反导武器相比，天基反导弹武器可实现全球范围的拦截，并大大提高拦截概率。轨道轰炸武器平时在轨道上运行，接到作战命令后，借助于反推火箭脱离轨道再进入大气层攻击地面目标。运行轨道不足一圈的轨道轰炸武器称为部分轨道轰炸武器。由于轨道轰炸武器和部分轨道轰炸武器从轨道再入发起攻击，敌方的预警时间短，难于防御。军用空天飞机是一种既能跨大气层飞行，又能进入绕地球轨道运行，并可执行专门军事任务的可重复使用航天器。它的投入使用将给空间作战乃至整个军事活动带来重大影响。

目前在研究的空间武器主要有反卫星武器和反弹道导弹武器。反卫星武器是用以攻击、破坏、干扰敌方卫星等航天器的武器。反弹道武器是用来拦截、摧毁敌方来袭弹道导弹的武器。它们可陆基、海基、空基和天基部署，主要用核能或动能、定向能等杀伤手段毁伤目标。

（四）航天技术的发展趋势

航天技术对大国政治、军事、经济、科技的竞争具有战略性的影响，因此航天技术的发展必然受到世界形势发展的影响。其发展趋势主要是：

1. 利用航天活动及合作将加强

当今世界国家间的竞争主要是综合国力的竞争。在综合国力竞争中，高技术的作用力正在上升。航天技术作为高技术之一，其开发和利用对国民经济的抖动作用越来越强。从而成为很多国家开发航天技术日益强大的动力。在发展和开发过程中，利用航天技术监测、管理、服务好地球，实现人类共同家园的可持续发展日益成为共识。民用航天活动及合作将加强，加深空间探测的日益推进，中国和欧盟共同推进的地球双星探测计划等。

2. 卫星应用将产生更大的效益

今后应用的卫星，技术水平越来越高，用途越来越多，功能越来越完善，寿命越来越长，其投入产出比将越来越高，更快地传递信息，更加精确地预报灾害，等等，人类的生产和生活活动也将更加方便和快捷，卫星应用将产生更大的交效益。

3. 永久性载人空间站和基地建设将受到重视

美国、西欧、日本和加拿大正在与俄罗斯联合研制国际空间站。还将研制由一个大型空间站，探索航天技术开展和太空资源的开发和利用。

4. 航天技术在军事领域发挥的作用将继续增强

众所周知，选用航天技术在军事领域所发挥的航天侦察、监视、通信、导航等功能，是近几十年来，特别是近十年来多次军事行动中获胜方之所以成功的重要原因。科学技术在未来的军事斗争中发挥的作用将只会增强，而不会削弱。只有制天，才能制空、制海，这也是俄、美建立天军的重要原因。未来战争中，航天技术在军事领域的应用，除了继续保持其传统的信息支援功能外，将直接作为一种攻击利器，对地基和空基目标实施攻击，从而使未来作战对抗更加激烈，更加扣人心弦，更加惊天动地。

六、指挥控制技术

指挥信息系统功能的发挥离不开指挥控制技术。指挥控制技术是军事信息技术中发展最为活跃、应用十分广泛的一个分支体系。建设信息化军队，满足打赢信息化战争的要求，必须持续不断地大力推动指挥控制技术的发展。

(一) 指挥控制技术概述

指挥控制技术，是在军队指挥系统应用的，便于指挥员和指挥机关对所属部队的作战和其他行动的指挥，实现快速和优化处理的一系列信息技术的统称。它以电子计算机技术为核心，是集侦察、监视、情报、指挥、控制、通信等于一体的综合技术体系。

1. 指挥控制技术的产生及发展

军队指挥控制技术的内涵，随着科学技术进步和作战需求的变化而逐步扩展，其称谓也随之不断变化。自从出现军队后，大同小异的各种类型的 C^1（指挥）体制就诞生了。这种下级服从上级、将军指挥士兵的指挥体制延续至今已达数千年，其应用的指挥技术手段包括简易信号、有线通信、无线通信等传统技术手段。20 世纪 50 年代，随着军事装备的现代化、自动化，军兵种数量大增，作战距离、作战范围持续增大，部队机动能力也大大提高，军事指挥领域引入了"控制"一词，应用了控制技术，出现了 C^2（指挥与控制）系统。20 世纪 60 年代，随着远程武器特别是战略导弹和战略轰炸机的大量装备，通信手段在 C^2 系统中的作用日益完善、影响日益重要，于是又加上"通信"，形成 C^3（指挥、控制、通信）系统。20 世纪 70 年代，美国首次把"情报"作为指挥自动化不可缺少的因素，出现了 C^3I（指挥、控制、通信、情报）系统，并在较长时期内成为指挥系统自动化的代名词。20世纪 80 年代末，由于计算机技术在指挥信息系统中的地位作用日益增强，又加上"计算机"，变成 C^4I（指挥、控制、通信、计算机、情报）系统。20 世纪 90 年代中期，美国根据海湾战争的经验，进一步认识到掌握战场态势的重要性，提出"战场感知"的概念，即利用各种侦察监视技术手段，全面了解战区的地理环境、地形特点、气象情况，实时掌握敌我友三方兵力部署和武器系统配置情况及其动向，为作战行动提供可靠的依据。C^4I 技术体系的内涵又进一步扩大，新融入了"监视与侦察"，变成了 C^4ISR。进入新的世纪，随着军队信息化水平的不断提高，C^4ISR 与武器平台、弹药等作战系统的"融合"不断加深，同时信息系统的对抗手段也不断增多，使 C⁴ISR 系统不仅仅是保障性的指挥控制手段，而且逐渐具有杀伤进攻的作战能力，因此，C⁴ISR 系统又将新增"杀伤"手段，从而变成了 C⁴KISR 系统。指挥控制技术体系又增添了新的成员。

2. 指挥控制技术组成和分类

在功能上，指挥信息系统大体由信息获取、信息处理、信息传输和综合控制四个分系统构成。因此，对应上述功能，指挥控制技术可分为：信息获取技术、信息处理技术、信息传输技术和综合控制技术。

信息获取技术，是遍布陆、海、空、天的各种侦察与监视平台以及其搭载的雷达、夜视、光电和声呐等各种类型传感器的应用技术。

信息处理技术，是借助输入输出设备和计算机系统对获取的各种情报信息进行整理综合、有效管理和及时更新的技术方法和手段。

信息传输技术，是保证信息通过各种信道、交换设备和通信终端实现迅速、准确、保密和不间断传输的技术措施。

综合控制技术，是确保对各作战单元进行精确控制，确保指挥员意图实现的技术措施，包括精确计算、作战模拟、决策支持和实时控制。这是指挥信息系统的核心技术。

在指挥、控制、计算机和通信（C⁴）系统中，其主体是计算机技术和通信技术。此外，由于指挥信息系统向一体化方向发展的趋势越来越明显，使得综合集成技术和体系结构技术成为新的技术生长点。因此，对指挥控制技术的研究，主要围绕计算机技术、现代通信技术、系统综合集成技术和网络系统技术展开。

（二）指挥控制技术现状及发展趋势

1. 计算机技术

电子计算机的发明是 20 世纪最辉煌的科学成果之一，使人类在继化学能、物理能之后，又找到了信息能。计算机从它诞生之日起就应用于军事领域，而且计算机技术的开发与进步往往始于军事应用的需求。

在军队指挥信息系统中，计算机主要的应用是信息处理，计算机技术的核心是信息处理技术。从作战指挥控制的角度来说，信息处理技术渗透到信息流程的大多数环节。在信息传输中采用的信息编码、加密技术；在信息存储时采用了压缩、索引技术；利用复制、镜像技术，实现信息共享；利用变换、选切技术，实现信息显示；信息安全技术中也大量采用了信息处理技术。

计算机的信息处理功能在指挥信息系统中的应用包括：一是军用文电处理，为各级领导机关、部队提供及时、可靠、安全和保密的信息，实现信息处理的自动化和规范化；二是军用图形处理，即利用计算机处理图上的作战态势信息；三是建立军用数据库系统；四是作战仿真，是实兵演习、沙盘作业、图上作业等传统手段的补充和发展，是用量化手段研究对抗双方或多方军事冲突过程的有效方法；五是人工智能和专家系统。

2. 通信技术

（1）现代通信技术的现状

计算机技术在通信领域的广泛应用，使得数字通信、网络通信成为现代通信技术飞速发展的重要支柱。数字通信与模拟通信相比，具有以下显著特点：一是抗干扰能力强。数字通信系统传输的是 0、1 二元信号，传输的脉冲波形只有两种状态。在接收端对每一个传输码元进行判决时，只要采样时刻的噪声绝对值与判决电平相比不超过某一个门限就不会形成误判。而且采用一些技术措施，可以具有检错和纠错能力，抗干扰能力更强。二是可实现远距离通信。模拟通信由于难以将信号与噪声完全分离，在放大过程中，信号和噪声一同被放大，难以进行多级传输。数字通信在进行判别后，即能恢复原始信号信息，因此，无论经过几级放大和传输，也不会产生过多的噪声，从而实现远距离通信。三是能适应各种通信业务。电话、电报、图像和数据等各种信息都可以转换为数字信号进行传输，所以数字通信能适应各种业务通信。四是保密性能强。数字通信可以方便地进行复杂的密码排列，使敌方难以进行解密等，而模拟通信就难以实现复杂的加密。

现代网络使通信技术发生了革命性的变化。网络通信具有三点优势：一是可以满足多业务通信传输的需要；二是可以传输多媒体信息；三是实现信息传递的宽带和高速化。由于网络通信的发展，自动交换技术、光纤通信技术、卫星通信技术等新的通信技术得到了长足的发展和应用，构成了一个多种手段、立体化的通信网络。这些网络在军事上的应用，使军事通信发生了深刻的变化，军事战略通信网、指挥自动化通信系统、战略战术通信网和军民结合的卫星通信网联成一个整体；使战场瞬息万变的态势可实时传输，供指挥员进行决策。使远程精确打击成为可能，毁伤效能大幅度提高；使作战效果得到及时反馈，作战节奏大大加快，彻底地改变了现代战争的面貌。

现代通信技术的快速发展集中体现在：程控数字交换技术是现代通信的基础，微波通信技术扩大了通信容量，光纤通信技术增强了实时通信能力；卫星通信技术实现了全球通信；移动通信技术解决了"动中通"难题。

（2）现代通信技术的发展趋势

一是采用军用 ATM 技术，提高战场适应能力。包括抗毁性 ATM 技术、军用 ATM 分布式交换技术以及网络抗毁自治愈技术。作为军用通信系统，必须在遭到损坏时，现有的资源能够继续运行，因此必须研究军用 ATM 分布式交换技术，提高 ATM 的抗毁性。以提高系统的安全性。采用链路重叠和网络拓扑结构可以加强网络的抗毁能力，但被毁后的网络快速愈合重组也是一项关键性的技术难题。由于作战使用的机动性，战场环境的电磁干扰严重，无线 ATM 的误码率要比光纤严重得多，必须动态地应用前向纠错（FEC）编码技术和在数据链路层采用自动请求重发（ARQ）协议，以提高无线 ATM 在战场环境下的可靠性。

二是开发军用 IP 技术，增强网络通信能力。当前的 IP 协议的技术标准都不支持路由器的移动性，而军用 IP 技术可以支持网络主干的移动，这就大大提高了军用网络系统的机动能力。军用网络的信息资源十分丰富，信息的时效性要求很高，处理能力要求很强，但工作环境却异常恶劣。因此，能够对网络各种复杂的信道资源、路由资源、频率资源、地理信息资源等进行有效的调配和利用，是军用网络管理技术必须解决的问题。

三是采用新的通信技术，提高抗干扰通信能力。研制多频带、多模式、数字可编程无线电台和大容量干线无线电台，采用综合抗干扰技术，利用无线组网，实现高机动性部队之间高可靠性、大容量的通信保障。

3. 系统综合集成技术

系统综合集成，是指使一个整体的各部分能够彼此有机地协调工作，以发挥整体效益，达到整体优化的方法。集成不仅强调将各个系统物理地集合在一起，更强调这些系统在逻辑上的联系。系统综合集成技术是对多种系统和技术进行裁剪，恰当合理地选择相关技术和策略，最佳地选择和配置各种软件和硬件资源，以构成满足用户需求的，整体性能最优的各类集成技术的统称。

（1）系统综合集成技术的内容

系统运行环境集成。它是将不同的硬件设备、操作系统、网络系统、数据库系统、开发工具和其他系统支撑软件集成为一个应用系统，形成高效、协调的应用平台，使得系统中的每一个用户都可以共享软件及硬件资源。

信息集成。从信息资源管理出发，进行全系统的数据总体规划、分布分析与应用分析，统一规划设计数据库，使不同部门、不同专业、不同层次的人员，在信息资源方面达到高度的共享。

应用功能的集成。利用各种技术手段，在运行环境和信息集成的基础上，建立一个满足用户功能需求的完整系统。

人员和组织集成。系统最终是为人员及其组织服务的，同时系统也是由人来控制的。通过对人员和组织的协调，使之适合集成后的系统，包括协同分工、友好的人机界面、智能化、自动化系统等。

集成的各个方面内容是有机的整体，信息集成是系统综合集成的核心，应用功能集成直接影响系统的效率和质量，系统运行环境集成决定了系统的技术水平和运行效率，人与组织的集成是系统效能发挥的关键。

（2）系统综合集成技术的发展趋势

系统综合集成需要重点解决的技术问题主要包括：软硬件平台集成、技术分系统集成、接口设计等。

软硬件平台集成，就是将不同的硬件平台、软件平台、开发工具以及有关系统支撑软件等集成为一个协调运行的应用平台，用户可以共享系统软件及硬件资源。集成的结果要满足"五个统一"：统一的通信接口、统一的编程接口、统一的最终用户接口、统一的系统管理和服务、统一的信息格式和数据格式，同时，还应具备抗干扰和信息安全保密的要求。

技术分系统的集成，是将各要素的共性应用软件，按照功能要求进行分工，落实每个子系统的研制开发单位，并定义有关接口，以确保系统间的协调工作。

接口设计，是指挥信息系统综合集成的技术基础。只有具备了统一的接口，才可以进行统一的、标准的和互联互通的设计。系统综合集成是一个循序渐进的过程，是长期的技术工作，随着技术的发展，需要不断地进行更新和重新设计。

（3）系统综合集成技术的应用

通过各种综合集成技术，进行综合设计、综合整体集成、综合高效运用、综合技术嵌入和综合扩充更新，建立一个结构最优、自适应、高性能、高度抗毁与生存能力强的实时互操作的大系统。在战场上，实现武器、信息、战法的集成，实现火力、机动、防护、探测定位与跟踪、精确打击的集成；在武器装备上，实现平台、武器、信息化系统和支援保障系统的集成；在作战空间上，实现陆、海、空、天、电、信息的集成；在体制上，实现人员、武器、军事理论以及作战条令的集成。

4. 网络系统技术

网络系统技术的发展与运用，已经在军事领域内引起了一场深刻的革命。网络系统技术正处于快速发展之中，其发展现状和趋势集中体现在以下几个方面：

（1）信息网络技术

信息网络技术的主体是先进的软件技术、通信技术和计算机技术，以及支持主体技术的微电子技术、激光技术、自动控制技术、空间技术、高清晰度成像和显示技术等。它已成为现代军事技术的核心与主体技术。信息网络技术是自20世纪60年代末以来逐渐发展起来的，是最具先进性、应用性的一门综合性的技术。信息网络是由若干台独立计算机和其他数据终端设备在特定的硬件和软件支撑下，通过通信线路互联构成的系统。在计算机及其软件得以高度开发、多媒体技术有了迅速发展的今天，网络技术可以将各作战单元、各级各类指挥中心，在电磁干扰环境下与快速运动中形成全国、全军自动化指挥信息网络；各级各类指挥中心、各作战单元之间可互联、互通、互操作、互工作，实现数据、信息资源共享。

（2）平台网络一体化系统技术

平台网络一体化系统技术，是通过将平台及平台上的所有信息设备进行一体化系统设计，即使平台的作战效能达到最佳，用可获得最好的实效，从而满足未来作战环境的需要。通过采用多功能通用标准电子模块和具有多频谱传感器实时数据融合能力的计算机，不仅将多种信息战功能集于一身，真正实现雷达告警、导弹发射和攻击告警、信息支援、信息干扰及规避、协同一体化，而且与平台上其他信息设备综合为一体，达成信息共享。由于网络技术的发展，高技术作战平台的这种网络联通和信息融合能力越来越强。比如，现在的遥控飞行器自身就携带有侦察、跟踪、瞄准装置和弹药，侦察发现目标后，通过平台单元内的信息协同，就能够很快将目标摧毁；侦察机的雷达发现100～200千米距离上的目标后，数秒钟之内就能完成信号处理、传输工作，并引导地面兵器准确打击目标；预警卫星能将所捕获到的敌目标信息及时传输给攻击系统，并能引导攻击系统对目标实施及时和准确的攻击，因而具有边发现和边摧毁的能力，等等。自海湾战争以来，美国十分注重发展网络一体化的作战平台，把全球信息感知和全球指挥控制作为联合作战的重要能力之一。

（3）指挥控制系统技术

未来战争将是体系与体系的对抗，要求指挥控制系统应实现网络状指挥信息结构。即由一系列节点相连结成网络，覆盖整个战场地域，具有横向连通、纵横一体的扁平状外形，克服了树状结构信息传输慢、横向之间难以沟通、指挥灵活性和安全稳定性差的缺点。

"扁平化"指挥结构的主要特点包括：一是信息共享。它使更多的作战单元同处于一个信息流动层次，使情报、目标数据和其他数据在各作战单元之间进行分层式分发。二是确保作战指挥通信的稳定和不间断。它缩短了信息流程，当某一分支或节点遭到破坏和干扰时，可利用网络的多路横向信息路径传递指挥控制信息。三是能实施机动指挥。它可不设固定指挥所，利用车载或机载的形式，在作战地域或空域适时机动。四是网络化指挥信息机构可便利地使部分节点设置为假目标，以假乱真，以真示假，诱骗敌人，隐蔽自己企图，实现指挥所的隐蔽伪装。

（三）指挥控制技术的运用

指挥控制技术在军事领域最直接和最重要的应用结果，就是物化为军队指挥信息系统。所谓军队指挥信息系统，是指以计算机技术为核心，具有指挥控制、情报侦察、预警探测、通信、电子对抗和其他作战信息保障功能的军事信息系统。因此，指挥控制技术的作战运用，通过军队指挥信息系统的功能得以体现。

1. 军队战斗力的"倍增器"

指挥信息系统可以极大地提高军队的战斗力。战斗力是指军队实施战斗行动和完成战斗任务的能力，主要取决于两方面因素：一个是作战实力（简称兵力），另一个是指挥控制能力（简称用兵能力）。战斗力不是兵力、用兵能力两方面要素的简单相加，而是（战斗人员＋武器系统）×（指挥谋略＋指挥控制系统）的系统之积。因此，要想使兵力和兵器最佳组合，充分发挥它们的作战效能，最大限度地提高军队的战斗力，除了指挥员要有精深的谋略和高超的指挥艺术外，还需要功能强大的指挥信息系统。因为只有借助高效能的指挥信息系统，指挥员才能全面了解战场态势，做出正确的决策，并迅速准确地加以贯彻执行，实现对部队和武器系统的有效指挥控制。否则，即使有较强的军事实力，在信息化条件下的局部战争中也难以发挥作用。1991年海湾战争爆发时，伊拉克的防空力量并不弱。据有关资料介绍，其空军有4万多人，作战飞机560余架（包括30架先进的"米格"—29和94架"幻影"战斗机），2个防空导弹旅，地空导弹发射装置约730部，防空导弹约3 700枚；各种高炮4 000多门，防空武器比较齐全，有些还相当先进。但多国部队在发起大规模空袭前，首先实施高强度的综合电子战，瘫痪了伊军C^{3}I系统，使其作战指挥系统成了"瞎子"、"聋子"和"哑巴"。结果，伊军根本未能组织起有效的防空作战。多国部队以很小的代价赢得了胜利，出动飞机11.4万架次，只损失固定翼飞机47架，真正战损仅39架，战损率为0.34%，远低于3%～5%的平均战损率。伊军的教训说明，指挥信息系统对军队战斗力起到倍增或倍减的作用。

2. 军队一体化作战体系的"黏合剂"

指挥信息系统可以将现代军队的各个系统有机地联为一体，充分发挥整体威力。现代战争是诸军兵种一体化联合作战，参战军兵种多，武器平台多，战场分布广，如果没有一个高效率、高度集中统一的指挥信息系统作为军队的神经中枢，那么这支军队只能是一盘散沙，无法发挥应有的效能。因此，指挥信息系统是现代化军队一体化作战体系的"黏合剂"。美军认为现代战争条件下，没有现代化的指挥信息系统，就等于没有一支军队。20世纪90年代以来，从海湾战争、科索沃战争、阿富汗战争到伊拉克战争，都充分表明了这一点。阿富汗军队基本上没有指挥信息系统，因此就根本无法与美军直接对抗；南联盟的指挥信息系统是不完整的，因此只能组织有限的防护，难以与以美国为首的北约军队抗衡；伊拉克虽然建立了较为先进的指挥信息系统，但却无法确保其在战时正常工作，或系统运行不稳定、不可靠或缺少防护手段易遭摧毁，从而不能发挥应有的效能，也同样逃脱不了失败的命运。相反，美军则高度重视并投巨资建设指挥信息系统，在战争中收到了奇效。

3. 军队指挥控制的重要手段

指挥信息系统可以大幅度提高联合作战指挥员的指挥能力。首先，它可为联合作战指挥员提供对广阔作战空间的感知能力。指挥员可在远离战场的指挥所里通过显示设备，实时、形象、直观地掌握战场态势和有关情况，了解战场态势所需时间大大缩短。其次，它可增强联合作战指挥员的有效用兵能力。联合作战指挥员可通过战场态势显示屏和通信网络直接指挥作战部队的行动，可对来袭的敌方各种空中目标实现从情报侦察、探测预警、监视捕捉、敌我识别、跟踪制导、电子对抗到命中目标的全程指挥控制，提高各种信息化武器装备的作战效能。再次，它可为联合作战指挥员提供高效的通信保障。由有线载波、微波接力、对流层散射、卫星和激光等通信设备组成的通信网，可保证指挥员对部队实施高效的实时指挥控制。系统的这些功能提高了指挥员协调陆海空三军参战部队的效率，使之保持协调一致的作战节奏。同时，各级参战部队也能更好地适应战场环境的变化，形成对敌绝对优势，不仅能有效、有选择地摧毁敌方目标，成倍提高联合作战能力，而且还能最终保障各军种部队在任何时间和任何地点都能有效地进行联合作战。最后，它能使战略决策层直接感知和控制战术行动。在现代战争中，有可能出现一些战略性战斗行动，超越战役级而直接与战略级发生关系。如美国空袭利比亚、出兵海地等军事行动，规模虽然不大，但事关全局。在处理这种战略性战斗行动时，既要求前线指挥员要直接对战略决策层负责，也要求战略决策层拥有实时掌握战术情况的能力，这一切都离不开指挥控制系统。

4. 打赢信息化条件下局部战争的根本保证

指挥信息系统是进行信息化条件下局部战争的基础，也是打赢信息化条件下局部战争的根本保证。在信息化条件下的局部战争中，作战力量的指挥控制将更加受制于复杂的战场环境。在包含大量信息化武器装备的数字化、网络化战场上，指挥控制系统能使信息与能量实现最佳结合，既能为战场上所有作战单位提供"无缝"的信息传输能力和互操作能力，又能在任何时间、任何地点，接收实时、融合、逼真的战场图像，准确提供敌人或潜在敌人指挥控制部队的各种信息，可全向发布、响应命令，指挥控制己方部队。另外，指挥控制系统是取得信息优势的必备条件。实施信息战的主要任务是压制、削弱、破坏和摧毁敌方指挥控制系统，同时确保己方指挥控制系统免遭这种攻击，使己方的信息收集、处理、传输和利用等不受影响，建立起信息优势。为此，敌对双方可能采取的战法主要有网络战、病毒战、干扰欺骗、实体摧毁等。这些对抗行动都将主要集中在指挥控制系统上，显然，其性能优劣将决定着信息战的成败。

复习题：

1. 什么是制导技术？如何分类？

2. 什么是精确制导武器系统？由哪些部分组成？

3. 导弹由哪些制导方式？

4. 按战术用途精确制导武器主要包括哪几种类型？

5. 什么是伪装？

6. 什么是隐身技术？

7. 雷达隐身技术包括哪些具体内容？

8. 请结合 F—117 隐形战斗机，谈一谈隐身技术如何实现"隐身"的？

9. 地面侦察监视主要由哪些方式？

10. 声呐的工作原理是什么？是怎样分类的？

11. 航空、航天侦察监视有哪些主要设备和平台？

12. 侦察监视技术由哪些发展趋势？

13. 什么是电子对抗？电子对抗的主要内容有哪些？

14. 电子对抗在现代战争中的主要作用有哪些？

15. 电子对抗的手段有哪些？

16. 简述电子对抗未来的发展趋势。

17. 什么是航天技术？

18. 军用卫星有哪些?

19. 侦察卫星有哪些? 其特点和用途有哪些?

第三节 高技术与新军事变革

当今世界, 在以信息技术为核心的高技术推动下, 军事领域正在发生着一场新的军事变革。这场军事变革的实质, 是一场以信息化为主要特征的军事信息化革命。其产生的主要动因与高技术的发展密切相关。随着高技术的进一步发展, 当前这场新军事变革已进入到一个新的质变阶段, 并将发展成为一场遍及全球、涉及所有军事领域的深刻革命, 将对世界军事形势、国际战略格局乃至战争形态的演变产生深刻影响。

一、新军事变革概述

"新军事变革", 是从英文 RMA (ReVlution in the military affairs) 翻译而来。目前, 最热衷于这场军事变革的国家主要是美国等西方军事大国。然而, 首先洞察这场军事变革的并不是美国人, 而是苏联人。第二次世界大战以后, 随着信息技术的迅猛发展及在军事领域的广泛应用, 使得军队指挥手段不断向自动化方向发展。20 世纪 70 年代, 美、苏等军事强国基于战略需求, 基本都实现了军队指挥自动化。越南战争中, 美国率先使用精确制导炸弹并产生出巨大的作战威力。此后, 各军事大国纷纷投入巨资开始研制并生产精确制导武器。随着指挥自动化系统与精确制导武器的研制与发展, 为军事变革的孕育提供了最基本的物质技术条件。在这种历史背景下, 苏军总参谋长奥加尔科夫元帅于 1979 年提出了"新军事技术革命"的概念。他认为: 新兴技术将使军事学说、作战概念、训练、兵力结构、国防工业和研制重点发生革命性变化, 即出现新的军事技术革命。

20 世纪 80 年代初, 美军领导人提出, 目前工业时代正在产生第三次浪潮。这种由信息革命引发的第三次工业浪潮, 必将在人类社会各个领域引发根本性变革, 从而给军事领域带来一场深刻的革命。1982 年, 美军针对苏军在欧洲战场提出的"大纵深作战"理论, 结合自身高技术武器装备的发展现状, 提出了"空地一体战"理论, 同时开始着手重点发展精确制导武器, 调整军队体制编制, 以适应第三次浪潮战争形态的变化。1991 年海湾战争爆发, 从而正式拉开了这场世界性军事变革的序幕。1993 年 8 月, 时任美国国防部基本评估办公室主任的资深分析家马歇尔以更深邃的目光对"新军事技术革命"概念提出异议, 他认为: "对军事革命的含义常有误解, 我们打算不用早些时候的军事技术革命这一术语, 因为它把重点放在了技术上。技术使得革命有可能出现, 但只有制定了新的作战概念, 在许多情况下, 建立了新的军事组织的时候才会发生革命。"为此, 他建议改称"新军事革命"。1994 年 1 月, 美国国防部接受了这一提法, 并正式组建"军事革命高级指导委员会"进行官方研究。1995 年底, 美军在深化理论研究的基础上开始采取实际步骤进行军事变革的一系列实验。

1996 年 5 月, 美参联会公布《2010 年联合作战构想》。其中提出: "机动制敌、精确打击、全维防护和聚焦保障", 勾画了今后 15 年美国武装力量建设和作战蓝图。同年 12 月, 美国国防部又正式颁布《信息作战》纲要。至此, 美军开始全面推动军事变革。2003 年 3 月伊拉克战争爆发, 美军在这场战争中全面检验了这几年新军事变革的重大成果。从战争结局上看，美军在军事上取得了巨大成功。如果说 1991 年的海湾战争是介于机械化战争和信息化战争之间的话，那么，伊拉克战争则标志着人类战争已经进入到一个新的发展阶段。在这场战争中，美军只用了海湾战争一半的兵力、时间和物资消耗，就达成了推翻萨达姆政权的战略目的。这除了美、伊两国巨大的经济差距（美国 GDP 是伊拉克的 260 倍）以及其他政治因素外，主要是因为美国在军事上占据着绝对优势，具体来讲，就是通过不断推进新军事变革，使得美军建立起了一套高度机械化和半信息化的军事体系，而与之相对抗的伊拉克军队，则仍处于机械化半机械化阶段，从而使双方在军事力量的对比上形成了巨大的"时代差"。透过这场战争，人们不仅看到了军事变革给当代世界军事领域所带来的巨大冲击，同时，也看到了军事变革所塑造出的信息化军队的作战威力。

通过大力推进新军事变革，美军获得了超强的作战能力，这使世界各主要大国在震惊的同时，更增强了紧迫感和危机感，围绕如何缩小与美国的"时代差"和"技术差"而纷纷制定措施，竞相加快了军事变革的步伐。一些国家结合伊拉克战争的主要做法及前期军事变革的经验教训，出台了一系列新军事变革的新举措，推动军事变革在更高的层次、更广的领域、更大的范围加速发展，从而使世界新军事变革进入到一个整体质变的发展阶段。

二、新军事变革的主要动因

新军事变革的主要动因，是科学技术的突破性发展、军事需求的强力拉动以及军事理论的有力牵引等。其中，科学技术的突破性发展是新军事变革产生的重要因素。

（一）科学技术的突破性发展是新军事变革的强大动因

马克思主义认为，科学技术是最高意义上的革命力量，是推动社会进步和军事变革的强大动力。当代科学技术，特别是以信息技术为核心的高新技术的飞速发展是新军事变革最直接的推动力。以信息技术为核心，以航天技术、生物技术、新材料技术、新能源技术和海洋开发技术等为代表的一大批高新技术和高技术产业蓬勃兴起，在被广泛应用于军事领域后，催生了新军事变革，并不断推动世界新军事变革向深度和广度发展，成为推动世界新军事变革最有力的杠杆。同时，新军事变革的出现和不断发展，又必然要求武器装备的不断更新，从而牵引和推动军事高技术的深入发展。

在当代高技术领域，信息技术是基础、是核心。信息技术在军事领域引发的变化，主要表现在它物化出新一代的信息化武器装备，并使军事理论和体制编制发生革命性的变化。其中，武器装备及其体系的变化是直接的、基础的和革命性的。

一是信息技术的迅猛发展导致武器装备信息化。现代武器装备广泛采用侦察监视、网络通信、导航定位等信息技术，大量装备传感器、计算机、显示器、控制器等先进的电子设备。除此之外，武器装备信息获取、信息处理、信息传输和信息对抗等信息能力的不断增强，使得战场感知、横向组网、远程精确打击和对抗等作战能力取得了长足的发展。

二是信息领域的激烈对抗导致信息系统武器化。现代战争，信息优势的争夺成为现代战争的重要内容。信息装备及其组成的信息系统作为武器装备体系新的、重要的组成部分，大大提高了信息获取、信息传输、信息处理和信息控制等能力，使传统意义的作战能力得到了飞速增强。信息系统作为现代作战的重要手段，具备攻防兼备的功能，从而使武器化的信息系统在现代战争中发挥着日益重要的作用。

三是信息技术的综合应用导致指挥系统自动化，成为军队战斗力的倍增器。信息技术的不断发展和综合应用，推进了指挥系统的自动化，使得指挥自动化系统的地位、作用日益突出。几场高技术局部战争表明，指挥自动化系统不仅已经成为装备体系的"黏合剂"，成为指挥决策的"智囊"，而且已经成为战斗力的"倍增器"。

（二）军事需求的强力拉动是新军事变革产生的内在动因

军事变革不是自然发生的客观物质运动，而是对抗主体之间的主观能动行为，是军事需求驱动和军事主体选择的必然结果。因此，在一定物质技术基础上，战略需求和战略主体的选择便成为决定军事变革进程和结局的重要因素。就当前这场新军事变革而言，正是源于冷战时期敌对国家、政治集团对抗的需要，是美国与苏联之间争夺世界霸权的需要。冷战结束后，两极格局解体后，世界安全形势发生了深刻变化，信息化战争将成为新的战争形态，国际恐怖主义、非传统安全成为当今世界的重要威胁，这种新的军事需求使得军事斗争的形式和手段又发生了新的变化，它使冷战时期那种建立在机械化战争基础上，准备打大规模战争甚至核战争的军事斗争方式和军队建设模式，难以适应新的安全需求。因此，必须对建立在机械化战争基础上的军队进行彻底改革，以满足新的需要。

（三）军事理论的创新是新军事变革产生与发展的基础和先导

军事理论的创新，对新军事变革的产生与发展起着基础性和先导性的作用。20世纪70年代以来，随着军事理论的不断创新与发展，引导着新军事变革沿着正确的方向顺利进行，从而使新军事变革的进程缩短、速度加快。军事理论的创新促进了军事战略的调整。冷战结束后，世界各军事大国和强国的军事战略已经由机械化战争形态的军事战略向信息化战争形态的军事战略转变。军队建设理论的创新引导了军队的改革与发展，军队建设的质量特别是高科技含量在不断提高。作战理论的创新推动了作战方式的变革。"空地一体战"理论、信息作战理论、空间作战理论和联合作战理论等相继提出与运用，催生了超视距打击、精确打击等新的作战方式，极大地改变了现代战争的面貌。

三、新军事变革的基本内容

新军事变革是人类文明由工业时代向信息时代转变的产物，是当代国际综合国力竞争在军事领域的反映，是以夺取并保持绝对军事优势为目标，以高技术特别是信息技术的飞速发展为动力，通过"系统集成"和"虚拟实践"，最终实现军事体系由机械化向信息化转变的过程。

新军事变革的本质与核心是信息化。其目的是建设信息化军队，打赢信息化战争。基本内容可概括为"四新"。

（一）创新军事技术，实现武器装备的信息化

武器装备的断代性发展，是军事领域出现革命性变化的重要标志。现阶段主要是应用信息技术成果对现有武器装备进行改造，同时研制和发展新型信息化武器系统，从而实现武器装备的信息化、智能化和高效化。目前，发达国家军队已经实现了高度机械化和部分信息化。同时，在战争中大量使用经过信息化改造的精确制导武器。2003年5月，伊拉克战争结束不久，美国副总统切尼就宣布："从战场投放的精确制导弹药占总投弹量的比例看，海湾战争是9%左右，这次伊拉克战争则占到68%。"信息装备已成为现代战争的主战装备。

（二）创新体制编制，重组军队组织结构

一场军事变革的完成，是以军队组织结构调整的最终实现为标志。调整改革军队的体制编制，是实现人与武器有机结合，最终完成军事变革的关键。世界各国为适应世界新军事变革的发展，高度重视优化军队的内部结构，使军队的体制编制向着精干、高效、合成的方向发展。总的趋势是，压缩常备军规模，裁减一般部队，增编高技术军兵种部队，使军队向小型化、多能化、一体化方向发展。现阶段，主要是建设便于灵活组合的中小型模块式部队，建立适合信息快速流通的扁平式作战指挥体制。伊拉克战争中，美军在指挥上，改变了以往各军兵种分别指挥的方式，由联合作战中心实行一体化指挥；在保障上，改变了以往逐级实施的方式，由后方基地统供，直接投送到前沿部队和分队，这就是所谓的"聚焦后勤"。

（三）创新军事理论，推动军队建设转型

随着高新技术武器装备的发展，传统的战争理论、作战原则以及战略、战役、战术之间的关系等都随之发生变化，出现了一些建立在新的物质基础之上的军事理论。比如，信息化战争理论、信息战理论、联合作战理论、精确化作战理论、非对称作战理论、空间作战理论、非接触作战理论和网络中心作战理论等。在伊拉克战争中，美军所使用的"快速决定性作战"作战理论，就是一种全新的作战理论。它强调作战行动必须充分利用信息化装备优势，采取"远程精确打击＋小规模地面快速突击"的新战法，尽快由有限规模的战役行动达成战略目的。通过实战检验，这一理论得到了充分验证，说明适应信息化战争要求的创新军事理论是完全必需的，并要根据新的军事理论完成军队由机械化向信息化转型。

（四）创新作战方式，适应新的战争形态

20世纪90年代以来，非接触、非线式作战日益成为重要作战方式。网络中心战、太空攻防战等也将在不久的将来登上实战舞台。美军在伊拉克战争中所采用的基本作战方式就是非接触、非线式作战。这种作战方式不再是逐次突破推进，而是一开始就超越防御地带和自然地理屏障，直接对敌战役和战略纵深目标实施中远程精确打击，通过瘫痪对方的整个作战体系、摧毁对方的战争潜力和国家意志来达成战略目的。2003年3月20日凌晨伊拉克战争一打响，美军第3机步师就从科威特出动，第二天便深入伊拉克腹地160千米，5天内急进约400千米，直插巴格达外围。不少人认为，这样用兵是孤军冒险。其实，这正是为了以最快的速度推翻萨达姆政权。这种"闪电"行动，使伊拉克军队来不及纵火油田、炸毁桥梁、设置交通障碍，更来不及组织坚强有力的巴格达防御战。因此，创新作战方式是适应战争形态发展的需要，必须灵活多变。

四、新军事变革的重要影响

新军事变革，促进了世界军事力量的大发展、大动荡和大调整，将对重建国际军事安全秩序、重建世界军事力量格局、重塑未来战争形态和重建未来型军队等产生决定性影响。

（一）进一步加剧了世界战略力量对比的失衡态势

两极格局的结束，本身就使世界战略力量对比失衡。作为这场新军事变革"领头羊"的美国，拥有当今世界上最雄厚的经济实力、最先进的科学技术和最强大的军事力量，加重了其称霸世界的筹码，使它有可能具备全球投送、全球抵达、全球作战的能力，实施全球性扩张、干涉和控制。根据美陆军《目标部队》白皮书，至2020年前，美军可在4天内向全球地区部署 1 个旅战斗队，5 天内部署 1 个师，30 天内部署 5 个师。空军可在很短时间内到达全球各地，战略轰炸机经空中加油可连续洲际飞行。这种结果，必将导致世界军事力量的严重失衡，使弱国与强国之间已经存在的差距越拉越大，并由此引发新一轮军备竞赛。

目前，不仅世界大国加快了军事变革的步伐，一些中小国家也积极创造条件进行军事变革，大力推进军事理论、作战思想、武器装备、组织体制、教育训练和后勤保障等各个方面的创新，从而使新军事变革呈现出向广度和深度加速发展的趋势。英、法、德、日等发达国家和俄罗斯，为拉近与美国的距离，正逐步增大投入，力争在某些领域谋取优势；许多发展中国家，为避免陷入被动挨打的境地，也在千方百计发展国力，壮大军力，力求防止和消除出现"隔代差"。这就构成了一种各国竞相发展、全球战略互动的新局面。

（二）进一步推动了世界各国军事战略的全面调整

新军事变革极大地冲击了传统的战争理念，改变了现代战争面貌，促使各国重新审视安全环境和战略策略，依据客观环境和主观需求积极主动地进行战略调整。自 20 世纪 90 年代以来，美国出于维护其霸权的需要，先后进行过四次军事战略调整。俄罗斯从苏联解体后到现在也已调整了三次军事战略。英、法、德等欧盟集团出于集团利益的需要，在反映各成员国战略主张的同时，积极谋求"联盟战略"。日本以建立"合理、高效、精干"军队为目标，对其军事战略进行了全面调整。此外，一些发展中国家基于维护自身安全的考虑，在战略上也做出了必要调整。可以预见，随着新军事变革的深入发展，各国还会进行新的战略调整并促进国际战略格局进行新的整合。

（三）进一步拉大了世界各国军队武器装备和作战能力上的"时代差距"

在机械化战争时代，武器装备和作战方式上的"代差"，曾经使法西斯德国军队在第二次世界大战初期的陆战场上取得了显赫战果，也曾使日本军国主义在海战场上独占鳌头，但与其主要对手的差距往往并非悬殊。而新军事变革中所产生的武器装备和作战能力上的"代差"，却使优劣差距极端明显。一旦存在"代差"的两军在战场上对垒，就会出现"占有优势的一方可以看到劣势的一方，而劣势的一方却看不到优势的一方；优势的一方可以打到劣势的一方，而劣势的一方却根本打不到优势的一方；优势的一方可做到攻守自如，而劣势的一方则手足无措"的局面。这就是这场新军事变革在武器装备和作战能力上所产生的"时代差"的突出表象。

（四）进一步增强了军事手段维护国家安全的作用

新军事变革的飞速发展，使强国在短时间内变得愈强、弱国变得愈弱，两者之间的差距可能越拉越大，而且这种差距一旦形成，则难以消除，其结果是一方面，力量的失衡导致战争的危险性增加；另一方面，由于"代差"的形成，增强了战争的可控性，从而为强国运用军事手段达成政治目的，提供了低风险、高效益、多样化的战略选择。据统计，冷战时期发生的局部战争和武装冲突年均为 4 次，而冷战后年均却达 10 次之多。特别是 20 世纪 90 年代以来发生的海湾战争、科索沃战争、阿富汗战争、伊拉克战争，更显示出军事手段在解决争端中的"泛化"趋势。以美国为首的西方发达国家认为，拥有绝对军事优势是处理国际危机的前提。在这种理念支配下，自 1990 年以来，美国对外出兵达 60 多次，占第二次世界大战后对外出兵总数的一半以上。由此可见，新军事变革不仅使军事手段的地位和作用明显上升，而且刺激了新干涉主义进一步抬头，给世界和平与地区安全带来了新的威胁和挑战。

五、新军事变革的发展趋势

未来 10 ~ 20 年，随着纳米技术、隐形技术和定向能技术的更新突破，将为世界新军事变革提供新的物质技术基础。在可以预测的未来，新军事变革将呈现出以下趋势：

（一）军事科学技术的发展水平将有进一步突破

20 世纪 70 年代起，属于信息化军事范畴的信息革命拉开序幕，这场信息革命分为军事传感革命和军事通信革命两个阶段。军事传感革命主要表现为：出现了计算机控制的探测器材以及单个作战平台和武器系统的计算机化，武器的命中精度有了极大提高，单个作战平台的性能成倍地提升。据测算，装有新型传感器的作战平台，其探测距离相当于过去的 5 倍，探测范围和探测到的信息量是过去的 25 倍。目前，在成熟探测技术的基础上，人们又大力发展人工智能技术，目标是使探测与智能相结合，从而实现探测的智能化和无人化。现阶段，人工智能技术已经能造出可供实战使用的机器人；新材料技术、遥控技术和遥感技术的不断发展，使无人机变得日趋轻巧灵便，作战效能增强。

军事通信革命主要表现为：数字技术广泛应用于军事领域，出现了可以处理大量数据信息的指挥、控制、通信、情报与计算机系统（即 C^4I 系统）。目前，传感器材可搜集超视距信息，卫星可搜集全球信息。如果这些信息只供给单个作战平台使用，目标识别和快速攻击问题就无法解决。为此，美国国防部投入巨资，加速信息网络技术的发展，预计到 2010 年即可建成全军统一的 C^4ISR 系统，2025 年建成 C^4ISRW（W 是 weapon，指武器）系统，从而实现侦察预警、指挥控制和打击手段的一体化。

预计 2020 年前后，一批更加高效的新型武器将陆续出现，用信息网络技术把它们链接起来，就能为新军事变革提供新的物质技术基础，推动军事信息化变革向高级阶段发展。

（二）武器装备信息化建设将进一步向广度和深度发展

当前，世界各国武器装备发展的大趋势是由机械化逐步向信息化过渡。自海湾战争以来，人们发现，经信息化改造的武器装备都具有较强的综合作战效能，为此，世界各国开始投入巨大的人力、物力和财力来加强武器装备的信息化建设。目前，美国陆军正在研制的"未来战斗系统"，就是一种新型的信息化陆战武器系统。该系统把陆军的各种作战平台和各种作战需求与部队各要素紧密结合起来，使之共享作战信息并最大限度地发挥协同优势，以缔造先发制人、决战决胜的新型陆军。美国空军也在不断加强信息化建设。现已装备部队的 F—22 与正在试飞的 F—35，将替代 F—15 与 F—16。前者将具有更好的隐身性、更高的机动性，同时还将具备超音速巡航和远程作战等能力，届时将使美国空军作战能力大大提高。未来的海上武器装备将充分吸收航空、航天、电子等领域的最新技术成果，并将在机动能力、两栖作战能力、隐身能力、安全性和经济可承受性等方面有较大突破，综合作战效能将得到全面提高。

空间武器将逐步由后台走向前台。从发展的角度看，空间作战飞行器和空天飞机将是未来空间作战的威慑和实战力量，其可以在数十千米的高空或数百千米的近地轨道上执行多种作战任务。空天飞机集飞机、运载器、航天器等多种功能于一身，将是 21 世纪遂行全球作战乃至控制空间、争夺制天权的"撒手锏"装备。美国已把重点放在发展空间作战飞行器上，把研制空天飞机作为 20 年后的长远目标，近期将推出技术难度比较小的具有空天飞机部分功能的空间作战飞行器。

（三）军事组织体制将向便于信息快速流动与使用的方向发展

新军事变革主要内容之一，就是使军事组织体制实现从工业时代向信息时代的跨时代跃升。这种跃升的实质，是使信息这一主导要素能在军队内部和战场上快速、顺畅、有序地流动，以适应打未来信息化战争的要求。反映到体制编制上，就是用信息化时代的体制编制改革工业时代机械化的军事形态，从而使信息化武器装备和创新性作战理论所蕴涵的作战潜力实现"物化"。因此，军队体制编制改革的总体趋势，是向便于信息快速流动和使用的方向发展。一是变纵长形"树"状领导指挥体制为扁平形"网"状领导指挥体制。几场局部战争表明，工业时代构建的适用机械化战争要求的领导指挥体制已不再适应信息化战争的要求，在实战中已暴露出信息流程长、信息流动速度慢、抗毁能力差等弊端。为了改变这种情况，世界各国正逐步建立外形扁平、横向联通、纵横一体的网状领导指挥体制。二是进行陆军结构改革。高技术局部战争表明，陆军的地位和作用与以往相比在下降，陆、海、空协同作战的理念正日益深入人心。为此，改变陆军结构就成了各国面临的重大军事问题，小型化、轻型化、多能化，是军事强国陆军改革的大方向。三是组建信息战部（分）队。为了实施和打赢信息战，一些国家开始组建信息攻防部（分）队，如建立专门负责实施进攻信息战的航空队，"黑客"与"反黑客"等各种计算机应急反应分队和计算机网络防护分队，等等。这些新型部队的建立，将在未来信息化战争中发挥举足轻重的作用。

（四）作战双方的对抗方式将呈现出以网络为中心的体系对抗

随着以计算机为核心的网络技术的发展，战争中作战双方不再是力量单元之间的较量，而是以网络为纽带、以整体对抗为表现形式的体系与体系之间的对抗。在这种以网络为中心的体系对抗中，作战人员并不像过去那样仅仅依赖单元武器装备，每个作战人员面对的是己方和敌方两大网络化的信息网络系统，一切作战资源都必须依赖信息网络才能发挥最大的作战效能。在双方对抗中，谁先获取信息，并以最快的速度处理信息、分发信息，谁就能夺取制空权和制海权，进而谁就能够掌握战争的主动权。如果从武器装备构成体系上分析，在未来战争中，武器装备的使用将从突出强调利用坦克、飞机、军舰等作战平台的单元作战性能，转到强调综合利用信息化武器装备系统的整体效能上来，突出武器装备系统的体系对抗。目前，美军正加紧研制 C^4KISR 系统，该系统是将预警、侦察、监视、指挥、控制、通信、计算机和情报系统与精确打击系统连成一体，从而形成一个以网络为中心的庞大的武器装备系统。在未来战争中，计算机网络和通信网络将把信息化作战平台与各种探测系统、指挥控制系统、精确打击系统集成为一体化的军事信息系统，使武器装备体系的整体性更强、更完善，从而使信息化战争中体系对抗的特征表现得更为鲜明。

（五）战争形态将逐步由机械化战争向信息化战争转变

随着信息化武器装备的大量使用，战争形态正逐渐由机械化战争向信息化战争转变。据统计，海湾战争中，使用的信息化武器装备只占 8%，科索沃战争中则占到了 35%，阿富汗战争中占到了 56%，而到了伊拉克战争，信息化武器装备占到了美军装备总量的 70%。由此可以看出，信息化武器装备在战争中的使用量在不断增加。由于信息化武器装备的大量使用，使得战争双方在信息空间的争夺日趋激烈，继争夺制陆权、制海权和制空权之后，争夺制信息权已成为战争双方争夺的新焦点，并出现诸如信息战、网络战、指挥控制战和心理战等许多新的作战样式，战场空间也从三维地理空间拓展到电磁空间、心理空间和信息空间等多维空间，并形成陆、海、空、天、电以及心理等多维一体的全方位联合作战，战争的形态也开始由机械化战争向信息化战争转变。这些变化，都与信息化武器装备的性质和结构的发展变化有关。可以预测，未来 10～20 年，随着信息化武器装备的大量使用，将有力推进机械化战争向信息化战争的加速转型，并最终实现完全意义上的信息化战争。

复习题：

1. 新军事变革的主要内容包含哪些？
2. 新军事变革产生的动因有哪些？
3. 新军事变革的重要影响包含哪些方面？
4. 新军事变革的发展趋势如何？
5. 结合实际，谈谈高技术与新军事变革的关系。

第五章　信息化战争

第一节　信息化战争概述

人类社会正在进入信息时代，进行战争的方式发生了重大变化。信息化战争作为一种全新的战争形态，开始登上现代战争的舞台。

一、信息化战争的基本概念

信息化战争是信息时代的基本战争形态，是信息化军队在陆、海、空、天、信息、认知、心理等七维空间，运用信息、信息系统和信息化武器装备进行的战争。其基本内涵：一是信息化战争作为信息时代的产物，是该时代生产水平和生产方式在战争领域的客观反映；二是信息化战争必然以信息化军队为主体作战力量，战争双方至少有一方拥有信息化军队才能进行的战争，机械化或半机械化军队之间打不了信息化战争；三是信息化战争的主要作战工具是信息、信息化和智能化武器装备平台，诸作战单元实现了网络化、一体化；四是要在七维战场空间进行，其中在航天空间、信息空间、认知空间和心理空间占相当大的比例；五是在物质、能量和信息等作战诸要素中，信息起主导作用，信息能在战争中表现为火力和机动力的物质能量；六是战争的破坏性和附带性伤亡依然存在，但附带破坏将降至最低限度。

二、信息化战争的产生与形成

信息化战争，是人类社会政治、经济、科学技术和战争实践发展到一定阶段的必然产物。

（一）信息化战争是社会经济形态发展的必然结果

战争形态是人类社会经济形态的产物。因为人们从事战争的工具和手段，是由特定时代的社会经济形态所提供和决定的。

农业时代的手工业生产方式，决定了战争能量的释放形式主要是依靠人的体能，战争所使用的武器主要是冷兵器。因此，这一时代的战争被称为冷兵器战争。在漫长的农业时代，社会所创造的工具是人力工具，由于科学技术水平低下，生产力发展缓慢，生产工具只能通过人力来驱动，靠人去操纵，人们也只能使用手工制作的青铜和铁质的刀枪剑戟、弓箭和战车等冷兵器进行战争。这一时代有限的物质条件和效率低下的人力生产工具，以及自给自足的分散式农业生产和作坊式的手工业，使得战争形态的演变十分缓慢。

工业时代的机器大工业生产方式，决定了热能成为战争能量的释放形式，战争所使用的武器为机械化武器。因此，这一时代的战争被称为机械化战争。从 17 世纪上半叶开始，伴随着蒸汽机的发明和电力、化学等工业的产生，人类进入工业时代。由于人们对能量和物质资源的利用，动力生产工具的使用，导致了社会生产方式的机械化、电气化和规模化。机器大工业生产方式的出现，使人们能够大量运用火炮、坦克、飞机和舰船等机械化武器装备从事战争，战争的能量释放形式从以人的体能为主转变为使用热能和核热能。战争物质基础发生的根本性变化，必然推动和要求战争形态发生革命性的变革，使工业时代的战争呈现出空间广阔、规模宏大、人数众多、进程缓慢、消耗和损失巨大的特征。从冷兵器战争演进到机械化战争，完成这场军事革命的进程持续了300余年。

20世纪中叶以来，由于科学技术的飞速发展和生产力水平的大幅度提高，以计算机技术和信息技术为龙头的高新技术群不断涌现，人类开始进入了信息时代。随着信息技术在军事领域的广泛运用，大量信息化武器装备投入战场，为新一轮战争形态的变革提供了物质基础。在科学技术和战争实践的推动下，一场迄今为止人类军事史上波及范围最广、变化最深刻、发展最迅速的军事革命正在世界范围内蓬勃兴起。一个以使用信息化武器装备为主导，使战争基本方式发生根本变化的信息化战争，开始登上战争舞台。

人类社会和战争历史的发展表明，社会的经济形态是战争形态的母体，有什么样的经济形态，就会孕育出什么样的战争形态。这是不以人的意志为转移的客观规律。

（二）高技术的发展是信息化战争产生的直接动因

战争形态的重大变革，通常发生在技术革命之后，而技术革命又往往是在科学技术水平迅猛发展并发生质的飞跃的情况下出现的。20世纪50年代以来，世界上陆续出现了一大批高新技术群：以微电子技术、电子计算机技术、人工智能技术和通信技术为基础的信息技术；以导弹为代表的精确制导技术；以人造卫星和航天飞机为代表的航天技术；以激光技术为先导的聚能技术；以核聚变为代表的新能源技术；以新材料为基础的隐形技术等。其中，信息技术在高技术群中起着主导作用。这些新技术一经出现，便以前所未有的速度向深度和广度发展。高技术的迅猛发展和运用，必将导致新的技术革命。毛泽东曾经指出："技术上带根本性的、有广泛影响的大的变化，叫做技术革命。"高技术群的出现，除其本身的发展具有革命性之外，它的影响之深远、波及领域之广阔，是历史上任何一次技术革命都无法比拟的。如今，高新技术群体，尤其是微电子技术和计算机技术已渗透到人类社会活动的各个领域，引发了政治、经济、科技、军事和文化等各个领域的深刻变革，已经产生并将继续产生难以估量的重大影响。

科学技术的进步必将引起军事领域的技术革命。与以往历史上的军事技术革命不同的是，当今这场军事技术革命不是由单项和少数民用领域的技术引发的，而是由多项高技术交叉综合作用的结果。因此，这场军事技术革命是全方位的。其中起核心作用的技术是军事信息技术。其骨干技术包括：微电子技术、计算机技术、光电子技术和军事航天技术。军事技术革命的出现，必然导致武器装备发生质的变化。以军事信息技术为核心的军事高技术群，使人类进行战争的工具发生了时代性的飞跃，即由机械化武器装备阶段进入了信息化武器装备阶段。这必然引起作战方式、作战理论和军队编制体制的根本性变革。

（三）近年来局部战争实践是信息化战争产生的基础

20世纪90年代以来先后发生的海湾战争、科索沃战争、阿富汗战争和伊拉克战争，是人类战争史上具有划时代意义、承前启后作用的战争。它们既是工业时代机械化战争的延续，更是孕育信息化战争雏形的"母体"。这几场局部战争几乎都使用了全新的武器和全新的战法，每场战争都给人们以耳目一新的感觉。人们越来越强烈地感悟到，战争形态正在发生深刻的变化，机械化战争形态正向信息化战争形态转变，信息化战争已处于萌芽阶段。

海湾战争闪现了新军事革命的影子，世界从此进入一个新的战争时代。信息攻击、远程精确打击及陆、海、空、天、电一体化作战，成为主要作战行动。传统的线式作战、梯次攻击、层层剥皮的作战方式已经被摒弃，"零死亡率"的战争已经成为人们追求的目标。

总之，近年来几场局部战争的实践，使人们已经深刻感悟到新的战争形态所具有的深刻内涵，战争实践成为推动信息化战争形成和发展的催化剂。它促使人们更加自觉地接受信息化战争，适应信息化战争，更重要的是主动地选择和设计信息化战争。

第二节　信息化战争的基本特征

较之其他战争形态，信息化战争呈现出鲜明的时代特征。

一、信息资源主导化

信息对战争影响的关键是要准确获得战场信息并把信息及时用于决策和控制。机械化战争，起主导作用的是物质和能量，打的主要是"钢铁仗"和"火力仗"。在信息化战争中，信息是核心资源，是决定战争胜负的关键因素。信息化战争是以争夺战场"制信息权"为主要行动的战争。信息已成为部队战斗力的核心要素。

在未来战争中，对信息的争夺将发挥核心作用，可能会取代以往冲突中对地理位置的争夺。攻城略地已经成为机械化战争的历史，在信息化战争中，地理目标将日趋贬值，信息资源将急剧升值。制信息权必然成为凌驾制空权、制海权和制陆权之上的战场对抗的制高点。拥有信息资源，握有信息优势，是取得战争胜利的先决条件。

急剧升值的信息资源，决定了争夺制信息权的斗争将在全时空进行，决定了战争中交战双方将倾全力去争夺"信息优势"。海湾战争，争夺信息优势的斗争，贯穿于战争全过程，渗透于所有作战空间。美军利用了世界上最先进的计算机系统所提供的大型智能平台和C⁴KISR指挥信息系统，完成了超大容量信息处理，赢得了战场信息优势。在科索沃战争和阿富汗战争中，由于美军夺取和保持了全时空的信息优势，因而以很小的代价夺取了战争的胜利。战争的实践，不仅使人们越来越充分地认识到物质、能量和信息在战争中的作用将发生革命性变化，而且使人们清晰地看到了信息、信息系统和信息化武器装备的巨大作用，感受到了未来信息化战争的无限前景。传统的火力、防护力和机动力仍是战斗力的重要组成部分，但已经不处在核心位置，取而代之的是信息系统和信息化武器装备系统。

二、武器装备信息化

科学技术在军事领域的运用，尤其物化为战争"手臂"，是引起战争形态发生深刻变革的根本原因。工业时代的战争是以机械化武器装备为物质基础，而信息时代的战争，则是以信息化武器装备系统为物质基础。信息化的武器装备系统，又是以计算机技术为核心、以信息技术为基础的一体化的武器装备系统。其构成主要包括信息武器、单兵数字化装备和C⁴KISR系统。

信息武器系统，包括软杀伤型信息武器和硬杀伤型信息武器。软杀伤型信息武器，是指以计算机病毒武器为代表的网络攻击型信息武器和以电子战武器为代表的电子攻击型信息武器。这类武器已在海湾战争中开始使用。硬杀伤型信息武器，主要是指精确制导武器和各种信息化作战平台。信息化作战平台，装有大量的电子信息传感设备，并与 C^4KISR 系统联网。它们集侦察、干扰、欺骗和打击功能于一体，既可实施战场探测，为精确打击和各种战场行动提供目标信息，还可实施信息攻防作战，是信息化战争的重要物质基础。

单兵数字化装备，是指士兵在数字化战场上使用的个人装备，也称信息士兵系统（它由单兵计算机和无线电分系统、综合头盔分系统、武器分系统、综合人体防护分系统和电源分系统五个部分组成）。信息化的士兵装备，既是战场网络系统的一个终端，也是基本的作战单元，具有人机一体化的远程传感能力、攻击和生存能力，能够实时实地为炮兵和执行空地作战任务的飞机提供数字化的目标信息。阿富汗战争中，美空军准确无误地对地面目标实施攻击，就是得益于特种作战部队装备的信息士兵系统将整个战场数字化网络连为一体，为其提供了及时准确的目标数据。单兵数字化装备的出现和运用，意味着陆军作战效能将出现革命性变化。

C^4KISR 系统，是战场指挥、控制、通信、计算机、杀伤、情报、监视和侦察系统的简称，它把作战指挥控制的各个要素、各个作战单元黏合在一起，是军队发挥整体效能的"神经和大脑"。在信息化战争中，C^4KISR 系统是敌对双方的主要作战目标，围绕着 C^4KISR 系统展开的攻击和防护成为战争的重要作战行动。海湾战争具有划时代的意义。在人类战争史上，它是工业时代向信息时代过渡时期发生的一场战争，尽管还称不上完整意义上的信息化战争，但是它所显示的信息化战争的特征，在尔后的科索沃战争、阿富汗战争、伊拉克战争中，已经表现得十分清楚。

三、作战空间多维化

作战空间随着科学技术和武器装备的发展逐渐呈现出日益拓展的趋向。人类战争历史上由于飞机的问世和航空技术的发展，作战空间发生了第一次革命性变化，由陆、海平面战场发展为陆、海、空三维的立体战场。机械化战争中，交战的舞台主要是在陆、海、空等物理空间展开，重点是在陆地、海洋和空中进行。而信息化战争中，虽然活动的依托仍然离不开物理空间，但决定战争胜负的因素主要取决于信息空间，主要包括网络空间、电磁空间和心理空间。高技术局部战争的实践表明，信息化战争的作战空间明显拓展，呈现出陆、海、空、天、电等多维一体化趋势。信息化战争作战空间的这种多维性和复杂性，打破了传统的作战空间概念。

首先，物理空间超大无限。第一次世界大战中，决定战争胜负的马恩河战役、亚眠战役，战场范围仅有数百至数千平方千米。第二次世界大战中，决定战争胜负的维斯瓦河奥德河战役、柏林战役、诺曼底战役，战场范围也不过数万或数十万平方千米。而海湾战争，战场空间急剧扩展，东起波斯湾、西至地中海、南到红海、北达土耳其，总面积达到 1 400 万平方千米。阿富汗战争，其作战规模远不及海湾战争和科索沃战争，但其作战空间范围要远比海湾战争和科索沃战争大得多。美军在空中部署有各种侦察、预警飞机，全方位、全时段监视对方的所有行动。在外层空间利用多颗卫星组成太空侦测网，全面监视、搜寻塔利班和拉登的动向。随着军事信息技术的高速发展，未来信息化战争的作战空间将在目前陆、海、空、天的基础上进一步拓展。

其次，信息空间多维广阔。信息空间是一个全新的概念，它包括电磁空间、网络空间和心理空间，渗透于陆、海、空、天各个战场领域。由于信息和信息流"无疆无界"，使得信息作战的领域大大突破了传统的战场界限，是一个超大无形、领域广阔的作战空间。

电磁空间是信息空间的重要组成部分。电磁战场被称做继陆、海、空、天之后的"第五维战场"，是信息化战争的重要作战空间。

网络空间是人类进入信息社会的必然产物。信息时代的一个明显标志就是计算机和计算机网络技术的广泛应用。目前，国际互联网将全世界170多个国家和地区的计算机网络连为一体。信息高速公路在全球范围内逐步建成，时空的概念正在急剧缩小。网络空间的出现，使地理上的距离概念和国家之间的地理分界线将在信息对抗中失去意义，凡是与网络空间相联系的目标都可能遭到攻击。

心理空间特别是决策者的思维空间是信息化战争的重要作战空间。心理是控制和决定人的行为的重要因素，心理空间的对抗备受各国军队的重视。美军不仅编有心理战部队，而且正在研制"噪声仿真器"、"电子啸叫器"等专用心理战武器。美军在近期几场局部战争中都采取了军事打击与攻心并举的方针，成功地实施了心理战。战争的实践证明，心理空间作为信息作战空间的一个重要组成部分已体现得非常明显。

四、作战节奏快速化

时间是战争的基本要素。随着计算机、电子通信、卫星技术和信息化武器装备的发展，信息化战争的作战节奏和作战速度将比机械化战争大大提高，持续时间明显缩短，呈现出迅疾短暂快速化的特征。促使战争时间迅疾短促的主要因素有三个：

一是战场信息流动加快，作战周期缩短。信息时代，数字信息技术广泛运用于战场侦察监测设备和信息快速传输网络，实现了信息的实时获取、实时传输、实时处理，使得信息流动速度空前加快，空间因素贬值，时间急剧增值，作战行动得以快速进行。在网络化的战场上，尽管基本作战程序和信息的流程没有发生根本变化，同样要经过发现目标、进行决策、下达指令、部队行动等环节，但这几乎都是实时同步进行的。

二是战争的突然性增大，时效明显提高。信息化战争中，各种信息武器具有快速的作战能力，使得作战行动的速度加快，时效性明显提高。

三是广泛实施精确作战，毁伤效能剧增。海湾战争中，多国部队发射的精确制导弹药，虽然只占发射弹药总量的9%，却摧毁了约68%的重要目标。精确打击直接指向敌人的战争重心，迅速而有致命性，这必然使得作战时间短促，战争持续时间大为缩短。

此外，数字化战场的建立、部队机动能力的提高、受经济能力和战争目的的制约等，都是促使作战时间迅疾短促，战争进程日趋缩短的重要原因。

五、作战要素一体化

信息化战争，一是作战力量一体化。通过信息网络和信息技术，可以将处于不同空间位置的各种作战能力联结成一个有机整体，形成一体化作战力量。二是作战行动一体化。信息化战争中的主要作战样式，是两个以上的军种按照总的企图和统一计划，在联合指挥机构的统一指挥下共同进行的联合作战，其作战行动具有一体化的特征。三是作战指挥一体化。信息化战争中，集指挥、控制、通信、计算机、杀伤、情报、侦察和监视于一体的 C^4KISR 系统，为作战指挥提供了准确的战场情报、快速的通信联络、科学的辅助决策、实时的反馈监控，从而使树状的指挥体制将逐渐被扁平为网络化的指挥体制所代替，使作战指挥实现了一体化。四是综合保障一体化。保障军队为遂行作战任务而采取的作战保障、后勤保障、装备保障、政治工作保障等各项保障措施实现了一体化。

六、作战指挥扁平化

机械化战争的指挥体制，主要以作战部队多层次纵向传递信息的树状指挥体制为主。这种指挥控制网络就像大工业生产按行业、按流水线建立的控制体系一样，其特征是金字塔状，下面大上面小，所有来自前线的敌我双方的情报信息，必须逐级向上汇报，上级的指示精神和命令也按照这样的树状模式逐级下达到前线或基层，是一种典型的逐级指挥方式。信息化战争的指挥体制，趋向作战单元与指挥控制中心横向传递信息的"扁平化"结构。在纵向上，从最高指挥机构到基层分队所形成的逐级控制关系虽仍然存在，但是，单兵数字化指挥控制系统成了指挥体系的最小层次。在横向上，各指挥系统间的横向联系更加紧密，它不仅包括平地指挥机构之间的联系，还包含非同一层次间指挥机构的横向联系；不仅包括不同军兵种各层次指挥机构的联系，还包括同一军兵种平行指挥层次指挥机构间的联系。指挥控制近乎实时，效率大大提升。

七、作战行动精确化

信息化战争中，在多层次、全方位、全时空的情报、侦察和监视网络的支持下，使用大量的精确制导武器，使各种作战行动的精确化程度越来越高。一是精确侦察、定位控制。精确侦察、定位和控制是实现精确打击的前提和基础。二是精确打击。精确打击是信息化战争精确化的核心内容，它是靠提高命中精度来保证作战效果，而不是通过增加弹药投射的数量去增强作战效果。三是精确保障。就是充分运用以信息技术为核心的高技术手段，精细而准确地筹划、实施保障，高效运用保障力量，使保障的时间、空间、数量和质量要求尽可能达到精确的程度，最大限度地节约保障资源。

第三节　信息化战争的发展趋势

从世界范围看，战争形态正处在一个从机械化战争向信息化战争过渡的转型期。因此，在当前条件下，要准确地预测信息化战争的发展趋势还比较困难。然而，历史的发展有其自身的逻辑轨迹。运用历史唯物主义的方法，仍然可以大致地勾画出未来信息化战争的发展趋势。

一、战争的表现形式不断拓展

未来的信息化战争将在战争的暴力性、战争的层次以及战争的主体等方面发生重大的变化，从而使传统的战争概念受到冲击，战争的表现形式有了很大的拓展。

（一）战争的暴力性减弱

传统的战争理论认为："战争是流血的政治"，但未来的信息化战争中，由于各种经济活动和社会活动的高度计算机化、信息化和网络化，社会的经济生活和政治生活更多地依赖于各种信息系统。战争则有可能成为不流血或少流血的政治。像支撑社会经济和政治活动的金融系统、能源系统、交通系统、通信系统和新闻媒介系统等，都是以计算机为基础的信息网络系统。信息和信息系统既是武器，也是交战双方攻击的主要目标。而只需通过网络攻击、黑客入侵和利用新闻媒介实施大规模信息心理战等"软"打击的方式，破坏敌方的计算机信息网络，瘫痪敌方指挥系统，瘫痪敌国经济，制造敌方社会动乱，把战争意志强加给对方，以不流血的形式换取最大的政治和经济利益。在使用各种"硬"摧毁手段的作战中，进攻一方也不再以剥夺敌国的生存权利，或完全夺占敌方的领土等作为最终目标，而是注重影响对手的意志，尽可能地减少战争的伤亡，力争以最小的伤亡代价换取最大的胜利。战争暴力性将会减弱，传统战争的暴力行动将被非暴力的"软"打击行动所替代。

（二）战争的层次更加模糊

在未来信息化战争中，战争的战略、战役和战术层次会逐渐模糊。一方面，战役或战术行动具有战略意义。由于大量信息化、智能化装备和系统的集中运用，武器装备的作战效能越来越高，精确打击和信息战等作战行动对敌方军事、政治、经济和心理的攻击威力越来越大，因而小规模的作战行动和高效益的信息进攻行动就能有效达成一定的战略目的。这使得战争进程更为短暂，战争与战役甚至战斗在目的上的趋同性更为突出。另一方面，作战行动将主要在战略层次展开。信息化战争不再是从战术突破到战役突破再到战略突破，而是战争一开始，打击的对象就将主要集中于关乎敌方政治、经济和军事命脉的重要战略目标。尤其是在信息化战争中起主导作用的战略信息战，它对敌方经济和政治信息系统的攻击，以及对敌方民众和决策者心理的攻击，更具有全纵深和全方位的性质。大规模的信息进攻和超视距的非接触作战将成为未来信息化战争的主要行动样式。

（三）战争的主体多元化

传统的战争主要发生在国家和政治集团之间，战争打击的目标主要是对方的军事力量和战争潜力，战争的主体是军队。而在信息时代，由于信息技术和信息系统高度发展，计算机网络联通了整个世界，使得整个世界的政治、经济、科技和文化的联系日益密切，国家的安全受到来自多方面、多种势力的威胁，表现出易遭攻击的脆弱性。实施信息攻击的主体既可能是军队，也可能是社会团体，还可能是恐怖组织、贩毒集团和宗教极端分子等。

随着科学技术的发展，使制造常规弹药易如反掌，制造核武器、化学武器和生物武器的技术也正在越来越多地被人们了解和掌握，这就使一些社会团体和组织，不仅可以掌握和使用常规武器，而且也有可能掌握和使用核化生武器，以及掌握和使用计算机病毒等信息武器。因此，这种情况使国家安全面临着严峻的挑战，并使得发动和从事战争的主体呈现出多元化的特征。当战争爆发时，受到攻击的一方，可能难以判明谁是真正的对手，也难以迅速做出有效的反应和反击。战争不仅会在国家与国家之间展开，而且也可能会在社会团体与社会团体之间、社会团体与国家之间、少数个人与社会团体之间展开。为了应对这种挑战，仅仅依靠军队力量是不够的，还必须依靠社会的各种力量，进行广泛的全民战争。

二、战争的威力极大提升

战争的发展，从某种意义上说实际上就是作战效能不断提升的历史。核武器的出现，使热兵器作战效能的发展走到了极限。人类对武器作战效能的追求，反而使得具有最大杀伤威力的核武器无法在实战中运用。然而人类并没有放弃对武器作战效能的追求，大量信息化武器和新概念武器的出现和运用，将使未来信息化战争具有亚核战争的威力。

首先，信息化时代的军事技术将把常规作战效能推到极致。未来信息化战争的常规作战效能将是建立在军事工程革命、军事探测革命、军事通信革命和军事智能革命已经完成或基本完成的基础之上。在这四大军事技术革命中，军事工程革命的起步最早。军事工程革命已经使传统武器装备跨越空间和速度基本达到物理极限。军事探测革命将使得侦察、探测的空域、时域和频域范围大大扩展，使对作战行动的感知、定位、预警、制导和评估达到几乎实时和精确的程度。军事通信革命将在未来信息化战争中实现军事信息的无缝链接和实时传输，使各指挥机构和部队、各侦察和作战平台之间达到在探测、侦察、跟踪、火控和指挥方面的信息畅通，真正实现实时指挥和控制。军事智能革命将真正实现作战指挥活动和作战武器装备的自动化和智能化。智能化指挥系统将使指挥控制活动的准确性和时效性大幅度提高。作战平台将集发现、跟踪、识别和自主发射于一体。智能化弹药将具有自动寻的和发射后不管功能，远程打击的精度将达到米级。同时大量高度智能化的机器人将投放战场，使指挥活动和作战行动的效率极大提高。

其次，大量新概念武器的使用将使信息化战争的作战效能具有亚核效果。在信息化时代，随着科学技术的进一步发展，大量新概念武器会不断地出现和应用于战争。这些新概念武器具有完全不同的杀伤和破坏机理，它不以大规模杀伤对方人员的生命为目标，而是通过使对方的作战人员和武器装备完全丧失作战功能，或通过改变敌国的生态和自然环境来达成战争目的。

新概念武器中具有大面积破坏与毁伤效果的主要有次声波武器、电磁脉冲武器、激光武器和气象武器等。次声波武器具有洲际传送能力，并且可以穿透10多米厚的钢筋混凝土，因此作用范围极广。在高空施放的电磁脉冲弹可以在瞬间使大范围的电子设备丧失功能。在信息化战争中，大量新概念武器装备虽然不具备核武器那种大规模、大范围的物理杀伤和破坏作用，但它所拥有的系统集成能力、战场控制能力、精确摧毁能力和能够高效达成战略目的的能力是核武器所无法相比的。从这个意义上说，信息化战争具备了亚核战争的威力。

三、军队将向小型化、一体化和智能化方向发展

在未来信息化战争中，伴随着新军事革命的步伐，军队的发展趋势，将是高度的小型化、一体化和智能化。

(一) 军队的规模将加速小型化

未来信息化战争中，先进的信息化系统和远距离的投送能力为军队的小型化奠定了基础。由于军队的作战能力将成指数增长，小规模的高度一体化和智能化的军队，即可达成战略目的。因此，未来军队的组织体制在数量规模上将具有两个基本的发展趋向：

军队的总体规模将大幅度缩小。随着军队的信息化程度和作战能力的不断提升，缩减军队规模将是必然的趋势，拥有庞大的常备军将成为历史。

作战部队的建制规模将更加小型灵巧。未来军和师的编制将可能最终消亡，旅、营或更低级别的战术单位将成为主要的作战建制，并可能出现按作战职能编成的小型作战群或能够同时在陆、海、空等多维空间作战的一体化的小型联合体。为适应未来信息化战争的需要，一些技术密集、小巧精干的新型兵种作战单元也将相继出现并逐步增多。

（二）军队信息系统的构成将高度一体化

未来信息化战争是高度一体化的作战，未来军队编成的一体化，将主要表现为按照系统集成的观点，建立"超联合"的一体化作战部队。为此，未来军队信息系统的构成，将按照侦察监视、指挥控制、精确打击和支援保障四大作战职能，建成四个子系统。侦察监视子系统将所有天基、空基、陆基和海基侦察监视平台和系统联为一体，完成对作战空间全天候、全方位的实时感知；指挥控制子系统把所有战略级、战役级和战术级指挥控制和通信系统联为一体，将对作战空间的感知信息转变为作战决策和控制；精确打击子系统把陆、海、空、天的信息和火力系统构成一体化的精确打击平台；支援保障子系统为作战行动提供实时精确的保障。这四个子系统的功能紧密衔接，有机联系，构成一体化的作战系统。

按照这个思路构建的军队，将从根本上抛弃工业化时代军队建设的模式，革除偏重发挥军种专长和追求单一军种利益的弊端，使作战力量形成"系统的集成"，从而能够充分发挥整体威力，实施真正意义上的一体化作战。

（三）军队的指挥与作战手段将高度智能化

信息化发展的高级阶段是智能化，因此信息化战争的发展趋势之一就是实现指挥平台与作战手段的高度智能化。随着纳米技术的发展，军用微型机器人将大量地投放于战场，执行侦察探测、信息传递、破袭敌电子设备和武器系统以及杀伤敌作战人员等任务。

一是指挥控制手段的高度自动化和智能化。其标志是 C^4KISR 系统的高度成熟与发展。未来的 C^4KISR 系统将真正实现侦察监视、情报搜集、通信联络、火力打击和指挥控制的无缝链接，成为作战指挥与控制的信息高速公路，可以高度自动化地确保指挥员实时感知战场，定下决心，协调、控制部队和武器平台的作战与打击行动。 C^4KISR 系统的高度发展，将使军队指挥员观察战场和指挥作战的能力大幅度提高。计算机是自动化指挥控制系统的核心，是实现智能化作战指挥的基础。随着高技术群体的不断发展，未来将相继出现智能计算机、神经网络计算机、光计算机、高速超导计算机、生物计算机等新概念计算机，将使人工智能技术迈上新的台阶。由运算、存储、传递、执行命令转向思维和推理；由信息处理转向知识处理；由代替和延伸人的手功能转向代替和延伸人的脑功能。从而为作战指挥控制提供更加先进的智能化手段，使作战指挥与控制进入自动化、智能化时代。

二是大量智能化的武器系统和平台将装备军队，投入作战。在未来信息化战争中，精确制导武器系统、对空防御系统、勤务支援系统、物流分配保障系统和具有发射后不管和自动寻的功能的智能化弹药将得到更加广泛的运用；无人驾驶的智能化坦克、飞机和舰船也将规模化投入战场。无人机在阿富汗战争中已经发挥了重要的作用。尤其值得关注的是，众多类型不同、功能各异的纳米机器人，可能在战争中大规模地投放于战场，执行侦察探测、信息传递、破袭敌电子设备和武器系统以及杀伤敌作战人员等任务。

三是许多作战行动将发生在智能化领域。在传统的机械化战争中，虽然在智能化领域也存在着敌我对抗活动，如敌我之间的谋略对抗就是一种思维对抗，但这种对抗是间接的，需要用部队真实的作战行动才能表现出来。然而，在未来的信息化战争中，由于信息战的广泛运用，智能化领域将会发生激烈的对抗。认知、信息和心理这些智能化的范畴，既有可能是作战所使用的手段，也有可能是作战所要打击的目标，因此在智能化领域将会发生大量的直接对抗的作战行动。为了阻止敌方及时制定出正确的作战决心，不仅需要采用谋略行动欺骗敌方，而且更需要采取信息攻击手段，直接打击敌方的 C^4KISR 系统，破坏敌方的决策程序。

第四节　信息化战争与国防建设

信息化战争的到来，加剧了世界各国战略力量对比的不平衡性，增大了发展中国家战略选择的难度，特别是对我国国防建设与发展提出了严峻挑战。对此，我们必须立足当前，着眼未来，从发展的角度搞好国防和军队的信息化建设，以求在未来信息化战争中立于不败之地。

一、树立信息时代国防建设的新理念

机械化战争的制胜理念是消耗敌人、摧毁敌人，大量歼灭敌人的有生力量，而信息化战争的制胜理念是控制敌人、瘫痪敌人，通过破击敌人作战体系，达到巧战而屈人之兵的目的；机械化战争中，万炮轰鸣的火力倾泻为主要打击手段，而在信息化战争中，实施精确打击为首要选择。国防建设是军队打赢信息化战争的重要基础。因此，我们在考虑国防建设和经济建设时，从宏观规划到人力、物力和财力的动员，从经济基础建设到国防工程、交通信息、防汛和医疗卫生等建设都必须和打赢信息化战争通盘考虑、规划和建设。

战争形态的发展变化，给我们带来的挑战首先是观念上的影响和冲击，强烈要求我们必须适应这种不可抗拒的变化，树立与打赢信息化战争相适应的观念，为国防现代化提供有效的建设理念和指导方法。认识只有跟上时代变化才能占据主动，理念只有适应形势才能把握先机。应对信息化战争形态带来的挑战，只有确立与打赢信息化战争相适应的思维方式，强化信息制胜意识，用源于实践高于实践的先进理论指导实践，用创新的观念谋求国防和军队的建设发展，才能使国防建设适应军队的信息化建设。

二、大力加强国家信息基础建设

在信息时代，国家的信息基础建设是国家战略能力的重要组成部分。国家战略能力，是指一个国家在需要进行战争或应对突发事件时，所能调动的各种力量的总称。

完善的国防信息基础设施是国防信息化的基础，如果没有快速、准确和高效的国防信息基础设施，就不可能真正实现国防和军队的信息化。加强国防信息基础设施建设，要促使传统的军事通信网向一体化指挥控制平台过渡。逐步实现综合、智能和"无缝"的国防信息网络；支持各级指挥员在任何时间、任何地点获取作战指挥信息；为满足信息战争需求提供支撑和保障。

国家的信息基础建设是军队信息化建设的基石，是打赢未来信息化战争的重要支撑。因此，必须把加强国家的信息基础建设作为应对信息化战争的首要举措。当前，我国信息基础设施建设，已获得了长足的发展。虽然在交通、金融和通信等主要行业信息化水平，我国已经接近发达国家，在数字地球领域，我国和发达国家处在同一起跑线上，但与发达国家相比，在许多方面我国仍存在差距。因此，必须下大力加强我国的信息基础建设。努力提升我国的国家战略能力。

信息基础建设的重点应主要放在三个方面：一是努力发展以微电子技术、计算机技术和通信技术为主体的信息技术，这是一个国家信息基础建设的基础。二是加快国家大型网络系统建设。三是大力开发各种软件技术。目前我国软件技术的研制、开发能力远远落后于发达国家，与一些发展中国家相比也不占优势。此外，国家信息安全的防护，在相当程度上是由先进的软件技术来保障的。因此，应加大研制和开发软件技术的资金、技术和人力投入。使我国在软件技术上跻身于世界先进行列。因此，必须把加强国家的信息基础建设作为应对信息化战争的首要措施。

三、努力培养国防信息化人才队伍

人才是强国兴军之本，决定未来信息化战争胜负的是高素质国防和军队信息化人才。随着信息技术的飞速发展和在社会各领域的广泛运用，信息科技人才的紧缺已经成为一个世界性问题。必须加大力度，努力培养新型国防信息化人才，为我军打赢信息化战争提供强大的智力支撑。为此，我们必须把国防信息化人才队伍的培养工作作为国防信息化建设的根本大计，树立超前意识。构建我军新型的国防信息化人才培养体系，抓紧培养复合型人才，尽快缩小与发达国家军队在人员素质上的"知识差"，以适应国防信息化建设和未来信息化战争的需要。

我国信息技术人才的匮乏突出，必须下大力采取多种有效措施加强国防信息技术人才的培养，引进与保留、建设一支雄厚的信息人才队伍，确保我国的信息基础建设能够持续不断的发展。一方面，要依托地方进行信息化人才的双向培养；另一方面，军事院校教学中要加大高新技术知识的比重，提高部队信息化条件下的训练水平，创造良好的信息化环境和信息化文化氛围。

四、加速推进国防和军队信息化建设的进程

我军在加强军队机械化建设的同时，必须乘国家加快经济和社会信息化发展之势，跨越式加快国防和军队信息化建设。如果按部就班地在完成机械化建设后再进行信息化建设，就会坐失良机，无法赶上西方发达国家和军队建设的步伐。推进国防和我军信息化建设的进程，必须解决好两个问题：

首先，要树立信息主导的思想。观念是行动的先导，一是确立信息化在军队建设中的主导地位，全面推进国防和军队的信息化建设。二是"系统集成观"。要用大系统的观念来筹划军队建设。在"作战力量"建设上，强调加强作战空间预警、C^4KISR 和精确使用作战武器；在战场准备上，要求建立数字化战场；在部队建设上，要求建立数字化部队；在装备建设上，要求积极推行"横向技术一体化"。三是"虚拟实践观"。虚拟现实技术的发展，为人们"虚拟实践"提供了可能。人们可以面向未来，创造一种"人工合成环境"，在实验室里"导演"战争，主动适应未来。为此，美、英等国军队建立了许多"战斗实验室"、"作战模拟实验室"和"作战仿真实验中心"等。

其次，要实现我军信息化建设的跨越式发展。国防和军队的信息化建设是一个十分复杂的系统工程。我军信息化建设要抓住三个重点：一是要大力发展信息化武器装备，我军一方面要致力发展信息化武器装备，另一方面要在信息化弹药、信息化作战平台、专用信息战武器三个方面取得突破性进展，这样才能缩小与发达国家的时代差。二是要大力推进数字化部队建设，在建设思路上要突出我军的特色，走出一条投入少、周期短、效益好的发展路子。

三是要大力加强数字化战场建设，数字化部队和数字化战场是信息化战争的两大支柱，有了数字化战场数字化部队才有可靠依托。我军数字化战场建设，应充分运用空间基础数据建设成果，将导航定位、天基立体测绘和时间基准、地球中心坐标系统相统一，建设成能够覆盖整体作战空间的多维信息获取系统，形成平战结合、诸军一体的战场信息系统，推进我军的国防和信息化建设。

"历久远而不衰，临绝地而再造，逢机遇而勃发"，这不仅是中华民族的伟大精神，也是中国军队的突出特征。在信息时代的军事斗争中，更需要这种伟大精神！

复习题：

1. 什么是信息化战争？
2. 信息化战争的产生与形成有哪些动因？
3. 信息化战争有哪些基本特征？
4. 信息化战争的发展趋势是什么？
5. 谈谈如何加强国家和军队的信息化建设？